اَعمال کی کتاب ﴿تفسیر﴾

مصنف :۔ ایف، وین، میک لائیڈ

مترجم:۔ عمانوایل داؤد

Light To My Path Book Distribution - Canada

جملہ حقوق بحق مصنف محفوظ ہیں

چونکہ اِس کتاب کے تمام جُملہ حقوق بحق مصنف و مترجم محفوظ ہیں، اِس لیے اِس کتاب کا کوئی بھی حصہ مصنّف کی تحریری اجازت کے بغیر شائع نہ کیا جائے۔

پروف ریڈنگ کرنے والوں کا بہت بہت شکریہ

نام کتاب	اعمال کی کتاب (تفسیر)
مصنف	ایف، وین، میک لائیڈ
مترجم.	عمانوایل دائود (عمانوایل دیوان)
کمپوزنگ	عمانوائل دائود
پروف ریڈنگ	مس صباافضل ، مس ثنا ایوب
سن اشاعت	فروری 2017

Contact in Lahore, Pakistan

mathew_orjesus7@gmail.com

3

فہرست مضامین

پیش لفظ

رسولوں کے اعمال کا تعارف

باب 1 رُوح القدس کا وعدہ 10

باب 2 رُوح القدس کے لئے تیاری 16

باب 3 رُوح القدس کا نزول 24

باب 4 نبوت کی تکمیل 29

باب 5 یہ آدمی یسوع 33

باب 6 ابتدائی کلیسیاَ 41

باب 7 ایک بڑھا ہوا ہاتھ 50

باب 8 شافی کو متعارف کرانا 54

باب 9 صدر عدالت کے رُوبرُو 60

باب 10 نئی طاقت 66

باب 11 حننیاہ اور سفیرہ 72

باب 12 پاک دلیری 78

باب 13 ابتدائی ڈیکن 85

باب 14 ستفنس 93

باب 15 شمعون اور سامری لوگ 100

باب 16 حبشی خوجہ 107

113	باب 17 ساؤل کی تبدیلی	
121	باب 18 اینیاس اور تبیتا	
126	باب 19 روایت توڑنا	
132	باب 20 کرنیلیس کی تبدیلی	
137	باب 21 انطاکیہ کی کلیسیا	
144	باب 22 مزید ایذا ہرسانی	
152	باب 23 کپرس میں بلاہٹ اور خدمت	
158	باب 24 پسدیہ کے انطاکیہ	
166	باب 25 اکنیم، لسترہ اور دربے	
174	باب 26 یروشلیم کے بزرگ اور رسول	
184	باب 27 سفر کا آغاز	
191	باب 28 تیمتھیس اور مکدونیہ میں بلاہٹ	
197	باب 29 فلپی	
206	باب 30 تھسلنیکے اور بیریہ	
212	باب 31 اتھینے	
219	باب 32 کرنتھس	
225	باب 33 اپلوس اور یوحنا کے شاگرد	
232	باب 34 دیمترس	
239	باب 35 مکدونیہ اور ملتے	
246	باب 36 یروشلیم	
252	باب 37 بھیڑ کے سامنے پولس کا دفاع	

باب 38 صدر عدالت کے سامنے پولس کا دفاع	258
باب 39 فیلکس کے سامنے پولس کا دفاع	263
باب 40 فیسٹس کے سامنے پولس کا دفاع	270
باب 41 اگرپا کے سامنے پولس کا دفاع	274
باب 42 روم کی طرف بحری سفر	281
باب 43 ملِتے اور رسم	287

Light To My Path Book Distribution - Canada

لائٹ ٹو مائے پاتھ بک ڈسٹری بیوشن، کینیڈا

پیش لفظ

رسولوں کے اعمال کی کتاب پر غور وفکر اور مطالعاتی کام کرتے ہوئے مجھے اِس بات کی آگاہی ملی کے اِس کتاب میں بہت سے موضوعات موجود ہیں۔ اِن موضوعات میں سے ایک خیال خدا کی بادشاہی اور شیطان کی بادشاہت کے درمیان جنگ ہے۔ باب اوّل سے کتاب کے آخر تک، ایک بہت بڑی روحانی جنگ چھڑی ہوئی دکھائی دیتی ہے۔ شیطان خدا کے روح کے اُس کام کو برباد کرنے پر تلا ہوا ہے جو شروع ہو چکا ہے۔ تاہم تفسیر کی اِس کتاب کا مطالعہ کرتے ہوئے دریافت کریں گے کہ خدا جو قادرِ مطلق خدا ہے، وہ اپنے مجموعی مقصد کی تکمیل کے لئے انسان کے گناہ اور ابلیس کے حیلے بہانوں اور تدبیروں کو بھی استعمال کرسکتا ہے۔

اِس کتاب کی تصنیف کا مقصد قارئین کے لئے رسولوں کے اعمال کو وضاحت سے پیش کرنا ہے۔ میں آپ کو اِس بات کے لئے اُبھاروں گا کہ آپ محنت اور جانفشانی سے کام لیتے ہوئے، اِس کتاب کا بغور مطالعہ کریں۔ خداوند کے حضور شخصی عبادت کرتے ہوئے بھی اعمال کی تفسیر کی اِس کتاب کا مطالعہ کریں۔ ہو سکتا ہے کہ آپ اِس کتاب کو ایک بڑے گروپ میں سٹڈی گائیڈ کے طور پر استعمال کرنا پسند کریں۔ ہر باب کا اختتام چند غور طلب سوالات اور چند ایک اہم دُعائیہ نکات کے ساتھ ہوتا ہے۔ اِن سوالات اور دُعائیہ نکات پر غور وخوص کرتے ہوئے دُعا میں وقت گزاریں۔ ہر باب کے لئے دئے گئے حوالہ جات کو بھی ضرور پڑھیں۔ یاد رکھیں کہ زیرِ نظر کتاب محض ایک گائیڈ ہے۔ تو بھی میرا ایمان ہے کہ یہ کتاب آپ کے لئے باعث برکت ہوگی۔ میری دُعا ہے کہ اعمال کی تفسیر کا مطالعہ آپ کے لئے باعث برکت ہو، آمین۔

مصنف، ایف، وین، میک لائیڈ۔

رسولوں کے اَعمال کا تعارف

مصنف

بہت سے لوگوں کا یہی ایمان ہے کہ اَعمال کی کتاب کا مصنف غیر قوم سے تعلق رکھنے والا لوقا تھا جو پولس رسول کی خدمت کے وسیلہ سے مسیحی ایمان کی طرف آیا۔ تاہم بائبل مقدس میں اِس بات کا کوئی ثبوت موجود نہیں ہے۔

مقدس لوقا بظاہر ہمیں مقدس پولس رسول کے ساتھ بعض مشنری سفروں پر دکھائی دیتے ہیں۔ مقدس پولس رسول اِس کا ذکر اچھے لفظوں میں کرتا ہے اور اُسے "پیارا طبیب" اور ہم خدمت کہتا ہے۔ (کلسیوں 14:4، فِلیمون 24 آیت، 2 تیمتھیس 11:4)

مقدس پولس رسول لوقا کا مشکور ہے اور وہ بڑا اظہار تشکر کرتا ہے کہ لوقا مشکل وقت میں اُس کے پاس ٹھہرنے کے لئے تیار اور رضامند ہوا۔ (2 تیمتھیس 11:4)

پیشہ کے اعتبار سے لوقا ایک طبیب تھا۔ (کلسیوں 14:4) امکان غالب ہے کہ اُس نے لوقا کی انجیل لکھی اور اعمال 1:1-3 میں اِس کا حوالہ بھی دیتا ہے۔ مقدس پولس رسول کا ایک قریبی دوست اور ساتھی ہوتے ہوئے، لوقا اپنی کتاب میں بہت کچھ شخصی تجربہ کی بنیاد پر لکھتا ہے۔

پس منظر

جہاں پر اناجیل کا بیان ختم ہوتا ہے وہیں سے اعمال کی کتاب اِس سلسلہ کو آگے بڑھاتی ہے۔ یہ کتاب اُن حالات و واقعات کو بیان کرتی ہے جو رسولوں اور شاگردوں کے ساتھ اُس وقت پیش آئے جب خداوند یسوع اپنے آسمانی باپ کے پاس جا چکے تھے۔ یہ کتاب جزوی طور پر ابتدائی کلیسیا کی تاریخ کو بتانے کے لئے لکھی گئی۔ لیکن اِس سے بھی کہیں زیادہ اِس کتاب کی تصنیف کا مقصد خدا کے اُس زبردست کام کو بیان کرنا تھا جسے خدا نے یروشلیم سے شروع کر

کے دُنیا کی انتہاہ تک مرد وزن کے دلوں کو جیتنے کے لئے شروع کیا تھا۔

خداوند یسوع کی موت سے بہت سے لوگ اِس حیرت میں ڈوب گئے کہ آیا یسوع وہی ہے جیسا اُس نے دعویٰ کیا تھا۔ اِس کتاب کے لکھنے سے مقدس لوقا یہ ظاہر کرتے ہیں کہ اگرچہ جسمانی طور پر خداوند یسوع زمین پر موجود نہیں ہیں تو بھی زندہ ہیں اور ایمان رکھنے والے خواتین و حضرات کے وسیلہ سے اپنی بادشاہت کو وُسعت دے رہے ہیں۔

دَورِ جدید میں کتاب کی اہمیت

اَعمال کی کتاب ظاہر کرتی ہے کہ کس طرح خدا نے معمولی آدمیوں کو غیر معمولی کام کرنے کے لئے قوت اور قدرت اور اختیار سے نوازا۔ ہم میں سے ایسا کون ہے جو ستفنس، پطرس اور پولس کی شخصی زندگی، خدمت اور حالات و واقعات سے روحانی جوش اور ولولے سے نہیں بھر جاتا اور اُسے ایک تحریک نہیں ملتی؟ ہم اِس بات کو سمجھتے ہیں کہ کس طرح خداوند یسوع، خدا کا بیٹا ہوتے ہوئے اُن کاموں کو کرنے کے لئے قوت اور قدرت سے معمور ہوا جو اُس نے کیے۔ لیکن یہ کتاب ہمیں حیرت میں ڈال دیتی ہے کہ وہی قدرت ابتدائی کلیسیا کے ایمانداروں اور رسولوں کی زندگی میں کام کرتی ہوئی نظر آتی ہے۔

خداوند یسوع مسیح کی موت اور اُس کے مُردوں میں سے جی اُٹھنے کے ساتھ کلیسیا اختتام پذیر نہ ہوئی۔ درحقیقت یہ تو اُس کام کا آغاز تھا جو خدا نے کرنے کا ارادہ کیا تھا۔ یہ کتاب زندہ مسیح کی قدرت کی اُس کہانی کو بیان کرتی ہے جو لوگوں کی زندگیوں اور دلوں میں کام کرتی ہے۔ یہ کہانی قادرِ مطلق خدا کی کہانی کو بیان کرتی ہے جو دشمن کی رکاوٹوں اور مزاحمتوں کے باوجود اپنی بادشاہت کو وسعت دے رہا ہے۔ ہم اِس کتاب میں ابتدائی کلیسیا کی اُن مشکلات اور ایذا رسانیوں کو دیکھتے ہیں جو اُسے خوشخبری کا پیغام سناتے ہوئے پیش آئیں۔ ہم یہاں پر کچھ خوفناک مناظر کو بھی دیکھیں گے جب رسولوں اور شاگردوں کو انجیل کی منادی کے باعث

سنگسار کیا گیا اور بعضوں کے سر قلم کر دئے گئے۔ لیکن اِس کے ساتھ ہی ہم یہ بھی دیکھیں گے کہ دشمن کی کاوشوں اور رکاوٹوں کے باوجود کس طرح کلیسیا وسعت پکڑتی گئی۔ رسولوں کے اعمال قادر مطلق خدا کی قدرت اور محبت کی گواہی ہے جس میں ہم دیکھتے ہیں کہ خدا بدی پر فتح پا کر شیطان پر غالب آتا ہے۔

یہ کتاب اُن لوگوں کے لئے ایک اطمینان اور تسلی کا باعث ہے جو ابتدائی کلیسیا کی طرح آج بھی ایذا رسانیوں اور مشکلات سے گزر رہے ہیں۔ یہ جاننا کس قدر تسلی کا باعث ہے کہ رسولوں اور شاگردوں کا خدا آج ہمارا بھی خدا ہے۔ اُس کی فتح یقینی ہے۔ یہ کہانی بدی اور گناہ کی تاریکی پر فتح اور کامیابی کی کہانی ہے۔ یہ کتاب ابتدائی کلیسیا کے ایمانداروں کی زندگیوں میں خدا کی قدرت کے کام کی گواہ ہے۔ یہ کتاب اِس بات کو بھی بیان کرے گی کہ اگر ہم اُس پر بھروسہ اور توکل کریں اور اُس کی راہنمائی، قوت اور قدرت اور اختیار پر بھروسہ کریں تو آج خدا ہماری زندگی میں بھی اُسی طور سے کام کرنے کے لئے تیار ہے جس طرح وہ ابتدائی کلیسیا کے درمیان کرتا تھا۔

باب 1

رُوح اُلقدس کاوعدہ

پڑھیں، اعمال 1:1-11

بالعموم اِسی بات پر اتفاق رائے کیا جاتا ہے کہ لوقا کی انجیل کا مصنف ہی رسولوں کے اعمال کی کتاب کا مصنف ہے۔ لوقا نے اپنی دونوں تصانیف میں تھِیفلُس کو مخاطب کیا ہے۔ بعض لوگوں کا یقین ہے کہ تھِیفلُس واقعی ایک شخص تھا جو رسولوں کے دور میں موجود تھا۔ ''تھِیفلُس'' یہ نام دو یونانی الفاظ سے ماخوذ ہے۔ Theos کا معنی ہے ''خدا'' جبکہ Philios کا معنی ہے ''محبت'' اِن دونوں یونانی الفاظ کو ملانے سے ہمیں ''خدا کی محبت'' کا معنی حاصل ہوتا ہے۔ بعض سکالرز اِس سے یہ معنی بھی اخذ کرتے ہیں کہ لوقا خدا سے محبت رکھنے والے تمام لوگوں کے لئے لکھ رہا تھا نہ کہ کسی فردِ واحد کو۔

مقدس لوقا 1 آیت میں لکھتے ہیں کہ اُس نے ایک اور کتاب لکھی ہے جس میں اُس نے خداوند یسوع کے اُن تمام کاموں کا بیان کیا ہے جو وہ اُس وقت تک کرتا رہا جب تک کہ وہ آسمان پر نہ اُٹھایا لیا گیا۔ یہ کتاب لوقا کی کتاب کا حوالہ بھی دیتی ہے۔ اِس دوسری کتاب میں، مقدس لوقا رسول ہمیں بتائیں گے کہ کس طرح ابتدائی کلیسیا کے رسولوں، شاگردوں اور ایمانداروں نے مسیح کی خوشخبری کے پیغام کو بڑے پرزور انداز میں دُنیا کے طول وعرض تک پھیلا دیا۔

مقدس لوقا اِس دوسری کتاب کا آغاز مسیح یسوع کے مُردوں میں سے زندہ ہو جانے کی یقین دہانی کے ساتھ کرتے ہیں۔ (3 آیت) یہی بات اِس کتاب کی بنیاد بنتی ہے۔ اگر خداوند یسوع مسیح مردوں میں سے جی نہ اُٹھتے تو رسولوں کے اَعمال کی یہ کتاب بھی نہ ہوتی۔ خداوند یسوع

نے اپنے آپ کو رسولوں اور شاگردوں پر بہت سے مختلف طریقوں سے ظاہر کیا۔ اور بہت سے قائل کر دینے والے ثبوتوں سے یہ ثابت کر دیا کہ وہ زندہ ہے۔ خداوند یسوع نے یہ سب کچھ کیسے کیا تھا؟ خالی قبر بھی ایک ثبوت تھی۔ جب رسول قبر پر گئے، تو ہمارے خداوند کا بدن وہاں پر موجود نہیں تھا۔ وہ زندہ ہو چکے تھے۔ خداوند یسوع اُن کے کمرے میں اُن کے پاس آئے اور خود کو اُن پر ظاہر کیا۔ ایک اور موقع پر، خداوند نے توما کو اپنے ہاتھوں اور پسلی پر موجود نشان دکھائے۔ ایک اور موقع پر اُنہوں نے سات شاگردوں کے ساتھ اُس وقت ناشتہ کیا جب 153 بڑی مچھلیوں کو پکڑنے میں معجزانہ طور پر اُن کی مدد کی تھی۔ مردوں میں سے زندہ ہونے کے چالیس دن بعد، خداوند نے اپنے شاگردوں کے لئے خدمت گزاری کا کام کیا۔ خداوند نے خدا کی بادشاہی کے تعلق سے کلام کیا۔ شاگردوں کے ذہن میں خداوند یسوع کے مصلوب ہونے اور مردوں میں سے زندہ ہونے کے تعلق سے کوئی شک و شبہ موجود نہ تھا۔

ہمیں خداوند یسوع مسیح کے مردوں میں سے زندہ ہو جانے کی یقین دہانی کرانے کے بعد لوقا رسول ہمیں روح القدس کے وعدہ کے بارے میں بتاتا ہے۔ کسی نے ٹھیک ہی کہا ہے کہ اِس کتاب کو روح القدس کے اعمال بھی کہا جا سکتا ہے۔ ہم پہلے ہی یہ بیان کر چکے ہیں کہ اگر ہمارے خداوند مردوں میں سے زندہ نہ ہوتے تو یہ کتاب کبھی بھی نہ لکھی جا سکتی تھی۔ اسی طرح اگر رسولوں کی زندگیوں میں روح القدس کام نہ کر رہا ہوتا تو کبھی بھی اِس کتاب کی تصنیف ممکن نہ ہوتی۔ ہمیں اِس بات کا جائزہ لینے کی ضرورت ہے کہ یہاں پر لوقا روح القدس کے تعلق سے کیا بیان کرتا ہے۔

جب خداوند یسوع مسیح مُردوں میں سے زندہ ہوئے تو اُنہوں نے اپنے شاگردوں سے کہا کہ جب تک وہ وعدہ شدہ روح القدس حاصل نہ کر لیں یروشلیم سے باہر نہ جائیں۔ (4 آیت) خداوند یسوع نے اپنے شاگردوں کو یہ حکم کیوں دیا؟ اُس وقت تک رسولوں کو پورے

طور پر مسیح کے کام کا فہم وادراک حاصل نہیں ہوا تھا۔ وہ انجیل کے گواہ ہونے کے لئے ابھی تک قوت اور قدرت سے معمور نہیں تھے۔ روح القدس کی قوت اور قدرت کے بغیر اُن آدمیوں نے مسیح کے جلال کے لئے کچھ اچھا کرنے کی بہ نسبت بہت زیادہ نقصان کرنا تھا۔

اِس بات کو ذہن میں رکھنا بہت اہم ہے کہ اُن شاگردوں نے خداوند کے ساتھ شخصی تربیت کے لئے تین برس گزارے تھے۔ اُنہیں ایسا تجربہ یا تیاری کسی بھی سیمنری سے حاصل نہیں ہونی تھی۔ خداوند یسوع کو معجزے کرتے ہوئے دیکھنا بھی زندگی بدل دینے والا تجربہ تھا۔ اُنہوں نے مردوں میں سے زندہ ہونے والے مسیح یسوع کو دیکھا تھا۔ وہ خداوند یسوع کی سچائی سے واقف تھے۔ اگر کبھی بشارت کے مقصد کے پیش نظر آدمیوں کے کسی گروپ نے نکلنا ہوتا تو انسانی طور پر ہم کہہ سکتے ہیں کہ اُن ہی آدمیوں نے نکلنا تھا۔ خداوند نے اُنہیں کہا تھا کہ وہ گھر پر ہی ٹھہرے رہیں۔ اُنہوں نے روح القدس کی قوت اور قدرت کے بغیر بُری طرح ناکام ہونا تھا۔ یہاں پر ہمارے سیکھنے کے لئے بہت اہم سبق ہے۔

اِس بات سے یہ بھی ظاہر ہوتا ہے کہ روح القدس کے نزول کا ذکر شاگردوں کے ذہن میں ایک دلچسپی بڑھا رہا تھا۔ اُنہوں نے خداوند یسوع سے پوچھا کہ کیا وہ اُسی وقت اسرائیل کو بادشاہی بحال کر دے گا۔ (6 آیت) اُس وقت سے خدا کے لوگ بابل اور اسوریہ کی اسیری میں لے جائے جا رہے تھے۔ وہ ایک اجنبی سلطنت کے زیرِ اختیار رہے۔ اسرائیل پر اسوریہ، بابل، فارس اور یونان کی سلطنتوں نے حکومت کی تھی۔ اُنہوں نے اجنبیوں کو یہ بتا کر ناراض کر دیا کہ وہ غیر ملک میں کیا کر سکتے ہیں اور کیا نہیں کر سکتے۔ جب خداوند یسوع مسیح نے اپنے شاگردوں سے روح القدس کے نزول کا ذکر کیا تو اُس میں ایک اُمید کی کرن تھی کہ روح القدس اسرائیل کی قوم کو پھر سے قائم کرے گا۔ آنے والے وقت میں روح القدس کی خدمت کے تعلق سے وہ ابہام کا شکار تھے۔ اُنہیں اِس تعلق سے کوئی فہم و ادراک حاصل نہیں تھا۔

خداوند نے شاگردوں پر واضح کیا کہ روح القدس کی خدمت کیسی ہوگی۔ خداوند نے اُنہیں بتایا کہ جب روح القدس اُن پر نازل ہوگا، تو پھر وہ یروشلیم، یہودیہ، سامریہ بلکہ زمین کی انتہا ہ تک اُس کے گواہ ہوں گے۔ (آیت 8) یہ آیت روح القدس کی خدمت کے تعلق سے ایک اہم آیت ہے۔ روح القدس کی خدمت دُنیا کے سامنے مسیح کو پیش کرنے کے لئے ایمانداروں کو قوت اور قدرت سے ملبس کرنا ہے۔ یہی وہ بات تھی جو خداوند نے شروع ہی میں اپنے شاگردوں سے کہی تھی۔

''لیکن جب وہ مددگار آئے گا جس کو میں تمہارے پاس باپ کی طرف سے بھیجوں گا یعنی روح حق جو باپ سے صادر ہوتا ہے تو وہ میری گواہی دے گا۔ اور تم بھی گواہ ہو کیوں کہ شروع سے میرے ساتھ ہو۔'' (یوحنا 15:26-27)

روح القدس کی یہ خواہش ہے کہ وہ عورتوں اور مردوں کو یسوع کی طرف لائے۔ روح القدس یہ سب کچھ ایک مقصد کے تحت کرتا ہے۔ جب روح القدس ہمارے وسیلہ سے خدمت گزاری کا کام کرتا ہے تو یہ اِس لئے ہوتا ہے کہ خداوند یسوع مسیح کے نام کو جلال ملے۔ اور دُنیا یسوع کو واضح طور پر جانے۔ جب روح القدس شاگردوں کی زندگیوں پر نازل ہوا تھا یہی کچھ تو شاگردوں کی زندگی میں واقع ہوا تھا۔

کیا آپ روح القدس کی خدمت کو جاننا چاہتے ہیں؟ کیا آپ معلوم کرنا چاہتے ہیں کہ روح القدس آپ کی زندگی میں کام کر رہا ہے؟ اِس بات کو آپ اعمال 1:8 میں سے پرکھ سکتے ہیں۔ روح القدس کی خدمت ہمیشہ آدمیوں اور عورتوں کو یسوع کی طرف لائے گی۔ ایک روح سے معمور زندگی کا مرکز و محور ہمیشہ خداوند یسوع مسیح ہوتا ہے۔

'' یہ کہہ کر وہ اُن کے دیکھتے دیکھتے اُوپر اٹھالیا گیا اور بدلی نے اُسے اُن کی نظروں سے چھپالیا۔ اور اُس کے جاتے وقت جب وہ آسمان کی طرف غور سے دیکھ رہے تھے تو دیکھو دو مرد سفید پوشاک پہنے اُن کے پاس آ کھڑے ہوئے۔ اور کہنے لگے۔ اَے گلیلی مردو! تم کیوں کھڑے

آسمان کی طرف دیکھتے ہو؟ یہی یسوع جو تمہارے پاس سے آسمان پر اُٹھایا گیا ہے۔ اِسی طرح پھر آئے گا۔ جس طرح تم نے اُسے آسمان پر جاتے دیکھا ہے۔" (11 آیت)

"اُس وقت ابن آدم کا نشان آسمان پر دکھائی دے گا۔ اور اُس وقت زمین کی سب قومیں چھاتی پیٹیں گی۔ اور ابن آدم کو بڑی قدرت اور جلال کے ساتھ بادلوں پر آتے دیکھیں گی۔" (متی 30:24)

یوحنا رسول بھی ہمیں بتاتے ہیں کہ خداوند بادلوں کے ساتھ آئیں گے۔

"دیکھو وہ بادلوں کے ساتھ آنے والا ہے اور ہر ایک آنکھ اُسے دیکھے گی اور جنہوں نے اُسے چھیدا تھا وہ بھی دیکھیں گے اور زمین پر کے سب قبیلے اُس کے سبب سے چھاتی پیٹیں گے۔ بیشک۔ آمین" (مکاشفہ 7:1)

خداوند یسوع بادل میں ہی آسمان پر گئے تھے۔ اور ایک دن وہ بادل ہی میں واپس آئیں گے۔ وہ کیسا خوبصورت اور زبردست دن ہوگا! ہم اُسے روبرو دیکھیں گے۔ تاہم جب تک وہ آ نہیں جاتے ہمیں بہت سے کام کرنے کی ضرورت ہے۔ بائبل مقدس ہمیں بتاتی ہے کہ ہر کسی کے لئے مسیح کی آمد خوشی اور مسرت کا باعث نہ ہوگی۔ وہ لوگ جنہوں نے اُسے رد کر دیا ہوگا، اُن کے لئے یہ دن بڑا بھیانک ہوگا۔ اِسی لئے تو روح القدس دیا گیا تھا۔ روح القدس مرد و زن کو مسیح کی طرف لانے کے لئے ہمیں استعمال کرے گا۔ روح القدس ہمیں مرد و زن کو خداوند کے سامنے کھڑے ہو کر اپنی زندگیوں کا حساب دینے کے لئے تیار کرے گا۔ اُس روز سے قبل بہت سی روحیں جیتی جائیں۔ خداوند یسوع نے اپنے شاگردوں کو روح القدس کی قوت اور قدرت میں آگے بڑھ کر گواہ ہونے کے لئے اُبھارا۔ آج بھی خداوند ہم سے یہی توقع کرتے ہیں۔

چند غور طلب باتیں

☆۔ ہمارے لئے یہ کیوں کر ضروری ہے کہ ہم روح القدس کی خدمت کو جائیں۔

☆۔ انسانی حکمت اور طاقت کے بنا پر کی جانے والی خدمت اور روح القدس کی قوت اور تحریک سے کی جانے والی خدمت میں کیا فرق ہوتا ہے؟

☆۔ اِس باب کے شروع میں دیا گیا حوالہ ہمیں اِس بات پر ایمان لانے کی طرف ہماری راہنمائی کرتا ہے کہ اگر رسولوں اور شاگردوں نے خداوند کے لئے کچھ کرنا تھا تو پھر اُن کی زندگیوں میں روح القدس کا کام بہت ضروری تھا۔ کیا اِس بات کا اطلاق آج ہماری زندگیوں پر بھی ہوتا ہے؟

☆۔ آپ کیسے بتا سکتے ہیں کہ آپ کی خدمت روح القدس کی راہنمائی اور قوت میں ہو رہی ہے؟

چند اہم دُعائیہ نکات

☆۔ خداوند سے دُعا کریں کہ وہ آپ کو اپنی زندگی میں روح القدس کی راہنمائی اور کام کے لئے اور زیادہ حساس ہونے کا فضل اور توفیق دے۔

☆۔ ایسے وقتوں کے لئے خداوند سے معافی مانگیں جب آپ اِس بات پر یقین رکھتے رہے کہ آپ اپنی طاقت اور حکمت سے اُس کی خدمت کر سکتے ہیں۔

☆۔ اِس بات کے لئے خداوند کا شکر ادا کریں کہ آپ اِس بات پر ایمان رکھتے ہیں کہ وہ آپ کا نجات دہندہ ہے۔ روح القدس کی خدمت کے لئے خداوند کے شکرگزار ہوں جس نے یسوع مسیح کی پہچان اور ایمان آپ کو عطا کیا۔

☆۔ ایک لمحہ کے لئے دُعا کریں کہ خداوند آپ کو ایک خاص طریقہ سے اپنے گواہ ہونے کے لئے استعمال کرے۔

باب 2

رُوح اُلقدس کی تیاری

پڑھیں، اعمال 1:12-26

شاگردوں کے لئے ہمارے خداوند کے آخری حکموں میں سے ایک آخری حکم یہ تھا کہ جب تک اُنہیں روح القدس نہ مل جائے وہ یروشلیم میں ہی ٹھہرے رہیں۔ بے شک اِس آنے والے واقعہ کے تعلق سے شاگردوں کے ذہن میں بہت سے سوالات تھے۔ اُنہیں کیسے معلوم ہوگا کہ اُن کی زندگی میں روح القدس آ چکا ہے؟ یہ سب کچھ کب واقع ہوگا؟ خداوند نے اُنہیں اِن سوالات کے جوابات نہیں دیئے تھے۔ اُنہیں صرف یہ بتایا گیا تھا کہ یہ سب کچھ یروشلیم میں وقوع پذیر ہوگا۔ اور جب تک اِس وعدہ کی تکمیل نہ ہو جاتی اُنہیں اُسی شہر میں انتظار کرنا تھا۔ کوہ زیتون پر خداوند یسوع کے صعود فرماجانے کے واقعہ کے بعد شاگرد و خداوند یسوع کے اِسی حکم کی تابعداری میں یروشلیم شہر واپس آئے تھے۔

غور کریں کہ روح القدس کا انتظار کرتے ہوئے اُنہوں نے کیسے وقت گزارا ہوگا۔ 14ویں آیت ہمیں بتاتی ہے کہ وہ عورتوں اور خداوند یسوع کے بھائیوں کے ساتھ دُعا میں مشغول رہے۔ بیداری کی تاریخ ہمیں بتاتی ہے کہ روح القدس کا پُرزور نزول ہمیشہ سے خدا کے لوگوں کی بڑی سرگرم اور پُرجوش دُعا سے منسلک رہا ہے۔ کوئی بھی ایسا واقع نہیں ملتا جہاں پر روح القدس کا ایسا زبردست نزول بغیر کسی دُعائیہ عبادت کے ہوا ہو۔ خدا نے اپنا روح القدس انڈیلنے سے قبل اُنہیں دُعا کی تحریک دی۔ ہمیں یہ تو نہیں بتایا گیا کہ وہ کیا دُعا کر رہے تھے۔ تاہم ایک بات یقینی ہے کہ اُن کی دُعائیں اقرار و اعتراف کی دُعائیں تھیں اور وہ اُن دعاؤں میں خداوند کی راہنمائی کو مانگ رہے تھے۔

15ویں اور 16 آیت کے مطابق وہ نہ صرف دُعا میں مشغول تھے بلکہ خدا کے کلام کو پڑھنے اور اُس پر گھیان دھیان میں بھی مگن تھے۔ اپنی زندگی کے اِس مقام پر اُنہیں راہنمائی اور حوصلہ افزائی کی بھی ضرورت تھی۔ جب اُنہوں نے دُعا کی اور گزشتہ دو ہفتوں کے دوران جو کچھ ہوا تو اُسے سمجھنے کی کوشش کی، خداوند نے عہدِ عتیق میں سے دو حوالہ جات پر اُن کی توجہ مرکوز کی۔ اُن میں سے پہلا حوالہ زبور کی کتاب میں سے تھا۔

69زبور براہ راست اُن سے ہم کلام تھا۔ مقدس لوقا صرف اِس زبور کے ایک حصہ کا حوالہ دیتا ہے۔ ہمیں اِس زبور میں سے 25ویں آیت کے بڑے متن پر غور کرنے کی ضرورت ہے۔

"اُن کا مسکن اُجڑ جائے، اُن کے خیموں میں کوئی نہ بسے۔" (زبور 25:69)

یہ بہت ضروری ہے کہ ہم اعمال کی کتاب میں اِس باب کے متن کو یاد رکھیں۔ ابھی خداوند یسوع کو صلیب دیا گیا ہے۔ اِس مصلوبیت کی بے انصافی کو دیکھنے اور اُس پر نوحہ کناں ہونے کے سوا شاگردوں کے پاس کوئی اور چارہ نہ تھا۔ انہیں اِس بات کا علم تھا کہ اگر اُن کے خداوند کو مصلوب کر دیا گیا ہے تو اُن کی اپنی زندگیاں بھی خطرے میں ہیں۔ ایہوداہ اسکریوتی کی بے وفائی اور اُس کا خداوند کو دھوکے سے پکڑوانا، یہ سبھی کچھ اُن کے ذہنوں میں گھوم رہا تھا جو کسی طور پر بھی اُن کے لئے تسلی اور اطمینان کا باعث نہ تھا۔ اِس ذہنی تناؤ اور دباؤ میں اُنہیں زبور 69یاد دلایا گیا۔ عہد جدید کے یہ ایماندار اِن حالات میں خود کو زبور نویس کی جگہ پر رکھ کر دیکھ سکتے تھے۔

یہ زبور براہ راست اِن سے ہم کلام تھا۔ مقدس لوقا زبور کے ایک حصہ کا حوالہ دیتے ہیں۔ ہمیں اِس زبور میں 25 آیت کے وسیع متن کو دیکھنے کی ضرورت ہے۔

"اَے خدا! مجھ کو بچا لے۔ کیوں کہ پانی میری جان تک آ پہنچا ہے۔ مجھ سے بے سبب عداوت رکھنے والے میرے سر کے بالوں سے زیادہ ہیں۔ کیوں کہ تیرے نام کی خاطر میں نے ملامت اُٹھائی ہے۔ شرمندگی میرے منہ پر چھا گئی ہے۔ میں اپنے بھائیوں کے نزدیک بیگانہ ہوں۔

اور اپنی ماں کے فرزندوں کے نزدیک اجنبی۔ پھاٹک پر بیٹھنے والوں میں میرا ہی ذکر رہتا ہے اور میں نشہ بازوں کا گیت ہوں۔ تو میری ملامت اور شرمندگی اور رسوائی سے واقف ہے۔ میرے دشمن سب کے سب تیرے سامنے ہیں۔ ملامت نے میرا دل توڑ دیا۔ میں بہت اداس ہوں۔ اور میں اِس انتظار میں رہا کہ کوئی ترس کھائے پر کوئی نہ تھا۔ اور تسلی دینے والوں کا منتظر رہا پر کوئی نہ ملا۔ اُنہوں نے مجھے کھانے کو اندرائین ہی دیا۔ اور میری پیاس بجھانے کو مجھے سرکہ پلایا۔ اپنا غضب اُن پر انڈیل دے۔ اور تیرا شدید قہر اُن پر آپڑے۔ اُن کا مسکن اُجڑ جائے اور اُن میں کوئی نہ بسے" (زبور 69:1.4.7-8,12 ، 19-21,24-25)

یہ دیکھنا بالکل آسان ہے کہ یہ آیت کیسے شاگردوں سے منسلک ہے۔ زبور نویس کی طرح، خداوند یسوع کے شاگردوں کی طرح یسوع مسیح کے بھی بہت سے دشمن تھے۔ بعض اوقات یہ دشمن خداوند کے اپنے گھر کے لوگ ہی ہوتے تھے۔ (جیسا کہ یہوداہ کے معاملہ میں) لوگ اُن پر اور اُن کے عقیدہ اور ایمان کو ٹھٹھوں میں اُڑا رہے تھے۔ جب اُن کے خداوند کو مصلوب کر دیا گیا تو آپ اندازہ کر سکتے ہیں کہ کیسے اُن کے دشمن اُن پر آوازیں کستے ہوں گے کہ اب آپ کے ایمان کا کیا بنے گا۔

جب شاگردوں نے اِس زبور پر غور و فکر کیا، تو اُن کی توجہ 21 ویں آیت کی طرف مبذول ہوئی ہوگی۔ یہاں پر زبور نویس ذکر کرتا ہے کہ اُنہوں نے اُسے پینے کو سرکہ دیا۔ شاگردوں نے خداوند یسوع مسیح کے تعلق سے یہ حوالہ دیکھا ہوگا کہ کیسے سپاہیوں نے خداوند کو اُس وقت پینے کو سرکہ دیا ہوگا جب وہ صلیب پر لٹکے ہوئے تھے۔ 25 آیت بھی اُن کے لئے بڑی دلچسپی کی حامل ہوئی ہوگی جہاں پر زبور نویس دشمن کے مسکن کے اُجڑ جانے کا ذکر کرتا ہے اور کہتا ہے کہ اُس میں کوئی بسنے والا نہ رہے۔ شاگردوں نے کمرے میں چاروں طرف نظر دوڑا کر دیکھا ہوگا کہ میز پر یہوداہ کی جگہ خالی ہے۔ جب شاگردوں نے کتاب مقدس کے اِس حوالہ پر غور کیا ہوگا، تو بلاشبہ اُنہیں تقویت بھی ملی ہوگی۔ اُن کا خدا ہر چیز پر اختیار رکھتا تھا۔ گزشتہ کئی ہفتوں

سے یکے بعد دیگرے رونما ہونے والے واقعات کے تعلق سے پیش گوئیاں بہت پہلے کر دی گئیں تھیں۔ اِس موقع پر خداوند نے دوسرا حوالہ اُنہیں ایک اور زبور سے دیا۔ ''اُس کی عمر کوتاہ ہو جائے اور اُس کا منصب کوئی اور لے لے۔'' (زبور 8:109) جب اُنہوں نے اِس آیت پر غور کیا، خداوند نے یہوداہ کے تعلق سے اُن سے کلام کیا۔ ایک المناک خودکشی سے اُس کی زندگی اپنے انجام کو پہنچی۔ اِس آیت کا دوسرا حصہ خصوصی اہمیت کا حامل تھا۔'' اور اُس کا منصب کوئی دوسرا لے لے''

کتاب مقدس کے اِس حوالہ کے وسیلہ سے، خداوند نے اپنے شاگردوں پر ظاہر کیا کہ اُنہیں یہوداہ کی جگہ پر کسی دوسرے شاگرد کا چناؤ کرنا چاہئے۔ جب یہ ابتدائی شاگرد روح القدس کے نزول کا انتظار کر رہے تھے، اُنہوں نے پورے طور پر اپنے آپ کو خدا کے کلام پر غور وفکر کرنے کے لئے مخصوص کر دیا۔ خداوند نے اُن کے دُکھ، پریشانی اور خوف میں کلام کے وسیلہ سے اُنہیں تقویت دی اور اُن کی راہنمائی کی۔ پطرس نے خداوند کی راہنمائی محسوس کرتے ہوئے، کھڑے ہو کر وہاں پر موجود ایمانداروں کو اِس بات کا چیلنج دیا کہ جو کچھ خداوند کہہ رہا ہے اُس کی تابعداری کریں۔ فوری طور پر یہوداہ کا جانشین تلاش کرنے کا منصوبہ بنایا گیا۔ جب خدا نے کلام کیا، تو اُنہوں نے سنا، خدا کے روح کے نزول کی تیاری میں، ابتدائی کلیسیا نے خدا کی ظاہر ہونے والی مرضی کی قطعی اور فوری تابعداری کے ئے خود کو مخصوص کر دیا۔

کتنی ہی دفعہ خدا نے ہم سے اپنے کلام کے ذریعہ سے بات کی ہے، ہم اُس کی آواز سن کر اپنے ذہن میں اِس بات کو لکھ لیتے ہیں کہ ایک دن ہم نے اُس کلام کے تعلق سے کچھ نہ کچھ عملی طور پر کرنا ہے۔ بعد ازاں شیطان ہمیں اِس تعلق سے تابعداری کرنے کی سوچ سے بہت دُور لے جانے میں کامیاب ہو جاتا ہے اور خدا کا پاک روح ہماری نافرمانی سے بہت رنجیدہ ہوتا ہے۔

یہوداہ کی جگہ لینے والے شخص کے لئے چند ایک خصوصیات کا ہونا ضروری

تھا۔ (22-21) اُمیدوار کے لئے بپتسمہ، خداوند یسوع کے مُردوں میں سے جی اُٹھنے اور مسیح کے آسمان پر صعود فرما جانے کا چشم دید گواہ ہونا ضروری تھا۔ جب تک خداوند شاگردوں کے درمیان خدمت گزاری کا کام کرتا رہا، لازم تھا کہ وہ شخص بھی اُس سارے وقت میں اُن کے ساتھ رہا ہوتا۔ بالفاظ دیگر اُس شخص کا خداوند کے ساتھ شخصی تجربے کا ہونا بہت ضروری تھا۔ خداوند یسوع مسیح کے تعلق سے سنی سنائی باتیں کافی نہ تھیں۔ کیا ہمارے دَور کی کلیسیا میں بھی یہی تقاضا نہیں ہونا چاہئے؟ اگرچہ ہم میں سے کوئی بھی رسولوں کی طرح خداوند یسوع مسیح کو جسمانی آنکھوں سے دیکھنے کا دعویٰ نہیں کرسکتا، کیا اِس بات کا تقاضا کرنا منطقی بات نہیں کہ ہر ایک کلیسیائی قائد کو دل میں شخصی طور پر خداوند کو جاننے کا تجربہ ہوا ہو۔ شاگردوں نے اِس بات کو قطعاً قبول نہ کیا کہ کوئی ایسا شخص یہوداہ کی جگہ لے جسے خداوند کے ساتھ شخصی طور پر تجربہ نہ ہوا ہو۔

غور کریں کہ کیسے کلیسیا نے یہوداہ کی جگہ پر ایک اور شخص کا چناؤ کیا۔ اوّل، اُنہوں نے اپنے درمیان ایسا شخص تلاش کیا، جو اس خدمت کا اہل ہو۔ اُنہوں نے ایسے دو شخصوں کو تلاش کر لیا۔ اُنہوں نے اِس بات کو جان لیا کہ قطعی فیصلہ خداوند کے ہاتھ میں ہی ہے۔ اُنہوں نے اُس کو اپنی دُعا کا حصہ بنالیا۔ اُنہوں نے خداوند سے کہا کہ خداوند ہی اُن دونوں میں سے کسی کو چن لے۔ قادر مطلق خدا پر ایمان رکھتے ہوئے، اُنہوں نے قرعہ ڈالا۔ (26 آیت)

اُنہوں نے اِس معاملہ کو چانس پر نہ چھوڑا۔ قرعہ ڈالنے سے پہلے دُعا کی گئی۔ اُن کے دل میں یہ قوی ایمان تھا کہ خدا یہوداہ کی جگہ پر کسی ایک شخص کو منتخب کرے گا۔ اُنہوں نے اِس فیصلہ کو اپنے ہاتھ میں نہ لیا۔ اُن کی اپنی ترجیحات اہم نہیں تھیں۔ یہ شہرت اور وقار کا کوئی مقابلہ نہیں تھا کہ کون کتنا مقبول ہے۔ وہ سبھی خداوند کا فیصلہ قبول کرنے کے لئے تیار تھے۔

کتنی ہی بار ہم اپنی ترجیحات اور خیالات میں پھنس کر رہ جاتے ہیں۔ کیا ہم خداوند کو موقع دیں گے کہ وہ ہماری زندگی کے تعلق سے فیصلے کرے؟ جیسے کلیسیا نے روح القدس کے نزول کا

انتظار کیا، وہ اپنے خیالات کے تعلق سے مرنے کے لئے تیار تھے تا کہ جو خداوند کو پسند ہے وہی عمل میں آئے۔ اُنہوں نے خدا سے دُعا کے جواب کی توقع کی کہ خداوند اُن پر اُس شخص کو ظاہر کرے جسے اُس نے یہوداہ کی جگہ پر چنا ہے۔ جب قرعہ متتیاہ کے نام کا نکلا، خدا کے انتخاب اور چناؤ پر یہ اُن کا اعتماد تھا کہ اُنہوں نے اُس شخص کو خدمت میں خوش آمدید کہا۔

آج کے دَور میں اِن سب باتوں کا ہم سے کیا تعلق ہے؟ روح القدس کے نزول کی تیاری میں، ابتدائی کلیسیا دُعا، غور و فکر اور خدا کی ظاہر ہونے والی مرضی کی فوری تابعداری کے لئے مستعد اور وفادار تھے۔ یہوداہ کا جانشین چننے میں، وہ توقع کر رہے تھے کہ خدا اپنی مرضی کو اُن پر ظاہر کرے۔ اُنہوں نے خدا کو موقع دیا کہ وہ اپنی ترجیحات کو بالائے طاق رکھ دیں۔ اِسی وجہ سے روح القدس اُن پر بڑے زور سے نازل ہوا۔

کس قدر ضروری ہے کہ ہم ابتدائی کلیسیا کے نقش قدم پر چلیں۔ کیا ممکن ہے کہ روح القدس کی حضوری اِسی لئے آج ہمارے درمیان عیاں نہیں ہوتی کیوں کہ ہم ابتدائی کلیسیا کے نمونے پر نہیں چل رہے؟ اُنہوں نے چناؤ کا فیصلہ خداوند پر چھوڑ دیا۔ کیا ہم خدا کے کلام کی مکمل اور فوری تابعداری اور دُعا میں خداوند کے دیدار کے طالب ہوں گے؟ کیا ہم اپنے خیالات اور ترجیحات کو ایک طرف رکھنے کے لئے تیار ہوں گے تا کہ اُس کی مرضی کے ظاہر ہونے کے لئے ہم ایک توقع کے ساتھ اُس کے حضور ٹھہر سکیں؟ خداوند ہم سب کو فضل دے تا کہ ہم ابتدائی کلیسیا کے نقش قدم پر چل سکیں! آمین۔

چند غور طلب باتیں

☆۔اِس باب میں دی گئی ابتدائی کلیسیا کی خصوصیات پر غور کریں۔آپ کی کلیسیا کیسے اِس معیار پر پورا اُترتی ہے؟ آپ شخصی طور پر کیسے اِس معیار پورا اترتے ہیں؟

☆۔کیا آپ کی زندگی میں کچھ ایسے حصے ہیں جہاں پر آپ کو فرمانبردار ہونے کی ضرورت ہے؟وہ کون سے حصے ہیں؟اِس وقت آپ کو تابعدار ہونے سے کون سی چیز روکے ہوئے ہے؟

☆۔کیا آپ نے کبھی خداوند پر شک کیا ہے؟ آج یہ حوالہ آپ کے لئے کیسے ایک چیلنج ہے؟

☆۔کیا آپ کو اپنی کلیسیا یا شخصی زندگی میں خدا کے تازہ مسح یا اُس کی طرف سے ایک گہری جنبش کی ضرورت ہے؟جب آپ اِس بات کے منتظر ہیں تو آپ کو کیا کرنے کی ضرورت ہے؟

چند اہم دُعائیہ نکات

☆ ۔ جب آپ اِس باب میں ابتدائی کلیسیا کی خصوصیات پر غور و خوص کر رہے ہیں، خداوند سے کہیں کہ وہ آپ کے ذہن کو کھولے تا کہ آپ دیکھ سکیں کہ ابتدائی کلیسیا کے شاندار اور اعلیٰ نمونے کے مطابق کون سی ایسی خوبی ہے جسے اپنانے میں آپ نا کام ہوئے ہیں۔

☆ ۔ خداوند سے ایسے وقتوں کے لئے معافی کے طلب گار ہوں جب آپ وفادار نہ رہے۔ خداوند سے فرمانبردار ہونے کے لئے طاقت اور دلیری مانگیں۔

☆ ۔ جب آپ اُس کی مرضی اور مقصد کو اپنی زندگی میں پورا کرنے کے منتظر ہیں تو خداوند سے صبر مانگیں۔

☆ ۔ دُعا میں جھکیں اور اپنی مقامی کلیسیا کو خداوند کے سپرد کر دیں۔ جن خوبیوں اور خصوصیات کا ہم نے یہاں پر جائزہ لیا ہے، دُعا کریں کہ یہ سب خصوصیات آپ کی کلیسیا میں سے بھی ظاہر ہوں۔

☆ ۔ خداوند سے دُعا کریں کہ اپنے روح القدس سے آپ کو اور زیادہ بھرتا چلا جائے۔ اور آپ اور بھی زیادہ مؤثر اور عظیم گواہ بنتے چلے جائیں۔

باب 3

رُوح اَلقدس کا نزول

پڑھیں، اعمال 2:1-13

یہ یہودیوں کے پینتیکوست کے تہوار کا دن تھا۔ ہر جگہ سے یہودی یروشلیم میں اُس دن کو منانے کے لئے فراہم تھے۔ مسیح یسوع کے شاگرد الگ سے ایک جگہ پر جمع تھے تو روح القدس اُن پر نازل ہوا۔ غور کریں کہ اُنہوں نے روح القدس کے نزول کو سنا۔ بائبل مقدس بیان کرتی ہے کہ اُنہوں نے زور کی آندھی کا سناٹا سنا۔ اِس آندھی کے تعلق سے کچھ عجیب بات تھی۔ مقدس لوقا بیان کرتا ہے کہ یہ آسمان سے آئی اور اُس کمرے کو معمور کر دیا جہاں پر وہ جمع تھے۔ ہمیں کوئی ایسا ثبوت اور ذکر نہیں ملتا کہ کمرے سے باہر بھی کسی نے آندھی کو محسوس کیا ہو۔ ظاہر ہوتا ہے کہ یہ صرف اُسی کمرے تک محدود تھی جہاں پر ایماندار دُعا میں ٹھہرے ہوئے تھے۔ اگرچہ یہ آندھی بڑے زور کی تھی، تو بھی ایمانداروں کو معلوم تھا کہ یہ آسمان سے بھیجی گئی ہے۔ وہ اِس بات سے باخبر تھے کہ خدا اُن کے درمیان کچھ کر رہا ہے۔

تیسری آیت کے مطابق ایمانداروں نے آگ کی سی زبانیں بھی دیکھیں۔ جب وہ دیکھ رہے تھے تو وہ زبانیں اُن میں سے ہر ایک پر آ ٹھہریں۔ اگرچہ اُن کا تجربہ اجتماعی تھا، تو بھی وہ ہر ایک کے لئے ایک شخصی تجربہ بھی تھا۔ ہر ایک ایماندار شخصی طور پر روح القدس سے بھر گیا۔ یہ بات ہمیشہ ہماری توجہ کا مرکز رہے اور ہم کبھی بھی اُس کو نظر انداز نہ کریں۔ ہو سکتا ہے کہ آپ کسی ایک کلیسیا کا حصہ ہوں، لیکن محض اتنا ہی کافی نہیں ہے۔ اُن ایمانداروں کی طرح لازم ہے کہ آپ شخصی تجربہ سے جانیں کہ شخصی طور پر روح القدس سے معمور ہونے کا کیا مطلب ہے۔

روح القدس سے معمور ہونے کا نتیجہ دیکھیں۔ (آیت 4) جس طرح روح نے اُنہیں بولنے کی

توفیق بخشی اُنہوں نے غیر زبانیں بولیں۔ اِس فقرے پر غور کریں "جس طرح روح نے اُنہیں بولنے کی توفیق بخشی" اِس کا مطلب یہ ہے کہ روح القدس کے اُن کی زندگیوں میں کام کے نتیجہ ہی میں اُنہیں غیر زبانیں بولنے کی توفیق ملی۔ اُس روز روحانی نوعیت کا کام ہوا تھا۔ غیر زبانیں بولنا اُن ایمانداروں کی زندگیوں میں روح القدس کے کام کا نتیجہ تھا۔ سب ہی روح القدس سے معمور ہو گئے، اور جس طرح روح نے اُنہیں زبانیں بولنے کی توفیق بخشی اُنہوں نے غیر زبانیں بولیں۔

چھٹی آیت سے یہ بات ظاہر ہوتی ہے کہ جب روح القدس نازل ہوا تھا بڑا شور تھا۔ ہر طرف سے لوگ یہ دیکھنے کے لئے اکٹھے ہو گئے کہ کیا ہو رہا ہے۔ اِس سے پہلے کسی کی توجہ اُس کمرے کی طرف نہیں تھی جہاں پر ایماندار جمع تھے۔ جب آس پڑوس سے لوگ جمع ہوئے، اُنہوں نے اپنی اپنی زبان میں خدا کے عجیب کاموں کا بیان سنا۔ (11 آیت) نویں اور دسویں آیات ہمیں اُن زبانوں کی تفصیل پیش کرتی ہیں جو اُس دن بولی گئیں۔ یہ ظاہر ہوتا ہے کہ روح القدس نے یروشلیم میں جمع ہونے والے لوگوں کے سامنے خدا کے عجیب بھیدوں اور کاموں کو بیان کرنے کے لئے انہیں خاص توفیق بخشی۔ اُس نعمت میں بشارتی خدمت کا عنصر پایا جاتا تھا۔ یہ اِس لئے ہوا تاکہ غیر ایماندار اپنی اپنی زبان اور بولی میں نجات کے پیغام کو سن سکیں۔

بعض مفسرین یہ سمجھتے ہیں کہ یہ پیراگراف بیان کر رہا ہے کہ خدا نے اُن غیر ایمانداروں کو غیر زبانوں کے ترجمہ کی توفیق بخشی جو اُن کو غیر زبانیں بولتے ہوئے سن رہے تھے۔ اِس تفسیر کے ساتھ کئی ایک مسائل موجود ہیں۔ یہ پیراگراف یہ بیان نہیں کرتا کہ غیر ایمانداروں کو اُس وقت بولی جانے والی غیر زبانوں کے ترجمہ کی توفیق ملی۔ ہمیں تو صرف یہی معلوم ہوتا ہے کہ انہوں نے اپنی اپنی زبان میں خدا کے بھیدوں اور بڑے بڑے کاموں کا بیان سنا۔ غیر زبانیں بولنے کی توفیق اور نعمت ایمانداروں کو ملی تھیں نا کہ غیر ایمانداروں کو۔ یہ حوالہ بالکل واضح بیان کرتا ہے کہ روح القدس کی طرف سے ملنے والی توفیق سے ایمانداروں نے غیر زبانیں

بولیں۔ یوں لگتا ہے کہ اعمال 2باب میں مندرج غیر زبانیں غیر زبانوں کی اُس نعمت سے مختلف ہیں جن کا ذکر مقدس پولس رسول نے 1 کرنتھیوں 14باب میں کیا ہے۔

اعمال 2باب میں بولی جانے والی غیر زبانیں خدا کے کلام کو ایسی زبانوں میں بیان کرنے کی توفیق تھی جنہیں لوگ سمجھتے اور جانتے تھے۔ غیر ایمانداروں کے لئے اُن زبانوں کو سمجھنے کے لئے کسی ترجمہ کی ضرورت نہ تھی۔ 1 کرنتھیوں 14باب میں مندرج غیر زبانوں کی نعمت قطعی مختلف ہے۔ کیوں کہ مقدس پولس رسول بیان کرتے ہیں کہ جو غیر زبان میں باتیں کرتا ہے کہ آدمیوں سے نہیں بلکہ خدا سے باتیں کرتا ہے۔ مقدس پولس رسول یہ بھی بیان کرتا ہے کہ کوئی شخص ترجمہ کے بغیر اُن زبانوں کو سمجھ نہیں سکتا۔

''کیوں کہ جو بیگانہ زبان میں باتیں کرتا ہے وہ آدمیوں سے باتیں نہیں کرتا بلکہ خدا سے اس لئے کہ اُس کی کوئی نہیں سمجھتا حالانکہ وہ اپنی روح کے وسیلہ سے بھید کی باتیں کہتا ہے۔''

(1 کرنتھیوں 2:14)

1 کرنتھیوں 14باب میں مندرج بیگانہ زبانوں کی نعمت شخصی ترقی کے لئے تھی۔ اور شخصی طور پر بولنے کے لئے تھیں، کلیسیا میں صرف اُسی صورت میں بولی جاسکتی تھیں جب ترجمہ کرنے والا بھی موجود ہو۔ اعمال 2باب میں موجود نعمت غیر ایمانداروں تک خدا کے کلام کو پیش کرنے کے لئے تھیں جو یروشلیم میں فسح کے لئے جمع ہوئے تھے۔

اعمال 8:1میں، خداوند یسوع نے وعدہ کیا، جب روح القدس اُن پر نازل ہوگا تو وہ اُنہیں توفیق اور قوت دے گا کہ وہ اُس کے گواہ ہوسکیں۔ اعمال 2باب میں یہی کچھ تو ہو رہا تھا۔ جونہی روح القدس ایمانداروں پر نازل ہوا تو اُنہوں نے بڑی دلیری کے ساتھ غیر ایمانداروں کے سامنے خوشخبری کے پیغام کو بیان کرنا شروع کر دیا تاکہ اُن کے لئے گواہی ہو۔ لوگوں کے ردِ عمل پر غور کریں، بعض رسولوں کی طرف سے بیان کردہ باتوں کو سن کر حیران ہوئے،

ہوسکتا ہے کہ یہ حیرت جزوی ہو کیوں کہ اُنہوں نے خوشخبری کا پیغام اپنی زبان میں سنا تھا۔ وہ

اُن ایمانداروں کو اِس قدر دلیری سے خدا کے کاموں کو بیان کرتے ہوئے دیکھ کر بھی حیرت زدہ تھے۔ اُنہوں نے اِس بات کو سمجھا کہ خدا کی مافوق الفطرت قدرت وہاں پر کام کر رہی ہے اور وہ پکار اُٹھے۔"یہ کیا ہوا چاہتا ہے؟" یہ پہلا گروپ سمجھنے سے قاصر رہا۔ اِس سے پہلے کہ وہ اپنا ردِ عمل ظاہر کرتے اُنہیں سمجھنے کی ضرورت تھی۔ انسانی دلیل اور عقل کے باعث وہ سمجھنے سے قاصر رہے۔

دوسرے گروپ نے ایمانداروں کا مذاق اڑایا۔ اُس دن جو کچھ وہاں ہو رہا تھا اُس میں وہ خدا کے ہاتھ کو دیکھنے سے قاصر رہے۔ اُنہوں نے ایمانداروں کی ساری صورتحال کو شراب کے نشے سے منسوب کر دیا۔ روح القدس اُن کے درمیان جو کام کر رہا تھا اُنہوں نے اُس پر مطلق توجہ نہ کی۔ تاہم جن پر روح القدس نازل ہوا تھا وہ رونما ہونے والے واقعہ کی اہمیت سے باخبر تھے۔ وہ روح القدس کی قوت اور قدرت سے واقف تھے۔ میں کبھی کبھی سوچتا ہوں کہ اگر میں بھی اُس دن اس بھیڑ میں شامل ہوتا تو میرا ردعمل کیسا ہوتا؟ اِس حوالہ میں تین مختلف طرح کے لوگ دیکھنے کو ملتے ہیں۔ پہلا گروپ دُور کھڑا دیکھتا اور حیران ہوتا رہا۔ دوسرا گروپ اِس چیز سے کوئی سروکار نہیں رکھنا چاہتا تھا، اُنہوں نے خدا کے روح کے کام کا تمسخر اڑایا۔ تیسرے گروپ نے خدا کی معموری اور قوت اور قدرت کا شخصی تجربہ کیا۔

روح القدس کی معموری کا تجربہ آپ کا شخصی تجربہ ہو سکتا ہے اور لازمی بات ہے کہ یہ آپ کا شخصی تجربہ ہو۔ مقدس پولس رسول رومیوں کے خط میں بیان کرتے ہیں۔

"لیکن تم جسمانی نہیں بلکہ روحانی ہو بشرطیکہ خدا کا روح تم میں بسا ہوا ہے۔ مگر جس میں مسیح کا روح نہیں وہ اُس کا نہیں۔" (رومیوں 9:8)

یہاں پر مقدس پولس رسول بیان کرتے ہیں کہ روح کی معموری ایک ایماندار کا عام سا تجربہ ہے۔ کیا اس بات کا کوئی ثبوت ہے کہ خدا آپ کی زندگی میں کام کر رہا ہے؟ وہ روح القدس جو اُس دن ابتدائی کلیسیا پر نازل ہوا تھا، لازم ہے کہ آج ہم پر بھی نازل ہو۔ روح القدس کے بغیر ہم کوئی بھی ایسا کام نہیں کر سکتے جو دائمی روحانی قدر و قیمت رکھتا ہو۔

اکثر و بیشتر ہم روح القدس کو نظر انداز کر دیتے ہیں۔ہم اِس بات سے خوفزدہ ہوتے ہیں کہ پتہ نہیں کہ روح القدس ہماری زندگیوں میں کیسا کام کرے گا۔ کیا یہ ایسا وقت نہیں کہ ہم خدا کے روح سے بھاگنا چھوڑ دیں؟ کیا یہ وقت نہیں کہ جو کچھ روح القدس کرنا چاہتا ہے ہم خود کو اُس کام کے تابع کر دیں؟روح القدس کی خدمت کے بغیر ہمارا ایمان مردہ اور غیر مؤثر ہوگا۔صرف خدا کے روح میں ہی قوت اور قدرت پائی جاتی ہے۔

چند غور طلب باتیں

☆۔آپ کی زندگی میں اِس بات کا کیا ثبوت ہے کہ آپ روح القدس سے معمور ہیں؟

☆۔جب پینتکوست کے دن ایمانداروں پر روح القدس نازل ہوا تھا تو کیا واقعہ رونما ہوا تھا؟ کیا آپ کی زندگی میں ایسا ثبوت موجود ہے؟

☆۔اپنے آپ کو روح القدس کی خدمت اور اُس کے کام کے لئے پورے طور پر تابع کرنے میں کون سا خوف حائل ہے؟ کیا ایسے خوف جائز ہیں؟

چند اہم دُعائیہ نکات

☆۔خداوند سے دُعا کریں کہ آپ کو روح القدس سے معمور کر دے تاکہ اُس کی دلیری اور قوت آپ کی زندگی میں واضح طور پر دیکھی جاسکے۔

☆۔خداوند سے کہیں کہ آپ کی زندگی میں ایسی چیزوں کو ظاہر کرے جو روح القدس کے کام کرنے میں رکاوٹ بنی ہوئی ہیں۔

☆۔اِس بات کے لئے خدا کا شکر کریں کہ اُس نے اپنے سب لوگوں سے روح القدس کا وعدہ کیا ہے۔

باب 4

نبوت کی تکمیل

پڑھیں، اعمال 2:14-21

جب روح القدس ایمانداروں پر نازل ہوا تو یروشلیم میں بڑا ہنگامہ تھا۔ حتیٰ کہ غیر ایماندار دیکھنے کے لئے آئے کہ یہاں پر کیا واقع ہوا ہے۔ بعض لوگوں کے نزدیک تو اِس سارے واقعہ کی یہی وجہ تھی کہ وہ لوگ نشہ میں ہیں۔ لگتا ہے کہ ایمانداروں کی اِس جماعت میں پطرس بطور ایک راہنما تھا۔ اُس روز ہونے والے واقعہ کے پیشِ نظر یہودیوں کی اُلجھن اور پریشانی کو بھانپتے ہوئے پطرس رسول نے بھیڑ سے مخاطب ہو کر وضاحت سے اُنہیں سمجھایا کہ یہ سارا واقعہ کسی انسان کی سوچ اور خیال کا نتیجہ نہیں ہے۔ رسول شراب کے نشہ میں نہیں تھے جیسا کہ بعض نے قیاس آرائی کی تھی۔ کیونکہ ابھی تو صبح کا وقت تھا۔ بلکہ جو کچھ وہ دیکھ رہے تھے وہ سب تو یوایل نبی کی نبوت کی تکمیل تھی۔

اعمال 2 باب میں جو کچھ ہو رہا تھا اِس کی روشنی میں آئیں یوایل نبی کی پیش گوئی پر نظر کریں۔ یوایل نبی ہمیں بتاتے ہیں کہ آخری دنوں میں خداوند اپنے روح کو ہر فرد و بشر پر نازل کرے گا۔ کتاب مقدس میں ''اخیر دنوں'' کی اصطلاح مسیح کے آنے کے بعد کے وقت کی طرف اشارہ ہے۔ ہم اَب آخری دنوں میں زندگی بسر کر رہے ہیں۔ یوایل نبی ہمیں یہ بتا رہے ہیں کہ مسیح کی آمد کے بعد، خدا اپنے روح کو ہر فرد و بشر پر نازل کرے گا۔

غور کریں کہ روح القدس کا نزول سب لوگوں پر ہو گا۔ (17 آیت) بالفاظ دیگر روح القدس کا نزول صرف اُن ہی لوگوں پر نہیں ہو گا جن کی قومیت یہودی ہو گی بلکہ سب قوموں پر روح القدس کا نزول ہونا تھا۔ اعمال دو باب میں ایماندار اِسی تجربہ کو حاصل کر رہے تھے۔ وہ بہت

سی مختلف زبانوں میں خدا کے ''بڑے بڑے کاموں'' کا بیان کر رہے تھے۔ مختلف قوموں سے تعلق رکھنے والے لوگ اپنی اپنی زبان میں پہلی دفعہ خدا کی نجات کا پیغام اپنی اپنی زبان میں سن رہے تھے۔ مسیح کے آنے سے انجیل کا پیغام روح القدس کی قوت اور قدرت کے ساتھ پوری دُنیا میں پہنچایا گیا۔

یوایل نبی نے یہ بھی نبوت کی کہ روح القدس کسی کا طرفدار نہیں ہوگا۔ وہ غلاموں اور نوکروں کے بیٹے بیٹیوں پر بھی نازل ہوگا۔ (17-18 آیات) روح القدس کی بخشش سب لوگوں کے لئے ہوگی۔ خواہ کسی کی قومیت اور معاشرے میں مقام کیسا بھی کیوں نہ ہوں۔

یوایل نبی کے مطابق روح القدس کا نزول بڑے بڑے نشانات کے ساتھ ہوگا۔ اُن نشانات کو دو اقسام میں تقسیم کیا جاسکتا ہے۔ پہلی قسم :۔ نبوت، رویا اور خوابوں کے نشانات، یہودیوں کے لئے یہ کوئی نئی بات نہیں تھی۔ یہودی سمجھتے تھے کہ بعض لوگوں کو خدا کی طرف سے نبوت کرنے کی توفیق ملتی ہے۔ وہ عہد عتیق کے انبیاء اکرام کی نبوتی باتوں کو بہت عزت و قدر کی نگاہ سے دیکھتے تھے۔ خواب اور رویا پرانے عہد نامہ کی تہذیب و ثقافت میں عام تھے۔ یوسف اور یعقوب نے خدا کی طرف سے خواب دیکھے، جب کہ یسعیاہ، یرمیاہ اور دانی ایل نے خدا کی طرف سے رویائیں دیکھیں۔

یوایل کی پیش گوئی میں یہ کہا جارہا ہے کہ ہر خاص و عام ایسے خواب دیکھنے اور نبوت کرنے کا تجربہ کرے گا۔ نہ صرف مذہبی قیادت بلکہ ہر خاص و عام نبوت، خواب اور رویا کا تجربہ کریں گے۔ یہودی بیٹے اور بیٹیاں نبوت کریں گے۔ بوڑھے لوگوں کو خدا کی طرف سے تجربہ ہوگا۔ نوجوان رویا دیکھیں گے۔ حتیٰ کہ اُن کے گھرانوں میں موجود غلام اور نوکر بھی پرانے عہد نامہ کے انبیاء کی طرح نبوت کریں گے۔ خدا کا روح ہر خاص و عام پر نازل ہوگا۔ جیسا کہ وہ عہد عتیق کے انبیاء پر نازل ہوتا تھا۔ اُن کے گھرانے میں موجود حقیر سا نوکر اور غلام بھی خدا کے روح کی تحریک سے کھڑا ہو کر خدا کے کلام کو بیان کرے گا۔ یہ ایک منفرد اور نئی بات تھی۔

یوایل نبی نے پہلے سے زمین اور آسمان پر نشانات کے بارے میں بتادیا تھا۔ (18 آیت) یو

ایل نبی نے نبوت کی کہ مسیح کے آنے کے بعد، زمین آگ اور خون اور دھوئیں کے بادل دیکھے گی۔

خداوند کے آخری دن آنے سے پہلے سورج تاریک ہو جائے گا اور چاند خون ہو جائے گا۔ اگر ہم مکاشفہ کی کتاب کو پڑھیں تو ہمیں پتہ چلتا ہے کہ یوحنا رسول نے مکاشفہ کی کتاب میں اِن ہی باتوں کو بیان کیا ہے کہ خداوند کی آمد سے قبل بالکل ایسے ہی ہوگا۔ اخیر زمانہ میں آخری دن خوشگوار دن نہیں ہوں گے۔ زمین پر ظلم و بربریت اور خون ریزی کا بازار گرم ہوگا۔ آگ زمین کو بھسم کر دے گی۔ ابھی یہ نشانات ظاہر ہونے باقی ہیں۔

اِسی دوران، خدا کا پاک روح ہر فرد و بشر پر نازل کیا جائے گا۔ آپ جیسے خواتین و حضرات کے وسیلہ سے، نجات کا پیغام دُنیا کے کونے کونے تک پہنچے گا۔ یوایل نبی ہمیں یاد دہانی کراتے ہیں کہ جو کوئی خداوند کا نام لے گا نجات پائے گا۔ ہمیں ہلاک ہونے کی کوئی ضرورت نہیں ہے۔ پہلے نشانات آگاہ کرنے والے نشانات ہوں گے۔ دوسرے نشانات عدالت کے نشانات ہوں گے۔ آج خدا ہم سے ویسے ہی ہم کلام ہے جیسے وہ اُن لوگوں سے کلام کر رہا تھا جو روز پینتکوست یروشلیم میں جمع تھے۔ کل کو آگ، خون اور دُھواں ہم پر بھی ظاہر ہو سکتا ہے۔ کیا ہم ایسی صورتحال کے لئے تیار ہوں گے؟ یوایل کی پیش گوئی کا آغاز ہو چکا ہے اور ہم اپنے اردگرد اِس نبوت کی تکمیل کو دیکھ سکتے ہیں۔ اِس کے بعد دُنیا کی عدالت کے تعلق سے نبوت کی تکمیل ہوگی۔

پینتیکوست کے دن، پطرس رسول نے اپنے سامنے جمع ہونے والوں کو یاد کرایا کہ روح القدس کا نزول یوایل نبی کی ایک عظیم پیش گوئی کی تکمیل ہے۔ رسول نے اُنہیں چیلنج دیا کہ وہ خداوند کے آخری دن کے لئے اپنے آپ کو تیار کریں۔ اُن کی آخری اور واحد اُمید خداوند یسوع مسیح میں ہے۔ صرف اور صرف خداوند یسوع کا نام لینے سے ہی اُنہوں نے آنے والے غضب سے نجات پانی تھی۔ اُس روز یروشلیم میں فراہم ہونے والے لوگ بہت مذہبی قسم کے تھے۔ وہ روز پینتیکوست خداوند کی پرستش و عبادت کے لئے ہی تو فراہم ہوئے تھے۔ اُن لوگوں کو پطرس

رسول نے اُمید کا پیغام دیا۔ ہو سکتا ہے کہ آپ بھی اُن یہودیوں کی طرح بہت مذہبی قسم کے لوگ ہوں۔ آپ کو بھی یہ پیغام سننے کی ضرورت ہے۔ جب خداوند بادلوں کے ساتھ ظاہر ہو گا آپ کا مذہب آپ کو بچا نہ سکے

گا۔ صرف وہی جو خداوند کا نام لیتے ہیں نجات پائیں گے۔ یہ اُس دَور کے یہودیوں کے لئے ایک انقلابی پیغام تھا۔ آج ہمارے لئے بھی یہ ایک انقلابی پیغام ہے۔ یہی ہماری واحد اُمید ہے۔

چند غور طلب باتیں

☆۔ ہمارے درمیان روح القدس کے کام کے کون سے شواہد موجود ہیں؟

☆۔ کیا ہم آخری دنوں میں زندگی بسر کر رہے ہیں؟

☆۔ خداوند کا نام لینے سے کیا مراد ہے؟

چند اہم دُعائیہ نکات

☆۔ روح القدس کے لئے خداوند کی شکر گزاری کریں

☆۔ جب آپ اپنی زندگی میں روح القدس کے کام کے لئے مثبت ردِ عمل ظاہر کرنے سے کتراتے رہے، ایسے وقت کے لئے خدا سے معافی مانگیں۔

☆۔ دُعا کریں کہ خدا آپ کے دل میں روح القدس کے کام کے وسیلہ سے آپ کی زندگی کو پورے طور پر اپنے اختیار میں لے۔

باب 5

یہ شخص یسوع

پڑھیں، اعمال 2:22-41

ہم دیکھ چکے ہیں کہ روح القدس کی خدمت آدمیوں اور عورتوں کو مسیح کے پاس لانا ہے۔
(اعمال 8:1) مذکورہ حوالہ میں یہی کچھ تو ہو رہا تھا۔ روح القدس سے معمور ہو کر پطرس رسول نے کھڑے ہو کر بھیڑ سے کلام کیا۔ اُس پیغام کا مرکزی نقطہ خداوند یسوع مسیح کی شخصیت تھی۔ آئیں تفصیل سے دیکھیں اِس پیغام میں پطرس نے مسیح کے تعلق سے کیا بیان کیا۔ 22ویں آیت کے مطابق خداوند یسوع مسیح خدا کی طرف سے تھا۔

پطرس نے اپنے سامعین کو بتایا کہ خداوند یسوع مسیح خدا کی طرف سے تھے۔ اُن کے لئے معجزات، نشانات اور عجیب کاموں کے وسیلہ سے اُس کا خدا کی طرف سے ہونا ثابت ہوا۔ یوں لگتا ہے کہ جیسے پطرس اپنے سامعین کو یہ بتانے کی کوشش کر رہا تھا کہ اِن معجزات اور نشانات کا ایک خاص مقصد ہے۔ اِن معجزات نے بغیر کسی شک و شبہ کے یہ ثابت کر دیا کہ فی الحقیقت خداوند یسوع خدا کی طرف سے بھیجے گئے تھے۔ آئیں سنیں کہ خداوند یسوع نے از خود کیا کہا۔

"لیکن میرے پاس جو گواہی ہے وہ یوحنا کی گواہی سے بڑی ہے۔ کیوں کہ جو کام باپ نے مجھے پورا کرنے کے دیئے یعنی یہی کام جو میں کرتا ہوں وہ میرے گواہ ہیں کہ باپ نے مجھے بھیجا ہے۔"

(یوحنا 5:36)

ایک دفعہ پھر سے خداوند نے اپنے اُن سامعین سے کہا جو اُس پر ایمان نہیں لائے تھے۔

"اگر میں اپنے باپ کے کام نہیں کرتا تو میرا یقین نہ کرو۔ مگر اِن کاموں کا تو یقین کرو تا کہ تم

جانوں اور مجھو کہ باپ مجھ میں ہے اور میں باپ میں۔" (یوحنا 10:37-38)

وہ معجزات جو خداوند نے کئے اُن کا مقصد اُن لوگوں پر ثابت کرنا تھا کہ خداوند یسوع مسیح نے خدا کی قدرت سے خدمت سرانجام دی۔ خداوند یسوع مسیح کے معجزات کے تعلق سے کوئی اور وضاحت نہیں تھی۔ یہاں وہ شخص تھا جو فطرت پر اختیار اور قدرت رکھتا تھا۔ یہاں وہ شخص تھا جس میں بیماروں کو شفا دینے اور مُردوں کو زندہ کرنے کے لئے خدا کی قدرت اُس کے اختیار میں تھی۔ کوئی بھی فراخ دِل شخص باآسانی اِس بات کو پہچان سکتا تھا کہ خدا کا ہاتھ اُس پر تھا۔ خداوند یسوع کی خدمت کسی بھی شک و شبہ سے بالاتر تھی۔

وہ خدا کے مقصد کے تحت حوالہ کیا گیا (23 آیت)

پطرس کے سامعین کے لئے یہ کہنا آسان ہو گیا ہو گا کہ خداوند یسوع واقعی خدا کی طرف سے ہوا تھا۔ وہ اِس قدر ظالمانہ موت کیوں موا؟ پطرس نے بتایا کہ خداوند یسوع کی موت بھی خدا کے مقصد کا ایک حصہ تھی۔ بدکار لوگوں نے ہمارے خداوند کو کیلوں پر صلیب سے جڑ دیا۔ اپنے الٰہی منصوبہ میں، خداوند نے اُسی بدی کو بنی نوع انسان کی بھلائی کے لئے استعمال کیا۔ یعنی اُسی سے خدا نے بنی نوع انسان کی نجات کا انتظام کیا۔ کیا آپ کے ساتھ کوئی المناک واقعہ پیش آیا ہے؟ اِس آیت سے تقویت پائیں، جو چیزیں المناک لگتی ہیں، خدا اُنہیں ہی انسانی زندگی کی بھلائی کے لئے استعمال کر سکتا ہے۔

خدا نے اُسے مردوں میں سے زندہ کیا (24 آیت)

اگرچہ بظاہر یہی لگتا ہے کہ صلیب خداوند یسوع کے دشمنوں کے لئے بڑی فتح تھی۔ لیکن دراصل یہ تو خداوند کے دشمنوں کی شکست تھی۔ مصلوبیت کے بعد خداوند مردوں میں سے زندہ ہوئے۔ پطرس نے اپنے سامعین کو یاد دلایا کہ قبر خداوند یسوع کو اپنے تسلط کے نیچے نہ رکھ سکی۔ خداوند نے موت کی زنجیروں کو توڑ دیا۔ پطرس رسول نے اپنے سامعین کو زبور کا حوالہ دیا جہاں پر خداوند یسوع کے تعلق سے بہت پہلے پیش گوئیاں کی گئی تھیں۔ اُس نے اُنہیں

زبور 16:8-11 یاد دلایا۔ جہاں پر داؤد بادشاہ نے کہا، "نہ مقدس کو سڑنے دے گا۔" خداوند یسوع کے بدن کے گلنے سڑنے کی نوبت نہ آئی۔ (16:10) تیسرے دن وہ مردوں میں سے زندہ ہوگئے۔ یہ حقیقت کہ موت خداوند یسوع کو اپنے اختیار میں نہ رکھ سکی، اِس بات کا ثبوت ہے کہ وہ خدا تھا۔ کیا آپ اِس حقیقت سے زبور نویس کو ملنے والی تقویت پر غور کرسکتے ہیں، کہ موت اُس قدوس کو اپنے قبضے میں نہ رکھ سکی۔ کیوں کہ خداوند اُس کے ساتھ تھا اِس اُسے جنبش نہ ہوئی۔

ہمارے دوست احباب اور عزیز و اقارب ایک دن اِس دنیا سے چلے جائیں گے۔ وہ ہمیشہ ہمارے پاس نہ رہیں گے۔ لیکن خدا کے تعلق سے ایسا نہیں کہا جا سکتا۔ ابدی خدا ہمیشہ قائم و دائم رہے گا۔ وہ ہمیشہ ہمارے ساتھ رہے گا۔ خدا ہمارے ساتھ ہے اِس لئے کوئی ہمیں ہلا نہیں سکتا۔ وہ ایسے خدا کے طور پر ہمارے ساتھ ہے جس نے موت اور ابلیس پر فتح کا شادیانہ بجایا ہے۔

زبور نویس مزید بیان کرتا ہے، چونکہ خدای قدوس اُس کے بدن کے گلنے سڑنے کو برداشت نہ کر سکا، (اُس کا بدن اُمید میں رہ سکتا تھا) (26 آیت) چونکہ خدا زندہ ہے۔ اِس لئے وہ بھی زندہ رہ سکتا تھا۔ یہ حقیقت کہ خدا موت پر غالب آیا ہے، اِس کا یہ مطلب بھی ہے کہ ہم بھی موت پر غالب آسکتے ہیں۔ ہماری اُمید اُسی میں ہے۔ خدا اپنے قدوس کے گلنے سڑنے کی نوبت نہیں آنے دے گا۔ اگرچہ یہ پیش گوئی خداوند یسوع مسیح کے تعلق سے ہی تھی۔ زبور نویس اُس سے شخصی طور پر بھی حوصلہ افزائی پاتا ہے۔ ہم بھی اُس کے پاک لوگ ہیں اِس لئے ہم بھی مردوں میں سے زندہ ہوں گے۔

ایمانداروں کے لئے یہ بہت بڑی اُمید ہے۔ اگر موت ہمارے نجات دہندہ کو اپنے قبضہ میں نہ رکھ سکی تو یہ موت اُن لوگوں پر بھی اختیار اور قبضہ قائم نہ رکھ سکے گی جو اُس میں زندگی بسر کرتے ہیں۔ یہ خیال زبور نویس کے لئے بڑی شادمانی کا باعث ہوا۔ اِسی وجہ سے وہ نہایت

شادمان ہوا۔ اِس بات سے اُس کا دل نہایت شادمان ہوا کہ ایک دن وہ بھی خدا کی حضوری میں شادمانی سے معمور ہوگا۔

پطرس رسول نے اپنے سامعین کو بتایا کہ داؤد کی اِس پیش گوئی کی تکمیل صرف اور صرف خداوند یسوع مسیح کی ذات میں ہوئی۔ (31-29) داؤد بادشاہ تو مر گیا۔ اُس کی مردہ جسم کو قبر میں اتارا گیا۔ اُس کا جسم قبر میں گل سڑ گیا۔ وہ ایسی شخصیت نہ ہوا جس کے بدن کے گلنے سڑنے کی نوبت نہ آئی۔ یہ بات تو صرف اور صرف خداوند یسوع کے تعلق سے کہی جا سکتی ہے۔ اُس کا جسم اَب قبر میں نہیں ہے۔ پطرس کے سامعین اِس بات سے اچھی طرح باخبر تھے۔ اِسی طرح وہاں پر موجود تمام شاگرد بھی اس حقیقت کے گواہ تھے کہ یسوع زندہ ہے۔ اُنہوں نے اپنے منجی کو اپنی آنکھوں سے دیکھا تھا۔

وہ خدا کی دہنی طرف سربلند ہوا۔ (33 آیت)

خداوند یسوع مسیح نہ صرف مردوں میں سے زندہ ہوئے بلکہ پطرس رسول کے مطابق خدا باپ کی دہنے ہاتھ سربلند بھی ہوئے (33) وہ یسوع جسے مصلوب کیا گیا وہ خداوند بھی ہے اور مسیح بھی۔ اگرچہ وہ اِس زمین پر آنے سے پہلے بھی خداوند تھا، لیکن اُس کی صلیبی موت نے انسانی ذہن میں اُس کی خداوندیت کو باضابطہ طور پر قائم کر دیا۔ اُس کی موت اور اُس کا مردوں میں سے جی اُٹھنا شیطان، موت اور گناہ پر اُس کی خداوندیت کی مہر ہے۔ اَب خداوند آسمانی باپ کی دہنی طرف سربلند ہے، دہنی طرف رفاقت اور حمایت کی علامت ہے۔ خداوند یسوع مسیح آسمانی باپ کی دہنی طرف بیٹھا ہے کیوں کہ باپ کی یہی مرضی تھی کہ اُسے سربلند کرے۔ اس متن میں پطرس رسول داؤد نبی کی ایک اور پیش گوئی کا ذکر کرتے ہیں۔

”یہواہ نے میرے خداوند سے کہا، تو میرے دہنے ہاتھ بیٹھ جب تک میں تیرے دشمنوں کو تیرے پاؤں کی چوکی نہ کر دوں“ (زبور 1:110)

پطرس رسول نے داؤد کی اِس پیش گوئی میں مسیح کی سرفرازی اور سربلندی کو واضح طور پر

دیکھا۔ یہاں پر خدا باپ، خدا بیٹے سے مخاطب ہے۔ باپ نے بیٹے کو اپنے دہنے ہاتھ بیٹھنے کے لئے بلایا۔ اُس نے بیٹے سے وعدہ کیا کہ اُس کے سب دشمن اُس کے پاؤں کی چوکی ہوں گے۔ خدا باپ یہ کہہ رہا تھا کہ وہ مسیح کے سب دشمنوں کو اُس کے پاؤں تلے کر دے گا۔ وہ اُس کے ماتحت تھے، مسیح اپنے سب دشمنوں پر غالب ہوگا۔ وہ سب پر خداوند ہوگا۔

پطرس کا پیغام بہت سادہ تھا۔ خداوند یسوع کی تصدیق خدا باپ کی طرف سے ہو چکی تھی۔ وہ خدا کے ایک مخصوص مقصد کے تحت موا۔ اور پھر مردوں میں سے زندہ ہو کر خدا باپ کی دہنی ہاتھ جلال پایا۔ جب بھیڑ نے پیغام سنا۔ اُن کے دلوں پر چوٹ لگی، ایسا کہ وہ پکار اُٹھے، ''اے بھائیو! ہم کیا کریں؟'' (37 آیت) وہ کیا کہہ رہے تھے؟ اُنہوں نے واضح طور پر انجیل کا پیغام سنا تھا۔ خدا کا پاک روح اُن کے درمیان جنبش کر رہا تھا۔ روح القدس اُنہیں قائل کر رہا تھا تا کہ وہ انجیل کے پیغام کو سن کر مثبت رد عمل ظاہر کریں۔ اُنہیں مسیح کو رد کرنے اور مصلوب کرنے کے جرم کا احساس ہو گیا تھا۔ اُنہیں پتہ چل گیا کہ وہ گنہگار ہیں۔ اِسی وجہ سے وہ پکار اُٹھے۔ '' اے! بھائیو! ہم کیا کریں؟''

پطرس رسول اُنہیں یہ بتانے سے بالکل نہ جھکا کہ اُنہیں کیا کرنا چاہئے۔ اوّل، اُنہیں توبہ کرنے کی ضرورت تھی۔ (38 آیت) توبہ کے لئے دو اقدام کی ضرورت ہوتی ہے۔ پہلا قدم اپنے گناہ کو پہچانتے ہوئے، خدا کے حضور اُس کا اقرار کرنا ہے۔ دوسرا قدم گناہ کی طرف سے منہ موڑنا ہے۔ اور اُس گناہ کو دوبارہ نہ کرنے کا تہیہ کرنا ہے۔ پطرس یہی بات تو یہودیوں کو بتا رہے تھے کہ اُنہیں اپنے گناہ کو ماننا، خدا کے حضور اِس کا اقرار کرنا اور اپنے گناہوں سے پھر کر خدا کی طرف رجوع کرنا ہے۔

دوسرا اقدم۔ اُنہیں یسوع مسیح کے نام سے پانی کا بپتسمہ لینا تھا۔ بپتسمہ کی کیا اہمیت ہے؟ بپتسمہ مسیح کے ساتھ ہماری مشابہت کی علامت ہے۔ نہ صرف یہودیوں کو توبہ کرنے کی ضرورت تھی، بلکہ اُنہیں زندہ مسیح اور اُس کی خدمت کے لئے خود کو وقف کرنا تھا۔

بپتسمہ سے وہ سرعام مسیح کے مشابہہ ٹھہرے۔ اَب اُنہیں اُس کے نام سے کہلانے سے شرمندگی محسوس نہیں کرنی تھی۔ اُنہیں لوگوں کے سامنے اُسے اپنا خداوند ماننا تھا۔

پطرس رسول نے اُنہیں وضاحت سے بتایا کہ توبہ کرنے اور مسیح کے مشابہ ٹھہرنے سے اُن کی زندگی میں کیا نتائج وثمرات مرتب ہوں گے۔ اوّل، اگر وہ توبہ کر کے خداوند کی طرف رجوع لائیں گے تو اُن کے گناہ معاف کر دئے جائیں گے۔ خواہ ہمارے گناہ کیسے ہی بڑے اور زیادہ کیوں نہ ہوں۔ اگر ہم اپنے گناہوں کا اقرار کریں تو ہمیں معافی مل سکتی ہے۔ ہوسکتا ہے کہ اُس بھیڑ میں وہ لوگ بھی شامل ہوں جنہوں نے چلا چلا کر کہا تھا ''اُسے مصلوب کر، مصلوب کر!'' (یوحنا 19:6,19)

وہ جانتے تھے کہ جب پیلاطیس نے اُن سے پوچھا تھا کہ وہ کیا چاہتے ہیں کہ وہ یسوع کے ساتھ کرے۔ وہ جانتے تھے کہ اُنہوں نے اُس کی مصلوبیت کا مطالبہ کیا تھا۔ پطرس اُنہیں ایک اُمید دے رہا تھا۔ اپنے گناہ کی بھیانک نوعیت کے باوجود اُنہیں معاف کیا جاسکتا تھا۔

دوسرا وعدہ یہ تھا کہ اگر وہ اپنے گناہوں کا اعتراف کر کے خداوند کی طرف رجوع لائیں تو وہ انعام میں روح القدس کو حاصل کریں گے۔ روح القدس نے اُنہیں سچائی کی راہ دکھانی اور مسیح کی خدمت کے لئے قوت اور قدرت سے معمور کرنا تھا۔ روح القدس نے اُن کے گناہوں کے تعلق سے اُنہیں قائلیت بخشنی تھی اور اُنہیں ایسا بنانا تھا جیسا مسیح چاہتا تھا کہ وہ بن جائیں۔ مسیح نے اُنہیں اُن کے حال پر نہیں چھوڑ دینا تھا کہ وہ اپنا دفاع خود ہی کریں۔

پطرس نے اُنہیں بتایا کہ گناہوں کی معافی اور روح القدس کی بخشش کا وعدہ صرف اُن کے لئے نہیں بلکہ اُن سب کے لئے ہے جنہیں خداوند اپنے پاس بلائے گا۔ اگر اُن کی اولاد بھی جو خدا سے بہت دُور تھی، توبہ کر کے خداوند کی طرف رجوع لاتی تو اپنی زندگی میں گناہوں کی معافی اور وعدہ شدہ روح القدس کی قوت اور قدرت کو اپنے شخصی تجربہ سے جان سکتی تھی۔ (39 آیت) خوشخبری سب کے لئے تھی۔

جب لوگوں نے یہ باتیں سنیں، تو اُن کے دلوں پر چوٹ لگی۔ اُس روز تین ہزار لوگوں کو بپتسمہ

دیا گیا۔ خدا اُن کے درمیان ایک زبردست کام کا آغاز کر رہا تھا۔ اِس حوالہ میں سب سے زبردست بات اِس پیغام کی سادگی اور روح القدس کی وہ قوت اور قدرت ہے جس میں اُس پیغام کو بیان کیا گیا۔ اگرچہ الفاظ سادہ تھے تو بھی اُن میں روح القدس کی قوت اور قدرت موجود تھی۔ مجھے یقین ہے کہ اُس روز وہاں پر موجود ایمانداروں نے جو کچھ اپنے سامنے ہوتے دیکھا، اُس پر حیرت زدہ ہو گئے ہوں گے۔ وہ اپنے سامنے کلیسیا کو قوت اور قدرت سے ملبس کرنے کے لئے روح القدس کے وعدہ کی تکمیل دیکھ رہے تھے۔ اُن کے لئے یہ ایک نیا تجربہ تھا۔ دشمن سے نبرد آزما ہونے کے لئے جو اختیار اور قوت اُنہیں ملی تھی وہ اُس کو سمجھنا شروع ہو گئے تھے۔

چند غور طلب باتیں

☆۔ یہاں پر ہم مسیح کی شخصیت کے تعلق سے کیا سیکھتے ہیں؟

☆۔ اُس دن پطرس رسول کے پیغام میں کون سی ایسی بات تھے جس نے بڑی قدرت کے ساتھ لوگوں کی زندگیوں کو چھوا؟ کیا ہمیں اپنے دَور میں اِس قسم کی منادی سننے اور دیکھنے کو ملتی ہے؟

☆۔ کیا آپ اپنی زندگی اور خدمت میں روح القدس کی طرف سے ایسی قوت اور قدرت کو دیکھتے ہیں؟ جسم میں خدمت کرنے اور روح میں خدمت کرنے میں کیا فرق ہے؟

چند اہم دُعائیہ نکات

☆۔دوبارہ نظر ثانی کریں کہ پطرس رسول یہاں پر مسیح کی شخصیت کے تعلق سے کیا بتاتا ہے۔جو کچھ مسیح ہے، چند لمحات کے لئے اُس کا شکریہ ادا کریں

☆۔خداوند سے دُعا کریں کہ ہمارے دَور میں بھی پطرس جیسے خادم اُٹھا کھڑا کرے جو انسانی حکمت اور دانائی سے نہیں بلکہ خدا کے روح کی قوت اور قدرت اور حکمت سے معمور ہو کر بولیں۔

☆۔اپنے پاسبان اور کلیسیائی قائدین کی شخصی زندگیوں میں روح القدس کے ایسے پر قدرت کام کو مانگیں۔

باب 6

ابتدائی کلیسیا

پڑھیں، اعمال 2:42-47

پینتیکوست کے دن پطرس کے وعظ نے بہت سے دلوں کو چھوا۔ پطرس رسول کی روح سے معمور منادی کے نتیجہ میں تین ہزار لوگ کلیسیا میں آملے۔ ابتدائی کلیسیا کے ایمانداروں کے تعلق سے کوئی بھی جعلسازی نئی تھی۔ وہ وقتی طور پر جذباتی نہیں ہوئے تھے۔ اُن کی قائلیت حقیقی اور اصلی تھی۔ اُن کی زندگیاں یکسر تبدیل ہو چکی تھیں۔ جو کچھ پینتیکوست کے دن روح القدس نے اُن کی زندگیوں میں کیا تھا، ذیل میں دیا گیا حوالہ اُس تبدیلی کی نوعیت کو ظاہر کرتا ہے جو اُن کی زندگی میں واقع ہو چکی تھی۔

وہ رسولوں سے تعلیم پانے میں مشغول ہو گئے

اوّل۔ اُن کا اِس طرح سے تعلیم پانے میں مشغول ہو جانا اِس بات کا بھی مفہوم دیتا ہے کہ اُنہوں نے وقت نکالا تاکہ وہ رسولوں کی باتوں پر کان لگا سکیں۔ آپ کبھی بھی اپنے آپ کو اِس خاص تعلیم کے لئے خود کو وقف نہیں کر سکتے اگر آپ کے پاس اِس تعلیم کا جائزہ لینے کے لئے وقت ہی نہیں۔ اُن ایمانداروں نے رسولوں کی ہدایت کے تحت بہت سے گھنٹے صرف کر دئے۔ ہم اِس بات کو دریافت کریں گے کہ بعض ایمانداروں کو روزمرہ کی بنیاد پر کلام میں سے تعلیم دی جاتی تھی۔

رسولوں سے اِس قدر دلچسپی اور توجہ سے تعلیم پانے کا مفہوم محض ہدایت اور نصیحت سے کہیں بڑھ کر ہے۔ یہ ایمان دار اُس تعلیم کے مطابق روزہ مرہ زندگی گزارنے کے لئے بھی وفادار اور

سر گرم تھے۔ مشغول ہونے کا معنی خود کو کسی کام کے لئے ثابت قدم ہو جانا اور اُس کو عملی جامہ پہنانا بھی ہے۔ جو کچھ وہ رسولوں سے سیکھتے تھے اُسے اپنی روزمرہ زندگی میں عملی جامہ بھی پہناتے تھے۔ یہ ایک ایسی کلیسیا تھی جو نہ صرف رسولوں سے خدا کے کلام سے تعلیم پانے بلکہ اُس تعلیم کو اپنی روزمرہ زندگی کا حصہ بنانے کے لئے بھی سر گرم اور پرُ جوش تھی۔

وہ رفاقت رکھنے میں مشغول ہو گئے

ابتدائی کلیسیا رفاقت رکھنے میں بھی مشغول تھی۔ اُن کی وفاداری اور عہد بندی صرف خدا کے ساتھ ہی نہ تھی بلکہ مسیح میں اپنے بھائیوں اور بہنوں کے ساتھ بھی وہ ایک عہد میں بندھے ہوئے اور محبت میں گٹھے ہوئے تھے۔ لفظ ''رفاقت'' یونانی زبان میں شراکت کے مفہوم دیتا ہے۔ ہم اِن آیات میں دیکھتے ہیں کہ کس طرح بہنوں بھائیوں کے ساتھ اُن کی رفاقت کارگر اور مؤثر ثابت ہوئی۔

''اور جو ایمان لائے وہ سب ایک جگہ رہتے تھے۔ اور سب چیزوں میں شریک تھے اور اپنا مال و اسباب بیچ بیچ کر ہر ایک کی ضرورت کے موافق سب کو بانٹ دیا کرتے تھے۔''

(45-44)

یہاں پر ''اور جو ایمان لائے وہ سب ایک جگہ رہتے تھے۔'' میں ایک اُلجھن پائی جاتی ہے۔ ہم اِس سے یہ مطلب لے سکتے ہیں کہ ایماندار ایک چھوٹے سے معاشرے کی صورت میں اکٹھے رہتے تھے۔ اِس میں سے ہم یہ بھی دیکھ سکتے ہیں کہ ایماندار آپس میں یکدل تھے۔ اِس سے یہ بات بالکل واضح طور پر دیکھی جا سکتی ہے کہ جب اُن ایمانداروں نے ''شریک ہونے'' کی بات کی تو اِس کا ہرگز یہ مطلب نہیں تھا کہ وہ مسیح میں شامل بھائیوں اور بہنوں کو اپنی تازہ ترین صورتحال کے بارے میں خبریں سناتے تھے۔ اُن ایمانداروں کے نزدیک رفاقت سے مراد اپنے محتاج بھائی یا بہن کی ضرورت پوری کرنے کے لئے جو کچھ پاس ہو اُس کو فروخت کرنے کے لئے تیار ہو جانا ہے۔ اُنہوں نے کبھی ایسی سوچ نہیں اپنائی کہ جو کچھ اُن کے پاس ہے وہ اُن

ہی کا ہے۔ جو کچھ اُن کے پاس تھا اُنہوں نے خدا اور ہم ایمان بھائیوں اور بہنوں کے نام کر دیا تھا۔ ایسا کوئی اشارہ نہیں ملتا کہ ایسی سب باتیں جبراً اُن پر عائد کی گئی تھیں۔ متن واضح طور پر بیان کرتا ہے کہ اُنہوں نے اپنی خوشی اور رضا کے ساتھ اپنی جائیدادیں دے ڈالی۔ یہ سب کچھ اُس کام کا نتیجہ تھا جو روز پینتیکوست واقع ہوا تھا۔ اُن نئے ایمانداروں کی زندگیوں کی ترجیجات میں ایک انقلابی تبدیلی واقع ہو چکی تھی۔

ہمارے لئے یہ آج کس قدر بڑا چیلنج ہے؟ ہم اپنا سب کچھ بیچ کر کلیسیا کو دے دینے کی ضرورت نہیں ہے۔ بلکہ جو کچھ ہمیں ابتدائی کلیسیا میں دکھائی دیتا ہے اِس کی روشنی میں اپنی زندگیوں کا جائزہ لیں۔ ابتدائی کلیسیا کے ایماندار کبھی بھی اپنا سب کچھ خداوند کو دے دینا ایک بوجھ محسوس نہیں کرتے تھے۔ اگر ہم کسی بھائی یا بہن کو محتاج دیکھیں تو ہمارا ردِعمل کیسا ہونا چاہئے؟ لازم ہے کہ ہم ایک دوسرے ایمانداروں کے لئے اُن کی وفاداری اور محبت کو سراہیں۔ یہ اِس بات کا واضح ثبوت ہے کہ اُن ایمانداروں کی زندگیوں میں روح القدس نے بڑا گہرا کام کیا تھا۔

"تفرقے اور بے جا فخر کے سبب سے کچھ نہ کرو۔ بلکہ فروتنی سے ایک دوسرے کو اپنے سے بہتر سمجھے۔ ہر ایک اپنے ہی احوال پر نہیں بلکہ دوسروں کے احوال پر بھی نظر رکھے۔ ویسا ہی مزاج رکھو جیسا مسیح یسوع کا بھی تھا۔" (فلپیوں 2:3-5)

کیا درج بالا حوالہ مسیح کے بدن کے ساتھ آپ کے تعلق اور رشتے کو بیان کرتا ہے؟ اُس ابتدائی کلیسیا کی طرح، کیا آپ اپنی ضروریات اور مفاد کو بالائے طاق رکھتے ہوئے اپنے بھائیوں اور بہنوں کی ضروریات کو پورا کرنے پر ترجیح دیں گے؟

وہ روٹی توڑنے میں مشغول رہے۔

روٹی توڑنے سے یہاں مراد عشائے ربانی ہے۔ 46ویں آیت کے مطابق روٹی توڑنے میں شامل ہونا دراصل گھروں میں اکٹھے مل کر کھانا کھایا جاتا تھا۔ بائبل مقدس میں سے

ہمیں ایسے شواہد ملتے ہیں جو یہ سمجھنے میں ہماری مدد کرتے ہیں کہ اعشائے ربانی ایک بڑے کھانے کا حصہ تھا۔ مقدس پولس رسول کرنتھس کی کلیسیا کی سرزنش کرتے ہیں، کیوں کہ وہ اُس کھانے کا غلط استعمال کر رہے تھے۔

''پس جب تم باہم جمع ہوتے ہو تو تمہارا وہ کھانا عشای ربانی نہیں ہو سکتا۔ کیوں کہ کھانے کے وقت ہر شخص دوسرے سے پہلے اپنا عشا کھالیتا ہے اور کوئی تو بھوکا رہتا ہے اور کسی کو نشہ ہو جاتا ہے۔'' (1 کرنتھیوں 11:20-21)

یہاں سے یہ بات بالکل واضح اور عیاں ہو جاتی ہے کہ ''روٹی توڑنا'' کرنتھس میں ایک جماعت کی صورت میں اکٹھے مل کر کھانا کھایا جاتا تھا۔

خداوند یسوع مسیح نے اپنے شاگردوں کے ساتھ ایک کھانا کھا کر اِس یادگاری کو منانے کے لئے کہا تھا۔ امکانِ غالب ہے کہ ابتدائی کلیسیا نے ایک جماعت کی صورت میں کھانا کھانا جاری رکھتے ہوئے اعشائے ربانی کی یاد کا سلسلہ جاری رکھا۔ ہمارے لئے اہم بات یہ نہیں کہ ابتدائی کلیسیا نے کیسے اعشائے ربانی کی یاد کو منانا جاری رکھا بلکہ یہ کہ اِس طرح سے وہ اپنے خداوند کی موت اور مُردوں میں سے جی اُٹھنے کی یاد منانے میں مشغول رہے۔

اعشائے ربانی ہمیں موقع دیتی ہے کہ ہم اُس سارے کام پر غور خوص کر سکیں جو ہمارے منجی اور خداوند نے ہمارے لئے سر انجام دیا ہے۔ ہمیں ایسے لوگ بننے کی ضرورت ہے جو ہمیشہ اُس کی موت اور اُس کے جی اُٹھنے کو اپنی آنکھوں کے سامنے رکھیں۔ عشای ربانی تو شخصی طور پر غور و خوص کا نام ہے۔ (1 کرنتھیوں 11:27-28) ابتدائی کلیسیا کے ایمان دار بڑی باقاعدگی سے اعشای ربانی کے وسیلہ سے اپنی شخصی زندگیوں کا تفصیلی جائزہ لیں۔

کیا وہ خداوند کے لائق زندگیاں بسر کر رہے تھے؟ کیا وہ ایمان دار خداوند کو اپنا نجات دہندہ سمجھتے ہوئے اُس کے ساتھ درست رشتہ میں پیوستہ تھے؟ کیا میں مسیح اپنے بھائیوں اور بہنوں کے ساتھ اُن کا رشتہ درست تھا؟ کیا اُن کی زندگیوں میں کوئی ایسی چیز چپکے سے گھس آئی تھی

جس نے خدا کے ساتھ اُن کے رشتے میں رکاوٹ حائل کر دی تھی؟ یہی وہ سوال تھے جو اُنہیں ہر دفعہ اپنے آپ سے پوچھنے پڑتے تھے جب وہ روٹی توڑنے کے لئے فراہم ہوتے تھے۔

ہمیں بھی وقت نکال کر ایسی غور وفکر کو اپنی زندگی کا حصہ بنانا چاہئے۔ خداوند نے ایسی ہی اہم باتوں پر گھیان دھیان کرنے کیلئے ہمیں عشای ربانی ایک وسیلہ کے طور پر دی ہے۔ آج ہمارے دَور میں جب ہر طرح افراتفری اور آپا دھاپی (اپنی اپنی ضروریات اور مقاصد کے پیچھے دوڑنا) ہے۔ ہم اپنی زندگیوں کا شخصی جائزہ لینا بھول چکے ہیں؟ عشای ربانی ہمیں زندگی کے ایسے ہی خوبصورت لمحات عطا کرتی ہے جب ہم پوری توجہ اور دھیان کے ساتھ ایسی باتوں پر غور وفکر کرسکتے ہیں۔ ابتدائی کلیسیا عشائے ربانی یعنی روٹی توڑنے اور اپنی زندگیوں کا جائزہ لینے میں مصروف تھی۔ وہ خداوند یسوع کی موت اور اُس کے مردوں میں سے جی اُٹھنے کی روشنی میں خداوند کے ساتھ اپنے رشتے اور اپنی شخصی زندگیوں کا جائزہ لیتے تھے کہ آیا ہم اُس کی محبت اور قربانی کے معیار کے مطابق زندگی بسر کر رہے ہیں۔

وہ دُعا کرنے میں بھی مشغول تھے

ہم یہ بھی دیکھتے ہیں کہ ابتدائی کلیسیا دُعا کرنے میں بھی مشغول تھی۔ دُعا کیا ہے؟ دُعا خدا کے ساتھ باتیں کرنے کا نام ہے۔ (زبور 8:62) اس میں کئی ایک رُخ شامل ہوتے ہیں۔ دُعا سب سے پہلے ہمیں اپنی شکر گزاریاں اور اپنی پرستش اور عبادت خدا کے حضور پیش کرنے کا وسیلہ بنتی ہے۔ (متی 25:11) یہی کچھ تو ہم 47ویں آیت میں ہوتا ہوا دیکھتے ہیں۔ مزید براں یہ کہ ہم دُعا کے وسیلہ سے اپنے لئے خدا کی اور اُس کی قوت بخشنے والی قدرت کی ضرورت کو دیکھتے ہیں۔ (زبور 6:34) ہم اپنے بوجھ اور اپنی دعائیہ درخواستیں اور التجائیں اِس سوچ اور ایمان کے ساتھ اپنے خداوند کے حضور لاتے ہیں کہ صرف وہی ہماری ضرورت کو پورا کرنے کی قدرت رکھتا ہے۔ دُعا کے وسیلہ سے ابتدائی کلیسیا نے اپنی کمیوں اور کوتاہیوں کا اقرار کیا اور اپنی خامیوں اور ناکامیوں میں خدا کی ضرورت کو محسوس کیا۔ دُعا ہی کے وسیلہ سے

ہمیں موقع ملتا ہے کہ ہم اپنے لئے خدا کی آواز کو سن سکیں۔ جب ہم خاموشی سے اُس کے حضور بیٹھتے ہیں،تو پھر اُس کا پاک روح ہماری روح کے ساتھ کلام کرتا ہے۔(اعمال 13:2-3)دُعا کے وسیلہ سے ہماری حوصلہ افزائی ہوتی ہے اور ہم خدا کی طرف سے تسلی اور اطمینان پاتے ہیں۔

یہ ایک ایسی کلیسیا تھی جو بہت سے زاویوں کے ساتھ دُعا میں مشغول تھی۔ دُعا کے وسیلہ سے وہ خدا کے حضور شکر گزاریاں کرنے اور اُس کی پرستش اور عبادت کرنے میں مصروف ومشغول تھے۔ اُنہوں نے اپنی زندگی میں اُس کی پاک مداخلت کی ضرورت کو پہچانا۔ دُعا کے وسیلہ سے ، اُنہوں نے اپنے دلوں میں خاموشی پیدا ہونے دی تا کہ جو کچھ خدا اُن سے کہنا چاہتا تھا وہ سن سکیں۔ ہم یہاں پر ابتدائی کلیسیا میں چار رُخی عہد بندی اور مصروفیت کو دیکھتے ہیں۔(رسولوں سے تعلیم ، رفاقت ، روتی توڑنا اور دُعا۔)ابتدائی کلیسیا کی اِس وفاداری، عہد بندی اور مصروفیت کا اُن کی زندگی میں کیسا نتیجہ سامنے آیا؟اعمال کی کتاب سے یہ بات روز روشن کی طرح عیاں ہو جاتی ہے کہ ایسی مصروفیت اور وفاداری سے اُن ایمانداروں کی زندگی میں کیسے ثمرات پیدا ہوئے۔

روح القدس کی حضوری کا زبردست ثبوت

ابتدائی کلیسیا کی زندگی میں روح القدس کے کام کرنے کا ایک زبردست ثبوت پایا جاتا تھا۔ 43ویں آیت ہمیں بتاتی ہے کہ ہر ایک پر رُعب چھا گیا۔ اُن کے درمیان خدا کی حضوری کا گہرا احساس پایا جاتا تھا۔ جو کچھ خداوند اُن کے درمیان کر رہا تھا،لوگ اُسے دیکھ کر دنگ ہو رہے تھے۔ کلیسیا کو معلوم تھا کہ جو کچھ بھی ہو رہا ہے وہ سب کچھ مافوق الفطرت ہے۔ خدا اُن کے درمیان جنبش کر رہا تھا۔ حتیٰ کہ اُن کے درمیان موجود غیر ایمانداروں نے بھی روح القدس کی زبردست حضوری اور کام کو دیکھ لیا تھا۔" اور وہ سب لوگوں کو عزیز تھے۔" (47 آیت)

مزید براں یہ کہ اُن کے درمیان روح القدس کے زبردست طریقہ سے کام کرنے کے نتیجہ میں رسولوں کے ہاتھوں سے بہت سے معجزات اور نشانات ظہور پذیر ہو رہے تھے۔ہم پہلے ہی 22ویں آیت میں دیکھ چکے ہیں کہ خداوند یسوع مسیح نے معجزات اور نشانات کے وسیلہ سے ظاہر کر دیا کہ وہ خدا کی طرف سے تھا۔ رسولوں کو بھی ایسی قوت، قدرت اور اختیار دیا گیا تھا۔ اُن معجزات اور نشانات کا مقصد یہ تھا کہ دُنیا پر ثابت کر دیا جائے کہ یہ آدمی واقعی خدا کی طرف سے تھے۔ جو کچھ اُس دن ہوا، اُس کی وضاحت کے لئے اور کیا کہا جاسکتا ہے؟

خدا اُن کے درمیان جنبش کر رہا تھا، اِس حقیقت کا ایک اور ثبوت یہ تھا کہ وہ ہر روز ہیکل میں جمع ہوا کرتے تھے۔ (46 آیت) وہ محض اتوار کو رفاقت رکھنے سے مطمئن نہ تھے۔ خدا کے لئے وہ اِس قدر بھوکے اور پیاسے تھے کہ ہر روز ہیکل میں جمع ہو کر خدا کے لوگوں سے خدا کا کلام سننے اور اُس کی عبادت اور پرستش کرنے کے لئے حاضر ہوتے تھے۔ اُنہوں نے باقی سب چیزوں کو بالائے طاق رکھ دیا تھا۔ خدا کے لوگوں کے ساتھ رفاقت سے بڑھ کر اور کوئی چیز اُن کو مطمئن نہ کر سکی۔ یہ سب کچھ اِس لئے تھا کیوں کہ خدا کا روح بیدار کر دینے والی قوت اور قدرت کے ساتھ اُن کے درمیان جنبش کر رہا تھا۔

غور کریں کہ ایماندار خلوص دلی اور محبت کے ساتھ آپس میں رفاقت کے لئے جمع ہوتے تھے۔ یہاں پر جو یونانی لفظ استعمال ہوا ہے وہ بڑا دلچسپ ہے۔ ایک، ہموار، پرسکون۔ اِس کا مطلب یہ ہے کہ ایک دوسرے کے ساتھ اُن کے تعلقات کسی طور پر بھی کشیدگی اور تلخی کا شکار نہیں تھے۔ وہ یکدل اور یک خیال تھے۔ وہ اپنے تعلقات میں دو چہرے نہیں رکھتے تھے۔ یعنی اُوپر سے کچھ اور اندر سے کچھ۔ ہم کتنی ہی بار ایسی کلیسیا کی جستجو میں رہتے ہیں؟ ایمانداروں میں بے شمار مسائل اور مشکلات ہوتی ہیں۔ ابتدائی کلیسیا کے درمیان روح کی جنبش اور معموری کا ایک واضح ثبوت اُن کے درمیان صحت مند تعلقات تھے۔ جہاں پر صحت مند اور توانا تعلقات اور رشتے ناطے قائم ہوتے ہیں وہاں پر دلی خوشی اور شادمانی بھی ہوتی

ہے۔ یہی ابتدائی ایمانداروں کا تجربہ تھا۔

خداوند ہر روز اُن کی تعداد میں اضافہ کر رہا تھا

جب بہت سے ایمانداروں نے وہ سب کچھ دیکھا جو خدا اُن کے درمیان کر رہا تھا تو وہ دنگ رہ گئے کیوں کہ وہ سب کچھ خدا کی قدرت کا منہ بولتا ثبوت تھا۔ (47 آیت) اُن ایمانداروں نے تمام لوگوں کی طرف سے ملنے والی حوصلہ افزائی سے برکت اور تقویت پائی۔ کوئی ایسی بُری اور منفی بات نہیں تھی جو اُن کے تعلق سے کہی جا سکتی تھی۔ خدا کی قدرت کے عملی اظہار کے سامنے غیر ایماندار بے بس اور ناتواں دکھائی دیتے تھے۔ روح القدس کے کام کرنے اور کلیسیا کی گواہی کے باعث اُن کے دلوں پر چوٹ لگی، ہر روز لوگ کلیسیا میں ملتے چلے گئے۔

خدا کا روح اُن لوگوں کے درمیان جنبش کر رہا تھا۔ آج ہم اپنی زندگیوں میں اُسے جنبش کرتے ہوئے دیکھنے کے کس قدر آرزومند ہیں۔ خداوند آج ہم سب کو توفیق اور فضل عطا کرے تاکہ ہم اپنے دَور میں روح القدس کی ایسی گہری حضوری اور جنبش کا تجربہ کر سکیں۔

چند غور طلب باتیں

☆۔ ہمارے دَور کی کلیسیا کا پینتکوست سے کیسے موازنہ ہوتا ہے؟ مثالیں دیں۔

☆۔ ابتدائی کلیسیا کی خصوصیات پر نظر ثانی کریں۔ آپ اُن ابتدائی مسیحیوں کے ساتھ شخصی طور پر کیسے موازنہ کرتے ہیں؟

☆۔ آپ کیسے وضاحت سے بیان کر سکتے ہیں کہ ابتدائی کلیسیا میں کیا واقع ہوا تھا؟ اپنے دَور میں یہ سب کچھ رونما ہوتا ہوا دیکھنے کے لئے ہمیں اپنے لئے کیسی تبدیلی کی ضرورت ہے؟

چند اہم دُعائیہ نکات

☆۔ خداوند سے درخواست کریں کہ وہ آج ہمیں تبدیل کرے تاکہ ہم بھی اُن ہی کاموں کا تجربہ کر سکیں جو خدا ابتدائی کلیسیا میں کر رہا تھا۔

☆۔ کیا آپ کی زندگی میں دوسروں کے ساتھ تعلقات کشیدگی کا شکار ہو کر شکست و ریخت (ٹوٹ پھوٹ) سے دوچار ہیں؟ خداوند سے دُعا کریں تاکہ آپ کے شکستہ تعلقات میں بحالی اور شفا کا کام ہو سکے۔

☆۔ خداوند سے دُعا کریں تاکہ خداوند آپ کو کلام، دعا اور اپنے ہم ایمان لوگوں کے ساتھ رفاقت رکھنے کی اور توفیق بخشے۔ یہ فضل بھی مانگیں کہ آپ خدا کی ساری مہربانیوں، عنایتوں اور بخششوں کو ہمیشہ یاد رکھ سکیں۔

باب 7

ایک بڑھاہواہاتھ

پڑھیں، اعمال 3:1-10)

ہم پہلے ہی اِس بات کو دیکھ چکے ہیں کہ ہر روز ہیکل میں رفاقت کے لئے ہیکل میں جمع ہونا ابتدائی کلیسیا کا ایک معمول تھا۔ایسے ہی ایک موقع پر جب پطرس اور یوحنا ہیکل میں دُعا کے لئے جارہے تھے، ہیکل کے دروازہ پر وہ ایک اپاہج شخص سے ملے۔جسے ہر روز ہیکل کے دروازہ پر ڈال دیا جاتا تھا تاکہ بھیک مانگا کرے۔کیا ممکن ہے کہ ایماندار لوگ ہر روز ہیکل میں جاتے ہوئے اُس کے پاس سے گزرتے تھے؟اِس موقع پر، جب پطرس اور یوحنا اُس کے پاس سے گزرے، اُس بھکاری نے اُن سے بھیک مانگی، دونوں شاگردوں نے اُس پر غور سے نظر کی، پطرس نے اُس بھکاری سے کہا کہ اگرچہ اُن کے پاس سونا چاندی تو نہیں لیکن اِس سے بھی بڑھ کر ایک چیز موجود ہے۔یہ کہہ کر اُس نے اُس اپاہج شخص سے کہا، یسوع مسیح ناصری کے نام سے چل پھر۔ (6 آیت)

ساتویں آیت پر غور کریں کہ پھر پطرس نے اُس آدمی کی طرف اپنا ہاتھ بڑھایا۔اِس بات پر ہماری توجہ مرکوز رہے۔یہاں پر ہمارے لئے بڑا قابل قدر سبق موجود ہے۔پطرس نے اُس اپاہج شخص کو یسوع مسیح ناصری کے نام سے اُٹھ کر چلنے پھرنے کے لئے کہا تھا۔ایک عام تندرست شخص کی طرح چلنے پھرنے کے لئے کسی اور چیز کی ضرورت نہ تھی۔خداوند یسوع مسیح پطرس کی طرف سے کسی عمل دخل کے بغیر بھی اُس شخص کو شفا دے کر تندرست کر سکتے تھے۔یہاں پر ایک دلچسپ بات جو ہماری توجہ کا مرکز ہونی چاہئے یہ ہے کہ وہ شخص اُس وقت

تک تندرست اور بھلا چنگا نہ ہوا جب تک پطرس نے اُس شخص کا ہاتھ پکڑ کر اُسے کھڑا نہ کر دیا۔

اگر پطرس رسول نے اپنا ہاتھ اُس اپاہج شخص کی طرف نہ بڑھاتا تو پھر کیا واقع ہونا تھا؟ ہم صرف قیاس آرائی سے ہی کام لے سکتے ہیں۔ کیا یہ شخص پطرس پر ٹھٹھا مارتا؟ کیا وہ اپنی عقل کو اجازت دیتا کہ وہ اُسے یہ سمجھاتی کہ پطرس تو احمقانہ بات کہہ رہا ہے۔ اُس بھکاری کے تجربہ نے اُسے بتایا تھا کہ وہ اپنے پاؤں پر کھڑا نہیں ہو سکتا۔ کوشش کرنے سے کیا فائد؟ وہ جانتا تھا کہ اِس کا کیا فائدہ ہوگا۔ اگر اُس کے لئے اُٹھ کر کھڑے ہونا اور چلنا پھرنا ممکن ہوتا تو وہ ہیکل کے دروازہ پر بیٹھ کر بھیک نہ مانگ رہا ہوتا۔ ہو سکتا ہے کہ پطرس رسول نے اُس شخص کے ذہن میں چلنے والی کشمکش کو دیکھ کر اُسے ہاتھ سے پکڑ کر اسے اُس کے قدموں پر اُٹھا کھڑا کیا۔

پطرس کی مدد سے اُس اپاہج شخص نے اپنے پٹھوں کو استعمال کرنا شروع کر دیا۔ ہو سکتا ہے کہ اُس کے اندر خوابیدہ (سویا ہوا) ایمان بیدار ہو گیا ہو۔ کیا حقیقی طور پر ایسا ہی ہوگا؟ کیا واقعی خدا اُسے شفا دے گا؟ یہ بھکاری شخص کے لئے بالکل ایک اچنبے کا کام تھا۔ اُس نے اپنے گھٹنوں اور ٹخنوں میں خدا کی طرف سے قوت آتے محسوس کی۔ وہ اُٹھ کھڑا ہوا، وہ چلنے پھرنے لگا، وہ شفا پا چکا تھا۔ یہ ایک معجزے سے کم نہیں تھا۔ اگر پطرس نے اُسے ہاتھ پکڑ کر اُٹھایا نہ ہوتا۔ وہ کتنا عرصہ تک وہیں بیٹھ کر انتظار کرتا رہتا۔

اِس میں کوئی شک نہیں کہ شفا اور رہائی دینے کے لئے مسیح کی قدرت ہی کافی ہے۔ لیکن بعض اوقات ایسے بھی ہوتے ہیں کہ شفا اور رہائی اُس وقت تک واقع نہیں ہوتی جب تک ہم اپنا ہاتھ ضرورت مند شخص کی طرف نہ بڑھائیں۔ ہو سکتا ہے کہ آپ کسی شخص کو محض بائبل سٹڈی یا دُعائیہ عبادت میں دعوت ہی دیں، ہو سکتا ہے کہ کسی شخص کو ضرورت ہو کہ آپ اُس کی کسی خاص ضرورت کے لئے محض ہاتھ ہی بڑھائیں۔ ہو سکتا ہے کہ آپ اُس شخص کی طرف جائیں اور اُس کے ایمان کے تعلق سے کلام کریں۔

ایک بات یقینی ہے، بہت سے لوگ اُس وقت تک ردعمل کا اظہار نہیں کریں گے جب تک وہ آپ کے بڑھے ہوئے ہاتھ کو نہ دیکھ لیں۔ اِس سے شفا دینے کے لئے خدا کی قدرت میں کمی واقع نہیں ہوتی۔ اِس کا سادہ سا مطلب یہ ہے کہ خدا نے اِس دُنیا کو انجیل کا پیغام پہنچانے کے لئے ہمارے ساتھ مل کر کام کرنے کا چناؤ کیا ہے۔

میں ہاتھ بڑھانے کے تعلق سے ایک اور بات کہنا چاہتا ہوں، ہاتھ بڑھانے سے، پطرس نے اپنی وثوق سے کہی ہوئی بات پر اپنے ایمان کا اظہار کیا۔ کئی دفعہ ہم ہاتھ بڑھانے سے خوفزدہ رہتے ہیں اور سوچتے ہیں کہ اِس کا کوئی فائدہ نہ ہوگا۔ اگر پطرس یہ ایمان ہی نہ رکھتا کہ اُس کے ہاتھ بڑھانے سے خدا اُس شخص کو شفا دے گا تو اُس کے ہاتھ بڑھانے کا کیا فائدہ ہوتا؟ وہ لوگ جو پطرس کی طرح ہاتھ بڑھاتے ہیں، لازم ہے کہ وہ ایمان رکھیں کہ جن لوگوں کی طرف وہ اپنا ہاتھ بڑھاتے ہیں خدا اُن کی زندگیوں میں فی الحقیقت کام کرسکتا ہے۔

پطرس کے ہاتھ بڑھانے پر غور کریں، جب اپاہج شخص کو اُس کے پاؤں پر کھڑا کرنے میں مدد کی گئی، تو اُس نے اپنی زندگی میں خدا کی قدرت کو کام کرتے ہوئے دیکھا۔ وہ اُچھل کر اپنے قدموں پر کھڑا ہو گیا۔ وہ اپنے طور پر چلنے پھرنے لگا۔ وہ جانتا تھا کہ خدا نے اُس کی زندگی کو چھوا ہے۔ وہ خدا کی پرستش اور شکرگزاری کرنے کے لئے ہیکل میں رسولوں کے ساتھ گیا۔ وہ اِس قدر شکرگزاری اور ستائش سے بھرا ہوا تھا کہ خود کو قابو میں نہ رکھ سکا۔ وہ ہیکل ہی میں اُچھلنے، کودنے اور خداوند کی پرستش اور ستائش کے نعرے لگانے لگا۔ (8 آیت) اُسے اِس بات کی کوئی فکر نہیں تھی کہ لوگ کیا کہیں گے۔ اُس کی آنکھیں اور دھیان اُس خدا پر لگا تھا جس نے اُسے تندرست کر دیا تھا۔

اُس روز ہیکل میں موجود لوگوں نے اُسے پہچانا کہ یہ تو ہیکل کے دروازہ پر بیٹھا کرتا تھا۔ وہ خدا کی قدرت کو دیکھ کر حیران رہ گئے۔ یہ کیسا خوبصورت دن ہوگا۔ اُس روز جو ایماندار دُعا اور پرستش کے لئے فراہم ہوئے تھے معمول کے دنوں سے بھی زیادہ پرجوش، شکرگزار اور

ستائش سے بھر گئے ہوں گے۔ اُس دن خدا اُنہیں ایک اپاہج شخص کے وسیلہ سے ملا۔ یہ سب کچھ اِس لئے ہوا کیوں کہ پطرس نے ایمان سے ہاتھ بڑھایا تھا۔ اگر آج آپ اپنا ہاتھ کسی ضرورت مند کی طرف بڑھائیں تو کیا واقع ہو گا؟

چند غور طلب باتیں

☆۔ اِس وقت آپ کی کلیسیا معاشرے کے ضرورت مند لوگوں کی طرف "ہاتھ بڑھانے" کے تعلق سے کیا کر رہی ہے؟

☆۔ آپ شخصی طور پر کیا کر رہے ہیں؟

☆۔ آپ اپنے ارد گرد محتاج لوگوں کی ضروریات پوری کرنے کے لئے کیسے کیسے کام کر سکتے ہیں؟

چند اہم دُعائیہ نکات

☆۔ خداوند سے کہیں کہ آپ کو کوئی ایسا شخص دے جس کے لئے آپ شخصی طور پر ہاتھ بڑھا سکیں۔ خداوند سے پوچھیں کہ کسی شخص کو نجات دہندہ کے قریب لانے کے لئے آپ کیا کر سکتے ہیں؟

☆۔ اِس بات کے لئے شکر گزار ہوں کہ خدا نے مجھے اور آپ جیسے کمزور لوگوں کو اپنے مقصد کی تکمیل کے لئے چن لیا۔

باب 8

شافی کو متعارف کرانا

پڑھیں، اعمال 3:11-26)

ابھی ابھی اُس شخص کو شفا ملی ہے جو ہیکل کے گیٹ پر بیٹھا کرتا تھا۔ اِس معجزے سے اُن لوگوں میں بڑی ہلچل مچ گئی جو اُس روز وہاں پر دُعا کے لئے جمع ہوئے تھے۔ اُنہوں نے تو اُس شخص کو باہر ہیکل کے گیٹ پر بھیک مانگتے ہوئے دیکھا تھا۔ ہو سکتا ہے کہ بعض لوگوں نے ہیکل میں داخل ہوتے ہوئے چند سکے اُس کی طرف پھینکے ہوں۔ جو کچھ ہوا تھا، اُس کو دیکھنے کے لئے لوگ چاروں اطراف سے وہاں جوق در جوق جمع ہونا شروع ہو گئے تھے۔

جب وہ ہاں پر پہنچے تو اُنہوں نے اُسے پطرس اور یوحنا کے پاس دیکھا۔ وہ کیوں ابھی تک رسولوں کے ساتھ ساتھ تھا؟ اِس لئے نہیں کہ اُس کی شفا ابھی مکمل نہیں ہوئی تھی۔ آٹھویں آیت میں ہم دیکھتے ہیں کہ اُس کی شفا مکمل تھی اور وہ چلنے پھرنے اور اُچھلنے کودنے کے قابل ہو چکا تھا۔ سولہویں آیت میں پطرس رسول ہمیں بتاتے ہیں کہ اُس شخص کی شفا بالکل مکمل ہو چکی تھی۔ وہاں پر لوگوں کی حیرت سے بھی یہ بات عیاں ہو جاتی ہے کہ وہ شخص مکمل طور پر شفا پا چکا تھا۔ وہ شخص اِس لئے بھی رسولوں سے جدا نہیں ہوا تھا کیوں کہ وہ اُن کا تہہ دل سے شکر گزار تھا کہ اُنہوں نے اُسے شفا دی تھی۔ وہ خوشی اور شکر گزاری کے ملے جلے جذبات کی وجہ سے اُن سے جدا نہیں ہو رہا تھا۔

پطرس رسول نے اُس موقع کو ہاتھ سے جانے نہ دیا۔ اُس نے لوگوں کی توجہ اپنی طرف مبذول کی۔ بارہویں آیت ہمیں بتاتی ہے کہ لوگ پطرس اور یوحنا کو ایسے دیکھ رہے تھے کہ گویا وہ مافوق الفطرت لوگ ہیں۔ ایسے لگ رہا تھا کہ جیسے بھیڑ توقع کر رہی تھی کہ وہ کوئی

بات کریں۔

پطرس نے یہ کہتے ہوئے اپنی بات کا آغاز کیا کہ جو کچھ ہوا ہے اُس پر تعجب نہ کرو۔ اُس نے اُنہیں بتایا کہ اُس معجزے کی قدرت ہم میں نہیں بلکہ یسوع مسیح میں پائی جاتی ہے۔ وہ تو محض ایک وسیلہ بنے جن سے یہ قوت اور قدرت اُس شخص میں منتقل ہوئی۔ یہاں پر دو چیزیں توجہ طلب ہیں۔

اوّل۔ رسولوں کی طرف سے توقع پر غور کریں۔ اُنہوں نے واقعی اِس بات کی توقع کی کہ خدا کی قدرت اُن سے بہہ کر اُس شخص کو شفا دے۔ کیا یہی وہ بات نہ تھی جس کا خداوند نے آسمان پر جانے سے پہلے وعدہ کیا تھا؟ رسولوں کو اِس بات پر کوئی تعجب نہ تھا کہ خداوند نے اپنا وعدہ پورا کیا ہے۔

دوسری بات، رسولوں کی انکساری اور کھرے پن پر غور کریں۔ پطرس نے بلا تاخیر جمع شدہ لوگوں کو معجزے کے تعلق سے سچائی بیان کی۔ اُس لنگڑے شخص کو شفا دینے کی قدرت خدا کی اور صرف خدا کی طرف سے ملی تھی۔ پطرس کو اِس بات کا گہرا احساس تھا کہ وہ اپنے طور پر اُس شخص کو شفا نہیں دے سکتا۔ اُس معجزے کے لئے ساری عزت اور جلال اور تمجید خداوند کی تھی۔

اِس حوالہ پر مزید بات چیت کرنے سے پہلے، آئیں جو کچھ اوپر بیان کیا گیا ہے، اِس پر مزید روشنی ڈالیں۔ کیا آپ توقع کرتے ہیں کہ خدا کی قدرت آپ کی زندگی سے بہہ کر دوسرے لوگوں کو شفا اور رہائی بخشے؟ کیا آپ توقع کرتے ہیں کہ خدا آپ کے وسیلہ سے کچھ کرے؟ کیا آپ کو یہ دیکھ کر تعجب ہوتا ہے کہ خدا کا پاک روح آپ کے وسیلہ سے کسی شخص کی زندگی کو چھوتا ہے؟ اگر ہم دیانتداری سے کام لیں تو ہمیں یہ تسلیم کرنا پڑے گا کہ ہم میں بہت سے ایسے ہیں جو اپنی زندگی سے بہت زیادہ توقع ہی نہیں رکھتے۔ اور نہ ہی ہم اِس بات کی توقع کرتے ہیں کہ ہمارے وسیلہ سے دوسروں کو برکت ملے۔

جب ہم یہ سمجھتے ہیں کہ ہمارے اندر موجود قوت خدا کی قوت ہے تو پھر ہم اِس توقع کے ساتھ

زندگی بسر کریں گے کہ خدا ہماری زندگی کے وسیلہ سے عجیب اور عظیم کام کرے گا۔

جب ہم خدا کو اپنی زندگی میں کام کرتے ہوئے دیکھتے ہیں،تو پھر ہمارا ردعمل کیسا ہوتا ہے؟ کیاانسانی فطرت یہی نہیں کہ ہم بھی تھوڑی سی عزت پائیں؟ غالباً ہماری سوچ کچھ اِس طرح کی بھی ہوتی ہے کہ ہمارا ابھی تو اِس میں کوئی کردار ہے۔لیکن پطرس کا روّیہ ایسا نہیں تھا۔ ہمیں پطرس رسول کی انکساری کی تعریف کرنا ہوگی جس نے لوگوں کی توجہ اپنے سے ہٹا کر یسوع پر لگائی۔

توقع اور انکساری میں توازن قائم رکھنا ہمیشہ آسان کام نہیں ہوتا۔لیکن یہی تو وہ مقام ہے جس پر ہمیں آنا ہے۔یعنی توقع اور انکساری ہماری زندگی کے لئے لازم وملزوم ہیں اگر ہم واقعی اپنی زندگی اور خدمت سے خداوند کو جلال اور لوگوں کو برکت دینا چاہتے ہیں۔ہمیں اِس بات پر تعجب نہیں کرنا چاہئے کہ خدا ہماری زندگی کے وسیلہ سے لوگوں کی زندگیوں میں کام کرے گا۔بلکہ ہمیں ساری قوت اور قدرت کے منبع پر نگاہ رکھنی چاہئے۔پطرس نے لوگوں کی توجہ اپنے سے ہٹا کر اُس طرف لگائی جہاں واقعی لوگوں کی توجہ ہونی چاہئے تھی۔آئیں دیکھیں کہ پطرس نے وہاں پر موجود لوگوں کو یسوع کے بارے میں کیا بتایا۔

اُسے خدا کی طرف سے جلال ملا۔ (13 آیت)

ہوسکتا ہے کہ جمع شدہ لوگوں میں سے کچھ ایسے لوگ بھی ہوں جو خداوند یسوع کو مصلوب کرنے کے ذمہ دار ہوں۔ پیلاطس تو خداوند کو رہا کرنا چاہتا تھا۔لیکن بھیڑ اِس بات پر بضد تھی کہ اُسے مصلوب کیا جائے۔یہودیوں نے دُنیا کے سامنے یسوع کا انکار کیا تھا۔خداوند یسوع مسیح کی بھیانک صلیبی موت کے بعد،وہ مُردوں میں سے جی اُٹھے۔اور اُنہیں خدا باپ کی دہنی طرف عزت کا مقام ملا۔اُسی کی قدرت اُس فقیر کی زندگی میں ظاہر ہوئی تھی جو اُن کے درمیان کھڑا تھا۔کوئی بھی اِس بات سے انکار نہیں کرسکتا تھا کہ ایک معجزہ رونما ہوا ہے۔

وہ قدوس اور راستباز ہے (14 آیت)

پطرس نے لوگوں کو بتایا کہ یسوع پاک اور راست ہے۔ یہ قدوس اور راستباز ہونا مسیح کی طرف اشارہ ہے۔ (رومیوں 10:3) میں لکھا ہے کہ کوئی بھی راستباز نہیں ہے۔ ہم سب خدا کے جلال سے محروم ہیں اور راستبازی کے معیار سے نیچے آچکے ہیں۔ صرف ایک ہی ہے جو اُس خطاب کا مستحق ہے۔ صرف اور صرف خداوند یسوع مسیح ہی خدا کی راستبازی کے معیار پر پورا اُترتا ہے۔ صرف وہی راستباز اور پاک ہے۔ اُس روز وہاں پر موجود یہودیوں نے اِس بات میں مسیح کا حوالہ دیکھا ہوگا۔ پطرس اُنہیں یہ بتارہا تھا کہ اُنہوں نے مسیح کو مصلوب کر دیا ہے۔ پطرس بڑی دلیری سے سب کچھ بیان کر رہا تھا۔ وہ کسی طور پر نہیں جانتا تھا کہ اِس بات کے جواب میں لوگوں کا رویّہ اور ردِعمل کیسا ہوگا۔

وہی زندگی کا بانی ہے (15 آیت)

پطرس نے بیان کیا کہ یسوع زندگی کا بانی ہے۔ وہی روحانی اور وہی جسمانی زندگی کا بانی ہے۔ یوحنا رسول ہمیں بتاتے ہیں کہ سبھی چیزیں اُس کے وسیلہ سے بنی ہیں۔ (یوحنا 3:1) یہ بات ہمیں واضح طور پر یاد دلاتی ہے کہ یسوع ہی خدا ہے۔ زندگی کا بانی اپنی خوشی سے جان قربان کرنے کے لئے تیار تھا تاکہ ہم ابدی زندگی پاسکیں۔ پطرس کے لئے یہ بات کسی طور پر بھی تعجب کا باعث نہیں تھی کہ زندگی کا بانی ایک مفلوج اور اپاہج شخص کی زندگی میں شفا کا کام کرسکتا ہے۔

پھر پطرس نے اُس پیغام کا اطلاق سامعین کی ضرورت پر کیا۔ اگرچہ اُس نے یہ بیان کیا کہ اُن لوگوں نے نادانی اور جہالت سے یسوع کو ہلاک کر دیا۔ (16 آیت) اُس نے اُنہیں کہا کہ وہ بغاوت کے اِس گناہ سے توبہ کر کے خدا کی طرف رجوع لائیں۔ اُس نے اُنہیں بتایا کہ اُن کی بغاوت کی پیش گوئی بہت پہلے کر دی گئی تھی۔ اُس نے دُکھ اُٹھانے والے مسیح کی طرف اُن کی توجہ مبذول کی۔ ایسا کرنے سے، اُس نے اُنہیں یاد دلایا کہ وہی اُسے دُکھ دینے والے

تھے۔ اگر وہ توبہ کر کے خدا کی طرف رجوع لاتے تو شفا، تازگی اور بحالی اُن کو مل سکتی تھی۔ (19 آیت) یہ ہمارے خداوند یسوع مسیح کے فضل کی کس قدر بڑی مثال ہے۔ وہ لوگ جو یسوع کو دُکھ دینے اور اُس کی موت کا سبب تھے اب اُن ہی کو معافی اور بحالی کی پیش کش کی جارہی تھی۔

پھر پطرس نے اپنے سامعین کو یاد دلایا کہ خداوند یسوع پھر اِس دُنیا میں آئیں گے۔ پھر وہ سب کچھ بحال کر کے اپنے باپ کے ہاتھ میں دے دیں گے۔ (اعمال 21:3) شیطان نے اِس دُنیا میں بہت سی ویرانیاں کی ہیں۔ اُس نے بہتوں کے دل خدا کی طرف سے پھیر دئے ہیں۔ تاہم وقت آرہا ہے جب وہ شیطان کے تمام کاموں کو نیست و نابود کر دے گا۔ (عبرانیوں 2:14-15، 1 یوحنا 8:3) اُس لنگڑے شخص کی شفا تاریکی کی زنجیروں کو توڑنے کے لئے خداوند یسوع کی قدرت کی ایک جھلک تھی۔

پطرس رسول نے لوگوں کو گناہوں کی معافی کی اِس زبردست پیش کش کو ٹھکرانے کے خطرہ سے بھی آگاہ کیا۔ (23 آیت) موسیٰ کے وقت ہی سے، یسوع کی آمد کی پیش گوئیاں ہوتی چلی آرہی ہیں کہ جو کوئی اُس کی نہیں سنے گا اپنے لوگوں میں سے کاٹ ڈالا جائے گا۔ اس پیش کش کو ٹھکرانے والوں کا انجام خدا سے ہمیشہ کے لئے علیحدگی ہوگا۔ اُس روز وہاں پر موجود لوگوں کو پطرس نے بتادیا کہ اب اُن کے پاس کوئی عذر باقی نہیں ہے۔ (24-26 آیت) خدا نے اپنے لوگوں کو نجات کا عظیم منصوبہ بتانے میں کوئی کسر نہیں چھوڑی۔ اُس نے پہلے نبیوں اور پھر اپنے بیٹے کی معرفت اُن سے کلام کیا۔ پطرس نے اپنے سامعین سے التماس کی کہ وہ خدا کی طرف رجوع لائیں۔

اب ہی وقت ہے کہ معاملات کو درست کیا جائے۔ جب خداوند یسوع کی آمد ثانی ہوگی، اُس وقت بہت دیر ہو چکی ہوگی۔ اِس باب میں جس معجزے کا ذکر کیا گیا ہے اُسکا یہی مقصد تھا کہ لوگ خداوند یسوع کی طرف رجوع لائیں۔ یہ معجزہ ثابت کرتا ہے کہ وہ زندہ ہے اور اپنے

وعدوں میں سچا اور قادر بھی ہے۔

چند غور طلب باتیں

☆۔غور کریں کہ کیسے پطرس نے انجیل کا پیغام سنانے کے لئے موقع سے فائدہ اُٹھایا۔ آپ نے ایسے کتنے ہی اچھے موقع گنوا دئے ہیں۔ ہاتھ سے نکل جانے والے موقعوں کی مثالیں دیں۔

☆۔ خدا ہمارے وسیلہ سے بڑے بڑے کام کر سکتا ہے اور کرے گا، اِس بات پر ایمان رکھنا کیوں کر مشکل لگتا ہے؟

☆۔ یہ باب ہمیں حلیمی اور انکساری کے بارے میں کیا سکھاتا ہے؟

چند اہم دُعائیہ نکات

☆۔ خداوند سے دعا کریں کہ وہ اور بھی کثرت سے اپنی قوت اور قدرت کو آپ کی زندگی میں ظاہر کرے۔

☆۔ آپ کی خدمت کے وسیلہ سے جو کچھ خداوند کر رہا ہے، اُس سے توفیق اور فضل مانگے کہ اُن سب کاموں کے وسیلہ سے آپ خداوند ہی کو جلال دیں۔

☆۔تکبر پر فتح کے لئے خداوند سے دُعا کریں۔ جو اُس جلال کو حاصل کر لیتا ہے جو صرف اور صرف اُسی کو رواں ہے۔ ایسی جھوٹی انکساری سے رہائی کے لئے بھی دُعا کریں جو دلیری کے ساتھ اُس کے نام سے آگے بڑھنے کی راہ میں حائل ہے۔

باب 9

صدر عدالت کے رُوبرو

پڑھیں، اعمال 4:1-23

ہم لنگڑے شخص کی شفا پر بات چیت کرتے چلے آئے ہیں۔ اِس معجزے سے پطرس کو موقع مل گیا کہ وہ اُس سہ پہر جمع شدہ لوگوں کے درمیان منادی کر سکے۔ ہم نے اُس اثر و تاثر کو نہیں دیکھا جو اُس معجزے کی وجہ سے اُس شہر پر قائم ہوا۔

اُس روز پطرس کی منادی سننے والوں میں مذہبی راہنما بھی موجود تھے۔ خاص طور پر صدوقیوں کو تو بالکل اچھا نہیں لگ رہا تھا کہ پطرس خداوند یسوع کے مردوں میں سے جی اُٹھنے کی منادی کرے۔ متی 23:22 بیان کرتا ہے کہ صدوقی "مردوں کی قیامت پر یقین نہیں رکھتے۔ اُنہوں نے پطرس اور یوحنا کو گرفتار کر کے جیل میں ڈال دینے کا فیصلہ کیا۔

ہمارے لئے یہ اہم بات ہے کہ ہم پطرس کے پیغام کے گہرے اثر کا جائزہ لیں۔ چوتھی آیت بیان کرتی ہے کہ بہت سے لوگ ایمان لے آئے۔ اُس روز ایمان لانے والوں کی تعداد پانچ ہزار ہو گئی۔ ہم اعمال 41:2 سے اِس بات کو سمجھ سکتے ہیں کہ اِس سے پہلے ایمان لانے والوں کی تعداد تین ہزار تھی۔ تاہم یہ نہ سمجھ لینا چاہئے کہ شفا کے اِس معجزہ کے سبب سے دو ہزار لوگ ایمان لے آئے تھے۔ اعمال 47:4 سے ہم اِس بات کو سمجھتے ہیں کہ پینتیکوست کے دن ہی سے ہر روز لوگ کلیسیا میں شامل ہوتے چلے آ رہے تھے۔ اگرچہ ہم یہ تو نہیں جانتے کہ اُس روز کتنے لوگوں نے خداوند کو قبول کیا، تاہم یہ بات یقینی ہے کہ اچھی خاصی تعداد میں لوگوں نے توبہ کی اور گناہوں کی معافی یسوع نام سے حاصل کی۔ کس نے کبھی یہ سوچا ہوگا کہ ہیکل کے

دروازہ پر بیٹھا ہوا اپاہج بھکاری ہی وہ وسیلہ ہوگا جسے خدا بہت سے لوگوں کو آسمان کی بادشاہی میں لانے کے لئے استعمال کرے گا۔

مذہبی راہنما اُس تاثر اور اثر سے بخوبی واقف تھے جو رسول لوگوں کی زندگیوں پر چھوڑ رہے تھے۔ ایک مختصر سے وقت میں، اُن کے پیروکاروں کی تعداد ایک سو بیس سے پانچ ہزار تک جا پہنچی تھی۔ اِس سے یہودیوں کو ایک بڑا سنجیدہ قسم کا خطرہ محسوس ہونے لگا۔ وہ اِس سوچ و بچار میں پڑ گئے کہ کسی نہ کسی طرح سے مسیحیت کے پھیلاؤ کو روکا جائے، اگلے روز تمام اہم مذہبی راہنما اس مسئلہ پر بحث کرنے کے لئے فراہم ہوئے۔ پطرس اور یوحنا کو اُن کے سامنے پیش کر کے کہا گیا کہ وہ اپنے کاموں کے لئے جوابدہی پیش کریں۔

پطرس اور یوحنا کو صورتحال کی سنجیدگی کا علم تھا۔ ابھی کچھ ہی وقت گزرا تھا جب یہی مجلس اُس کے خداوند سے سوال کر رہی تھی جب وہ آگ کے قریب کھڑا اپنے ہاتھ تاپ رہا تھا۔ اِسی گروپ نے تو خداوند یسوع مسیح کی سزا کا حکم صادر کیا تھا۔ اور اُنہیں علم تھا کہ اب وہ رسولوں کے لئے بھی ایسی ہی سزا سنانے میں پس و پیش سے کام نہیں لیں گے۔

کیا یہ بات طنز آمیز نہیں تھی کہ پطرس اپنے خداوند کی جگہ پر کھڑا تھا۔ آخری دفعہ اُس نے اُس مجلس کو اُس وقت دیکھا تھا جب خداوند یسوع یہاں پر کھڑے تھے۔ اُس وقت اُس نے تین بار اپنے خداوند کا انکار کیا تھا۔ پطرس جب وہاں پر کھڑا تھا تو کیا یہ بات اُس کے ذہن میں گھوم رہی تھی؟

اِس بات کا وہ کیسے جواب دے گا؟ کیا وہ دباؤ کے تحت روحانی طور پر بکھر جائے گا جیسا اُس نے پچھلی دفعہ کیا تھا؟

پطرس روح سے معمور ہو کر بڑی دلیری کے ساتھ لوگوں کے سامنے کھڑا ہوا اور بغیر کسی شرم و جھجک خداوند کے ساتھ اپنی وابستگی کا اقرار کیا۔ (8 آیت) اُس نے اُنہیں بتایا کہ یسوع کے نام اور اُسی کی قدرت سے اُس نے اُس لنگڑے بھکاری کو اچھا کیا ہے۔ اُس نے اُنہیں بتایا کہ

یسوع مُردوں میں سے جی اُٹھا اور وہی کونے کے سرے کا پتھر ہے جس پر نجات کی بنیاد قائم ہوئی ہے۔ یہ کہتے ہوئے پطرس اُنہیں یہ بتا رہا تھا کہ وہ بغیر اُمید کے کھوئی ہوئی حالت میں ہیں۔ یہ بڑی جرأت اور دلیری پر مبنی باتیں تھیں۔ اِس بار پطرس روح سے بھرا ہوا تھا۔ اب وہ مسیح کا اقرار اور اُس کی منادی کرنے سے شرماتا نہیں تھا۔ خدا کے روح نے تمام خوف اور شرم کو نکال دیا تھا۔

13ویں آیت ہمیں بتاتی ہے کہ یہودی پطرس اور یوحنا کی دلیری پر حیران تھے۔ اگرچہ وہ اَن پڑھ اور ناواقف اور عام سے لوگ تھے، لیکن کچھ نہ کچھ تو اُن میں منفرد اور مختلف تھا۔ 14ویں آیت بیان کرتی ہے پطرس اور یوحنا یسوع کے ساتھ رہے ہیں۔ وہ مجلس ہونے والے معجزے کا انکار کرنا چاہتی تھی۔ وہ چاہتے ہوئے بھی ایسا نہ کر سکے۔ اُن دشمنوں نے رسولوں کی زندگیوں میں ایک فرق دیکھا۔ اُنہوں نے یسوع کو اُن کی زندگیوں میں دیکھا۔ 14ویں آیت بیان کرتی ہے کہ وہ رسولوں اور شفا پانے والے شخص کے آگے لاجواب ہو گئے۔ ثبوت شک و شبہ سے بالاتر تھا۔

یہودی راہنما خفیہ طور پر اُس معاملہ پر بات چیت کرنا چاہتے تھے اِس لئے اُنہوں نے رسولوں کو باہر بھیج دیا۔ صدر عدالت کے راہنما جانتے تھے کہ وہ اِس معجزہ کا انکار نہیں کر سکتے۔ اور اُنہوں نے رسولوں کو اِس معجزہ کے پیچھے کارفرما قوت کی وضاحت کرتے ہوئے بھی سنا تھا۔ جب وہ اِس معاملہ کو زیرِ بحث لائے تو اُن کو یہی فکر لاحق تھی کہ جس قدر بھی زیادہ ہو سکے لوگوں کو مسیحی ہونے سے روکا جائے۔ (17) یہودی راہنمائوں کو سچائی سے زیادہ اپنی روایات کی فکر تھی۔ وہ اسی نتیجہ پر پہنچے کہ رسولوں کو ڈرائیں دھمکائیں کہ آئندہ وہ یسوع کا نام لے کر منادی نہ کریں۔

پطرس رسول کو مجلس کے فیصلہ سے خطرہ نہیں تھا۔ اُس نے تو اُنہیں صاف صاف بتا دیا تھا کہ جو کچھ خدا نے اُس کے دل پر رکھا ہے وہ اُس کی منادی کرنا جاری رکھے گا۔ (19-20) وہ پیچھے نہیں ہٹے گا۔ پطرس نے بالکل ویسا ہی محسوس کیا جیسے یرمیاہ کو تجربہ ہوا تھا جب اُس نے خدا کے

کلام کو بیان نہ کرنے کا فیصلہ کیا تھا۔

''اور اگر میں کہوں کہ میں اُس کا ذکر نہیں کروں گا نہ پھر کبھی اُس کے نام سے کلام کروں گا تو اُس کا کلام میرے دل میں جلتی آگ کی مانند ہے جو میری ہڈیوں میں پوشیدہ ہے اور میں ضبط کرتے کرتے تھک گیا اور مجھ سے رہا نہیں جاتا۔'' (یرمیاہ 9:20)

خدا کے روح نے پطرس کو مجبور کیا کہ وہ خداوند یسوع مسیح کے تعلق سے منادی کرے۔ یسوع کی منادی کرنے سے انکار کرنا ممکن نہ تھا۔ یسوع کے تعلق سے منادی پطرس کے لئے ایک اختیاری بات نہیں تھی اور نہ ہی یہ پطرس اور رسولوں کے لئے ایک کاوش تھی۔ یہ تو روح سے معمور زندگی کا ایک فطری نتیجہ تھا۔

ہم نے کتنی ہی بار خود کو یسوع کے نام سے بولنے کے لئے آگے دھکیلنے کی کوشش کی ہے؟ ہم نے کتنی ہی بار خود کو دُعا میں وقت گزارنے کے لئے مجبور کرتے ہوئے پایا ہے؟ یوں لگتا ہے کہ ہمارے تجربات اپنے آپ کو مسلسل خدا کی مرضی کے تابع کرنے کی کاوش میں ایک کشمکش بن چکے ہیں۔ ہم اپنے مسیحی ایمان کے ساتھ اِس قدر اُلجھاؤ اور کشمکش کا شکار کیوں ہیں؟ کیا ممکن ہے کہ ہم نے خدا کے روح کو رنجیدہ کر دیا ہے اور اب یہ سارے کام اپنے جسم میں زندگی گزارتے ہوئے کرنا چاہتے ہیں؟

بطور روح سے معمور ایماندار ہوتے ہوئے، خدا کی حضوری سے لطف اندوز ہونا ہمارے لئے ایک فطری بات ہے۔ خداوند کے ساتھ وقت گزارنا کبھی بھی ہمارے لئے ایک بوجھ نہیں ہونا چاہئے۔ خدا کا روح ہی ہمارے دلوں کو خدا کے کلام اور اُس کی طلب اور خواہش سے معمور کرتا ہے۔ وہی ہماری رہنمائی کرے گا تا کہ ہم بڑے پرجوش انداز سے خدا کے طالب ہوں۔ خدا کے روح کی راہنمائی میں ہماری روحیں کبھی بھی خدا کے ساتھ موجود تجربہ سے مطمئن نہیں ہوتیں۔ ہم مسلسل اور اور زیادہ خدا کی بھوک اور پیاس کو اپنی روح میں محسوس کرتے ہیں۔ ہمیں تسلیم کرنا پڑے گا کہ ہم نے کبھی بھی خدا کے پاک روح کو اِس طور سے کام کرنے کا موقع نہیں دیا جس طرح سے ہمیں موقع دینا چاہئے تھا۔ ایسے وقت بھی آئے جب ہم

نے اُس کو رنجیدہ کر دیا اور ہماری زندگی میں اُس کا کام رُک گیا۔ اگر ہم خدا کے روح کو موقع دیں تو خدا کا پاک روح پھر سے ہمیں خدا کی خواہش اور طلب سے معمور کر دے گا۔ اور ہمیں جرأت اور دلیری عطا کرے گا تا کہ ہم اُس کی خدمت کر سکیں۔

ہم اپنی مسیحی زندگی میں آگے بڑھتے ہوئے اِس قدر مشکلات کا تجربہ کیوں کرتے ہیں؟ کیا اِس لئے نہیں کیوں کہ ہم مسیحی ایمان کی زندگی اپنی کاوشوں اور سوچوں کے مطابق گزارنے کی کوشش کرتے ہیں۔ ہم اپنی پرانی فطرت سے ہی خدا کے لئے محبت اور خدا کے لئے خواہش کو نکالنے کی کوشش کرتے چلے آئے ہیں۔ لیکن یاد رکھے اِس سے کام نہیں چلے گا۔ پرانی فطرت کا خدا کے ساتھ کوئی تعلق واسطہ نہیں ہے۔ کیا آپ بھی رسولوں جیسا تجربہ چاہتے ہیں جو خدا کا کلام پیش کئے بغیر نہ رہ سکے؟ آپ کی زندگی میں یہ بہت بڑا کارہائے نمایاں ہوگا کہ آپ اپنی ذات میں سے ایسی قوت دریافت کرنے کی کوشش ترک کر دیں۔ مسیحی زندگی بسر کرنے اور اُس کے لئے تیار اور رضامند ہونے کی قوت ہم میں نہیں پائی جاتی۔ صرف اور صرف جب خدا کا روح ہم میں جنبش کرے گا تو تب ہی ہم خدا کی مرضی کو پورا کرنے میں بڑی خوشی اور قدرت کو کام کرتا ہوا دیکھیں گے۔

رسولوں کو ڈرا دھمکا کر اربابِ اختیار نے اُنہیں بھیج دیا۔ اُنہوں نے رسولوں کو کوئی سزا نہ دی کیوں کہ وہ لوگوں کے ردعمل سے خوفزدہ تھے۔ یہاں پر اِن آیات میں ہم رسولوں اور یہودیوں کے درمیان کیسا تضاد دیکھتے ہیں۔ یہودی محض اِس بنا پر ہی کچھ نہ کر سکے کہ لوگ کیا سوچیں گے۔ اِس کے برعکس رسولوں کو اِس بات کی قطعاً کوئی فکر نہ تھی کہ لوگوں کی سوچ کیسی ہوگی۔ ہم اُن یہودی لوگوں کے لئے اظہار افسوس ہی کر سکتے ہیں جو لوگوں کے خوف کے پھندے اور اپنی رسم و رواج میں جکڑے اور پکڑے ہوئے تھے۔ میں یہ سوچے بغیر نہیں رہ سکتا کہ عین ممکن ہے کہ اِس کتاب کا کوئی قارئین بھی ایسی ہی صورتحال سے دوچار ہو۔ ہوسکتا ہے کہ آپ اِس لئے روحانی ترقی نہیں کر پا رہے کیوں کہ آپ بھی اُن یہودی لوگوں کی طرح روایات جکڑے پکڑے ہوئے ہیں۔ ہوسکتا ہے کہ آپ کی رسم و رواج اور اِس خیال اور فکر نے

آپ کو خداوند میں آگے بڑھنے اور اُس کے ساتھ چلنے سے روک رکھا ہے کہ لوگ آپ کے بارے میں کیا خیال کریں گے۔ میری دُعا ہے کہ خداکا روح آج ہی آپ کی زندگی میں سے ایسے بندھنوں کو توڑ ڈالے۔

چند غور طلب باتیں

☆ ۔ کیا آپ خداوند کے لئے جرأت اور دلیری کا مظاہرہ کرتے ہیں؟ کون سی چیز آپ کو آگے بڑھنے سے روکے ہوئے ہے؟

☆ ۔ آپ کی مسیحی زندگی کس حد تک آپ کی کوششوں سے جی جاتی ہے؟

☆ ۔ کیا مسیحی زندگی اپنی طاقت سے بسر کرنا ممکن ہے؟ آپ کی مسیحی زندگی کے ساتھ کشمکش کس حد تک اِس لئے ہے کیوں کہ آپ روح کے کاموں کو اپنی کوششوں سے کرنے کی کوشش کر رہے ہیں۔

چند اہم دُعائیہ نکات

☆ ۔ اپنی طاقت سے مسیحی زندگی بسر کرنے کے لئے اپنی کوششوں کا اعتراف کریں۔

☆ ۔ خداوند سے خودی کے اعتبار سے مر جانے کے لئے توفیق مانگیں تاکہ آپ کے وسیلہ سے روح القدس مسیح کی زندگی کو آپ میں ظاہر کر سکے۔

☆ ۔ خداوند سے دُعا کریں کہ وہ آپ کو رسولوں جیسی دلیری اور جذبہ عطا کرے۔

باب 10

نئی طاقت

پڑھیں، اعمال 4:23-31

پطرس اور یوحنا ابھی ابھی صدر عدالت (یہودیوں کی حکمران مجلس) سے بڑی سخت تاکید کے ساتھ رہا ہوئے ہیں۔ اِس رہائی کے بعد اُنہوں نے کلیسیا سے ملنے کا فیصلہ کیا تاکہ پیش آنے والے واقع کے بارے میں اُنہیں بھی بتا سکیں۔ اِس وقت کلیسیا کے ہاں جانے کی کئی ایک وجوہات ہو سکتی ہیں۔

اوّل۔ وہ جانتے تھے کہ کلیسیا اُن کے تعلق سے بڑی فکر مند ہوگی۔ خداوند یسوع کو اِسی صدر عدالت نے سزائے موت دی تھی۔ ہم یقینی طور پر جان سکتے ہیں کہ جب پطرس اور یوحنا قید میں ہوں گے اور پھر جب اُنہیں صدر عدالت کے سامنے پیش کیا گیا ہوگا تو اُن کے لئے کلیسیا نے بہت سا وقت دُعا میں گزارا ہوگا۔ رسول کلیسیا کو یقین دہانی کرانا چاہتے تھے کہ خدا وفادار ہے اور اُس نے اُن کی دُعاؤں کا جواب دیا ہے۔ یہ بات ایمانداروں کے لئے حوصلہ افزائی کا باعث ہونا تھی۔

دوسری وجہ یہ بھی ہو سکتی ہے کہ کلیسیا کی طرف رسولوں کا لوٹ کر جانا اُن کی اپنی حوصلہ افزائی کا باعث بھی ہو۔ وہ بڑی آزمائش کے وقت سے گزرے تھے۔ جو کچھ ہوا تھا اُنہیں اُس پر غور و فکر کرنے اور اپنی تنظیم نو کرنے کی ضرورت تھی۔

رسولوں نے کلیسیا کو مطلع کیا کہ سردار کاہنوں نے اُن سے کیا کہا اور کیسے حکم دیا ہے کہ آئندہ یسوع کا نام لے کر منادی نہ کرنا۔ (23 آیت) یہودی راہنماؤں کی طرف سے ایسے روّیے پر کلیسیا بہت فکر مند تھی۔ رسولوں کو اچھی طرح علم تھا کہ اگر اُنہوں نے اُس تنبیہ کی پاسداری نہ

کی تو اُن کے ساتھ کیسا سلوک ہو گا۔ہم صرف تصور کی آنکھ سے ہی دیکھ سکتے ہیں کہ یہ میٹنگ کیسی ہوئی ہوگی۔اجتماعی طور پر کلیسیا بڑے تلخ تجربات سے گزرتی چلی آرہی تھی۔یہ ایماندار اکٹھے رہتے تھے اور اپنے وسائل کو پیار محبت اور فکرمندی کے ساتھ مشترکہ طور پر استعمال کرتے تھے۔وہ اپنے درمیان خدا کے روح کے کام سے آگاہ تھے۔تھوڑے ہی عرصہ میں،وہ ایک سو بیس سے پانچ ہزار تک پہنچ چکے تھے۔ہر ایک ایماندار ایسے جوش و خوشی سے بھرا ہوا تھا جو نئے ایمان سے پیدا ہوتی ہے۔یہ بہت ہی پر جوش اور خوشی کے لمحات تھے۔اب کلیسیا کو اِس حقیقت کا سامنا کرنا تھا اور وہ یہ کہ کلیسیا کو اپنے ایمان کی شدید مخالفت کا سامنا ہونا تھا۔اَب حالات و واقعات اُن کے لئے ناخوشگوار اور ناگوار ہونے تھے۔اِس حقیقت کے احساس سے کہ وہ ایسی صورتحال سے اپنی جانیں بھی کھو سکتے ہیں،اُن کی جرأت اور حوصلوں پر کیا اثرات مرتب ہوئے؟

یہ ساری صورتحال ایمانداروں کو دُعا میں اُن کے گھٹنوں کے بل لے آئی۔غور کریں کہ اُنھوں نے خدا کو کیسے مخاطب کیا۔وہ اُس کے پاس اِس طور سے آئے کہ وہ خدای قادر ہے(24 آیت) خدا کی فرمانروائی کیا ہے۔یہ خدا کی ایک خوبی اور خصوصیت ہے جو اُسے قطعی حق اور اختیار دیتی ہے۔ساری تخلق پر اُس کا قطعی اختیار ہے۔

وہ ایماندار ایسے خدا کے حضور گئے جسے ارس ساری صورتحال پر اختیار تھا جس سے وہ دوچار تھے۔اُسی نے آسمان اور زمین اور جو کچھ اُن میں ہے بنایا تھا۔اگر خالق کل اور مالک کل اُن کے ساتھ تھا تو کیا چند یہودی راہنما اُنہیں شکست دے سکتے تھے؟

اُن کی طرز فکر اور سوچ و بچار بہت سادہ تھی۔اگر خدا اُن کے ساتھ ہے تو پھر اُنہیں فکر کس بات کی؟ کیا خالق کائنات کے پاس اِس صورتحال پر غالب آنے اور اُن کی فکر کرنے کے لئے کوئی حکمت اور طاقت نہیں ہے؟ یوں لگتا ہے کہ ہم اِس اہم نکتہ کو اکثر بھول جاتے ہیں۔کتنی ہی بار ہمیں ابتدائی شاگردوں اور رسولوں سے کہیں کم خوفناک اور بھیانک صورتحال کا سامنا

ہوتا ہے اور ہم فکر مندی سے بستر پر پڑ جاتے ہیں۔ ہمیں اُن ایمانداروں کے اِس سادہ ایمان کی تعریف کرنا ہوگی۔

جیسے ہی ایمانداروں نے دُعا کی، اُنہیں زبور 2:1-2 میں داؤد کی باتیں یاد کرائی گئیں۔ یہاں پر داؤد نوحہ کناں ہے کہ قومیں اور اربابِ اختیار خدا کے کاموں کی مخالفت کرتے ہیں۔ اُنھوں نے خداوند کے خلاف منصوبہ بندی کی، اُس کے خلاف قہر و غصب سے بھر گئے اور بے فائدہ سازشیں کیں۔ رسولوں کے وقت تک کچھ بھی نہ بدلا تھا۔ رسولوں نے بھی خدا کے دشمنوں کے ہاتھوں ویسا ہی تجربہ کیا جیسا داؤد کو خدا کے دشمنوں سے ہوا تھا۔ یہ ایماندار ایسے دَور میں رہتے تھے جب اُن کے راہنماء کھلم کھلا خداوند یسوع اور اُس کے کلام کی مخالفت کرتے تھے۔ اُنھوں نے دیکھا تھا کہ پنطس پیلاطس اور اسرائیل کے لوگوں نے خداوند کے خلاف سازش کی۔ اُنھوں نے دیکھا تھا کہ خدا کے دشمنوں نے دُنیا کے نجات دہندہ کو صلیب پر لٹکا کر مار ڈالا۔ کلیسیا اُس جنگ کی روحانی نوعیت سے واقف تھی۔

غور کریں کہ ایمانداروں کو خدا کے اختیار سے کیسی تسلی ملی۔ (28 آیت) اُنہیں احساس ہوا تھا کہ قادرِ مطلق خدا جس نے ساری کائنات کو خلق کیا ہے وہ اُس کے انجام پر بھی اختیار رکھتا ہے۔ سبھی کچھ اُس کے ہاتھوں میں ہے۔ یہ اختیار اُن بدکار لوگوں کے فیصلوں پر بھی ہے جنھوں نے خداوند یسوع مسیح کو مار ڈالا تھا۔ خدا نے اُن کی تلخی اور نفرت کو لوگوں کی نجات کے کام کو مکمل کرنے کے لئے استعمال کیا۔ خدا نے بدکار لوگوں کے ہاتھوں یسوع مسیح کی موت کو اپنے مقصد کی تکمیل کے لئے استعمال کیا۔ خدا بُرائی سے بھلائی پیدا کرنے کی قدرت رکھتا ہے۔ ابتدائی کلیسیا جس صورتحال سے دوچار تھی، یہ بات اُن کے لئے کس قدر حوصلہ افزائی کا باعث ہوئی ہوگی۔ اُنھوں نے بے دلی کو حملہ آور نہ ہونے دیا۔ جب تک خدا کائنات کے تخت پر بیٹھا ہوا ہے، اُمید باقی رہے گی۔

مجھے نہیں معلوم کہ آپ کیسی صورتحال سے دوچار ہیں۔ لیکن میں یہ ضرور جانتا ہوں کہ خدا ی

قادر کے حضور جھکنے سے تسلی ملتی ہے۔ اُس کے لئے کچھ بھی مشکل اور ناممکن نہیں ہے۔ وہ سب چیزوں اور حالات و واقعات کو آپ کی برکت اور اپنے جلال کے لئے استعمال کرنے کی قدرت رکھتا ہے۔ بے دل ہونے کی کوئی وجہ نہیں ہے۔

یہاں پر ہمارے لئے بہت اہم سبق ہے۔ ایماندار ہوتے ہوئے، ہمارا فطرتی رجحان یہی ہوتا ہے کہ ہم مشکلات اور مسائل کے خاتمہ کے لئے دُعا کرتے ہیں نا کہ اُن کا سامنا کرنے کے لئے دلیری مانگتے ہیں۔ مجھے ڈر ہے کہ کہیں مسائل ومشکلات کے خاتمے کے لئے مسلسل دُعا ہمارے زوال کا باعث نہ ہو۔ خدا تو ہماری اپنی ہی بھلائی کے لئے آزمائشوں اور مسائل کو آنے دیتا ہے۔ ابتدائی کلیسیا کا جائزہ ظاہر کرتا ہے کہ مصائب اور مشکلات مسیح کے بدن کی ترقی اور توانائی کا باعث ہوئیں۔ جیسے حالات و واقعات خداوند ہماری زندگیوں میں آنے دیتا ہے، اُن کو قبول کرنے سے ہی ہم نشوونما اور ترقی کی منازل طے کرتے ہوئے اُس کے مقاصد کو پایہ تکمیل تک پہنچا سکتے ہیں۔ اپنی آزمائشوں اور مصائب والم کے خاتمے کے لئے دُعا سے ترقی اور وہ برکات بھی ساتھ ہی چلی جاتی ہیں جو اُن کے ساتھ جڑی ہوتی ہیں۔

ایمانداروں نے نہ صرف خدا کے کلام کی منادی کرنے کے لئے دلیری مانگی بلکہ یہ دُعا کی کہ معجزات اور نشانات کے وسیلہ سے مسیح کی حقیقت کو بیان کر سکیں۔ (30 آیت) اُنہوں نے ابھی کچھ وقت پہلے ہی تو دیکھا تھا کہ کس طرح ایک اپاہج بھکاری کو شفا ملنے پر لوگ اُن کے نجات دہندہ کی طرف متوجہ ہوئے تھے۔ وہ اپنے لئے قوت نہیں مانگ رہے تھے۔ وہ اپنے درمیان زندہ مسیح کی حقیقت کے ظاہر ہونے کے لئے بھوکے پیاسے تھے۔ وہ یہ چاہتے تھے کہ لوگ جانیں کہ خداوند یسوع مردوں میں سے زندہ ہو چکے ہیں۔ وہ اپنے درمیان روح القدس کے پر قدرت کاموں کو دیکھنا چاہتے تھے۔ وہ چاہتے تھے کہ روح القدس کی نعمتیں ظہور پذیر ہوں، کیوں کہ وہ جانتے تھے کہ وہ مشکل وقت جو ان پر آیا وہ اپنی طاقت اور حکمت سے اُس کا مقابلہ نہیں کر پائیں گے۔

خدا نے ابتدائی کلیسیا کی دُعا کا جواب دینے میں تاخیر سے کام نہ لیا۔ جب وہ دُعا کر چکے، خدا کا پاک روح بڑے زور سے نئے طور سے اُن پر نازل ہوا۔ جیسی دلیری کے لئے انہوں نے دُعا کی تھی وہ اس دلیری سے بھر گئے۔ اپنی آزمائشوں کے بعد اُنہوں نے خدا کی اعلیٰ ترین برکات کا تجربہ کیا۔

آج آپ کو کیسی آزمائش کا سامنا ہے؟ خدا نے ابتدائی ایمانداروں کو جو دلیری اور جرأت عطا کی وہ آپ کو بھی مل سکتی ہے۔ کیا آپ اُس کی طرف سے بھیجی گئی آزمائشوں کو اپنی زندگی میں نہیں آنے دیں گے تا کہ وہ آپ کو سیکھا سکے کہ وہ آپ کے لئے اُن آزمائشوں اور مسائل کے وسیلہ سے کیا کچھ کر سکتا ہے۔ آپ کی آزمائشوں اور مسائل میں خدا بہر صورت آپ سے ملاقات کرے گا۔

چند غور طلب باتیں

☆۔ کیا آپ آپ کو کسی خاص آزمائش کا سامنا ہے۔آپ کو اِس حقیقت سے کیا تسلی ملتی ہے کہ خدا اقادر مطلق اور حاکم کل ہے؟

☆۔ اپنی زندگی کی ایسی آزمائشوں پر غور کریں جن سے آپ آج تک گزرے ہیں۔ خدا نے کیسے اُن آزمائشوں کو استعمال کیا تا کہ آپ کو اپنی صورت پر ڈھال سکے۔

چند اہم دُعائیہ نکات

☆۔ اِس بات کا شکر کرنے کے لئے دُعا میں جھک جائیں کہ خدا آج بھی آپ کی آزمائشوں میں اختیار اور قدرت رکھتا ہے۔

☆۔ خداوند سے آنے والی آزمائشوں کا سامنا کرنے کے لئے جرأت اور دلیری مانگیں۔

☆۔ اِس مقصد کی تکمیل کے لئے بھی خداوند کی شکرگزاری کریں جو وہ آپ کی آزمائش کے وسیلہ سے پورا کرے گا۔

☆۔ کیا آپ کسی ایسے شخص سے واقف ہیں جسے آج کسی آزمائش کا سامنا ہے؟ اُس شخص کی آزمائش میں خدا کی برکت اُس کے لئے چاہیں۔

☆۔ ابتدائی کلیسیا خدا کے روح کی گہری حضوری اور خدا کی قوت اور قدرت کے لئے بھوکی پیاسی تھی۔ خدا سے دُعا کریں تا کہ خدا آپ کو اپنی قدرت اور خوبیوں کے اظہار کے لئے بڑی قدرت اور گہرے طور پر استعمال کرے۔

باب 11

حننیاہ اور سفیرہ

پڑھیں، اعمال 4:32، 11:5

آپ اِس بات کو یقینی طور پر جان سکتے ہیں کہ جب خدا کا پاک روح کام کرتا ہے تو اِسی طور دشمن بھی متحرک ہو جاتا ہے۔ حننیاہ اور سفیرہ کی کہانی ہمیں یاد کراتی ہے کہ ابتدائی کلیسیا کے بھی مسائل و مشکلات موجود تھیں۔

اعمال 4:32-37 ہمیں حننیاہ اور سفیرہ کی کہانی کا پس منظر بیان کرتا ہے۔ ایمانداروں کے درمیان روح القدس کی حضوری کا ثبوت ایک دوسرے کے لئے اُن کی عملی فکر و محبت میں دیکھا جا سکتا ہے۔ 32ویں آیت ہمیں بتاتی ہے کہ ایماندار یکدل اور یک خیال تھے۔ اُن ایمانداروں کے پاس جو کچھ بھی تھا وہ آپس میں مل بانٹ کر کھاتے اور استعمال کرتے تھے۔ گھر بھر، زمینیں، جائیداد اور املاک بیچ کر روپیہ پیسہ کلیسیا کے لئے وقف کر دیا جاتا تھا۔ یہ روپیہ پیسہ ضرورت مند بہن بھائیوں میں تقسیم کر دیا جاتا تھا۔ ہم 36-37 آیات میں برنباس کے حوالہ سے اِس مثال کو دیکھ سکتے ہیں۔

جب روح القدس ایمانداروں پر نازل ہوا تو اُس نے ایمانداروں کی مدد کی تاکہ وہ اپنی زندگی کی ترجیحات کو پہچانیں۔ اُن ایمانداروں میں کچھ صاحب حیثیت اور مالدار لوگ بھی تھے۔ اِس کا مطلب معاشرے میں اعلیٰ مقام و نام اور اچھا اثر و رسوخ ہونا ہے۔ جب رُوح القدس اُن پر نازل ہوا، تو پھر کچھ وقوع ہوا۔ ایک انقلابی تبدیلی کے ساتھ اُن کی ترجیحات بدل گئیں۔ وہ اَب زمانہ حال کے لئے زندہ نہ تھے۔ جب اُنہوں نے یسوع کو جانا تو اِس کے مقابلہ میں دولت اکٹھی کرنے کی کشش اور دلچسپی ماند پڑ گئی۔ روح القدس نے اُن کی آنکھیں کھول دیں

تا کہ وہ اپنے اردگرد کے لوگوں کی ضروریات کو دیکھ سکیں۔ اُن کے دلوں میں مسیح کی محبت نے اُنہیں مجبور کردیا کہ وہ اپنے ہم ایمان بھائیوں اور بہنوں کی ضروریات اور فلاح و بہود کے لئے فراخ دلی کا مظاہرہ کرتے ہوئے قربانی دے کر اُن کی ضروریات پوری کریں۔ اِس کے نتیجہ میں ضرورت مند دوں اور محتاجوں کی خدمت گزاری ہوئی۔

نہ صرف جسمانی ضروریات بلکہ روحانی ضروریات بھی پوری ہوئیں۔ 33 آیت میں ہم دریافت کرتے ہیں کہ رسولوں نے بڑی قدرت کے ساتھ مسیح کے مردوں میں سے جی اُٹھنے کی منادی کا سلسلہ جاری رکھا۔ خدا کا فضل (خدا کی غیر مشروط مہربانی اور عنایت) اُن کے ساتھ ساتھ تھا، جب وہ خدمت میں مصروف عمل تھے۔

یہاں پر ہم دیکھتے ہیں کہ خدا انفرادی طور پر اپنے لوگوں کی راہنمائی کر رہا ہے تا کہ وہ لوگوں کی مدد کرسکیں اور اُن کی ضروریات پوری کرسکیں۔ ابتدائی کلیسیا روح القدس کی راہنمائی میں چلتی تھی۔ وہ روحانی اور جسمانی ضروریات کی فراہمی کے لئے استعمال کئے جا رہے تھے۔ اِس زمین پر اُن کی خدمت میں یسوع کا دل دیکھنے کو ملتا ہے۔ خداوند یسوع مسیح نے لوگوں کی جسمانی روحانی، ذہنی نفسیاتی اور دیگر ضروریات کو پورا کیا۔

اِسی پس منظر میں ہم ایک جوڑے سے ملتے ہیں یعنی حننیاہ اور سفیرہ۔ (1:5) ابتدائی کلیسیا کی خدمت نے اُس جوڑے کو چھوا۔ اُنہوں نے کلیسیا کے اراکین کی زندگیوں میں روح القدس کی جنبش دیکھی تھی۔ اُنہوں نے ایمانداروں کو اپنی جائیدادیں اور املاک بیچ کر روپیہ پیسہ رسولوں کے پاس لاتے ہوئے دیکھا تا کہ وہ مال و دولت ضرورت مندوں اور غریبوں میں تقسیم کردیا جائے۔ اِس سارے ماحول اور فضا کا اُس جوڑے کے دلوں پر گہرا اثر ہوا۔ اُنہوں نے اپنا زمین کا ٹکڑا بیچ کر رسولوں کو دینے کا فیصلہ کیا تا کہ ضرورت مندوں اور غریبوں میں تقسیم کردیا جائے۔

جب اُنہوں نے اِس معاملہ پر آپس میں بات چیت کی، اُنہوں نے فیصلہ کیا کہ وہ جائیداد بیچ

کر کچھ حصہ اپنے پاس رکھ لیں گے اور باقی رسولوں کو دے دیں گے۔ متن ظاہر کرتا ہے کہ اُنھوں نے یہ سب کچھ ایک چال اور فریب کے تحت کرنے کا چناؤ کیا۔ امکان غالب ہے کہ وہ کلیسیا کو یہی تاثر دینا چاہتے تھے کہ گویا اُنھوں نے اپنا سب کچھ دے ڈالا ہے جبکہ حقیقت اِس کے برعکس تھی۔

جب یہ جوڑا روپیہ پیسہ لے کر رسولوں کے پاس آیا تو خداوند نے پطرس پر ظاہر کر دیا کہ حننیاہ دھوکے کے ساتھ رقم کا کچھ حصہ اپنے پاس رکھ کر روح القدس سے جھوٹ بول رہا ہے۔ (3 آیت) جب پطرس نے حننیاہ سے اِس تعلق سے پوچھا، وہ مر کر زمین پر گر پڑا۔ ایک نوجوان شخص نے اُس کی لاش کو کپڑے میں لپیٹ کر دفنا دیا۔ تین گھنٹے کے بعد، اُس کی اہلیہ محترمہ سفیرہ بی بی بھی آ پہنچی۔ پطرس نے اُس سے بھی پوچھا کہ کیا آپ نے اتنے ہی پیسوں کی زمین بیچی ہے جتنے پیسے اُس کا شوہر لے کر آیا تھا۔ اُس نے بھی پطرس کے ساتھ جھوٹ بولا کہ ہاں جی اتنے ہی کو جائیداد بیچی گئی تھی۔ یہ کہتے ہی اُس کا بھی دم نکل گیا۔ وہ نوجوان جنھوں نے اُس کے شوہر کو دفنایا تھا اُسے اُٹھا کر دفنانے کے لئے آ پہنچے۔

حننیاہ اور سفیرہ کا گناہ کیا تھا؟ کیا اُن کا گناہ یہ تھا کہ اُنھوں نے فروخت شدہ جائیداد کی رقم سے روپیہ پیسہ اپنے لئے بھی رکھ لیا تھا۔ یوں لگتا ہے کہ ایسی کوئی وجہ نہ تھی۔ چوتھی آیت میں، پطرس نے اِس بات کو واقعی تسلیم کیا کہ جائیداد حننیاہ کی ہی ملکیت تھی۔ حتیٰ کہ جائیداد کی فروخت کے بعد، وہ رقم اُسی کے اختیار میں تھی۔ پطرس نے اُسے کہا کہ وہ جیسے بھی چاہتا اُس رقم کے ساتھ کر سکتا تھا۔ اِس سے ہمیں یہ بات سمجھنے کو ملتی ہے کہ حننیاہ اور سفیرہ کے لئے یہ بالکل جائز اور واجب تھا کہ وہ اپنی جائیداد کی رقم سے اپنے لئے بھی کچھ رکھ لیتے۔ اور باقی کلیسیا کو دے دیتے۔ وہ کون سا گناہ تھا جو اُن کی موت کا باعث ہوا؟

تیسری آیت ہمیں بتاتی ہے کہ حننیاہ اور سفیرہ کی موت کے پیچھے شیطان کا ہاتھ تھا۔ شیطان پہلے ہی صدر عدالت کو کلیسیا کی حوصلہ شکنی کے لئے استعمال کر چکا تھا کہ وہ ترقی نہ کرے۔ تا کہ صدر

عدالت والوں کی دھمکیاں کسی طور پر بھی خدمت کے کام اور کلیسیا کی ترقی اور بڑھوتی میں آڑے نہ آسکیں۔ اب شیطان کو کسی اور طریقے کی تلاش تھی جس سے وہ روح القدس کے کام میں رکاوٹ حائل کر سکے۔ پطرس رسول کے مطابق شیطان نے حننیاہ کے دل میں ڈالا کہ وہ روح القدس سے جھوٹ بولے۔

حننیاہ اور سفیرہ شیطان کے اُس جھانسے میں آگئے۔ وہ اُس کے ہاتھوں میں ایک وسیلہ بن گئے تاکہ وہ ابتدائی کلیسیا کی زندگی میں خدا کے روح کے کام پر حملہ آور ہو سکے۔

شیطان جانتا تھا کہ اگر وہ کسی ایک جوڑے کے وسیلہ سے کلیسیا میں گھسنے میں کامیاب ہو گیا جو جھوٹ کی بنیاد پر زندگی گزارنے والے ہوں تو وہ روح القدس کو رنجیدہ کرنے میں کامیاب ہو جائے گا اور یوں انجیل کے پیغام کی منادی کی رفتار سست پڑ جائے گی۔ خدا نے یہ سب کچھ پطرس پر ظاہر کر دیا تاکہ بلا تاخیر اِس معاملہ سے نپٹا جاسکے۔ آج ہماری کلیسیا میں ہمیں کس قدر ایسے لوگوں کی ضرورت ہے جن کے پاس روحوں کے امتیاز کی نعمت موجود ہو۔

چوتھی اور آٹھویں آیت سے یہ بات ظاہر ہوتی ہے کہ حننیاہ اور سفیرہ دونوں نے ہی یہ تاثر دینے کی کوشش کرتے ہوئے کہ اُنہوں نے کلیسیا کو اپنا سب کچھ دے دیا ہے، کلیسیا کو دھوکہ دینے کی کوشش کی۔ جب کہ حقیقت میں اُنہوں نے ایک حصہ اپنے لئے رکھ لیا تھا۔ جیسا کہ ہم پہلے ہی کہہ چکے ہیں کہ اُن کا اصل گناہ یہ نہیں تھا کہ اُنہوں نے اپنے لئے ایک حصہ بچا لیا تھا۔ اُن کا گناہ دو رُخی تھا۔ اُنہوں نے شیطان کی بات پر کان لگایا کہ کلیسیا سے جھوٹ بولیں۔ اُن کا طرز عمل بالکل ویسا ہی دکھائی دیتا ہے جیسا کہ ہمیں یشوع کی کتاب کے ساتویں باب میں عکن کے معاملہ میں تھا۔ اُس نے یریحو سے چرائی ہوئی چیزیں اپنے خیمہ میں چھپا رکھی تھیں۔ خدا نے عکن کے پوشیدہ گناہ کے باعث بنی اسرائیل کو عی کے لوگوں پر فتح دینے سے انکار کر دیا۔ اُس جوڑے نے بڑی دیدہ دلیری کے ساتھ خدا کے پاک روح کی حضوری میں کلیسیا سے جھوٹ بولا۔ ایسا کرنے سے وہ کفر بکنے کے گناہ کے مرتکب ہوئے۔ اُن کے گناہ

نے خدا کے روح کو رنجیدہ کر دیا اور اُس کام میں رکاوٹ کھڑی کر دی جو خدا اُن کے درمیان کرنا چاہتا تھا۔

روح القدس اور رسولوں کے ساتھ جھوٹ بولنے کے باعث، حننیاہ اور سفیرہ شیطان کو کلیسیا میں پاؤں رکھنے کی جگہ دے رہے تھے۔ خدا کے کام میں اُسی وقت نشوونما اور افزائش ہوتی ہے جب لوگ اپنے گناہ کو پہچانتے اور تسلیم کرتے ہوئے خدا کی طرف رجوع لاتے ہیں۔ اُن دنوں خدا کا روح اپنے لوگوں کی زندگیوں میں جنبش کر رہا تھا۔ اگر حننیاہ اور سفیرہ اپنی روش اور ڈگر پر چلتے رہتے تو کلیسیا میں سے برکت اُٹھ جاتی تھی۔ بالکل ایسے ہی جیسے عکن کے معاملہ میں ہوا تھا۔ (یشوع 7 باب) یہوداہ کی طرح شیطان حننیاہ اور سفیرہ کے دل میں سما گیا۔ اُس نے اُنہیں پھلتی پھولتی ابتدائی کلیسیا میں اپنے نمائندے کے طور پر بھیجا تاکہ وہ اُن کے درمیان گناہ کا بیج بودے۔ پطرس رسول نے حننیاہ اور سفیرہ کے اِس طرزِ عمل کو شیطان کے ایک وسیلے کے طور پر دیکھا۔ وہ بخوشی و رضا جھوٹ فریب کے ساتھ کلیسیا میں سرائیت کر جانے کے لئے تیار ہو گئے۔ اِس سارے معاملہ کو بڑی سنجیدگی سے لینے کی ضرورت تھی اور اِس معاملہ کو سنجیدگی سے ہی لیا گیا۔ صورتحال کا تقاضا تھا کہ اُس سے فوری طور پر نپٹا جاتا۔ قبل اِس کے کہ وہ سارا کام برباد ہو جاتا جو خدا اُن کے درمیان کر رہا تھا۔

آج ہم اِس سارے واقعہ سے کیا سیکھتے ہیں؟ کیا یہ حوالہ ہمیں ہوشیار اور بیدار ہونے کے تعلق سے چیلنج نہیں کرتا؟ شیطان دھوکے اور فریب کا ماہر ہے۔ یہاں پر اُس نے اُس جوڑے کو کلیسیا میں خدا کے کام کے لئے ایک بڑے تحفے کے ساتھ بھیجا۔ اِسی تحفے اور ہدیے نے تو کلیسیا کے زوال کا باعث ہونا تھا۔ شیطان خدا کے کاموں میں بڑی اچھی اور مناسب سرگرمیوں کے وسیلہ سے خدا کے کام میں شامل ہو سکتا ہے۔ ہمیں کس قدر پطرس رسول جیسے امتیاز کے روح کی نعمت کی ضرورت ہے! مجھے یہ دیکھ کر دُکھ ہوتا ہے کہ شیطان کیسے بہت سی کلیسیاؤں میں ایسے ہی حیلوں بہانوں کے ساتھ داخل ہو چکا ہے۔ ہمارے دشمن کو ہماری عملی ضروریات کا علم

ہے۔ وہ ہماری ضرورت کے لئے بالکل خوبصورت جواب بھیجے گا تاکہ کسی نہ کسی طرح سے خدا کے اُس کام میں خلل پیدا کر سکے جو ہم کر رہے ہیں۔ خدا ہمیں توفیق دے کہ جب کبھی ہمیں ایسی صورتحال کا سامنا ہو تو ہم شیطان کے ایسے ہی حیلوں اور بہانوں کو پہچاننے میں تاخیر نہ کریں ۔

چند غور طلب باتیں

☆۔ کچھ دیر کے لئے ابتدائی کلیسیا کی ترجیحات اور مقاصد پر غور کریں۔ کیا آج ہم ایسی کلیسیائوں کو دیکھتے ہیں؟

☆۔ کیا ممکن ہے کہ آج ہماری کلیسیائوں میں حننیاہ اور سفیرہ کے گناہ کو دھرایا جا رہا ہے؟ کئی دفعہ خدا کے کام میں مالی حصہ ڈالنے کے پیچھے کون سے غلط محرکات ہوتے ہیں؟ آج ہم اپنی کلیسیائوں میں حننیاہ اور سفیرہ جیسے لوگوں کو کیسے پہچانتے ہیں اور اُن کے ساتھ ہمارا برتائو کیسا ہوتا ہے؟

☆۔ ہمارے دَور کی کلیسیا میں ابلیس کیسے چوری چھپے داخل ہونے کی کوشش کرتا ہے؟

چند اہم دُعائیہ نکات

خدا سے اُس کی عقل اور اپنی زندگی کے لئے اُس کی ترجیحات مانگیں۔

☆۔ اپنے روحانی قائدین کے لئے دُعا کریں تاکہ خدا اُنہیں پطرس جیسا امتیاز اور پرکھ بخشے بالخصوص جب وہ آج کے دَور کی کلیسیا میں حننیاہ اور سفیرہ جیسے لوگوں کے ساتھ ملیں۔

☆۔ اگرچہ دشمن بہت فعال اور مستعد دکھائی دیتا ہے لیکن اِس بات کے لئے خداوند کی شکر گزاری کریں کہ ہم مسیح یسوع میں فتح سے بڑھ کر غلبہ رکھتے ہیں۔

☆۔ خداوند سے دُعا کریں کہ وہ آپ کے دلوں کو ٹٹولے اور ہر اُس چیز کو آپ پر عیاں کرے جو خدا کے کام میں کسی طور پر رکاوٹ بن سکتی ہے۔

باب 12

پاک دلیری

پڑھیں، اعمال 5:12-42

پطرس اور یوحنا ابھی قید خانہ سے رہا ہوئے ہیں (4 باب) صدر عدالت جس نے اُنہیں قید کیا تھا اُنہیں سخت تنبیہ کی کہ آیندہ وہ یسوع کا نام لے کر منادی نہ کریں۔ صورتحال کا تقاضا تھا کہ اُس تنبیہ کو بہت سنجیدگی سے لیا جاتا۔ کیوں کہ یہی وہ عدالت تھی جس نے خداوند یسوع مسیح کو دُکھ دینے کے بعد پیلاطس کے پاس مصلوب ہونے کے لئے بھیج دیا تھا۔ بعض لوگوں کی طرف سے صدر عدالت کا کوئی حکم اور تنبیہ ہی کافی تھا۔ سیدھی اور صاف بات ہے کہ اگر وہ صدر عدالت کی تمنا کے مطابق خاموشی اختیار نہ کرتے تو اُنہیں اپنی جان سے ہاتھ دھونے پڑنے تھے۔ تاہم رسولوں کا ردعمل قطعی مختلف تھا۔ اُنہیں پاس کرنے کے لئے خدمت تھی۔ یہودی حکمران اُنہیں روک نہ سکے۔ اُنہوں نے خداوند یسوع کی خدمت کو نظر انداز کرنے کی بجائے موت اور ایذا رسانی کا چناؤ کیا۔

چوتھے باب میں کلیسیا کی دُعا دو رُخی تھی۔ کلیسیا نے دُعا کی کہ اُن کے درمیان روح القدس کی خدمت کے ثبوت کے ساتھ بڑھوتی اور ترقی ہو۔ اور اُنہوں نے آنے والی مخالفت کا سامنا کرنے کے لئے خدا سے جرأت اور دلیری مانگی۔ اِن دونوں دعاؤں کا جواب ملا۔

روح القدس کی خدمت کا بہت بڑا ثبوت

بعض یہودی صدر عدالت کی وجہ سے اُن ایمانداروں کے ساتھ میل جول رکھتے ہوئے خوفزدہ تھے تو بھی کلیسیا میں خدا کے کام کا بالکل واضح ثبوت نظر آرہا تھا۔ تو پھر اور کس طرح سے کلیسیا

کے درمیان پائی جانے والی یگانگت اور کلیسیا میں اضافے کی وضاحت کی جاسکتی ہے؟ کلیسیا سے باہر کوئی بھی شخص اُن کے درمیان مسیح کی محبت کا عملی مظاہرہ دیکھ سکتا تھا۔ اگرچہ یہودی اُن ایمانداروں کو قبول نہیں کر رہے تھے تو بھی معاشرے میں اُن ایمانداروں کو بڑی عزت کی نگاہ سے دیکھا جاتا تھا۔ خدا اُن کے درمیان بڑی قوت اور قدرت کے ساتھ موجود تھا۔ اِس کے نتیجہ میں زیادہ سے زیادہ لوگ خداوند پر ایمان لے آئے۔

12 آیت بیان کرتی ہے کہ رسولوں کے ہاتھوں سے بہت سے معجزات اور نشانات ظہور پذیر ہوئے۔ اِسی مقصد کے لئے تو کلیسیا نے دُعا کی تھی۔ "اور تو اپنا ہاتھ شفا دینے کو بڑھا اور تیرے پاک خادم یسوع کے نام سے معجزے اور عجیب کام ظہور میں آئیں۔" (30:4)

خواتین وحضرات اپنے بیماروں کو گلیوں اور سڑکوں پر لا کر ڈال دیتے تھے، اِس اُمید کے ساتھ کہ اگر پطرس کا سایہ بھی اُن پر پڑ جائے گا تو اُن کے مریض اچھے ہو جائیں گے۔ (تاہم اِس حوالہ میں کوئی ایسا اشارہ نہیں ملتا کہ پطرس کے سایہ سے کسی کو شفا ملی ہو، بلکہ اِس سے ہمیں اُس بھیڑ کی سوچ اور ایمان کے بارے میں علم ہوتا ہے) بیمار اور بدروح گرفتہ لوگوں کو رسولوں کے پاس لایا جاتا تھا۔ اور وہ سب رہا کر دئے جاتے اور اُن کو شفا ملتی تھی۔ اُس وقت خدا کی حضوری بہت نمایاں طور پر دیکھی جاسکتی تھی۔ بے شک خدا نے ایمانداروں کی دُعا کا جواب دیا تھا کہ اُن کے درمیان معجزات اور نشانات ظہور پذیر ہوں۔ ایمان نہ لانے والی دُنیا خدا کی قدرت کو واضح طور پر کھلی انکھوں سے دیکھ رہی تھی۔ ایمانداروں کو خدا نے روح القدس کے وسیلہ سے قوت اور قدرت سے بھر دیا تا کہ وہ اُس کی بادشاہی کے لئے کام کر سکیں۔

مخالفت کا سامنا کرنے کے لئے دلیری

کلیسیا کی دوسری درخواست آنے والی مخالفت کا سامنا کرنے کے لئے دلیری کے لئے تھی۔ اِس باب میں ہم اِس دُعا کا جواب واضح طور پر دیکھ سکتے ہیں۔ کلیسیا باقاعدگی سے بلاخوف وخطر ہیکل

میں فراہم ہوتی رہی۔(12 آیت)اُن کے لئے ممکن تھا کہ وہ کہیں جا کر چھپ جاتے لیکن اُن کے دلوں میں کوئی ایسی خواہش اور تمنا موجود نہ تھی۔اُن کے پاس ایک پیغام تھا جس کی اُنہوں نے منادی کرنا تھی۔اُنہوں نے باقاعدگی سے اپنی رفاقت اور آسمان کی بادشاہی کی منادی کا سلسلہ جاری رکھا۔اِس کے نتیجہ میں بہت سے لوگوں نے خداوند کو جانا اور اُس پر ایمان لے آئے۔ (14 آیت)

رسولوں کی یہ پاک دلیری اُن کی گرفتاری کا باعث ہوئی۔17 آیت بیان کرتی ہے کہ صدوقی حسد سے بھر گئے۔وہ یہ برداشت نہ کر سکے کہ بھیڑ اُنہیں چھوڑ کر رسولوں کے پیچھے چلی جائے۔صدرعدالت نے رسولوں کو قید خانہ میں ڈال دیا تا کہ وہاں پر وہ مقدمے کی کاروائی کا انتظار کریں۔رات کے وقت، خداوند کا فرشتہ اُن کے پاس قید کوٹھری میں آیا اور قید خانہ کے دروازے کھول کر اُنہیں قید خانہ سے نکالا۔جبکہ پہرے دار سوئے رہے۔فرشتہ نے اُنہیں حکم دیا کہ وہ ہیکل میں واپس جا کر مسیح میں نئی زندگی کے پیغام کی منادی کا سلسلہ جاری رکھیں۔

اگر آپ رسولوں کی جگہ پر ہوتے تو آپ فرشتے کو کیا جواب دیتے؟اُن رسولوں کو منادی کرنے کے باعث قید خانہ میں ڈالا گیا تھا۔عقل تو یہی کہتی ہے کہ وہ یروشلیم شہر کو چھوڑ کر کہیں اور جا کر منادی کرنا شروع کر دیتے۔

یعنی کسی ایسی جگہ پر چلے جاتے جو مخالفین کی پہنچ سے دُور ہوتی۔لیکن ہیکل میں دوبارہ آنا جہاں سے اُن کی گرفتاری عمل میں آئی تھی بالکل ایک الگ سا معاملہ دکھائی دیتا ہے۔ہیکل میں دوبارہ واپس آنے کا نتیجہ مذہبی راہنمائوں کی طرف سے اور بھی زیادہ انتقام کی آگ بھڑک اُٹھنے کی صورت میں سامنے آسکتا تھا۔سویرے سویرے رسول خداوند یسوع کی منادی ہیکل میں کر رہے تھے۔اُنہیں یہ دلیری کہاں سے ملی تھی؟ کیا یہ کلیسیا کی دُعا کا نتیجہ نہیں تھا؟''اَب اَے خداوند اُن کی دھمکیوں کو دیکھ اور اپنے بندوں کو یہ توفیق دے کہ وہ تیرا کلام کمال دلیری کے ساتھ سنائیں۔''

(اعمال 29:4) بلاشبہ خداوند نے اُن کی دُعا کا جواب دیا تھا۔ جب صبح کو فراہم ہوئے تو اُنہوں نے داروغہ کو بھیجا کہ وہ رسولوں کو لائے، جب افسران اِس خبر کے ساتھ واپس آئے کہ وہ تو قید خانہ میں موجود نہیں ہیں، تو صدر عدالت والوں کے ذہن چکرا گئے۔ اُن کی پریشانی میں اور بھی اضافہ اُس وقت ہوا جب اُنہیں اِس بات کا علم ہوا کہ قید خانہ کے دروازوں پر قفل (تالے) بھی ویسے کے ویسے ہی لگے ہوئے ہیں اور پہرے دار بھی موجود ہیں۔ رسولوں کے فرار کی بھی کوئی صورتحال نظر نہیں آ رہی تھی۔ جب وہ شش و پنج میں پڑے اِس معاملہ پر غور کر رہے تھے تو کوئی صاحب یہ خبر نامہ اُن کے پاس لے کر آیا کہ وہ تو ہیکل میں لوگوں کے درمیان منادی کرنے میں مصروف ہیں۔ فوری طور پر سپاہیوں کو بھیجا گیا کہ اُنہیں وہاں صدر عدالت کے سامنے حاضر کیا جائے۔ سپاہیوں نے کسی طرح کا کوئی زور و جبر استعمال نہ کیا کیوں کہ اُن کو لوگوں کی طرف سے سخت رد عمل کا بھی ڈر تھا۔

صدر عدالت نے رسولوں کو دھمکایا کہ آئندہ وہ یسوع کے نام سے منادی نہیں کریں۔ پطرس نے بالکل واضح اور صاف انداز سے بیان کیا کہ اُنہیں آدمیوں کی بہ نسبت خدا کی بات ماننا ضروری ہے۔ (29 آیت) بالفاظ دیگر، صدر عدالت کی بات پر کان لگانے میں وہ قطعاً کوئی دلچسپی نہیں رکھتے تھے۔ پطرس نے اُنہیں باور کرایا کہ وہ خدا کے بیٹے یسوع کو ایک عام مجرم کی طرح صلیب پر لٹکا کر مارنے کے جرم کے بھی مرتکب ہوئے ہیں۔ پطرس نے اُنہیں پر یقین انداز میں بتایا کہ اگرچہ اُنہوں نے یسوع کو مار دیا تھا تو بھی خدا نے اُسے مُردوں میں سے زندہ کر کے نجات دہندہ ٹھہرایا ہے۔ خداوند یسوع خدا باپ کے دہنے ہاتھ سر بلند ہوا۔ رسول ''اِن باتوں کے گواہ تھے'' اور بالکل ایسے ہی روح القدس بھی اُن باتوں کا گواہ تھا جو اُن میں سکونت پذیر تھا۔ (32 آیت) ایک بار پھر ہم رسولوں کی زندگیوں میں پاک دلیری اور جرأت مندی کو دیکھتے ہیں۔ وہ الزام تراشوں کے ڈر سے پیچھے نہیں ہٹے۔

عدالت کا ردعمل بڑا واضح تھا۔ وہ بڑے غضبناک تھے۔ وہ تو اُنہیں ہلاک ہی کر ڈالنا چاہتے

تھے۔ رسولوں کی پاک دلیری نے بڑا مخالفانہ ماحول پیدا کر دیا تھا۔ غور کریں کہ وہ خدا جس نے اُنہیں دلیری عطا کی تھی اُس نے اُنہیں اپنی محافظت بھرے ہاتھ کے نیچے سنبھالے رکھا۔ گملی ایل نام کے ایک فریسی نے صدر عدالت میں کھڑا ہوا۔

34ویں آیت ہمیں بتاتی ہے کہ وہ اپنے دِور کا ایک قابل احترام اور معزز شخص تھا۔ اُس نے کہا کہ وہ عدالت کے لوگوں سے بات کرنا چاہتا ہے اِس لئے رسولوں کو باہر نکال دیا جائے۔

گملی ایل نے اُن رسولوں کو قتل کرنے کے تعلق سے صدر عدالت کو خبردار کیا۔ اُس نے اُنہیں حالیہ تاریخ میں ایسی ہی ایک صورتحال یاد کرائی۔ اُس نے اُنہیں دو یہودی انقلابیوں کی کہانی یاد کرائی۔ اُن میں سے ایک کا نام تھیوڈاس جس نے اپنے تعلق سے بڑے دعویٰ جات کئے اور کہا کہ وہ بڑی خوبیوں اور صلاحیتوں والا غیر معمولی شخص ہے۔ اُس نے چار سو لوگوں کو اپنا پیرو کار بنالیا۔ بالاخر وہ مارا گیا۔ اور اُس کے پیرو کار تتر بتر ہوگئے۔ اور اُس کی انقلابی تحریک اپنے انجام کو پہنچی۔ دوسرا شخص یہوداہ گلیلی تھا۔ اُس نے بھی ایک سیاسی بغاوت میں لوگوں کو اپنے پیچھے لگالیا۔ وہ بھی مارا گیا اور اُس کے پیرو کار بھی پراگندہ ہوئے۔ اُس کی ساری کاوشیں بھی رائیگاں گئیں۔

گملی ایل نے صدر عدالت کے لوگوں سے کہا کہ وہ رسولوں کو اُن کے حال پر چھوڑ دیں۔ یہ تحریک بھی دوسری تحریکوں جیسی تھی کیوں کہ اُس تحریک کا بھی پہلی تحریکوں کی طرح ایک راہنما تھا۔ لیکن تو بھی یہ تحریک سے قطعی مختلف تھی۔ مذکورہ پیراگراف میں بیان کردہ دو تحریکوں کے بھی راہنما تھے۔ اُن کے راہنما مارے گئے۔ اس تحریک میں جو بات منفرد اور مختلف تھی وہ یہ کہ اُن کے راہنما کی موت نے اُن کے جوش و جذبے کو کمزور نہیں ہونے دیا۔ یہ تحریک تعداد میں بھی اور یروشلیم میں اپنے اثر و رسوخ میں بھی پروان چڑھ رہی تھی۔ اِس تحریک میں کچھ ایسی چیزیں وقوع پذیر ہو رہیں تھیں جن کی وضاحت نہیں کی جا سکتی۔ گملی ایل کو اِس بات کا ڈر تھا کہ اگر یہ تحریک خدا کی طرف سے ہے، تو پھر رسولوں کو ہلاک کرنا

کسی طور پر بھی عقلمندی کی بات نہ ہو گی۔ بلکہ سراسر غلط کام ہو جائے گا۔ اُس نے یہی تجویز کیا کہ اِس سارے معاملہ کو خدا کے ہاتھوں میں سونپ دیا جائے گا۔ اُسے یقین تھا کہ اگر یہ تحریک خدا کی طرف سے نہیں ہو گی، تو خود بخود ختم ہو کر رہ جائے گی، بالکل ایسے ہی جیسے بیان کردہ تحریکیں اپنے انجام کو پہنچیں تھیں۔

گملی ایل کی تقریر نے صدر عدالت کے افسران کو اس بات کے لئے قائل کر لیا کہ وہ رسولوں کو ہلاک نہ کریں۔ اُنہوں نے رسولوں کو کوڑے لگوائے اور اُنہیں حکم دیا کہ وہ یسوع کا نام لے کر منادی نہ کریں۔ (40 آیت) ایک بار پھر خدا اُن رسولوں کے تعلق سے وفادار دکھائی دیتا ہے۔ وہ اُس روز خدا کی نیکی اور بھلائی پر خوش اور شاد ہو کر وہاں سے چلے گئے۔ اُنہیں اِس بات پر خوشی ہو رہی تھی کہ وہ اِس لائق تو ٹھہرے کہ اُنہیں یسوع نام کے سبب سے دُکھ اور تکلیف کا سامنا کرنا پڑا۔ اُن کے لئے یہ بڑے شرف و استحقاق کی بات تھی کہ وہ خداوند کے لئے کھڑے ہوئے۔

اُس روز خدا کے پاک روح کی طرف سے بڑی شادمانی اُن کے دلوں پر چھا گئی۔ اپنی آزمائشوں اور مصیبتوں میں بھی اُن کی خوشی بیان سے باہر تھی۔ یہ بالکل ایسے ہی تھا جیسی خدا اُن کی مقبولیت پر مسکرا رہا تھا وہ اپنی وفاداری سے خدا کے حضور مقبول ٹھہرے اور خدا خوشی میں اُنہیں دیکھ کر مسکرا رہا تھا۔ اُنہوں نے خوف اور نافرمانی کے باعث روح القدس کو رنجیدہ نہیں کیا تھا۔

اگرچہ دوسری بار اُنہیں خبر دار کیا گیا تھا کہ آیندہ وہ یسوع کا نام لے کر منادی نہ کریں۔ رسول ہر روز ہیکل کے برامدہ اور گھروں میں رفاقت کے لئے جمع ہوا کرتے تھے۔ اور یہ تعلیم دیا کرتے تھے کہ یسوع ہی مسیح ہے۔ کوئی چیز بھی اُنہیں دلیری سے یسوع نام کی منادی کرنے سے روک نہ سکی۔ کیا واقعی اعمال 4:29-30 باب میں کی گئی دُعا کا جواب مل گیا تھا؟ بے شک خدا نے اُن کی دُعا کا جواب دیا تھا۔ خدا کے روح کا کام بالکل نمایاں طور پر

دیکھا جا سکتا تھا۔ رسولوں کی زندگیوں میں دلیری اُن کی زندگیوں میں پاک روح کے کام کا نتیجہ ہی تو تھی۔

کیا آپ کی زندگیوں میں ایسی دلیری کی کمی ہے؟ ایسی دلیری تو صرف اور صرف پاک روح کے وسیلہ سے ہی ملتی ہے۔ ایسی دلیری ہماری انسانی فطرت کا حصہ نہیں ہے۔ جب ہم اپنی خودی کے اعتبار سے مر جاتے ہیں تو پھر خدا ہماری زندگیوں اور دلوں کو ایسی دلیری سے بھر دیتا ہے۔ جہاں خدا کے پاک روح کا راج ہوتا ہے، وہاں خداوند کے لئے دلیری اور جرأت بھی پائی جاتی ہے۔ وہاں پر خدا کی حضوری کا بھی زبردست ثبوت موجود ہوگا۔ میری دُعا ہے کہ خداوند ہمیں ایسا تجربہ عطا فرمائے۔

چند غور طلب باتیں

☆۔ کیا آپ نے کبھی انجیل کے سبب سے شرمندگی محسوس کی ہے؟ کون سی چیز آپ کو دلیری سے کلام کرنے سے روکتی ہے؟ دلیر ہونے اور لوگوں کے تعلق سے بے حس ہونے میں کیا فرق ہے؟ کیا آپ کی ملاقات ایسے لوگوں سے ہوئی ہے جو خوشخبری کی منادی کے تعلق سے بڑے حس تھے؟

☆۔ آپ کی زندگی میں روح القدس کی حضوری کے کیا ثبوت پائے جاتے ہیں؟

چند اہم دُعائیہ نکات

☆۔ ایسے وقتوں کے لئے خدا سے معافی مانگیں جب آپ انجیل سے شرماتے رہے۔

☆۔ خداوند سے کلام کے لئے دلیری اور جرأت مانگیں۔

☆۔ خداوند سے درخواست کریں کہ وہ آپ کو اِس زوال پذیر دُنیا میں ایک وسیلہ کے طور پر روح القدس کی قدرت کے ساتھ استعمال کرے۔

باب 13

ابتدائی ڈیکن

پڑھیں، اعمال 6:1-7

جب ہم اعمال کی کتاب کا مطالعہ کرتے ہیں، تو دو طرح کے مماثلت رکھنے والے موضوع اُبھر کر سامنے آتے رہتے ہیں۔ ایک موضوع تو خدا کے لوگوں کی زندگیوں میں روح القدس کے زبردست کام سے متعلق ہے۔ دوسرا موضوع خدا کی کلیسیا پر دشمن کا مسلسل حملہ ہے۔ گذشتہ ابواب میں ہم دیکھ چکے ہیں کہ کس طرح شیطان نے صدر عدالت کو کلیسیا کی حوصلہ شکنی کے لئے استعمال کیا۔ اُنہوں نے رسولوں کو ڈرایا دھمکایا اور پھر قید میں ڈال دیا۔ اِسی بنا پر کلیسیا نے خدا سے جرأت اور دلیری کے لئے دُعا کی۔ پھر دشمن نے حننیاہ اور سفیرہ کے وسیلہ سے ایک دھوکہ دہی کی بنا پر کلیسیا میں داخل ہونے کی کوشش کی۔ پطرس اِس پر فریب چال کو جان گیا، خدا نے وہیں پر اُس جوڑے کو ہلاک کر ڈالا۔ اِس سے قبل کہ وہ کلیسیا کو کوئی نقصان پہنچاتے۔ اِس حصہ میں ہم کلیسیائی کام کو برباد کرنے کے لئے دشمن کے تیسرے حملہ کو دیکھیں گے۔

یروشلیم میں خدا کا کام بڑی تیزی سے آگے بڑھ رہا تھا۔ 1 آیت ہمیں بتاتی ہے کہ شاگرد بڑھتے جا رہے تھے۔ زیادہ سے زیادہ لوگ شخصی طور پر خداوند یسوع کو جانتے ہوئے اُسے اپنا نجات دہندہ قبول کر رہے تھے۔ اِس تیز رفتار نشوونما نے کلیسیا کے راہنماؤں پر دباؤ ڈالا۔ اِس بڑھتی ہوئی تعداد کے ساتھ، (اب تک تعداد پانچ ہزار سے بھی تجاوز کر چکی تھی) انتظامی امور میں بھی اضافہ ہوتا چلا جا رہا تھا۔ اور محتاجوں اور ضرورت مندوں کے درمیان خوراک کی تقسیم میں بھی

اضافہ ہو رہا تھا۔ یہاں پر ابلیس کو موقع نظر آیا کہ وہ روح القدس کے کام میں خلل اندازی کرے۔

بڑھتی ہوئی ذمہ داریوں کا مطلب یہ ہے کہ اب رسولوں کو خوراک کی تقسیم کے اِس عملی معاملہ میں زیادہ وقت دینے پر غور کرنے کی ضرورت تھی۔ اگرچہ یہ ایک بہت اہم خدمت تھی، لیکن اِس سے رسولوں کی بنیادی بلاہٹ سے یعنی خدا کے کلام کی منادی میں رکاوٹ پیدا ہو جانا تھی۔ شیطان رسولوں کو خدا کے اِس کام سے دُور لے جاسکتا تھا، اِس میں خلل پیدا کرسکتا تھا جس کے لئے خدا نے اُنہیں بلایا تھا۔ کتنی بار شیطان ہمارے دَور میں بھی ایسے ہی حیلے بہانے استعمال کرتا ہے؟ کتنے ہی پاسبان اپنی کلیسیائی سرگرمیوں میں اُلجھ کر رہ گئے ہیں، اِس قدر الجھائو کہ اَب اُن کے پاس وقت ہی نہیں بچتا کہ وہ خدا کی طرف سے ملنے والی نعمتوں اور توڑوں کو خدا کے جلال اور لوگوں کی برکات کیلئے استعمال کرسکیں۔ کبھی اِس بات پر متعجب نہ ہوں اگر شیطان آپ کے شیڈول کو اچھے اور ضروری کاموں سے بھر دے تاکہ آپ اپنی اصلی بلاہٹ سے دُور چلے جائیں۔

غور کریں، رسولوں نے شیطان کے اِس پھندے میں پھنسنے سے انکار کر دیا۔ دوسری آیت میں، اُنہوں نے کلیسیا کو یاد دلایا کہ اُن کے لئے مناسب نہ ہوگا کہ وہ خدا کے کلام کی منادی چھوڑ کر کھانے دانے کی خدمت میں اُلجھ کر رہ جائیں۔ وہ یہ نہیں کہہ رہے تھے کہ ایسی خدمت اُن کے معیار اور وقار سے نیچے نہیں ہے۔ وہ تو یہ کہہ رہے تھے کہ خدا کی طرف سے اُنہیں ایک خاص بلاہٹ ملی ہے۔ خدا نے اُنہیں اپنے کلام کی منادی کے لئے بلایا ہے۔ وہ تو خدا کے حضور میں اپنی نعمتوں اور توڑوں کے استعمال کے لئے جوابدہ تھے۔ یہ سراسر غلط بات ہے کہ اپنی اصلی خدمت سے کسی دوسری خدمت میں اُلجھا جائے۔

آج ہمارے لئے یہ اصول کس قدر اہم ہے۔ ہمیں خداوند کی خدمت کے لئے لاتعداد مواقع ملیں گے۔ ہمارے پاس ہر شخص اور ہر طرح کے لوگوں کی ضروریات پوری کرنے کے لئے

کافی وسائل، نعمتیں اور طاقت نہیں ہوتی۔ ہم نے کئی ایک ایسے لوگوں کو دیکھا ہے جنہوں نے اپنے آپ کو طرح طرح کی ذمہ داریوں میں اُلجھالیا، ایسا کہ وہ کسی ایک کام کو بھی بہتر طور پر سرانجام دینے کے صلاحیت اور لیاقت کھو بیٹھے۔ جب لوگ ایسی صورتحال کا شکار ہوتے ہیں تو شیطان کس قدر خوش ہوتا ہے۔

ایسی صورتحال میں شیطان خدا کے لوگوں کو آسمان کی بادشاہی کے لئے ناکارہ کر کے رکھ دیتا ہے۔ ہمیں کس قدر ایسے لوگوں کی ضرورت ہے جو اپنی زندگیوں کے لئے خدا کی مرضی اور بلاہٹ کو سمجھتے ہوں۔ یعنی ایسے خواتین وحضرات جو کسی بھی طور سے شیطان کے کسی بہکاوے میں آ کر اپنی خدمت کو نظر انداز نہ کریں۔ بلکہ اُنہیں معلوم ہو کہ کب اُنہوں نے خدا کی بادشاہی کی خاطر انکار کرنا سیکھنا ہے۔

غور کریں کہ شیطان نہ صرف رسولوں کو اُلجھا کر خدا کے کام میں رکاوٹ پیدا کرنا چاہتا تھا بلکہ اِس سے وہ کلیسیا میں تفرقہ بھی پیدا کرنا چاہتا تھا۔ ابتدائی ایماندار دو طرح کے تھے۔ وہ عبرانی یہودی اور یونانی یہودی تھے۔ اب تک یہ بات پوری طرح سے سمجھ میں نہیں آئی کہ اُن یہودیوں میں کیا فرق تھا۔ ہو سکتا ہے کہ اُن میں جغرافیائی فرق ہو۔ عبرانی یہودی وہ ہو سکتے ہیں جو ملک اسرائیل میں پیدا ہوئے جب یونانی یہودی وہ ہو سکتے ہیں جو ملک اسرائیل سے باہر پیدا ہوئے۔ ہو سکتا ہے کہ اُن میں زبان اور تہذیب وتمدن کا بھی فرق ہو۔ اُس دَور میں بہت سے ایسے یہودی تھے جو عبرانی زبان نہیں بولتے تھے۔ جب کہ وہ اپنے آباؤ اجداد کی روایات پر بہت حد تک عمل پیرا ہوتے تھے۔ اُنہوں نے اپنی زبان کو برقرار نہ رکھا۔ وہ یونانی تہذیب وتمدن اور زبان کے زیرِ تاب آ گئے۔

تاریخ سے یہ بات ثابت ہو جاتی ہے کہ یونانی یہودیوں کو عبرانیوں یہودیوں جیسا درجہ نہیں دیا جاتا تھا۔ عبرانی یہودی خود کو بالکل خالص یہودی سمجھتے تھے۔ وہ غیر ملکی تہذیب وتمدن سے نفرت کے اثر کی راہ میں مزاحم ہوئے تھے۔ اُنہوں نے ابرہام، اضحاق اور یعقوب کی تہذیب و

تمدن کو برقرار رکھا۔ اُن کے نزدیک یہودی عبرانیوں کا درجہ اُن سے کم تھا۔ شیطان نے اُن دونوں گروپس کے درمیان پائے جانے والے فرق وتضاد کو جانتے ہوئے، یہ فیصلہ کیا کہ وہ اُسے اپنے مفاد اور کام کے لئے استعمال کرے گا۔ یوں لگتا ہے کہ عبرانی یہودی اپنے لوگوں کی دیکھ بھال پر توجہ دے رہے تھے۔ جب کہ یونانی یہودی خوراک کی تقسیم کے معاملہ میں نظر انداز کئے جا رہے تھے۔

یہ بہت ضروری ہے کہ ہم اپنی گزشتہ زندگیوں کے تمام بوجھ کو اُتار پھینکیں۔ کتنی بار ہمارا ماضی ہمیں پھر سے اپنی گرفت میں لینے کے لئے ہم پر حملہ آور ہوتا ہے۔ ہم اِس بات کو دریافت کرتے ہیں کہ ابتدائی کلیسیا کو ضرورت تھی کہ وہ اپنے ماضی کے تعصبات اور تکبر سے پاک صاف ہوتی۔ مسیح میں وہ ایک ہو چکے تھے۔ اب وہ عبرانی یہودی یا یونانی یہودی نہیں رہے تھے۔ یہ ایماندار ابھی تک پرانے یہودی تعصب کے ساتھ لپٹے ہوئے تھے۔ شیطان نے اُن کی اُس کمزوری کو جانتے ہوئے اُس خامی کو کلیسیا میں تفرقہ، جدائی اور لڑائی ڈالنے کے لئے استعمال کرنے کا چناؤ کیا۔ شیطان آج بھی خدا کی کلیسیا کے لئے ایسے ہی عزائم رکھتا ہے۔ کئی ایک معاملات میں وہ ایمانداروں کو ایک دوسرے کے خلاف خیمہ زن کرنے میں کامیاب ہو گیا۔ علم الٰہیات کے موضوعات، مسیحی آزادی سے متعلق باتیں، کلیسیائی روایات اور شخصی ترجیحات کو بھی دشمن نے ایمانداروں میں تفرقہ اور تقسیم پیدا کرنے کے لئے استعمال کیا ہے۔ ہمارے دشمن کو علم ہے کہ اگر اُس نے ہمیں لڑائی اور جدائی میں مصروف عمل رکھا تو پھر ہم خدا کے کسی کام کو کرنے کے قابل نہ رہیں گے۔ اِس دُنیا میں انجیل کے پیغام کو لے کر جانے کا کام رُک جائے گا۔ ہماری زندگیوں سے خدا کی برکات اُٹھ جائیں گی۔ ہم خدا اور اُس کی بادشاہی کے لئے کسی کام کے نہ رہیں گے۔ زمانے بدل گئے لیکن شیطان کی چالیں اور تدبیریں ویسی کی ویسی ہی ہیں۔ اگر کلیسیا آج بھی پرانی چالوں اور پھندوں میں اُلجھ رہی ہے تو وہ کیوں کر اپنی حکمت عملی اور طریقوں کو تبدیل کرے گا؟

رسولوں کو اِس بات کا علم تھا کہ اِس مسئلہ کے حل کے لئے کچھ کرنے کی ضرورت ہے۔ وہ ایسا قطعاً برداشت نہیں کر سکتے تھے کہ دشمن غالب آتا چلا جائے۔ اُنہیں اِس بات کا احساس تھا کہ کھانے پینے کی خدمت میں اُلجھ کر وہ کلام کی خدمت سے دُور چلے جائیں گے، اِس لئے اُنہوں نے یہی تجویز کیا کہ کلیسیا میں سے سات اور اشخاص کا چناؤ کیا جائے جو اُس خدمت کو سرانجام دے سکیں۔ اِس ذمہ داری کو لینے والے لوگ ہی ابتدائی کلیسیا کے ابتدائی ڈیکن بنے۔ اُن کی ذمہ داری کلیسیا کے لئے نظم ونسق اور عملی خدمات سرانجام دینا تھی۔

غور کریں اگرچہ اُنہیں نے کلیسیا میں نظم ونسق اور عملی خدمات سرانجام دینی تھیں۔ تو بھی یہی تقاضا تھا کہ یہ سات آدمی روحانی لوگ ہوں۔ ضرورت اِس بات کہ تھی کہ وہ لوگ روح سے معمور ہوں۔ کلیسیا کو کیسے اِس بات کا علم ہوسکتا تھا کہ کوئی شخص روح سے معمور ہے۔ اعمال کی کتاب کے اَب تک کے مطالعہ میں ہم نے اِس کے کئی ایک اشارے دیکھے ہیں۔

اوّل۔ خداوند یسوع مسیح نے اعمال 1:8 میں اپنے شاگردوں کو بتایا کہ جب روح القدس اُن پر نازل ہوگا تو وہ اُس کے گواہ ہوں گے۔ یہ پہلی پرکھ تھی۔ کیا آپ جاننا چاہتے ہیں کہ کیسے اِس بات کو پرکھا جائے کہ کوئی شخص روح القدس سے معمور ہے؟ اپنے آپ سے پوچھیں کہ وہ شخص خداوند یسوع مسیح کا کیسا گواہ ہے۔ کیا ایسے شخص کی زندگی مجمع میں خداوند یسوع کی گواہی کے طور پر کھڑی ہوتی ہے؟

دوئم۔ ہم اعمال کی کتاب میں دیکھتے ہیں کہ جب روح القدس کلیسیا پر نازل ہوا تو اُن کی پسند اور ترجیحات یکسر بدل گئیں۔ وہ لوگ جن پر روح القدس نازل ہوا، وہ خود غرض نہ رہے بلکہ وہ دوسروں کی فکر کرنے والے اور دوسروں کے خیر خواہ بن گئے۔ اُنہوں نے مسیح یسوع میں اپنے بھائیوں بہنوں کے لئے ایک غیر فطری سی محبت محسوس کرنا شروع کر دی۔ وہ اپنے محتاج بھائیوں اور بہنوں کے لئے اپنی جائیدادیں بیچ دینے کے لئے تیار ہو گئے۔ اب اُنہیں اپنے لئے دولت جمع کرنے میں کوئی دلچسپی نہیں تھی۔ کیا آپ معلوم کرنے میں دلچسپی رکھتے ہیں کہ آیا کوئی شخص

روح سے معمور ہے یا نہیں؟ بس اِس بات کا جائزہ لیں کہ وہ شخص اپنے مسیحی بھائیوں اور بہنوں کے ساتھ کیسا رویّہ رکھتا ہے اور اُن کے ساتھ اُس کا طرزِ عمل کیسا ہے۔ آپ کو معلوم ہو جائے گا کہ وہ شخص روح سے معمور ہے یا نہیں۔ کیا اُسے دوسروں کی فکر ہے یا پھر خود غرض؟ کیا مسیح کی محبت طرزِ فکر اور طرزِ عمل سے عیاں ہوتی ہے؟

سوئم۔ ہم اعمال کی کتاب میں یہ بھی دیکھتے ہیں کہ جو لوگ روح القدس سے بھر گئے وہ یسوع کے نام سے بڑی دلیری کے ساتھ باہر نکلے۔ پچھلے باب میں ہم نے دیکھا تھا کہ رسولوں کو اِس بات کی قطعاً پرواہ نہیں تھی کہ دوسرے لوگ اُن کے ساتھ کیا سلوک کریں گے یا اُن کے تعلق سے کیسی باتیں بنائیں گے۔ وہ یسوع نام کے لئے اُٹھ کھڑے ہوئے اور اپنی جانوں کو ہتھیلی پر رکھ لیا۔ اُنہیں خداوند کی فرمانبرداری کے لئے اپنی جانیں دینے سے بھی خوف نہیں آتا تھا۔ اُنہیں اپنی شہرت اور نیک نامی سے کہیں زیادہ مسیح کی بلاہٹ کی تابعداری کی فکر تھی۔ کیا آپ جاننا چاہتے ہیں کہ آیا کوئی شخص روح سے معمور ہے یا نہیں؟ اپنے آپ سے پوچھیں کہ کیا وہ شخص خداوند یسوع کی تابعداری اور فرمانبرداری کے لئے ہر ایک چیز کا خطرہ مول لینے کے لئے تیار ہے۔ کیا وہ شخص مسیح کی خاطر ہر ایک چیز کو پیچھے چھوڑ کر اپنے تکبر اور شہرت کو قربان کرنے کیلئے تیار ہے تاکہ اور بھی زیادہ فرمانبردار ہوتا چلا جائے؟

جب رسولوں نے کلیسیا سے کہا کہ اپنے میں سے نیک نام اور روح سے معمور لوگ چن لیں تو در اصل وہ یہ کہہ رہے تھے کہ اپنے میں سے ایسے لوگوں کا چناؤ کر لو۔ جن کی زندگیوں میں یہ ساری خصوصیات دیکھنے کو ملتی ہیں۔ غور کریں اُنہوں نے ایسے شخصوں کو تلاش نہیں کیا جو وقتی طور پر ایسی خوبیوں کا مظاہرہ کر سکیں۔ اِس سے پہلے کہ اُن کا بطور ڈیکن چناؤ کیا جاتا ضرور تھا کہ یہ ساری خوبیاں اُن کی زندگی سے عیاں ہوتیں۔

ڈیکن ایسے شخص کو ہونا چاہئے جو نہ صرف روح القدس سے معمور ہو بلکہ جو حکمت اور دانائی سے بھی معمور ہو۔ یہاں پر میں یہ بتاتا چلوں کہ علم اور دانائی میں فرق پایا جاتا ہے۔ یہ دو مختلف

چیزیں ہیں۔ علم کا تعلق معلومات عامہ سے ہوتا ہے۔ جبکہ حکمت اُس علم کے حقیقی زندگی میں عملی اطلاق کا نام ہے۔ ان ڈیکنز کا کیا کردار تھا؟ کیا یہ سب کچھ ابتدائی کلیسیا کے عملی معاملات سے متعلق نہیں تھا؟ کیا اِس کا مطلب یہ نہیں کہ منتخب کئے جانے والے آدمی نہ صرف علم و معرفت رکھنے والے ہوں بلکہ کلیسیائی زندگی میں اُس علم و معرفت کا عملی اطلاق بھی کر سکیں؟ رسول کلام خدا کی روحانی خدمت پر توجہ مرکوز کئے ہوئے تھے، اِسی لئے تو وہ کلام کے عملی اطلاق کے ساتھ کلیسیا کو آگے بڑھا رہے تھے۔

سات آدمیوں کا چناؤ کیا گیا۔ رسولوں نے ہاتھ رکھ کر اُن آدمیوں کو خدمت کے لئے مخصوص و مقرر کیا۔ اِس کے نتیجہ میں خدا کا کلام بغیر کسی تعطل اور رکاوٹ کے پھیلتا چلا گیا۔ اگرچہ شیطان کی کاوش اور خواہش خدا کے کام کو روکنا تھی، ابلیس کی ساری کاوشیں خاک میں مل گئیں اور خدا کا کام آگے بڑھتا رہا۔ بڑی تعداد میں بہت سے کاہن بھی خداوند کو جان گئے۔

شیطان کی کاوشیں اِس لئے رُک گئیں کیوں کہ خدا کے لوگوں نے سب سے پہلے کلیسیا میں خدا کی مرضی کو جاننے کو ترجیح دی۔ رسولوں نے خدا کی بلاہٹ سے توجہ ہٹانے کی کوششوں کو ناکام بنا دیا۔ اُنہوں نے فوری طور پر یونانی یہودیوں کی پریشانی پر توجہ دی۔ وہ چاہتے تو ایسے متنازعہ قسم کے معاملہ کو نظر انداز بھی کر سکتے تھے، لیکن اُنہوں نے اُس پرانے تعصب کو موقع ہی نہ دیا کہ خدا کے حضور اُن کی ذمہ داریوں میں رکاوٹ پیدا کرے۔ شیطان ایسی زبردست کلیسیا کے سامنے بے بس اور بے اختیار تھا۔

چند غور طلب باتیں

☆۔ خدا نے آپ کو کون سی نعمتیں عطا کی ہے؟ آپ اُن نعمتوں کو کیسے خدا کے جلال کے لئے استعمال کر رہے ہیں؟ وہ کون سی ایسی رکاوٹیں ہیں جو اُن نعمتوں کے استعمال کی راہ میں حائل ہوتی ہیں؟

☆۔ آج ایمانداروں میں کون سی چیزیں تفرقہ اور جدائی کا باعث ہو سکتی ہیں؟ ہم کلیسیا میں ایسے اختلاف رائے کو کیسے ختم کر سکتے ہیں؟

☆۔ ابتدائی کلیسیا میں بطور ڈیکن خدمت کرنے والوں کی کیا خصوصیات تھیں؟ کیا آپ ایک روحانی قائد ہیں؟ کیا آپ میں یہ خصوصیات پائی جاتی ہیں؟

چند اہم دُعائیہ نکات

☆۔ خداوند سے دُعا کریں کہ آپ کی کلیسیا کے اراکین کے درمیان پائے جانے والے اختلافات کو ختم کرنے میں آپ کی مدد کرے۔

☆۔ اپنی کلیسیا کے قائدین کے لئے دُعا کریں۔ کلیسیائی زندگی میں مختلف طرح کے مسئلے مسائل اور مشکلات سے نبرد آزما ہونے کیلئے خداوند سے اُن کے لئے حکمت مانگیں۔

☆۔ خداوند سے ایسے قائدین مانگیں جو اس باب میں مندرج خوبیوں کو اپنی عملی زندگی سے ظاہر کر سکیں۔

باب 14

ستفنس

پڑھیں، اعمال 6:8-8:3

ہم نے شیطان کی کم از کم تین کاوشوں پر غور کیا ہے جو اُس نے ابتدائی کلیسیا میں خدا کے روح کے کام کو تباہ و برباد کرنے کے لئے کیں۔ 4باب میں شیطان نے صدر عدالت کی دھمکیوں کے ذریعے کلیسیا کو بے دل کرنے کی کوشش کی۔ جب اُس کی یہ چال کامیاب نہ ہوئی تو پھر اُس نے حننیاہ اور سفیرہ کے جھوٹ اور مکر کے ساتھ کلیسیا میں داخل ہونے کی کوشش کی۔ ایک بار پھر اُسے منہ کی کھانی پڑی اور وہ کامیاب نہ ہو سکا۔ اِس باب کے ابتدائی حصہ میں، ہم دیکھ سکتے ہیں کہ کس طرح عبرانی اور یونانی مائل یہودیوں کے درمیان جھگڑا ابتدائی کلیسیا کی زندگی کے لئے تباہ کن ہو سکتا تھا۔ جب ابلیس کی یہ ساری کاوشیں کارگر نہ ہوئیں تو شیطان اور بھی آگے تک گیا۔ اس باب میں ہم دیکھیں گے کہ کس طرح ابلیس نے ظاہری طور پر ایذا رسانی اور جھوٹ فریب کا سلسلہ شروع کر دیا۔

ستفنس اُن سات ڈیکنز میں تھا جنہیں ابتدائی کلیسیا کے بزرگوں نے چنا تھا۔ یہ ایسا مرد خدا تھا جس نے اپنی زندگی میں خدا کی قدرت کا ثبوت دکھایا۔ 10ویں آیت یہ ظاہر کرتی ہے کہ ستفنس کے پاس منادی کی زبردست خدمت تھی۔ جس سے یروشلیم کے ایک یہودی گروہ نے لوگوں کو اُبھارا اور اُنہوں نے ستفنس کی مخالفت کی اور اُسے چیلنج بھی کیا، لیکن وہ اِس حکمت کا مقابلہ نہ کر سکے جو روح اَلقدس کے باعث اُس کی زندگی میں موجود تھی۔ کیوں کہ وہ ستفنس کے ساتھ بحث مباحثہ میں اُنہیں کوئی کامیابی حاصل نہ ہوئی۔ اُنہوں نے نئی چال چلنے کا فیصلہ کر لیا۔

اُنہوں نے چپکے سے چند آدمیوں کو اِس بات کے لئے آمادہ کر لیا کہ وہ یہ کہہ دیں کہ ستفنس

نے مرد خدا موسیٰ اور خدا کے نام پر کفر بکا ہے۔ اُن میں سے کوئی بھی الزام سچ ثابت نہ ہو سکا۔ اِس کے نتیجہ میں ستفنس کو صدر عدالت کے سامنے پیش کیا گیا۔ جھوٹے گواہوں نے دعویٰ کیا کہ ستفنس نے مسلسل مقدس مقامات (ہیکل) اور خدا کی شریعت کے خلاف باتیں کی ہیں۔ اُنہوں نے یہاں تک کہہ ڈالا کہ ستفنس نے یہ منادی کی ہے کہ خداوند یسوع مسیح ہیکل کو تباہ کر ڈالے گا اور موسیٰ کی روایات کو بدل ڈالے گا۔

اُس دن جو لوگ صدر عدالت میں موجود تھے اُنہوں نے دیکھا کہ ستفنس کے ساتھ کچھ ہو رہا تھا ، جب اُس کے خلاف یہ جھوٹی باتیں ہو رہی تھیں تو اُس کا چہرہ خدا کے فرشتہ کی مانند چمک رہا تھا۔ (15:6) اگرچہ میں نے کبھی خدا کے فرشتہ کو تو نہیں دیکھا۔ لیکن میرا خیال ہے کہ اُس دن لوگوں نے ستفنس کے چہرے پر خوشی اور اطمینان کی ایک چمک دیکھی۔ ہو سکتا ہے کہ اُنہوں نے خدا کے جلال سے چمکتا ہوا چہرا دیکھا۔ (خروج 34:29-30) اِس سے جو بات واضح ہوتی ہے وہ یہ ہے کہ جو کچھ ہو رہا تھا ستفنس کو اِس بات سے قطعاً کوئی پریشانی اور فکر نہ تھی۔ خدا کی حضوری اُسے گھیرے ہوئے تھی۔ اُس کا دل خدا کی خوشی اور اطمینان سے معمور تھا۔ ہو سکتا ہے کہ خدا اُس پر یہ آشکارہ کر رہا تھا کہ وہ بہت جلد فردوس میں اُس کے پاس ہو گا۔ ہو سکتا ہے کہ ستفنس نے از خود یہ دیکھا ہو کہ مسیح یسوع اُسے اپنے پاس بلا رہے ہیں۔ میں نے اکثر اوقات لوگوں کو یہ کہتے سنا ہے کہ اُنہوں نے یہ محسوس ہی نہ کیا کہ اُن میں تو پرانے دَور کے شہداُ کی طرح کھڑے ہونے کی جراُت ہے۔ اُس کی ضرورت کے لمحہ، ستفنس کو وہ کچھ کرنے کی توفیق ملی جس کے لئے خدا نے اُسے بلایا تھا۔ اُس نے جلد ہی مسیح کی محبت اور وفاداری میں جانثار کر دینا تھی۔ وہ اِس لئے بھی ایسا کرنے سے نہ جھجکا کیوں کہ خدا کے روح نے اُسے خداوند کی شادمانی سے معمور کر دیا تھا۔ خدا کے روح میں، وہ مضبوط اور زور آور تھا۔ جب ستفنس کو پوچھا گیا کہ اُس پر لگائے گئے الزامات درست ہیں تو اُس نے خاموشی اختیار کئے رکھی۔ اُسے اپنے دفاع میں کوئی دلچسپی نہ تھی۔ کیا ممکن ہے کہ اُسے معلوم تھا کہ اُس

کا آخری وقت آ پہنچا ہے؟ اِس کی بجائے ستفنس نے انجیل کی منادی کرنے کا چناؤ کیا۔ آئیں جائزہ لیں کہ اُس نے اُس روز صدر عدالت والوں سے کیا کہا۔

ستفنس نے ابرہام کے تعلق سے بیان کرنا شروع کیا۔ (7:2-8) اُس نے اپنے سامعین کو یاد دلایا کہ خدا نے اُس کے آباؤاجداد کو حاران سے بلایا تاکہ وہ اُس سرزمین کی طرف جائیں جو وہ اُنہیں دکھائے گا۔ ابرام نے خدا کی بلاہٹ کی تابعداری میں اپنے گھر اور ناطے داروں کو چھوڑا اور سفر پر نکل کھڑا ہوا۔ خدا نے اُس سے اور اُس کی اولاد سے ملک کنعان کی سرزمین کا وعدہ کیا۔ (جس کا بعد میں نام ملکِ اسرائیل رکھا گیا) ابرہام نے اُس وعدے کی تکمیل کو اپنی آنکھوں سے نہ دیکھا لیکن خدا اپنے وعدے پر قائم اور وفادار رہا۔ خدا نے ابرہام اور اُس کی اولاد سے ایک عہد باندھا کہ وہ اُن کا خدا جبکہ وہ اُس کے لوگ ہوں گے۔

یعقوب کے دَور میں، یوسف کو ملک مصر میں غلام کے طور پر بیچ دیا گیا۔ کیوں کہ اُس کے پیچھے اُس کے بھائیوں کا حسد اور کڑواہٹ تھی۔ (7:9) خدا یوسف کی آزمائش کے وقت میں اُس سے دستبردار نہ ہوا۔ بلکہ اپنے آپ کو وفادار خدا ثابت کیا اور یوسف کو فرعون کا مقبول نظر بنایا۔ یوسف ملک مصر میں فرعون سے دوسرے درجے پر تھا۔ اُسی دور میں ملک کنعان میں بہت سخت کال پڑا اور خدا نے یوسف کو اپنی قوم کو بچانے کے لئے استعمال کیا۔ ملک مصر میں یوسف کی قیادت میں، خدا کے بلائے ہوئے لوگوں کی بڑی اچھی دیکھ بھال ہوئی۔ خدا نے اپنے لوگوں پر اپنے آپ کو ایک وفادار خدا ثابت کیا۔

ملک مصر میں، خدا کے لوگوں کی تعداد میں تسلسل سے اضافہ ہوتا رہا، جس کی وجہ سے ملک مصر کے نئے فرعون بادشاہ کو بہت حسد ہونے لگا۔ اُس نے عہد کے لوگوں کو ستانا شروع کر دیا اور اُن پر بہت سا ظلم وستم کیا۔ نئے پیدا ہونے والے بچوں کو دریا میں ڈوب کر مر جانے کے لئے پھینک دیا گیا۔ ایک بار پھر خدا نے اپنے لوگوں کے لئے اپنی وفاداری ظاہر کی۔ خدا نے ایک شیر خوار بچے پر ہاتھ رکھا جس کا نام موسیٰ تھا۔ (7:20) موسیٰ کی پرورش فرعون کی بیٹی

نے کی۔ وہ ملک مصر میں ایک زور آور شخص ہوا۔ اُس نے ملک مصر کے علوم اور حکمت میں ترقی کی۔ جب موسیٰ کی عمر چالیس برس کی ہوئی۔ اُس نے ایک مصری کو ایک اسرائیلی پر ظلم کرتے ہوئے دیکھا۔ خدا نے موسیٰ کو اپنے مقصد اور منصوبے میں شامل کرنے کے لئے اس واقعہ کو استعمال کیا۔ خدا موسیٰ کو مدیان کے بیابان میں لے گیا اور چالیس برس تک اُسے اپنی بلاہٹ کے لئے تیار کرتا رہا۔ جب مناسب وقت آیا، خدا نے موسیٰ سے جلتی ہوئی جھاڑی میں سے کلام کر کے کہا کہ ملک مصر کو واپس لوٹ جائے۔ اُس آدمی کے وسیلہ سے، خدا نے اپنے لوگوں کو مصر کی غلامی اور ظلم وستم سے رہائی بخشی۔ ایک بار پھر خدا نے اپنے لوگوں کے ساتھ اپنے عہد کی پاسداری اور وفاداری ظاہر کی۔ خدا نے بیابان میں اپنی شریعت موسیٰ پر ظاہر کی۔ وہیں پر خدا نے اپنی اُس عظیم قوم کو منظم کیا۔ وہیں بیابان ہی میں خدا نے اپنی قوم کو خیمہ اجتماع دیا اور اُنہیں اپنی مقدس راہوں کی تعلیم دی۔ لیکن خدا کے لوگوں نے خدا کی مہربانیوں کے باوجود بھی اُس کی طرف کچھ توجہ نہ دی۔ بیابان میں وہ سونے کے بچھڑے کے سامنے سجدہ ریز ہوئے۔ جسے موسیٰ کے بھائی ہارون نے بنایا تھا۔ ستفنس کا وعظ ہمیں یہ بتاتا ہے کہ خدا کے فرزندوں نے آسمانی تخلیقات (ستارے، سورج اور چاند وغیرہ) کی پوجا اور پرستش کی۔ اور صرف یہی نہیں بلکہ مولک اور رفان کے غیر معبودوں کی بھی پوجا پاٹ کی۔ (7:42-43)

بیابان میں اُن تمام گناہوں کے باوجود، خداوند اُن کا خدا اُن کے ساتھ وفادار ہی رہا۔ داؤد اور سلیمان کے عہد حکومت کے دوران، خدا کے لوگ دولت اور اختیار و اقتدار کی بلندیوں کو چھونے لگے۔ وہ ہیکل جو سلیمان نے تعمیر کی تھی، وہ بہت شاندار اور عالیشان تھی۔ یہ خداوند کی رہائش اور سکونت کے لئے تیار نہیں کی گئی تھی۔ جیسا کہ یسعیاہ نبی نے لکھا ہے، کہ خدا انسان کے ہاتھوں سے بنائی گئی عمارات میں سکونت پذیر نہیں ہوتا۔ (7:49-50) یہ ہیکل خدا کے لوگوں پر خدا کے عہد کی عظیم برکات کی نشانی تھی۔ لیکن خدا ہیکل سے کہیں بڑھ کر عظیم خدا ہے۔

نبیوں کے دَور میں، خدا نے یکے بعد دیگرے ،اپنے نبیوں کو بھیجا تا کہ اپنے لوگوں کو اُن کے گناہوں سے پھیر لائے۔لیکن اُنھوں نے خدا کی باتوں پر کان نہ دھرا۔ جیسا کہ ستفنس نے کہا، ''نبیوں میں سے کس کو تمہارے باپ دادا نے نہیں ستایا؟ اُنھوں نے اُس راستباز کے آنے کی پیش خبری دینے والوں کو قتل کیااور اب تم اس کے پکڑوانے والے اور قاتل ہوئے۔''

(اعمال 52:7)

یہ ساری باتیں ہمیں خدا کے لوگوں کے تعلق سے کیا بتاتی ہیں؟ خدا نے اُنہیں از حد وفاداری دکھائی، لیکن وہ خدا کے ساتھ کوئی تعلق واسطہ نہیں رکھنا چاہتے تھے۔ خدا کے لوگوں کی ایک طویل تاریخ ہے جس میں وہ موسیٰ کی طرف سے دی جانے والی شریعت اور خدا کے نبیوں کی طرف پیٹھ پھیری۔ بنی اسرائیل پنی من چاہی زندگی بسر کرنا چاہتے تھے۔ اور اپنی من مانیاں کرنا چاہتے تھے۔

وہ خدا سے محبت نہیں رکھتے تھے۔ اُنہیں خدا کے ساتھ عہد وفاداری کرنے میں کوئی دلچسپی نہ تھی۔ ستفنس کی تقریر بہت زبردست تھی۔ اُس نے جھوٹے الزامات کے دفاع میں کچھ نہ کہا، اُس نے اُنہیں خدا کے کلام میں مندرج اُن ہی کی تاریخ اُنہیں سنادی۔ اُس نے پاک دلیری اور جرأت سے کلام کیا۔ اُسے اپنی جان کی کچھ پرواہ نہ تھی۔

صدرِ عدالت کا ردعمل بالکل واضح تھا۔ وہ انتہائی قہر وغضب سے بھر گئے اور اُس پر دانت پیسنے لگے۔ (54:7) ستفنس نے آسمان پر نگاہ کی اور خداوند یسوع مسیح کو خدا باپ کے دہنے ہاتھ کھڑے ہوئے دیکھا۔ ستفنس نے اُن لوگوں کو بتایا کہ اُس نے رویا دیکھی ہے۔ لیکن اُنھوں نے اپنے کان بند کر لئے۔ جو کچھ وہ کہنا چاہتا تھا وہ کسی طور پر بھی سننا نہیں چاہتے تھے۔ وہ اُسے کھینچ کر شہر سے باہر لے گئے اور اُسے سنگسار کر دیا۔ حتیٰ کہ جب وہ اُسے سنگسار کر رہے تھے، خدا کی محبت کا دریا اُس میں سے بہنے لگا۔ ''خداوند یہ گناہ اُن کے ذمہ نہ لگا۔'' یہی اُس کی آخری درخواست تھی۔ (60:7) یہ کہہ کر وہ سو گیا۔ مرتے ہوئے بھی اُس کے دل میں الزام لگانے

والوں کے لئے کوئی تلخی اور کڑواہٹ نہ تھی۔ اگرچہ شیطان خدا کے خادم کو مارنے میں کامیاب ہو گیا، لیکن اصل میں شیطان تو جنگ ہار گیا۔ ستفنس تو فتح یاب ہو کر اپنے خداوند کے پاس گیا۔ شیطان کو منہ کی کھانا پڑی۔ لیکن ستفنس آخر تک قائم رہا۔ شیطان کی ساری کوشش خاک میں مل گئیں۔ خدا نے اپنے آپ کو شیطان سے بڑھ کر زورآور ثابت کیا۔

اُس روز وہاں پر ایک شخص موجود تھا جس کا نام ساؤل تھا۔ جو بعد ازاں پولس رسول کے طور پر جانا اور پہچانا گیا۔ (8:1) شروع میں تو اُس نے ثابت کر دیا کہ وہ ابتدائی کلیسیا کا بدترین دشمن ہے۔ اُس روز سے، وہاں پر بہت زیادہ ستم ظریفی اور ایذارسانی شروع ہو گئی۔ ساؤل گھر گھر جاتا اور خدا کے لوگوں کو گھسیٹ گھسیٹ کر قید خانوں میں ڈالتا تھا۔ کلیسیا بکھرنے پر مجبور ہو گئی، اور ایذارسانی سے بچنے کے لئے تتر بتر ہو گئی۔ لیکن یہ سب کچھ انجیل کے پھیلاؤ کا سبب بنا۔ اِن سارے حالات و واقعات میں خدا اپنے وعدوں میں اپنے آپ کو سچا اور وفادار ثابت کرتا رہا۔

چند غور طلب باتیں

☆۔ اس باب میں ہم اپنے لوگوں کے تعلق سے خدا کے صبر وتحمل کے تعلق سے کیا سیکھتے ہیں؟

☆۔ اپنے قتل کرنے والوں کو معاف کر دینے کے تعلق سے ستفنس کی رضامندی پر غور کریں۔

کیا آپ کو کسی مسیحی بھائی یا بہن سے کوئی گلہ شکوہ ہے؟ ایسے کشیدہ حالات کو درست کرنے کے لئے آپ کو کیا کرنے کی ضرورت ہے؟

☆۔ ستفنس کی مثالی زندگی سے آپ کو کیا تقویت ملتی ہے؟

☆۔ کیا موت میں بھی فتح ہو سکتی ہے؟

چند اہم دُعائیہ نکات

☆۔ خداوند سے ستفنس کی طرح آخر تک برداشت کرنے کے لئے فضل اور توفیق مانگیں۔

☆۔ خداوند سے دُعا کریں کہ آپ کے بھائیوں بہنوں کے ساتھ کشیدہ تعلقات کو شفا بخشے۔

☆۔ خداوند سے ستفنس جیسی دلیری مانگیں۔

☆۔ خداوند کا شکر کریں کہ وہ گناہ اور شیطان پر فاتح خداوند ہے۔

باب 15

شمعون اور سامری لوگ

پڑھیں، اعمال 8:4-25

یروشلیم میں ایذا رسانی اور ظلم وستم کا بازار گرم ہو چکا تھا۔ کلیسیا جا بجا تتر بتر ہو چکی تھی۔ اگرچہ ظاہری حالات و واقعات سے یہی نظر آرہا تھا کہ یہ سب کچھ ایک المناک واقعہ ہے۔ لیکن اِس کا ایک مثبت پہلو بھی تھا۔ خدا نے جا بجا تتر بتر ہونے والے ایمانداروں کو یروشلیم کی دیواروں سے باہر تک انجیل کے پیغام کے پھیلاؤ کے لئے استعمال کیا۔ اُن ایمانداروں نے جہاں بھی گئے مسیح کی منادی کی۔

ہم نے پچھلے دو ابواب میں ستفنس سے ملاقات کی تھی، اب ہم ابتدائی کلیسیا کے دوسرے ڈیکن سے ملتے ہیں جس کا نام فلپس ہے۔ ستفنس کی طرح فلپس بھی روح القدس کی قوت اور قدرت سے معمور تھا۔ یروشلیم میں ایذا رسانی کے سبب فلپس سامریہ کے علاقہ میں چلا گیا۔ وہاں پر اُس نے نجات کے پیغام کی منادی کرنا شروع کر دی۔ اُس دَور میں یہودی سامری لوگوں سے نفرت کرتے اور اُنہیں حقیر جانتے تھے۔ فلپس کو اِس نفرت اور مخالفت کا بخوبی علم تھا۔ لیکن یہ بات سامریہ میں انجیل کی منادی کی راہ میں کسی طور پر بھی رکاوٹ نہ بن سکی۔

خدمت کے لئے سامریہ کسی طور پر بھی ایک آسان مقام نہیں تھا۔ وہاں پر بہت سے لوگ بدروح گرفتہ تھے۔ بہت سے لوگ جسمانی تکالیف و بیماریوں میں بھی مبتلا تھے۔ جب سامری لوگوں نے فلپس کو منادی کرتے ہوئے سنا اور اُس کے ہاتھوں بہت سے معجزات، عجیب کام اور نشانات ظہور پذیر ہوتے ہوئے دیکھے۔ اُنہوں نے فلپس کی باتوں پر جی لگایا۔ اُنہوں نے اُسے

خدا کے پیامبر کے طور پر قبول کر لیا۔ فلپس نے ناپاک روحوں کے خلاف خدا کی قوت اور قدرت کو ظاہر کیا۔ اور اُن لوگوں سے بد روحیں نکال دیں جو اُن کے ہاتھوں ظلم وستم اُٹھا رہے تھے۔ یسوع نام کی قدرت سے، فلپس نے ان بیمار لوگوں کو شفا بخشی جو اُس کے پاس آئے۔ یہ سب کچھ فلپس کے لئے معمول کی بات نہ تھی، بلکہ یہ سب کچھ تو اُس میں خدا کی قدرت کے ظہور کی نشانی تھی۔ فلپس کی خدمت کا یہ نتیجہ نکلا کہ بہت سے بد روح گرفتہ آزاد ہوئے اور بہت سے بیماروں نے شفا پائی۔ فلپس کی خدمت بہت سے سامری لوگوں کے دلوں میں خوشی لائی۔

(8 آیت)

بد روح کے قبضہ کی ایک مثال جو شہر میں بہت عام اور مشہور تھی، وہ شمعون نام کے شخص میں دیکھنے کو ملتی ہے۔ بطور جادوگر اُس میں اِس قدر قوت اور شیطانی قدرت تھی کہ وہاں کے لوگ اُس کے کاموں پر حیرت زدہ تھے۔ شمعون جادوگر ایک مغرور اور متکبر آدمی تھا اور بد روحوں کے عالم میں اپنی قوت اور قدرت پر بڑا ناز کرتا تھا۔ وہ جادوگروں کے حلقہ احباب میں اپنا ایک نام و مقام رکھتا تھا۔ سامری شہر کے ہر طبقہ کے لوگوں نے اُس کی طرف توجہ کر رکھی تھی۔ 10ویں آیت سے ہم اِس بات پر ایمان لاتے ہیں کہ سامریہ کے لوگ شمعون کو ایک دیوتا گردانتے تھے۔ وہ اُس میں کام کرنے والی قوت اور قدرت کو الٰہی قدرت سمجھتے تھے۔ اُنہوں نے اُس کے جادوئی کرشمے اور کرامات دیکھے تھے، وہ اُسے ''بڑی قدرت'' کہتے تھے۔ اپنے جادوئی کرشمات اور کرامات کی وجہ سے اُس نے بہت سے لوگوں کو اپنے پیچھے لگا لیا تھا۔ یہ ساری صورتحال سے ہمیں سامریہ لوگوں کی معاشرتی حالت اور اُن کی غلامی اور جوئے اور بندھنوں کے نیچے دبی زندگی کا پتہ دیتی ہے۔

فلپس کی سامریہ شہر میں شمعون اور اُس کے چیلوں سے ملاقات ہوئی۔ شمعون اور اُس کے چیلوں کی زندگیوں پر فلپس کی منادی کا گہرا اثر ہوا۔ وہ ایمان لے آئے اور خداوند یسوع مسیح کے پیروکار ہوتے ہوئے پانی کا بپتسمہ لیا۔ 13 آیت ہمیں بتاتی ہے کہ شمعون خود بھی ایمان لایا

اور اُس نے یسوع کے نام سے بپتسمہ لیا، شمعون خاص طور پر اُن زبردست معجزات میں دلچسپی رکھتا تھا جو فلپس کے ہاتھوں رونما ہوتے تھے۔ جہاں کہیں فلپس گیا، شمعون بھی اُس کے پیچھے ہی گیا۔

بہت جلد یروشلیم میں یہ خبر پہنچ گئی کہ خدا سامری لوگوں کے درمیان کام کر رہا ہے۔ پطرس اور یوحنا کو وہاں پر بھیجا گیا تا کہ معلوم کریں کہ وہاں پر کیا کچھ ہو رہا ہے۔ جب رسول وہاں پر پہنچے، تو اُنہوں نے دیکھا کہ اُن لوگوں پر ابھی روح القدس نازل نہیں ہوا تھا۔ 16ویں آیت کے مطابق اُنہیں صرف یسوع کے نام سے ہی پانی کا بپتسمہ دیا گیا تھا۔ اِس آیت کو سمجھنا تھوڑا مشکل ہے۔ یوں لگتا ہے کہ جیسے یہ آیت ہمیں یہ بتارہی ہے کہ اگرچہ وہ یسوع نام پر ایمان لائے تھے تو بھی وہ روح القدس کے تعلق سے نہ تو کچھ سمجھتے تھے اور نہ ہی اُنہوں نے روح القدس حاصل کیا تھا۔ یہ بالکل ایسی ہی صورتحال تھی جیسے شاگرد یوم پینتیکوست سے قبل روح القدس کی معموری سے بالکل ناآشنا تھے۔ وہ ایمان تو لے آئے تھے لیکن روح القدس کی قوت او رقدرت سے ایمان نہیں لائے تھے۔ جب پطرس اور یوحنا نے اُن پر ہاتھ رکھے تو روح القدس اُن پر نازل ہوا۔ اُس وقت تک سامری ایمانداروں کو روح القدس کیوں نہیں ملا تھا؟

بعض لوگ اِس بات پر ایمان رکھتے ہیں کہ اُنہیں ضرورت تھی کہ رسول اُن پر ہاتھ رکھیں تا کہ وہ روح القدس پائیں۔ یوم پینتکوست جب روح القدس کا نزول ہوا تھا تو اُس وقت کسی نے بھی جمع شدہ ایماندار بھائیوں اور بہنوں پر ہاتھ نہیں رکھے تھے تو بھی سبھی روح القدس سے معمور ہو گئے تھے۔ (4:2) بعض لوگوں کا یہ خیال ہے کہ سامری لوگوں کے ایمان میں ابھی تک کسی چیز کی کمی تھی جو اُنہیں روح القدس کے حصول سے روکے ہوئے تھے۔ تاہم کسی بھی حوالہ سے اِس بات کی تصدیق نہیں ہوتی۔ ہمیں کوئی ایسا ثبوت نہیں ملتا جس سے یہ ظاہر ہو کہ رسول سامری ایمانداروں کے ایمان کی کمی کو پورا کر رہے تھے۔ واقعی یہ بات تو بہت ہی عجیب ہے کہ اگرچہ فلپس بھی روح القدس سے معمور شخص تھا اور اِس قابل تھا کہ بیماروں کو شفا اور

بدروح گرفتہ لوگوں کو رہائی دے سکے۔لیکن وہ اِس قابل نہیں تھا کہ دُعا کر سکتا کہ ایمان لانے والوں پر روح القدس نازل ہو۔

یہ بات ہمیں ایک عجیب سی کیفیت کی طرف لے جاتی ہے کہ کوئی تو خاص وجہ ہوگی جس کی بنا پر وہ روح القدس کی برکت پانے سے محروم تھے۔تاوقتیکہ رسولوں نے سامری ایمانداروں پر ہاتھ رکھے اور اُنہوں نے روح القدس پایا۔ہمیں یہ بات یاد رکھنے کی ضرورت تھی کہ یہودی سامریوں کو حقیر جانتے تھے۔ابتدائی کلیسیا میں بہت سے ایمانداروں کا یہ ایمان تھا کہ نجات تو صرف یہودیوں کے لئے ہی ہے۔اُنہیں تو اِس بات کا وہم و گمان بھی نہیں تھا کہ خدا سامری لوگوں میں بھی دلچسپی ظاہر کر سکتا ہے۔کون اِس بات پر ایمان لایا کہ سامری لوگ بھی یہودیوں کی طرح روح القدس حاصل کر سکتے ہیں؟

خدا نے پطرس اور یوحنا کو سامری لوگوں کے پاس بھیجا، جو کہ ابتدائی کلیسیا کے اوّلین راہنماؤں میں سے تھے،تا کہ وہ سامری لوگوں پر روح القدس کے نزول کی گواہی دے سکیں۔اگر پطرس اور یوحنا کی موجودگی کے بغیر ہی اُن نو مرید ایمانداروں پر روح القدس کا نزول ہو جاتا تو پھر کیا واقع ہونا تھا؟ کیا یروشلیم کی کلیسیا نے سامری لوگوں کو مسیح یسوع میں ایماندار بھائیوں اور بہنوں کے طور پر قبول کر لینا تھا؟عین ممکن ہے کہ اَب بھی سامری ایمانداروں کو رد کر دیا جاتا۔تاہم جب پطرس اور یوحنا کے ہاتھ رکھنے کے سبب سے سامری ایمانداروں پر روح القدس کا نزول ہوا تو ابتدائی کلیسیا کو اِس حقیقت کو تسلیم کرنا پڑا کہ نجات سامریوں کے لئے بھی ہے۔شاید کلیسیا میں اتحاد و اتفاق پیدا کرنے کے لئے خدا کا یہی طریقہ تھا کہ یہودی ایمانداوں کو اِس بات کو سمجھنے کا موقع دیا جائے کہ خدا غیر اقوام میں بھی کام کر رہا ہے۔ہم پینتیکوست کے روز ایمانداروں پر روح القدس کے نزول کو دیکھتے ہیں،لیکن یہاں پر غیر اقوام میں اِسی طرح سے روح القدس کا نزول سامری ایمانداروں پر بھی دیکھنے کو ملتا ہے۔

شمعون (جادوگر) تو یہ دیکھ کر ہکا بکا ہی رہ گیا کہ کس طرح رسولوں کے ہاتھ رکھنے سے روح القدس نازل ہوتا ہے۔ وہ ہر قیمت پر ایسی قوت اور قدرت حاصل کرنا چاہتا تھا کہ جن پر بھی وہ ہاتھ رکھے وہ روح القدس سے معمور ہو جائیں، اِسی لئے تو اُس نے رسولوں کو روپے پیسے کی پیش کش کی تھی۔ لیکن پطرس نے اُس سے کہا تھا۔ ''تیرے روپے تیرے ساتھ غارت ہوں۔'' (20 آیت) پطرس نے شمعون کو بتایا کہ وہ گناہ کے بند میں گرفتار ہے۔ اور اُس کا دل کڑواہٹ سے بھرا ہوا ہے۔ شمعون کا اُن کی خدمت میں کوئی حصہ بخرہ نہیں تھا۔ کیوں کہ اُس کا دل خدا کے ساتھ راست نہیں تھا۔ پطرس نے بڑی دلیری کے ساتھ کلام کیا کیوں کہ اُس نے شمعون کی زندگی میں موجود بدی کو دیکھ لیا تھا۔

شمعون کی یہ خواہش تھی کہ روح القدس اُس کے زیر اختیار ہو۔ وہ اُس قوت اور قدرت کو اپنے لئے استعمال کرنا چاہتا تھا۔ شمعون کی حالت ہم میں سے بہتوں کی مانند تھی

جو یہ چاہتے ہیں کہ اِدھر ہم دُعا کریں اور اُدھر خدا کام کرتا ہوا دکھائی دے۔ ہم تو یہ چاہتے ہیں کہ ہمارے حکم دیتے ہی بدروحیں رفو چکر ہو جائیں۔ ہم چاہتے ہیں کہ ہمارے منہ سے لفظ نکلتے ہی بیمار لوگ شفا پانا شروع ہو جائیں۔ اس طور سے خدا کی قوت اور قدرت کو اپنے اختیار میں کر کے استعمال کرنے کا روّیہ گناہ آلودہ اور بدنیتی پر مبنی ہے۔ خدا کی قوت اور قدرت کو اپنے اختیار میں لانا ہمارا کام نہیں ہے۔ ہمارا کام تو یہ ہے کہ ہم اپنے آپ کو اُس قوت اور قدرت کے اختیار میں دے دیں تا کہ ہم اُس کے زیر اختیار آ سکیں۔ خدا تو جو چاہتا ہے وہی کرتا ہے۔ خدا جیسے اور جب چاہے جو چاہتا ہے وہی کرتا ہے۔ شمعون کو یہ بات سمجھ نہ آئی۔

13 ویں آیت ہمیں بتاتی ہے کہ وہ ایمان لے آیا تھا اور اس نے پانی کا بپتسمہ بھی لے لیا تھا۔ تاہم پطرس رسول ہمیں یہی بتاتے ہیں کہ شمعون نے حقیقی طور پر اپنے گناہ سے نجات نہیں پا ئی تھی وہ تو محض فلپس کے کاموں کو دیکھ کر ایمان لے آیا تھا۔

شمعون تو معجزات اور نشانات کی کشش سے کھینچا چلا آیا تھا اور اِس بات کا خواہش مند تھا کہ وہ

بھی ایسا ہی کر سکے۔ لیکن اُس نے پورے طور پر خدا کے حضور اپنے دل کو نہیں انڈیلا تھا۔

پطرس کی بات سے ہم اِس بات پر ایمان لاتے ہیں کہ شمعون اور اُس کا روپیہ پیسہ برباد ہو سکتا تھا کیوں کہ اُس نے روپے پیسے سے روح القدس کی بخشش کو حاصل کرنا چاہا۔ شمعون کو اپنی بدی سے توبہ کرنے کی ضرورت تھی۔ روح القدس کی نعمت کے لئے روپیہ پیسہ ادا کرنے میں کیا خرابی تھی؟ اِس سے روح القدس کی قدر و منزلت بہت کم ہو گئی۔ شمعون روح القدس کو کوئی چیز سمجھ رہا تھا جسے خریدا یا فروخت کیا جا سکتا تھا۔ ایسے ردِ عمل سے اُس نے بہت حقارت آمیز رّویہ اپنایا۔

دوسری بات، وہ روح القدس کو اپنا نام بڑا کرنے کے لئے استعمال کرنے کا خواہشمند تھا۔ اگر اُس کے پاس یہ نعمت ہوتی، تو لوگوں نے اُس کی طرف متوجہ ہونا تھا۔ یہ ساری صورتحال واضح کرتی ہے کہ شمعون ابھی پورے طور پر تبدیل نہیں ہوا تھا۔ اُس کا دل ابھی تک پہلے کی طرح خود غرضی اور لالچ سے بھرا ہوا تھا۔ اُس کی سوچ و فکر اور دلچسپی اپنی ذات تک محدود تھی۔ یہی وجہ تھی کہ پطرس نے اُسے بتا دیا تھا کہ اُسے خدا سے معافی کے لئے دُعا کرنے کی ضرورت ہے۔ (22 آیت) پھر شمعون نے پطرس سے کہا کہ وہ اِس کے لئے دُعا کرے، لیکن یہاں پر کوئی ایسا ثبوت نہیں ملتا کہ اس شخص نے واقعی توبہ کی۔ اُسے تو صرف اور صرف خدا کے قہر و غضب سے ڈر لگ رہا تھا۔

جب رسول سامریہ میں اپنی خدمت کا کام ختم کر چکے، تو وہ یروشلیم کی طرف لوٹ آئے۔ واپسی پر اُنہوں نے بہت سے سامری دیہاتوں اور قصبوں میں خدا کے کلام کی منادی کی۔ اُنہیں اِس بات کی سمجھ لگ چکی تھی کہ نجات صرف یہودیوں کے لئے نہیں بلکہ سامری لوگوں کے لئے بھی ہے۔ کیوں کہ جس طور سے روح القدس اُس علاقہ میں کام کر رہا تھا اُس سے اُنہیں اِس بات کا فہم حاصل ہو گیا تھا کہ خدا کی نجات ہر خاص و عام کے لئے ہے۔

چند غور طلب باتیں

☆۔آج کلیسیا میں کیسا تعصب پایا جاتا ہے؟ کیا واقعی کچھ ایسے لوگ ہیں جن تک ہم بالکل رسائی حاصل نہیں کر رہے؟

☆۔شمعون کے تعلق سے کون سی بات ظاہر کرتی ہے کہ وہ ایک حقیقی ایماندار نہیں تھا؟ کیا آج بھی کلیسیا میں شمعون جیسے لوگ موجود ہیں؟

☆۔آپ کی زندگی میں کون سے ایسے ثبوت ہیں جو یہ ظاہر کرتے ہیں کہ آپ اِس باب میں مندرج ایمانداروں کی طرح روح القدس سے معمور ہیں؟

☆۔کیا کبھی ایسا ہوا کہ آپ نے خدا داد نعمتوں اور برکات کو اپنی عزت و ناموس کے لئے استعمال کرنے کی کوشش کی؟ ایسا کرنا کیوں کر غلط ہے؟

چند اہم دُعائیہ نکات

☆۔خداوند کا شکر کریں کہ وہ ہماری طرح تعصب سے بھرا ہوا نہیں ہے؟

☆۔کسی ایسے گروپ کے بارے میں غور کریں جسے کلیسیا نے نظر انداز کیا ہے، اُنہیں خداوند کے ہاتھوں میں سپرد کریں۔

☆۔خداوند سے دُعا کریں کہ وہ آپ کے دلوں کو روح القدس کے گہرے کام اور تاثر کے لئے کھول دے۔ ایسے وقتوں کے لئے خداوند سے معافی مانگیں جب آپ نے خدا کے کام کو اپنی طاقت اور توانائی سے کرنے کی کوشش کی۔

باب 16

حبشی خوجہ

پڑھیں، اعمال 8:26-40

پچھلے باب میں ہم نے دیکھا تھا کہ ابتدائی کلیسیا نے کس طرح سامریہ کے علاقہ میں انجیل کی منادی کی۔ یہ اعمال 8:1 میں خداوند یسوع مسیح کے وعدہ میں شامل تھا جہاں اُس نے اپنے شاگردوں سے وعدہ کیا تھا کہ جب روح القدس اُن پر نازل ہوگا، تو پھر وہ یروشلیم، یہودیہ، سامریہ اور زمین کی انتہا تک اُس کے گواہ ہوں گے۔ اِس حوالہ میں ہم دیکھیں گے کہ کس طرح ایک ایک اتھوپی باشندے کی تبدیلی سے افریقہ میں انجیل کا پیغام پہنچا۔

سامریہ میں فلپس کی منادی خداوند کی طرف سے باعث برکت ہو رہی تھی۔ سامری لوگوں پر روح القدس نازل ہوا تھا۔ بہت سے لوگ خداوند یسوع مسیح پر ایمان لائے۔ فلپس بیداری کے درمیان تھا۔ بہت سا کام ہونے والا تھا۔

اِسی حوالہ میں فلپس نے فرشتہ کی آواز سنی جو اُسے سامریہ کے علاقہ سے نکل کر بیابان کی راہ پر ہو لینے کے لئے کہہ رہا تھا جو بیابان سے غزا کی طرف جاتی تھی۔ سامریہ سے یروشلیم کا فاصلہ لگ بھگ چالیس میل (ساٹھ کلومیٹر) تھا، اب یروشلیم سے غزا کا فاصلہ مزید پچاس میل (اَسی کلومیٹر) تھا۔ یہاں پر ہمیں ایسا کوئی منظر دیکھنے کو نہیں ملتا جہاں پر فلپس نے فرشتہ سے بحث کی ہو کہ وہ نومرید سامریوں کو اُن کے حال پر چھوڑ کر کیسے کسی اور طرف چل دے جب کہ کوئی شخص بھی تو موجود نہیں جو اُن کو شاگردیت کی تعلیم دے سکے۔ فلپس نے اُنہیں خدا کے ہاتھوں میں سونپ کر خداوند کی طرف سے ملنے والے کلام کی تابعداری کی اور بتائی گئی منزل

کی طرف رواں دواں ہو گیا۔ یہاں پر ہمیں ایسا کوئی بیان نہیں ملتا جہاں پر یہ نظر آئے کہ فرشتہ نے فلپس کو سامریہ کی بیداری کو چھوڑ کر جانے کی وجہ بتائی ہو۔ فلپس کو ایمان سے آگے بڑھنا پڑا۔ اُسے تو یہ بھی معلوم نہیں تھا کہ آگے چل کر کیا ہونے والا ہے۔

چلتے چلتے فلپس ایک حبشی خوجے سے ملا جو حبشیوں کی ملکہ کنداکے کا وزیر خزانہ تھا۔ اگرچہ یہ آدمی اتھوپیا سے تھا، لیکن پھر بھی وہ یہودیوں کے طریقوں کو سیکھنے میں دلچسپی رکھتا تھا۔ وہ یروشلیم آیا تھا اور اب واپس جا رہا تھا۔

خداوند کا روح القدس فلپس کو یہ کہہ رہا تھا کہ وہ رتھ کے ساتھ ہو لے۔ جب فلپس نے آگے بڑھ کر اُس آدمی کو یسعیاہ نبی کا صحیفہ پڑھتے ہوئے سنا۔ فلپس نے اُس آدمی سے پوچھا کہ جو کچھ وہ پڑھ رہا ہے، آیا وہ اُس کو سمجھتا بھی ہے۔ اُس آدمی نے جواب دیا کہ "یہ مجھ سے کیوں کر ہو سکتا ہے جب تک کوئی مجھے ہدایت نہ کرے؟" (آیت 31) اُس نے فلپس کو دعوت دی کہ وہ اُس کے پاس آ کر رتھ میں بیٹھ جائے۔

حبشی خوجہ یسعیاہ 53:7-8 میں سے پڑھ رہا تھا۔ یہ حوالہ خداوند یسوع کا ذکر کرتا ہے کہ کس طرح اُسے ذبح ہونے والی بھیڑ کی طرح لے گئے اور اُس نے خاموشی سے سب کچھ قبول کر لیا۔ کائنات کا خداوند اپنے ہی مقدمہ میں انصاف سے محروم رہا اور بالاخر موت کے گھاٹ اُتار دیا گیا۔ حبشی خوجے کو علم نہیں تھا کہ یہ حوالہ کس کا ذکر کر رہا ہے۔ اُس نے اِس بارے میں فلپس سے پوچھا۔

غور کریں کہ کس طرح ہر ایک چیز کامل طور پر ترتیب دی گئی۔ انسانی کاوشیں کسی طور پر بھی ایسے حالات و واقعات کو ترتیب نہیں دے سکتیں۔ یہ کس قدر اہم تھا کہ فلپس روح القدس کی راہنمائی کے مطابق ہی چلتا۔ یہ سارا واقعہ شروع سے آخر تک روح القدس کی راہنمائی میں تھا۔ کیا مسیح کے لئے پوری دُنیا تک پہنچنے کا یہی راز نہیں ہے؟ کتنی ہی بار ہم نے بہت سارے کام اپنی ہی کوشش اور حکمت سے کرنے چاہے لیکن ناکام ہوئے؟ فلپس کی خدمت گزاری کا کام

اِس لئے کامیاب اور بابرکت تھا کیوں کہ خداوند شروع سے آخر تک شامل حال تھا۔

جب حبشی خوجے نے فلپس کو اپنے رتھ میں آکر بیٹھنے کے لئے کہا تو اُسے خداوند یسوع مسیح کی خوشخبری کے تعلق سے بات کرنے کا ایک خوبصورت موقع مل گیا۔ ظاہری بات ہے کہ فلپس کی باتوں نے حبشی خوجے کی زندگی پر گہرا اثر چھوڑا۔ اُسی لمحے اُس نے اپنی زندگی خداوند کو دے دی۔ چلتے چلتے جب وہ راہ کے کنارے کسی پانی کی جگہ پر آئے، حبشی خوجے نے فلپس سے پوچھا، کیا وہ فوری طور پر بپتسمہ لے سکتا ہے؟ اُس کا بپتسمہ خداوند یسوع مسیح کے ساتھ اُس کی مشابہت کی علامت تھا۔ اب وہ خداوند کی پیروی کرنا چاہتا تھا۔

NIV ترجمہ تو نہیں بلکہ King James ترجمہ بیان کرتا ہے کہ فلپس نے حبشی خوجے سے کہا کہ اگر وہ پورے دل سے ایمان لائے، تو وہ بپتسمہ لے سکتا ہے۔

پھر حبشی خوجے نے فلپس کو یقین دہانی کرائی کہ وہ ایمان لاتا ہے کہ یسوع مسیح خدا کا بیٹا ہے، (37 آیت) حبشی خوجے نے رتھ کو روکا اور پھر فلپس اور وہ دونوں پانی میں اُترے، وہاں بیابان میں فلپس نے اُس نومرید کو بپتسمہ دیا۔

جب دونوں پانی سے باہر آئے، بائبل مقدس بیان کرتی ہے کہ خدا کا رُوح فلپس کو اُٹھا لے گیا اور حبشی خوجے نے اُسے پھر نہ دیکھا۔ (39 آیت) فلپس کے ساتھ اصل میں کیا واقع ہوا تھا؟ یونانی لفظ یہ مفہوم دیتا ہے کہ روح القدس نے فلپس کو پکڑا اور بڑی قوت اور زور سے وہاں سے لے گیا۔ فلپس کی طرف سے کسی قسم کی کوئی مزاحمت نہ ہوئی۔ اور ہمیں یہ تو نہیں بتایا گیا کہ کیسے سب کچھ واقع ہوا۔ کیا وہ بڑی سادگی سے غائب ہو گیا؟ کیا روح القدس نے اُسے مجبور کیا کہ وہ وہاں سے چلا جائے؟ اناجیل میں ایسے بیانات موجود ہیں جو یہ بیان کرتے ہیں کہ خداوند یسوع مسیح اُس وقت اپنے دشمنوں کی آنکھ سے اوجھل ہو گئے جب وہ اُسے مار ڈالنے پر تُلے ہوئے تھے۔

(یوحنا 8:59، لوقا 4:29-30) شاید بالکل ایسا ہی فلپس کے ساتھ واقع ہوا۔ اگلی چیز جو ہم

فلپس کے تعلق سے جانتے ہیں وہ یہ کہ وہ اُشدود میں آنکلا۔ لگ بھگ بیس میل شمالی غزا۔ جہاں اُس نے انجیل کی منادی کا سلسلہ جاری رکھا۔

اِس حوالہ کا ہمارے ساتھ کیا تعلق ہے؟ اِس حوالہ سے ہم یہ سیکھتے ہیں کہ خداوند کی راہیں ہماری راہوں سے قطعی مختلف ہیں۔ اگر فلپس کی اپنی مرضی ہوتی تو وہ سامریہ ہی میں ٹھہر کر نو مرید لوگوں کے درمیان خدمت سر انجام دینے کو ترجیح دیتا۔ یہ خدمت بہت جائز اور واجب ہونی تھی، لیکن خدا کا اپنا الگ منصوبہ تھا۔ خدا کی بادشاہی اور ترقی کے لئے انسانی حکمت اور دانش ہی کافی نہیں ہوتی۔ ہمارے لئے یہ بہت ضروری ہے کہ ہم خدا کی مرضی اور منصوبوں سے ہم آہنگ ہوں۔ ہماری انسانی حکمت عملی خواہ کیسی بھی اہم اور اچھی ہوں، لازم ہے کہ بخوشی ورضا خدا کے عظیم منصوبوں کے تابع ہوں۔ بالکل ایسے ہی جیسے فلپس نے تابعداری کرتے ہوئے سب کچھ چھوڑ کر خداوند کی راہنمائی میں آگے بڑھنے کا چناؤ کیا۔

غور کریں کہ فردِ واحد کی روح کی نجات کو خدا کس قدر اہمیت دیتا ہے۔ فلپس سامریہ کے علاقہ میں ایمانداروں کی جماعت پر گہرے طور پر اثر انداز ہو رہا تھا۔ وہ بیداری کے درمیان تھا۔ تو بھی خدا نے اِس بات میں کوئی جھجک محسوس نہ کی کہ وہ فلپس کو وہاں سے لے جائے اور اُسے ایک ایسے شخص کو خوشخبری سنانے کے لئے استعمال کرے جو یروشلیم سے واپس اپنے گھر جا رہا تھا۔ اِس مختصر سے لمحہ میں، حبشی خوجے کو اشد ضرورت تھی کہ کوئی ایسا شخص ہو جو اُسے کتاب مقدس کے حوالہ کی تشریح و وضاحت کر کے سمجھائے۔ فلپس کو اِس کام کے لئے بھیجا گیا۔ خدا نے اُس فرد واحد کی پکار کو سنا۔ خدا ہی لوگوں کے دلوں کے بھید جانتا ہے۔ اُس نے حبشی خوجے کے دل کی پکار کو سنا۔ خدا جانتا تھا کہ وہ فصل کٹائی کے لئے تیار تھی۔ روح القدس کے بغیر فلپس کبھی بھی یہ سب کچھ معلوم نہ کر پاتا۔

''شاید آپ کہیں، ''میں کون ہوں کہ خدا میری فکر کرتا ہے۔'' شاید آپ اُس حبشی خوجہ کی مانند تن تنہا محسوس کر رہے ہیں جو یروشلیم سے اپنے وطن واپس جا رہا تھا۔ ایک پریشان حال اور تن

تنہا آواز نے اُس روز بیابان میں سے خدا کو پکارا۔ خدا نے اُس کی فریاد سن کر اُس کی مدد کے لئے اپنے بندہ فلپس کو بھیجا۔ وہ آپ کے لئے بھی ایسا ہی کرے گا۔ خدا کے نزدیک ہر ایک روح قیمتی بلکہ بیش قیمت ہے۔

یہاں یہ بات بھی قابل غور ہے کہ جب پاک روح کو کام کرنے کا موقع دیا جاتا ہے تو پھر معاشرتی، تہذیبی اور مذہبی رکاوٹیں مسمار ہو جاتی ہیں۔ حبشی خوجہ کا دل اُن باتوں کے لئے کھلا تھا جو ایک اجنبی فلپس نام کے شخص نے اُس سے کرنی تھیں۔ گو حکومتی سطح پر اُس کا مرتبہ اور رُتبہ عالیشان تھا، اُس نے پر تپاک انداز میں فلپس کو اپنے رتھ میں خوش آمدید کہا، یہ حبشی خوجہ ایک پکے پھل کی طرح تھا جسے توڑ کر محفوظ کرنے کی ضرورت تھی۔ کیوں کہ فلپس کے پہنچنے سے قبل ہی خدا اُس آدمی کی زندگی میں کام کر رہا تھا۔ حالات ساز گار نتیجہ یقینی تھا۔ فلپس نے تو بس خدا کا کلام ہی بیان کیا تھا اور حبشی خوجہ نے خداوند کو قبول کر لیا۔ کتنی ہی بار ہم لوگوں کو قائل کرتے رہتے ہیں کہ وہ محسوس کریں کہ اُنہیں خداوند کی ضرورت ہے۔ خدا کے پاک روح نے ہر طرح کی رکاوٹ کو دُور کرتے ہوئے فلپس سے ملاقات کی۔ اگر خدا نے ہمیں اپنے جلال کے لئے بلایا ہے تو ہمیں یہ یقین ہونا چاہیئے کہ وہ ہمارے آگے چل کر ہمارے لئے راہ بھی تیار کرے گا۔

جب کام مکمل ہو گیا، فلپس منظر سے غائب ہو گیا۔ وہ حبشی خوجہ سے بات چیت کرنے کے لئے وہیں پر موجود نہ رہا۔ ایک اور کام تھا جو ابھی کرنے کی ضرورت تھی۔ خدا نے اُسے ایک اور ذمہ داری کی تکمیل کے لئے وہاں سے چلتا کیا۔ کچھ اور روحیں تھیں جنہیں خدا کے جلال کے لئے جیتنے کی ضرورت تھی۔ فلپس کی بلاہٹ خوشخبری کی منادی تھی۔ جو کام اُس نے شروع کیا تھا، دوسرے لوگوں کو اُس کو تعمیر کر کے مکمل کرنا تھا۔ اُسے تو بس خدا کی تابعداری میں متحرک ہونا تھا۔ خدا کرے کہ ہم بھی فلپس کی طرح، اپنے اردگرد کئی طرح کی اختلافی اور توجہ ہٹا دینے والی آوازوں میں امتیاز کرتے ہوئے خدا کی آواز اور اُس کی بلاہٹ میں امتیاز کر

سکیں۔ صرف اور صرف تابعداری کی صورت میں ہی ہم حقیقی برکات کی توقع کر سکتے ہیں۔

چند غور طلب باتیں

☆ ۔ اِس باب میں جو کچھ ہم نے دیکھا اور غور کیا ہے، اُس کی روشنی میں ہمیں اپنی زندگی اور خدمت کے لئے خدا کے پاک روح کی راہنمائی کے لئے حساس ہونے کی کیا اہمیت ہے؟

☆ ۔ آپ کس طرح اپنے خیالات اور روح القدس کی راہنمائی میں فرق بیان کر سکتے ہیں؟

☆ ۔ کتنی ہی بار ہم اپنی رویا اور ترتیب دئے گئے کاموں میں پھنس جاتے ہیں؟ ہم کس طرح روح القدس کی راہنمائی کے لئے خدا کی طرف سے ملنے والی دلیل اور روح القدس کی راہنمائی کے لئے اُس کی آواز سننے میں توازن قائم کر سکتے ہیں۔

چند اہم دُعائیہ نکات

☆ ۔ خداوند کی شکر گزاری کریں، کیوں کہ وہی جانتا ہے کہ ہمارے لئے کون سی چیز بہترین ہے۔ خداوند سے دُعا کریں کہ وہ آپ کو اپنی راہنمائی کے لئے حساس ہونا سکھائے۔

☆ ۔ اِس بات کے لئے بھی اُس کے شکر گزار ہوں کہ وہ بیابان میں سے پکارنے والوں کی بھی فکر کرتا ہے۔

☆ ۔ کیا آپ کسی ایسے شخص سے واقف ہیں جو اپنی زندگی میں بیابانی تجربہ سے گزر رہا ہے؟ خداوند سے دُعا کریں کہ وہ اِسی طور سے اُس شخص تک پہنچے جس طرح وہ بیابان میں حبشی خوجہ تک پہنچا تھا۔

باب 17

ساؤل کی تبدیلی

پڑھیں، اعمال 9:1-31

اعمال 8باب میں، ہمیں معلوم ہوتا ہے کہ کس طرح یروشلیم کی کلیسیا ایذا رسانی کے ایک زبردست حملہ کی زد میں آئی۔ جب ستفنس کو شہید کر دیا گیا، تو پھر کلیسیا تتر بتر ہو گئی۔ اِس ایذا رسانی میں ایک اہم شخصیت ساؤل تھا۔ پہلی آیت ہمیں بتاتی ہے کہ ساؤل کلیسیا کو جان سے مار دینے کی دھمکیاں دیا کرتا تھا۔ اِس کا یہ مطلب بھی ہو سکتا ہے کہ وہ مقدسین کو مار ڈالنے پر تلا ہوا یا بہت زیادہ متحرک تھا۔ یہ بہت زبردست الفاظ ہیں۔ یہ ساؤل کی اُس سخت عداوت اور نفرت کو ظاہر کرتے ہیں جو وہ اُس دَور کی کلیسیا کے خلاف رکھتا تھا۔ اُس کے احساسات اور جذبات ظلم وستم سے معمور اور بھرپور تھے۔ اور وہ خداوند کے شاگردوں اور اُن کے ایمان کی تباہی پر تلا ہوا تھا۔

ساؤل کی عداوت اور نفرت میں اِس قدر شدت تھی کہ وہ صرف یروشلیم ہی میں اِس تحریک کا صفایا کرنے میں اطمینان محسوس نہیں کر رہا تھا۔

وہ اِس تحریک کے پھیلاؤ کو روکنے کا خواہشمند تھا۔ سردار کاہن سے خط لے کر، ساؤل دمشق کے علاقہ میں گیا، تاکہ اُن لوگوں کو تلاش کرے جو اِس طریق پر چلتے ہیں۔ (2 آیت) اُس کی نیت یہی تھی کہ وہ اُن مسیحی لوگوں کو ڈھونڈ ڈھونڈ کر یروشلیم واپس لائے۔ درحقیقت وہ ایک ہار جانے والی جنگ لڑ رہا تھا۔ وہ کس طرح خدا کے پاک روح کی جنبش کو روک سکتا تھا؟

شیطان تو کبھی ہار قبول کرنے والا نہیں ہے۔ اگرچہ اُسے معلوم ہے کہ وہ کبھی بھی خدا کے

ارادے اور مقصد کو شکست نہیں دے سکتا، تو بھی وہ اپنی کوششوں سے باز نہیں آتا، اگرچہ وہ ہار ماننے والی لڑائی لڑ رہا ہے تو بھی وہ آخر تک پیچھے ہٹنے کا نام نہیں لیتا۔

ساؤل کا دل نفرت اور کڑواہٹ سے بھرا ہوا تھا۔ اُس کا مقصد و منشا تو یہی تھا کہ وہ مسیح کے مقصد کو روئے زمین پر سے مٹا دے۔ یہیں پر اُس کی ملاقات خداوند سے ہوئی۔ خداوند سے ملاقات کے لئے آپ کا اچھا ہونا ضروری نہیں ہے۔ ہم جہاں کہیں ہوتے ہیں، خداوند وہیں ہم سے ملاقات کر لیتا ہے۔ وہ ہماری بغاوت اور گناہ کی حالت میں بھی ہم سے آملتا ہے۔ ساؤل کے ساتھ بھی کچھ ایسا ہی واقع ہوا تھا۔ ساؤل کی بغاوت کی حالت میں، اُس وقت جب وہ خداوند یسوع کا طالب نہیں تھا، یسوع ساؤل کی تلاش میں تھا۔

خداوند یسوع مسیح نے آسمان سے ایک آواز اور تیز روشنی میں اپنے آپ کو ساؤل پر ظاہر کیا۔ وہ روشنی اور نظارہ اِس قدر زبردست تھا کہ ساؤل زمین پر آ گرا۔ اُس نے ایک آواز سنی جو آسمان سے اُس کے ساتھ ہم کلام تھی۔ اُس آواز نے ساؤل سے ایک سوال پوچھا، ''تو مجھے کیوں ستاتا ہے؟''

(آیت 4) ساؤل کو بالکل علم نہیں تھا کہ کون اُس سے مخاطب ہے۔ لیکن اُس نے اُس آواز کو خداوند کے طور پر مخاطب کیا۔ ساؤل جانتا تھا کہ جو آواز اُس سے مخاطب ہے وہ عزت، احترام اور عقیدت کی مستحق ہے۔ اُس آواز نے خود اپنی شناخت کرائی۔ ''میں یسوع ہوں جسے تو ستاتا ہے۔'' (5 آیت)

ساؤل کلیسیا کے ذریعہ یسوع کو ستا رہا تھا۔ ذیل میں دئے گئے حوالہ پر توجہ مرکوز کریں۔

''بادشاہ جواب میں اُن سے کہے گا۔ میں تم سے سچ کہتا ہوں کہ تم نے میرے اِن سب سے چھوٹے بھائیوں میں سے کسی کے ساتھ یہ سلوک کیا تو میرے ہی ساتھ کیا۔''

(متی 40:25)

خداوند یسوع اور اُس کے لوگوں کے درمیان ایک گہرا رابطہ اور تعلق ہے۔ جو کچھ ہم خدا کے

لوگوں کے ساتھ کرتے ہیں، گویا خدا کے ساتھ کرتے ہیں۔ اگر ہم اِس اصول کو سمجھ جائیں تو دوسرے مسیحی بھائیوں اور بہنوں کے ساتھ ہمارا رویّہ اور مزاج کس قدر مختلف ہو جائے، جب میں خداوند میں کسی مسیحی بھائی کے ساتھ غیر مہذب روّیہ کے ساتھ پیش آتا ہوں، تو گویا میں خداوند کی بے عزتی کر رہا ہوتا ہوں، ساؤل کو اِس بات کے گہرے احساس کی ضرورت تھی کہ وہ مسیحی لوگوں کے خلاف نہیں بلکہ خدا کے خلاف نبرد آزما تھا۔

خداوند کو میرے حالات و واقعات کے تعلق سے فکر مندی ہے۔ وہ اِس درد سے واقف ہے جو میں محسوس کرتا ہوں، جو لوگ میرے ساتھ بدسلوکی کرتے ہیں، اُنہیں خداوند کو میرے ساتھ بُرے برتاؤ پر جواب دہ ہونا پڑے گا۔ میں اِس قدر فکر مندی اور عظیم دیکھ بھال کا مستحق بھی نہیں جو خداوند کی طرف سے میرے لئے ہے۔

درحقیقت، وہ میری اِس قدر فکر کرتا ہے کہ جب کوئی مجھے چھوتا ہے تو درحقیقت وہ ''خدا کی آنکھ کی پتلی'' کو چھوتا ہے۔ (زکریاہ 8:2)

خداوند نے ساؤل سے کہا کہ وہ شہر میں جائے جہاں پر اُسے بتایا جائے گا کہ اَب اُس نے کیا کرنا ہے۔ جب وہ پھر اپنے پاؤں پر کھڑا ہوا، تو دیکھنے کے قابل نہ تھا۔ کلیسیا کا یہ ستانے والا، اُس کام کو تباہ کرنے کی ہر ممکن کوشش کر رہا تھا جو خدا کے پاک روح نے شروع کیا تھا۔ ساؤل شیطان کا آلہ کار بنا ہوا تھا۔ لیکن اب کلیسیا کا دشمن نابینا اور بے یار و مددگار تھا۔ ساؤل کے پاس اَب اِس کے سوا اور کوئی چارہ نہ تھا کہ وہ اُس کے سامنے گھٹنے ٹیک دے جسے وہ ستا رہا تھا۔

ہم کس قدر عظیم اور قادرِ مطلق خدا کی پرستش، عبادت اور خدمت کرتے ہیں۔ خواہ دشمن کتنا ہی سخت، ظالم اور بے رحم کیوں نہ ہو، ہمارا خدا اُس پر غالب آنے کی قدرت رکھتا ہے۔ وہ کسی بھی اُس دشمن سے زور آور ہے جو ہماری مخالفت میں کھڑا ہو سکتا ہے۔ ساؤل کے ہم سفر ساتھی اُس کا ہاتھ پکڑ کر اُسے شہر دمشق میں لے گئے، وہ خداوند کے ساتھ ملاقات سے اِس قدر

دل شکستہ ہو چکا تھا کہ وہ تین روز تک مکمل طور پر اندھے پن کی حالت میں بھوکا پیاسا بیٹھا رہا۔ اِن تین دنوں کے دوران، خداوند ساؤل سے مخاطب ہوا۔ 12 آیت سے ہم سمجھتے ہیں کہ اُسے اُس شخص کے تعلق سے ایک رویا ملی جس نے آ کر اُسے اُس کے اندھے پن سے شفا دینا تھی۔ ہم اندازہ لگا سکتے ہیں کہ یہ تین دن ساؤل کے لئے انتہائی ذہنی دباؤ کے دن تھے۔ جو کچھ اُس کے ساتھ واقع ہوا تھا اور جو بغاوت اُس نے خداوند کے خلاف کی تھی، اُس پر اُس نے بہت سوچ و بچار کی۔ امکان غالب ہے خدا کی کلیسیا کو ستا کر جو گناہ ساؤل نے کیا تھا، ساؤل نے اُس پر کچھ آنسو بھی بہائے ہوں گے۔

دمشق شہر میں حننیاہ نام کا ایک مردِ خدا رہتا تھا۔ خداوند نے اُس سے ہم کلام ہو کر اُسے بتایا تھا کہ وہ اُس گھر میں جا کر ساؤل پر اپنے ہاتھ رکھے جہاں پر وہ موجود ہے تا کہ وہ شفا پائے اور روح القدس سے بھر جائے۔ حننیاہ نے ساؤل کے تعلق سے سن رکھا تھا۔ اُس نے یہ بھی سن رکھا تھا کہ ساؤل یہاں پر اُن لوگوں کو گرفتار کرنے کے لئے آیا ہے جو خداوند یسوع مسیح پر ایمان لاتے ہیں۔ حننیاہ نے یہ بھی سنا ہوا تھا کہ ساؤل نے یروشلیم کے مقدسین کے ساتھ کیسا کیسا سلوک کیا ہے۔ حننیا کو ساؤل کے ساتھ ملاقات کا سو فیصد یقین نہیں تھا، اِس لئے اُس نے خداوند سے یہ پوچھا۔

خداوند نے حننیاہ پر یہ ظاہر کیا تھا کہ یہ شخص جس نے کلیسیا کو ستایا ہے، وہی غیر قوموں کے درمیان انجیل کی منادی کرنے کا ایک وسیلہ بنے گا۔ ساؤل کو خوشخبری کی منادی کے لئے دُکھ بھی اُٹھانا پڑے گا۔ ہم حننیاہ کو بتائی جانے والی بات سے ملنے والے دھچکے کا تصور ہی کر سکتے ہیں۔ خدا کسی کو بھی اپنے مقصد کی تکمیل کے لئے اِستعمال کر سکتا ہے۔ کئی دفعہ ہماری اپنی ہی سوچیں ہوتی ہیں کہ خدا کیا کرنے والا ہے یا کیا نہیں کرے گا۔ کس نے کبھی سوچا ہو گا کہ کون ساؤل کو دل شکستہ کر کے اُسے ایمان لانے کے لئے تیار کرے گا۔

خداوند کی تابعداری میں، حننیاہ نے ساؤل پر اپنے ہاتھ رکھے، فی الفور، ساؤل کی آنکھوں پر

سے چھلکے سے گر پڑے اور اُس کی بینائی بحال ہو گئی۔ اُس نے اُٹھ کر بپتسمہ لیا، جو کہ خداوند کے ساتھ اُس کے نئے رشتے اور عہد وفا کی علامت تھا جسے وہ ایک دَور میں ستاتا تھا۔

جلد ہی ساؤل نے اپنے اُس نئے ایمان کی منادی عبادت خانوں میں کرنا شروع کر دی۔ اُس نے بڑی جرأت اور دلیری کے ساتھ اپنے سامعین کو بتایا کہ یسوع ہی مسیح اور خدا کا بیٹا ہے۔ 22 آیت کے مطابق، ساؤل زور آور ہوتا چلا گیا۔ غور کریں کہ وہ روح سے معمور ہو کر زور آور ہوتا چلا گیا۔ روح القدس سے معمور ہو جانے والے لوگوں کو بھی خدا کی قدرت کے اظہار کا وسیلہ بننے کے لئے اپنی لیاقتوں اور خوبیوں میں ترقی کرنے کی ضرورت ہوتی ہے۔ ساؤل کی گواہی نے دمشق کے لوگوں کو حیرت زدہ کر دیا۔ جن کے علم میں یہ بات تھی کہ وہ وہاں پر کلیسیا پر ظلم وستم ڈھانے کے لئے آیا ہے۔ پطرس اور ساؤل کے روح سے معمور ہونے کے تجربہ کا موازنہ کرنا ایک دلچسپ بات ہے۔ پطرس اور ساؤل دونوں ہی روح القدس کی قوت اور قدرت سے معمور ہونے کا علم رکھتے تھے۔ پطرس کا پہلا وعظ، تین ہزار لوگوں کو کلیسیا میں لے آیا۔ اِس کے برعکس ساؤل کے پہلے وعظ کے نتائج وثمرات پطرس کے وعظ جیسے نہیں تھے۔ اِس سے ہمیں روح القدس کی خدمت کے بارے میں کیا جانکاری حاصل ہوتی ہے؟ کیا اِس سے ہمیں یہ علم نہیں ہوتا کہ آپ روح القدس کو کسی صندوق میں بند نہیں کر سکتے؟ ہر فرد و بشر کی زندگی میں وہ اُسی طور سے کام کرتا ہے جس طرح اُسے مناسب اور موزوں دکھائی دیتا ہے۔

اگرچہ ساؤل کے ابتدائی پیغامات سے ہزاروں لوگوں کو خداوند کے لئے نہ جیتا گیا، تاہم شہر دمشق پر اُس کے اثرات ضرور مرتب ہوئے۔ یہودیوں نے فیصلہ کیا کہ اِس آدمی کو مرنا چاہئے۔ اُنہوں نے فیصلہ کیا کہ وہ اُسے قتل کر ڈالیں اِس سے پہلے کہ وہ بہت سے لوگوں کے دلوں کو مسیح کی طرف راغب کر لے۔ شکار کرنے والا اب خود شکار ہو چکا تھا۔ دن رات وہ شہر کے پھاٹکوں پر گھات لگائے بیٹھے رہے۔ اِس اُمید کے ساتھ کہ جونہی وہ اندر باہر

آئے تو اُسے پکڑ لیں۔ جب مخالفین کا یہ منصوبہ منظر عام پر آ گیا تو دمشق کے یہودی شاگردوں نے اُسے ایک ٹوکرے میں ڈال کو شہر کی دیوار سے نیچے لٹکا دیا، اُنہوں نے اُس کی مدد کی تاکہ وہ بچ کر یروشلیم واپس بخیر وعافیت پہنچ جائے۔

یروشلیم میں ساؤل نے ایمانداروں سے ملنے کی کوشش کی، لیکن وہ تو اُس سے خوفزدہ تھے۔ یروشلیم میں وہ کلیسیا کو ستانے کے سبب سے جانا اور پہچانا جاتا تھا۔ وہاں کے مسیحیوں کو یہ جاننے میں دشواری ہوئی کہ وہ مسیح پر ایمان لے آیا ہے۔ عین ممکن ہے کہ اُنہوں نے یہ محسوس کیا ہو کہ ساؤل نے اُن میں آملنے کے لئے کوئی نئی چال چلی ہے۔ ساؤل کے لئے ابتدائی زندگی کا یہ وقت پھولوں کی سیج نہیں تھا۔ اُس وقت نہ تو یہودی اور نہ ہی مسیحی لوگ اُسے قبول کر رہے تھے۔ وہ بے منزل بے ٹھکانہ بھٹک رہا تھا۔

آزمائش کی اِس گھڑی میں برنباس اُس کی مدد کے لئے آگے بڑھا۔ برنباس اِس بات کے لئے خطرہ مول لینے کے لئے تیار تھا کہ ساؤل کی تبدیلی اصلی اور حقیقی ہے۔ وہ اُنہیں لے کر رسولوں کے پاس گیا اور اُنہیں بتایا کہ کس طرح اُس نے خداوند کو دیکھا ہے اور کس طرح اُس نے دمشق میں بے خوف وخطر گواہی دی ہے۔ اِس کا نتیجہ یہ نکلا کہ بالاخر یروشلیم کی کلیسیا نے اُسے قبول کر ہی لیا۔

کچھ عرصہ کے لئے ساؤل بڑی آزادی سے شہر میں اندر باہر آتا جاتا رہا، حتیٰ کہ اُس نے یونانی مائل یہودیوں کے ساتھ بھی خداوند کے تعلق سے بحث مباحثہ شروع کر دیا تھا۔ اِسی وجہ سے تو وہ ساؤل کی جان لینے کے درپے تھے۔ ایماندار اُس کی جان بچانے کے لئے آگے بڑھے اور اُسے ترسُس کے علاقہ میں بھیج دیا۔ لیکن وہ فوری طور پر خدمت میں نہ لایا گیا۔ موسیٰ کی طرح ساؤل کو بھی اپنی روحانی زندگی میں ترقی اور نشوونما کرنے کا وقت دیا گیا۔

ساؤل کی طرح خاموشی کے دَور سے گزرنا بھی کوئی آسان کام نہیں ہے۔ اِس زبردست قوت اور قدرت کو دریافت کر لینے کے بعد، ساؤل کو بیابان میں بھیجا گیا تاکہ وہاں پر وہ خداوند کا

انتظار کرنا سیکھے۔ یہیں پر اُس نے عاجزی اور انکساری اختیار کرنا تھی۔ اُسے بہتر طور پر خدمت کے لئے تیار اور مسلح ہونا تھا۔ موسیٰ کی طرح ساؤل کو بھی بیابان میں کچھ اہم اسباق سیکھنے کی ضرورت تھی۔ یہ حوالہ ہمیں مزید بتاتا ہے کہ ساؤل کی تبدیلی کے ساتھ ہی، یروشلیم کی کلیسیا میں بڑا امن و امان قائم ہوگیا اور ایک اطمینان بخش دَور کا آغاز ہوا۔ اِس آیت سے یہ ظاہر ہوتا ہے کہ یروشلیم کی کلیسیا میں ڈھائے جانے والے ظلم وستم کا سرغنہ ساؤل ہی تھا۔ ساؤل ہی خدا کے کام کو تباہ و برباد کرنے کے لئے شیطان کا آلۂ کار بنا ہوا تھا۔

جب خدا نے شیطان کے چنے ہوئے وسیلہ کو اُس کے ہاتھوں سے چھین لیا تو اُس کے تمام منصوبے اور رکاوٹیں خاک میں مل گئیں۔ ساؤل خداوند یسوع مسیح کے نجات بخش علم و معرفت کو حاصل کر چکا تھا۔ ایک بار پھر خداوند نے جنگ جیت لی تھی۔

چند غور طلب باتیں

☆۔ آپ کیوں یہ سمجھتے ہیں کہ، کچھ ایسے لوگ ہیں جن کے بارے میں ہم کبھی بھی دُعا کرنے یا اُنہیں گواہی دینے کے تعلق سے سوچتے بھی نہیں۔ اِس تعلق سے یہ باب ہمیں کیا چیلنج دیتا ہے؟

☆۔ کچھ لمحات کے لئے غور وفکر کریں کہ آپ اپنے ساتھی ایماندار بھائیوں بہنوں سے کیسا سلوک کرتے ہیں؟ اِس باب کی روشنی میں، اُن کے ساتھ آپ اور خدا کے درمیان کیا تعلق ہے؟

☆۔ اِس وقت آپ کس قسم کی کشمکش سے گزر رہے ہیں؟ کلام مقدس کا یہ حوالہ ہمیں مشکلات پر غالب آنے کے لئے خدا کی قدرت کے تعلق سے کیا سکھاتا ہے؟

چند اہم دُعائیہ نکات

☆۔ خداوند کی شکرگزاری کریں کہ وہ آپ کے بدترین دشمن سے زورآور اور عظیم ہے۔

☆۔ کیا آپ طویل عرصہ سے کسی کے لئے دُعا کر رہے ہیں؟ جو کچھ خداوند نے سائول کی زندگی میں کیا، اُس کے لئے خداوند کی شکرگزاری کریں۔ خداوند سے دُعا کریں کہ آپ کے اُس دوست کی زندگی میں ایسا ہی زبردست کام کرے جس کے لئے آپ دُعا کر رہے ہیں۔

باب 18

اَینیاس اور تبیتا

پڑھیں، اعمال 9:32-43

ساؤل کی تبدیلی اور اُس کی مسیحی زندگی کے ابتدائی دنوں کے بیان کے بعد۔ اعمال کی کتاب پطرس رسول کی خدمت کی سرگرمیوں کو بیان کرتی ہے۔ اعمال 1:8 سے ہم معلوم کرتے ہیں کہ ایذاہ رسانی کے دوران رسول یروشلیم ہی میں ٹھہرے رہے۔ اعمال 14:8 میں ہم یہ سیکھتے ہیں کہ پطرس سامریہ میں یہ دیکھنے گیا کہ فلپس کے وسیلہ سے خدا کیسے عجیب طور سے کام کر رہا ہے۔ سامریہ میں وقت گزارنے کے بعد، پطرس یروشلیم واپس لوٹ آیا۔ (25:8) ہم اعمال 32:9 سے ہم یہ سمجھتے ہیں کہ پطرس نے پورے ملک میں سفر کیا۔ اور ان ایمانداروں اور مقدسین کے پاس گیا جو ایذاہ رسانی کے باعث تتر بتر ہو گئے تھے۔

ہمیں اِن سفروں کا مقصد تو نیا بتایا گیا۔ ہم قیاس آرائی سے کام لیتے ہوئے یہ کہہ سکتے ہیں کہ پطرس کے اِن دوروں کا دوہرا مقصد تھا۔ یہ مشنری دَورے تتر بتر ہو جانے والے مقدسین کے لئے حوصلہ افزائی کا باعث تھے۔ جو ایذاہ رسانی کے باعث یک دوسرے سے بچھڑ گئے تھے۔ پطرس کو موقع ملا کہ وہ اُن کی ہمت بندھائے اور اُن کی اُمیدوں کو حیات نو بخشے۔ ہوسکتا ہے کہ بعض ایمانداروں کے رشتہ دار بھی اپنے ایمان کی گواہی کے باعث قید خانوں میں ہوں۔ ظاہری بات ہے کہ ایسے ایمانداروں کی ہمت افزائی کی ضرورت تھی۔ دوسری بات یہ مشنری دَورے کلیسیائی پاکیزگی کو قائم رکھنے کے پیش نظر بھی کیئے گئے۔ پطرس نے تتر بتر ہو جانے والے ایمانداروں کو صداقت کی راہوں کی تعلیم دینے کے لئے بھی موقع سے فائدہ اُٹھایا۔ اِس حوالہ میں، ہمیں پطرس کے دو جگہوں پر رُکنے کا بیان ملتا ہے۔ پہلا مقام جہاں پر وہ رُکے وہ

تھالدّہ کامقام۔ یہ قصبہ مغربی یروشلیم سے 25 میل دُور تھا۔ وہاں لُدّہ میں اُسے اَینیاس نام کا ایک شخص ملا جو آٹھ برس سے مفلوج تھا۔ پطرس کو اُس شخص پر ترس آیا اور اُس نے کہا، ''اَے اَینیاس یسوع مسیح تجھے شفا دیتا ہے۔ اُٹھ آپ اپنا بستر بچھا۔ وہ فوراً اُٹھ کھڑا ہوا۔''

(34 آیت)

ہمارے لئے یہ بہت اہم ہے کہ ہم اِس بات پر غور کریں کہ پطرس نے اَینیاس سے کیا کہا۔ اُس نے اُسے بتایا کہ یسوع نے اُسے شفا دے دی ہے۔ پطرس اِس معاملہ میں کسی اُلجھن کو پیدا نہیں کرنا چاہتا تھا۔ پطرس اپنے آپ کو جلال نہیں دینا چاہتا تھا۔ پطرس نے اپنے آپ کو محض ایک وسیلہ ہی سمجھا جس سے خداوند کی قدرت اور قوت بہہ کر اُس شخص کو چھو سکے۔ یہاں پر ہمارے سیکھنے کے لئے ایک سبق ہے۔ جب خداوند ہمیں اپنی بادشاہی کے لئے کوئی کام سرانجام دینے کے لئے استعمال کرتا ہے تو کتنی ہی بار ہم اپنے اندر ایک تکبر اور غرور محسوس کرنے لگتے ہیں۔ بعض اوقات ہم یہ محسوس کرنا شروع کر دیتے ہیں کہ خدا کے کام کا دارومدار ہم پر ہی ہے۔

پطرس کی مثال سے ہمیں دو اصول سیکھنے کی ضرورت ہے۔ پہلا اصول یہ ہے کہ ہم یہ توقع کریں کہ خدا ہمارے وسیلہ سے اپنا کام کرے۔ جب پطرس نے اَینیاس کو شفا دی تو پطرس کو اِس پر کوئی حیرت نہ ہوئی۔ ہمیں اِس توقع سے معمور اور بھرپور زندگی بسر کرنی چاہئے تاکہ خدا ہمارے وسیلہ سے دوسروں کو چھوئے۔ اگرچہ ہم خدا کو مجبور نہیں کر سکتے کہ وہ ہماری مرضی کے مطابق کام کرے۔ ہم تو محض وسیلہ ہو سکتے ہیں جن کے ذریعہ سے خدا اپنی مرضی کے مطابق کام کرتا ہے۔ دوسرا اصول حلم وانکسار ہے۔ پطرس نے ساری عزت اور جلال خداوند یسوع کو دیا۔ وہ یہ جانتا تھا کہ اَینیاس کی شفا کا معجزہ اُس کی وجہ سے نہیں ہوا۔ ساری ستائش وجلال خداوند یسوع کو ملا۔ یسوع نے ہی اَینیاس کو شفا دی تھی۔ (34 آیت) پطرس نے انکساری اور توقع کے درمیان ایک توازن قائم کیا۔

اِس معجزہ کے نتیجہ پر غور کریں۔ اُس علاقہ کے لوگوں نے اِس معجزہ کو دیکھ کر خداوند کی طرف رجوع لانے کا فیصلہ کیا۔ اگر پطرس نے واضح طور پر اُس حقیقت کو نہ سمجھا ہوتا کہ یسوع ہی نے اُس آدمی کو شفا دی ہے تو پھر کیا ہونا تھا؟ کیا وہ ہجوم خداوند یسوع مسیح کی طرف رجوع لاتا یا پھر وہ پطرس کی طرف متوجہ ہوتے؟ اپنے لئے جلال حاصل کرنا اور یوں اپنے آپ کو خداوند کی مخالفت میں کھڑا کرنا کس قدر خطرناک ہے؟

پطرس لُدّہ سے یافا کی طرف روانہ ہوا۔ لُدّہ سے یافا 12 میل سے بھی کم فاصلہ پر تھا۔ اُس علاقہ کے لوگوں نے پطرس کو اپنے ہاں مدعو کیا تھا۔ لُدّہ میں تبیتا نام ایک لڑکی وفات پا چکی تھی۔ یافا کے علاقہ میں اُس کی ایک زبردست خدمت تھی۔ وہ اپنے نیکی اور بھلائی کے کاموں اور ضرورت مندوں اور غریبوں اور محتاجوں کی مدد کرنے کی وجہ سے اپنی ایک پہچان رکھتی تھی۔ 39 آیت سے ہمیں یہ معلوم ہوتا ہے کہ اُس نے بیوائوں اور غریبوں کے لئے کچھ کپڑے تیار کئے تھے۔ وہ اپنے علاقہ کی جانی پہچانی شخصیت تھی اور لوگوں میں ہر دلعزیز تھی۔ جب وہ بیمار ہو کر مر گئی تو سارے کا سارا شہر غمناک اور اُفسردہ ہوا۔

یہ بات بڑی دلچسپی کی حامل ہے کہ اگرچہ تبیتا کی لاش کو نہلا کر تدفین کے لئے تیار کر دیا گیا تھا۔ پھر بھی ایمانداروں نے پطرس سے کہا کہ وہ جلدی سے اُن کے پاس آجائے۔ یہ توقع کی جارہی تھی کہ خدا پطرس کو مری ہوئی تبیتا کو زندہ کرنے کے لئے استعمال کرسکتا ہے۔ ایماندار سمجھتے تھے کہ تبیتا کی خدمت کو ابھی جاری رہنا چاہئے۔ جب پطرس وہاں پر آگیا تو پورا شہر دُکھ اور غم کے اظہار کے لئے اکٹھا ہوا تھا۔ بیوہ عورتیں نوحہ کناں تھیں۔ اُنہوں نے پطرس کو تبیتا کے ہاتھ سے تیار شدہ کپڑے دکھائے۔ پطرس نے سب کو کمرے سے باہر کر دیا۔ جب وہ تنہا تھا۔ اُس نے گھٹنوں کے بل ہو کر دُعا کی۔ پھر اُس نے تبیتا کی طرف متوجہ ہو کر کہا، ''اَے تبیتا اُٹھ! پس اُس نے آنکھیں کھول دیں اور پطرس کو دیکھ کر اُٹھ بیٹھی۔'' (40 آیت)

پطرس کی دُعا کا کیا موضوع تھا؟ ہمیں یہ نہیں بتایا گیا۔ غور کریں کہ جب وہ دُعا کر چکا، اُس نے

بڑی سادگی سے تبیتا کو اُٹھنے کا حکم دیا۔ اُس کی آواز میں ایک اعتماد تھا۔ میں اِس بات سے یہ یقین کرتا ہوں کہ پطرس کی دُعا تبیتا کی زندگی کے لئے خدا کی مرضی معلوم کرنے سے متعلق تھی۔ دُعا کے ذریعہ سے پطرس نے اپنے دل کو تیار کیا اور خدا کی راہنمائی کا طالب ہوا۔ جب اُسے خدا کی مرضی کی یقین دہانی حاصل ہوگئی۔ اُس نے کھڑے ہو کر حکم دیا۔ کتنی ہی بار ہم خدا کی مرضی معلوم کئے بغیر کئی ایک کام کرنے کے لئے جلد بازی سے کام لیتے ہیں؟ پطرس نے پہلے خدا کی مرضی معلوم کرنے کے لئے دُعا میں وقت گزارا۔ اور تب ہی وہ اُس مرضی کو معلوم کرنے کے لئے جرأت اور دلیری سے آگے بڑھا۔ تبیتا نے اپنی آنکھیں کھول دیں اور اُٹھ بیٹھی۔ پطرس اُس کا ہاتھ تھام کر اُسے لوگوں کے درمیان لے آیا۔ اِس عظیم معجزہ کے سبب سے بہت سے لوگ خداوند یسوع مسیح پر ایمان لے آئے۔

کیا آپ کی زندگی میں ایسے اوقات (وقت کی جمع) آئے جب آپ نااُمید ہوگئے؟ جب ڈاکٹرز نے تبیتا کی موت کی تصدیق کردی ہوگی تو اُس وقت ساری اُمیدیں دم توڑ گئیں ہوں گی۔ اب اُس کے لئے کچھ بھی نہیں ہوسکتا تھا۔ ہوسکتا ہے کہ آپ کی کلیسیا روحانی طور پر مردہ ہو۔ ہو سکتا ہے کہ آپ کا کوئی بیٹا یا بیٹی روحانی طور پر مردہ ہو۔ اور خداوند پر توکل اور بھروسہ کرنے کے قابل نہ ہو۔ عین ممکن ہے کہ آپ ایک مایوس کن صورتحال سے دوچار ہوں، ہم دیکھتے ہیں کہ خدا ہماری پژمردہ بلکہ مکمل طور مردہ صورتحال میں بھی داخل ہو کر زندگی اور اُمید پیدا کرسکتا ہے۔ جہاں پر مایوسی کا دَور دَورہ ہو، وہاں پر خدا شفا اور اُمید کو پیدا کرسکتا ہے۔ خدا اُمید اور شفا دینے پر قدرت رکھتا ہے۔ خدا سے مانگنے کے تعلق سے مایوس نہ ہوں، ہمارا خدا ناممکنات کا خدا ہے۔

﴿ یاد رکھیں جو بن مانگے دیتا ہے، وہ مانگنے پر کیوں نہ دے گا؟ ﴾

چند غور طلب باتیں

☆۔ پطرس کے اعلان پر غور یں ''اے اینیاس یسوع مسیح تجھے شفا دیتا ہے۔'' آپ سمجھتے ہیں کہ ہر طرح کی صورتحال میں خدا ہی کی مرضی شامل حال ہوتی ہے؟ آپ کے خیال میں پطرس کیوں کر اینیاس اور تبیتا سے بڑے اعتماد کے ساتھ مخاطب ہو سکا۔

☆۔ ہم کیسے معلوم کرتے ہیں کہ خدا نے ہماری دُعا کا جواب نہ کی صورت میں دیا ہے؟ کب ہمیں کسی خاص جواب کے لئے خدا پر توکل اور بھروسہ کرنا جاری رکھنا چاہیئے؟

☆۔ کتنی ہی بار آپ روزمرہ زندگی کے فیصلوں اور دیگر معاملات میں خدا کی مرضی کو جانے بغیر جلد بازی سے کام لیتے ہوئے گنہگار ٹھہرتے ہیں؟

چند اہم دُعائیہ نکات

☆۔ کیا ایسی کچھ چیزیں ہیں جن کے تعلق سے آپ نا اُمید ہو چکے ہیں؟ غور کریں کہ پطرس نے کس طرح ایک ناگوار اور عجیب صورتحال کے خلاف دُعا کی۔ اپنے مایوس کن حالات اور واقعات کو خدا کے ہاتھوں میں دے دیں۔

☆۔ خداوند کی شکر گزاری کریں کہ اُس کے نزدیک کچھ بھی مشکل اور ناممکن نہیں ہے۔

☆۔ جو خدمت خدا نے آپ کو دی ہے، چند لمحات کے لئے اُس پر غور کریں۔ آپ کی خدمت کے لئے خدا کا کیا منصوبہ اور مقصد ہے؟ کیا آپ اُس کی مرضی کے موافق آگے بڑھ رہے ہیں یا پھر جو آپ کو اچھا لگتا ہے اُس کے مطابق خدمت کے کاموں کو سرانجام دے رہے ہیں۔؟ چند لمحات کے لئے دُعا کریں تا کہ خدا آپ کی خدمت میں آپ کو واضح ہدایت اور راہنمائی دے۔ خداوند سے دُعا کریں کہ وہ آپ کی خدمت میں آپ کا صلاح کار اور راہنما ہو۔

باب 19

روایت توڑنا

پڑھیں، اعمال 10:1-29

اِس باب میں ہم کرنیلیس نام کے ایک صوبہ دار سے ملتے ہیں، جو کہ رومی فوج کا ایک سرکاری افسر تھا۔ اُس کے ماتحت سو فوجی کام کرتے تھے۔ معاشرے میں اُس شخص کا بڑا نام تھا۔ کرنیلس اطالیانی پلٹن سے منسلک تھا۔ یہ حوالہ ہمیں بتاتا ہے کہ کرنیلیس اور اُس کا گھرانہ خدا کے پاک خوف میں زندگی بسر کرتا تھا۔ یہاں پر یہ بات قابل غور ہے کہ ایک حقیقی مسیحی اور خدا کا خوف ماننے والے کے درمیان فرق ہوتا ہے۔ کرنیلس اور اُس کا گھرانہ خدا سے ڈرتا اور خدا کا احترام کرتا تھا۔ لیکن وہ ابھی تک حقیقی ایماندار نہیں بنے تھے۔ یہ بہت ضروری ہے کہ ہم اِس فرق و امتیاز کو سمجھیں۔ بہت سے لوگ بروز اتوار گرجہ گھر جاتے ہیں اور نیکی اور بھلائی کے کام کرتے ہیں۔ وہ دُعا بھی کرتے اور کلام کا مطالعہ بھی کرتے ہیں۔ لیکن اِس کا ہرگز یہ مطلب نہیں کہ یہ سب کچھ کرنے والے لوگ حقیقی مسیحی ہوتے ہیں۔ کرنیلیس اور اُس کا گھرانہ مذہبی لحاظ سے بڑے کٹر قسم کے لوگ تھے۔ کرنیلیس بڑی باقاعدگی سے خدا کے حضور دُعا کرتا تھا۔ اور خیرات میں بھی بڑا مستعد اور سرگرم تھا۔ 3 آیت میں ہم دیکھتے ہیں کہ خداوند نے رویا میں اُس سے کلام کیا، یہ کس قدر حیرت کی بات ہے کہ ہم خدا کو درست طور پر جانے بغیر کس طرح اُس کے اِس قدر قریب ہو سکتے ہیں۔ خداوند یسوع مسیح ہمیں متی 7 باب میں بتاتے ہیں کہ خواہ کوئی نبوت کرے یا پھر معجزات اور نشانات بھی دکھائے اور بدروحوں کو بھی نکالے، پھر بھی وہ حقیقی طور پر خدا کا نہیں ہو سکتا۔

''اُس دن بہتیرے مجھ سے کہیں گے، اَے خداوند، اَے خداوند! کیا ہم نے تیرے نام سے نبوت نہیں کی اور تیرے نام سے بدروحوں کو نہیں نکالا اور تیرے نام سے بہت سے معجزے نہیں دکھائے؟ اُس وقت میں اُن سے صاف کہہ دوں گا کہ میری کبھی تم سے واقفیت نہ تھی۔ اَے بدکارو میرے پاس سے چلے جاؤ۔'' (متی 7:22-23)

سہ پہر کے وقت، بھائی کرنیلیس نے ایک رویا دیکھی، رویا میں اُس نے ایک فرشتہ کو دیکھا، کرنیلیس خوفزدہ ہوگیا۔ فرشتہ نے اُسے یہ بتایا کہ خدا نے اُس کی دعائوں کو سن لیا اور اُس کی خیرات کو بھی دیکھا ہے۔ خدا کرنیلیس اور اُس کے گھرانے سے خوشنود ہوا۔ فرشتہ نے کرنیلیس سے کہا کہ وہ پطرس کو بلوا بھیجے۔ (5 آیت)

اِن آیات میں ہمیں چند ایک چیزوں پر غور کرنے کی ضرورت ہے۔ خدا نے کیوں کرنیلیس کے پاس اپنے فرشتہ کو بھیجا۔ کیوں کہ یہاں پر ایک ایسا شخص تھا جو واقعی دل سے خدا کا متلاشی تھا۔ بالکل ایسے ہی جس طرح فلپس اور حبشی خوجہ بیابان میں ایک دوسرے سے ملے تھے۔ یہ آدمی یسوع کو قبول کرنے کے لئے بالکل تیار تھا۔ فرشتہ اِس لئے بھی کرنیلیس پر ظاہر ہوا تھا کیوں کہ اُس کا دل تیار ہو چکا تھا۔ وہ سچائی کا متلاشی تھا۔

غور کریں کہ فرشتہ نے کرنیلیس سے کہا کہ وہ پطرس رسول سے رابطہ کرے۔ کیوں فرشتہ نے کرنیلیس سے کہا کہ وہ پطرس سے رابطہ کرے؟ اگر کرنیلیس کو خداوند یسوع کے تعلق سے نجات کا پیغام سننے کی ضرورت تھی، تو یہ کام فرشتہ ہی نے کیوں سرانجام نہ دیا؟ کیوں پطرس کو زحمت دی گئی؟ یہ آیات ہمیں خدا کے مقصد کے تعلق سے کچھ بتاتی ہیں۔ خدا نے انجیل کی منادی کا کام فرشتوں کے سپرد نہیں کیا۔ اُس نے خدمت گزاری کا یہ کام میرے اور آپ کے سپرد کیا ہے۔ فرشتگان ہماری مدد اور راہنمائی فرما سکتے ہیں۔ لیکن اگر کسی شخص نے انجیل کا پیغام سنتا ہے تو پھر یہ میری اور آپ کی ذمہ داری بنتی ہے۔ اِسی وجہ سے فرشتہ نے کرنیلیس سے کہا تھا کہ وہ پطرس کو بلوا بھیجے۔

جب فرشتہ وہاں سے چلا گیا تو کرنیلیس نے اپنے دو نوکروں اور ایک سپاہی کو بلایا، اُس نے ہر ایک چیز وضاحت سے سمجھا کر یافا میں اُنہیں پطرس کو تلاش کرنے کے لئے بھیجا۔ جب وہ آدمی یافا کی طرف سفر کر رہے تھے، خدا دوسری طرف پطرس کو ہونے والے واقعہ کے تعلق سے تیار کر رہا تھا۔ پطرس اُس وقت چھت پر دُعا کر رہا تھا جب اُس کے لئے دوپہر کا کھانا تیار کیا جا رہا تھا۔ دُعا کرتے ہوئے اُس پر بے خودی سی چھا گئی اور اُس نے رویا میں ایک بڑی چادر کو آسمان سے اُترتے ہوئے دیکھا، جو چاروں کونوں سے لٹکی ہوئی تھی اور اُس چادر میں پطرس نے ہر طرح کے جانور، کیڑے مکوڑے اور پرندے دیکھے۔

پطرس نے ایک نظر ڈالی اور اُسے بڑی گھن سی آنے لگی۔ (13 آیت) یہ ناپاک جانور تھے۔ پھر پطرس نے یہ آواز سنی۔ ''اُٹھ ذبح کر اور کھا۔'' (آیت 13) پطرس نے جواب دیا،'' ہرگز نہیں، کیوں کہ میں نے کبھی کوئی حرام یا ناپاک چیز نہیں کھائی'' (آیت 14) پھر اُس آواز نے کہا،''جن کو خدا نے پاک ٹھہرایا ہے تو اُنہیں حرام نہ کہہ۔'' (آیت 15) پطرس واضح طور پر ذہنی اُلجھاؤ کا شکار تھا۔ وہ جانتا تھا کہ موسیٰ کی شریعت اِس موضوع پر کیا بیان فرماتی ہے۔

مسلسل تین بار، وہ چادر پطرس پر ظاہر ہوئی، ہر بار اُس آواز نے ایک ہی بات کہی۔ اس رویا کا تین بار دھرایا جانا، شاید پطرس کو نکتے کی بات سمجھانے کے لئے تھا۔ خدا کے روح نے پطرس کو یہ بتایا کہ تین آدمی نیچے اُس کا انتظار کر رہے ہیں۔ کیا رویا کے تین بار دھرائے جانے اور غیر قوم سے تین آدمیوں کے انتظار کرنے میں کوئی تعلق پایا جاتا ہے؟ خدا پطرس سے یہ کہہ رہا تھا کہ اب غیر اقوام بھی ناپاک نہیں رہیں۔ پطرس کو اُن کی بات سن کر اُن کے ساتھ اُن کے آبائی گاؤں میں اُن کے مالک کے پاس جانا تھا۔ خدا پطرس کو اُس کام کے لئے تیار کر رہا تھا جو وہ اُس سے لینا چاہتا تھا۔ خدا اُن تین آدمیوں سے بھی پہلے پطرس کے پاس پہنچا تاکہ اُسے اُن کے ساتھ جانے کے لئے تیار کرے۔

انجیل کے پیغام کے پھیلاؤ کے تعلق سے یہ بڑ پُر جوش اور دلچسپ بات ہے۔ اگر چہ خدا توقع کرتا ہے کہ ہم جائیں، تو بھی وہ ہمیں ہمارے حال پر نہیں چھوڑتا۔ وہ ہم سے بھی آگے دلوں کو تیار کرنے کے لئے جاتا ہے۔

خدا کے روح کی راہنمائی کی تابعداری میں، پطرس اُن تین آدمیوں کو ملنے کے لئے چھت سے نیچے اُترا۔ اُنہوں نے پطرس کو بتایا کہ وہ کرنیلیس کی طرف سے بھیجے گئے ہیں۔ اُنہوں نے پطرس کو اُس فرشتہ کے بارے میں بھی بتایا جو رویا میں کرنیلیس پر ظاہر ہوا تھا۔ پطرس نے اُن لوگوں کو اندر بلا کر اُن کی مہمان نوازی کی۔

اگلے روز پطرس اور یافا کے علاقہ کے چند ایک ایماندار کرنیلیس کے آدمیوں کے ساتھ روانہ ہو گئے۔ جب وہ قیصریہ میں پہنچے، تو اُنہوں نے دیکھا کہ کرنیلیس نے اپنے چند ایک دوست احباب اور عزیز و اقارب کو بھی وہاں پر مدعو کیا ہوا ہے تا کہ پطرس کی معرفت خدا کا کلام سنیں۔ جب پطرس اُس گھر میں داخل ہوا، کرنیلیس بڑی عقیدت اور احترام کے ساتھ اُس کے پاؤں میں گرا۔ کرنیلیس سمجھتا تھا کہ پطرس خدا کی طرف سے بھیجا گیا ایک مرد خدا ہے۔ پطرس نے کرنیلیس کو بتایا کہ وہ محض ایک انسان ہے اور اُسے کسی طور پر بھی ایسی عزت اور احترام کی کوئی ضرورت نہیں ہے۔ پطرس نے کرنیلیس سے اُٹھنے کو کہا۔

ہم تو محض تصور ہی کر سکتے ہیں کہ پطرس کے لئے اُس روایت کو توڑ کر کسی غیر قوم کے گھر میں داخل ہونا کس قدر مشکل تھا جس میں وہ پروان چڑھا تھا؟ کیا آپ نے کبھی اپنے آپ کو پطرس کی جگہ پر دیکھا ہے؟ ہو سکتا ہے کہ آپ کی پرورش بھی کسی روایت میں ہوئی ہے، لیکن خدا آپ کو کچھ اور ہی دکھا رہا ہے۔ میں نے ایسے لوگوں کو دیکھا ہے جو اپنی روایت بدلنے کی بجائے موت کو قبول کرنا بہتر سمجھیں گے۔ خواہ اُنہیں معلوم بھی ہو کہ خدا کیا کہہ رہا ہے تو بھی وہ اپنی روایات سے ٹس سے مس نہیں ہوتے۔ پطرس ایک غیر قوم کے گھر میں داخل ہونے سے انکار بھی کر سکتا تھا۔ امکانِ غالب ہے کہ وہ پہلی دفعہ کسی غیر قوم کے گھر میں داخل ہوا تھا۔

کیوں کہ دروازے کے اندر خدا کا کوئی مقصد تھا، اِس لئے اُسے دہلیز عبور کر کے اندر جانا تھا۔ اگر وہ اُس روایت کو توڑ کر بھائی کرنیلیس کے گھر میں داخل نہ ہوتا تو وہ مقصد کبھی بھی پورا نہیں ہونا تھا۔ کیا آج کے دن آپ بھی کسی ایسی ہی صورتحال سے دوچار ہیں؟ کیا آپ برکت اور موقع کی دہلیز پر کھڑے ہیں؟ اور روایت اُس برکت اور فتح کو حاصل کرنے میں رکاوٹ بنی ہوئی ہے اور آپ کو آگے بڑھنے سے روکے ہوئے ہے۔ آپ کسی خاص گناہ اور روایت کو توڑنے سے قاصر ہیں اور یہی چیز آپ کو آگے بڑھ کر برکت اور موقع سے فائدہ اُٹھانے سے روکے ہوئے ہے۔ شاید خدا اِسی وقت آپ سے کلام کر رہا ہے۔ ہوسکتا ہے کہ آپ خود کو پطرس جیسی صورتحال سے دوچار محسوس کرتے ہیں۔ میری دُعا ہے کہ خداوند آج ہی آپ کو فتح مند کرے۔

چند غور طلب باتیں

☆۔آج کس طرح کی رکاوٹیں خدا کی مرضی کو پورا کرنے میں حائل ہو سکتی ہیں؟

☆۔کیا کوئی ایسا شخص ہے جسے آپ سمجھتے ہیں کہ خدا کے تعلق سے بتانے کی ضرورت ہے؟

☆۔کیا کچھ ایسے لوگ ہیں جن سے آپ کو آج صلح کرنے اور تعلقات بہتر بنانے کی ضرورت ہے؟

☆۔یہ حوالہ بشارتی خدمت کے کام میں خدا کی آواز سننے کے تعلق سے ہمیں کیا سکھاتا ہے؟

☆۔آپ کو اِس حقیقت کو جان کر کیا حوصلہ ملتا ہے کہ خدا بشارتی خدمت میں آپ سے بھی آگے آگے جاتا ہے؟

چند اہم دُعائیہ نکات

☆۔ایسے وقتوں کے لئے خدا سے معافی مانگیں جب آپ نے اُس دروازے میں سے گزرنے سے انکار کیا جو خداوند آپ کے لئے کھول رہا تھا؟

☆۔آپ جن لوگوں کو ناپاک سمجھتے ہیں، اُن کے تعلق سے خدا سے قوت مانگیں تاکہ آپ اُن سے بہتر تعلقات بنا سکیں۔خداوند سے کہیں کہ آپ کے تعلقات کو شفا بخشے اور اُنہیں ایسے لوگوں کے ساتھ مضبوط بنائے۔

☆۔خداوند سے کہیں کہ وہ آپ کو اپنی راہنمائی سننے کی توفیق بخشے۔

باب 20

کرنیلیس کی تبدیلی

پڑھیں، اعمال 10: 30-48

پطرس کرنیلیس اور اُس کے گھرانے کے سامنے کھڑا ہوا۔ خدا نے پطرس پر واضح کر دیا کہ وہ اُس غیر قوم کے گھرانے کے لئے ایک مقصد رکھتا ہے۔ تاہم ابھی تک یہ واضح نہیں تھا کہ خدا اُس گھرانے کے لئے کیا چاہتا ہے کہ وہ کرے۔ پطرس نے کرنیلیس سے پوچھا کہ اُسے کیوں بلایا گیا ہے۔

کرنیلیس نے پطرس کو وضاحت سے سمجھایا کہ ایک براق پوشاک والا شخص اُس پر ظاہر ہوا اور اُسے کہا کہ وہ پطرس کو بلوا بھیجے۔ وہ ایمان لایا کہ پطرس کے پاس خدا کی طرف سے ایک اہم پیغام ہے۔ اُس نے اپنے خاندان اور قریبی دوست احباب کو فراہم کیا تا کہ وہ پطرس سے خدا کا کلام سن سکیں۔ پطرس کو کیا کہنا چاہئے تھا؟ وہ کون سا پیغام تھا جو خدا چاہتا تھا کہ اُن غیر قوم والوں کو سنایا جائے؟ خدا تو پہلے ہی پطرس کو یہ معاملہ وضاحت سے سمجھا چکا تھا۔ یوں لگتا ہے کہ پطرس کو علم ہو چکا تھا کہ اُن لوگوں کو کس پیغام کی ضرورت ہے۔ وہ اپنے دل کی گہرائیوں میں جانتا تھا کہ خدا چاہتا ہے کہ اُنہیں اُس نجات کے بارے میں بتایا جائے جو یسوع اُنہیں دینے کے لئے آیا تھا۔

اِس نکتہ تک پطرس اِس بات پر ایمان لا چکا تھا کہ یہودی خدا کے برگزیدہ لوگ ہیں۔ نجات یہودیوں کے لئے تھی۔ خدا اُسے یہ بات سمجھا رہا تھا۔ اعمال 8 باب کے شروع ہی میں، پطرس اور یوحنا نے اِس بات کا ناقابل تردید ثبوت دیکھ لیا تھا کہ روح القدس سامریوں پر بھی نازل

ہوا تھا۔ خدا نے پطرس کو شمعون دباغ کے گھر پر رویا میں یہ دکھادیا تھا کہ اب وہ غیر قوموں کو ناپاک نہ سمجھے۔ (اعمال 10:6-17) یہ تو ایک انقلابی قسم کا واقعہ تھا۔ جو کچھ پطرس پہلے سوچتا اور سمجھتا تھا، یہ سب کچھ اُس کے بالکل متضاد تھا۔ جب وہ سفر کرتے ہوئے کرنیلیس کے گھر پہنچا، تو راستے میں اُس نے رویا کے بارے بہت زیادہ سوچ بچار کی ہوگی جو اُس نے یافا میں دیکھی تھی اِسی طرح جو کچھ سامری لوگوں کے درمیان ہوا تھا، اُس پر بھی پطرس نے خوب غور کیا ہوگا۔ اب پطرس کو اُس غیر قوم کے شخص اور اُس کے گھرانے کے ساتھ نجات کا کلام کرنے کے لئے واضح سمجھ بوجھ حاصل ہوگئی ہوگی۔ پطرس جانتا تھا کہ خدا اُسے بتارہا ہے کہ نجات سب کے لئے ہے، خواہ کسی کی قومیت کچھ بھی کیوں نہ ہو۔

یوں لگتا ہے کہ پطرس کا پیغام مختصر اور موضوع کے مطابق تھا۔ خدا کے کلام کا یہ حوالہ خوشخبری کے سادہ سے پیغام کو پیش کرتا ہے۔ آئیں اس پیغام کو تفصیل سے بغور دیکھیں۔

خداوند یسوع مسیح کے وسیلہ سے خدا کے ساتھ صلح (36 آیت)

خوشخبری کا پیغام کیا ہے؟ یہ خداوند یسوع مسیح کے صلیب پر سرانجام دئے گئے کام کے وسیلہ سے خدا کے ساتھ صلح کا پیغام ہے۔ ہم سب خدا کے سامنے گنہگار ہیں۔ ہم سب اُس کی عدالت کے نیچے ہیں۔ یہ کس قدر خوفناک بات ہے۔ ہم سب خدا کے قہر و غضب کے سزاوار ہیں۔ لیکن خداوند یسوع خدا باپ کے ساتھ ہماری صلح کروانے کے لئے آئے۔ وہ خدا کے ساتھ ہمیں حالت اطمینان میں لانے کے لئے دُنیا میں آئے۔

خداوند یسوع مسیح ابلیس کی قوت سے رہائی دینے کے لئے آیا۔ (38 آیت)

ہم سب تو ابلیس کی قید و بند میں تھے جس نے ہمیں روحانی تاریکی میں رکھا ہوا تھا۔ ہم اپنے آپ کو اُس کے ہاتھوں سے چھڑا نہ سکتے تھے۔ اُس نے ہماری گردن پر اپنے دانتوں کی گرفت مضبوط کرلی تھی اور ہمیں گھسیٹتا ہوا جہنم کی طرف لے جارہا تھا۔ ہم گناہ کی گرفت میں تھے۔ اور گناہ کے بُرے اثرات ہماری روحیں اور بدنوں پر تھے۔ ہم اِس سلسلہ میں کچھ بھی کرنے سے

قاصر تھے۔ صرف اور صرف خداوند یسوع مسیح میں ہی یہ شکتی تھی کہ وہ ہمیں شیطان اور اُس کی قدرت سے رہائی دلاتے۔ وہ ہمیں اُس بندھن سے رہائی دلانے کے لئے دُنیا میں آئے۔

خداوند یسوع کو وہ کلوری پر قربان ہوئے۔ (39 آیت)

خداوند یسوع مسیح کس طرح ہمیں ابلیس کی قدرت سے رہائی دیتے ہیں؟ اُس نے صلیب پر ہماری جگہ لی۔ ہم خدا کی طرف سے مجرم ٹھہر چکے تھے۔ ہمیں تو مر جانا چاہئے تھا۔ لیکن خداوند یسوع ہماری جگہ کھڑا ہوا۔ اُس نے میرے اور آپ کے گناہوں کو اپنے اُوپر لے کر گناہوں کی قیمت ادا کی۔ اَب شیطان ہمارے اُوپر کسی قسم کا کوئی اختیار نہیں رکھتا۔ وہ لوگ جو مسیح کی موت پر بھروسہ رکھتے ہیں وہ گناہ کی سزا اور بندھنوں سے رہائی پا سکتے ہیں۔

خداوند یسوع مردوں میں سے زندہ ہوگئے (40 آیت)

خداوند یسوع مسیح قبر ہی میں نہ رہے۔ اُس نے نہ صرف ہمارے گناہوں کی قیمت چکائی، بلکہ مردوں میں سے زندہ ہو کر قبر پر فتح پائی۔

مردوں میں سے زندہ ہونا اِس بات کا ثبوت تھا کہ خدا ان اُس کی قربانی کو قبول کر لیا ہے۔ خداوند یسوع مسیح آج بھی زندہ ہے۔ چونکہ وہ زندہ ہے اِس لئے ہم اُس پر توکل، بھروسہ اور اُمید رکھ سکتے ہیں۔

یسوع زندہ اور مردوں کا خداوند ہے (42)

زندہ نجات دہندہ ہونے کی حیثیت سے وہ ہمارا منصف ہے۔ خدا کے ساتھ صلح کے لئے جو کچھ اُس نے ہمارے لئے کیا، اُس کے تعلق سے ہم اپنے ردِ عمل کے لئے خدا کے سامنے جواب دہ ہیں۔ ہمیں اپنے ذاتی فیصلوں کی جواب دہی کے لئے اُس کے حضور کھڑا ہونا ہوگا۔ اُس کی نجات کی پیش کش کو رد کرنے کا مطلب بغیر اُمید کے تباہ و برباد ہونا ہے۔

خداوند یسوع کی طرف رجوع لانے والے سبھی لوگ گناہوں کی معافی پا سکتے ہیں۔ (43)

اگرچہ یسوع کی پیش کش کو ٹھکرانے کا نتیجہ ابدی موت کی صورت میں نکلتا ہے، لیکن اُس کی مفت بخشش کو قبول کر لینے کا نتیجہ گناہوں کی معافی کی صورت میں نکلتا ہے۔ ہم کسی طور پر بھی اُس کی معافی کو قبول کرنے کے قابل نہیں ہو سکتے۔ یہ مفت بخشش اُن سب کے لئے ہی جو اُس کو قبول کرتے ہیں۔ ہمیں صرف اور صرف یہی کرنا ہے کہ ہم یسوع کی پیش کردہ نجات کی بخشش کو قبول کر لیں۔ اُس روز کرنیلیس کے گھر جمع ہونے والے غیر قوم کے لوگوں کو سنایا۔ جب پطرس اُنہیں کلام سنا ہی رہا تھا تو روح اُلقدس اُن سب پر نازل ہوا جو پطرس کی باتیں سن رہے تھے۔ یافا سے پطرس کے ساتھ آنے والے ایمانداروں نے جب غیر قوم والوں کو غیر زبانیں بولتے اور خداوند کی پرستش اور ستائش کرتے ہوئے سنا تو وہ ہکا بکا رہ گئے۔ یہ اِس بات کا واضح ثبوت تھا کہ غیر قوم سے ایمان لانے والوں نے بھی اُسی روح کو حاصل کیا تھا جو یہودی ایمانداروں پر نازل ہوا تھا۔

یہ دیکھ کر کہ خدا نے غیر قوم والوں کو قبول کر لیا اور اُن پر بھی روح القدس نازل کیا ہے، اب پطرس جانتا تھا کہ کسی کو یہ حق حاصل نہیں کہ اُنہیں مسیح میں بھائیوں بہنوں کی حیثیت سے قبول نہ کرے۔ اُس نے تجویز کیا کہ اُنہیں پانی سے بپتسمہ دیا جائے جو کہ اُن کی مسیح کے ساتھ مشابہت کی علامت ہے۔ اور یہودیوں کے ساتھ نجات کے ہم میراث ہیں۔ اگرچہ یہودی اُن غیر قوم سے ایمان لانے والوں کو قبول کرنے کے لئے تیار نہ بھی ہوئے ہوں، یہ واضح ہو چکا تھا کہ خداوند نے اُنہیں قبول کر لیا ہے۔ یہودی ذہنیت کے مطابق، غیر قوم والے نجات کے پیغام کے لائق نہ تھے۔ لیکن خداوند ہم سے بھی زیادہ لوگوں کو قبول کرنے کے لئے تیار رہتا ہے۔ اگر ہمیں اِس حقیقت کا احساس ہو جائے تو بہت سے اختلاف رائے اور جدائیاں ختم ہو سکتی ہیں۔ کیا ہم اُن لوگوں کو رد کر سکتے ہیں جنہیں خدا نے قبول کر لیا ہے؟

چند غور طلب باتیں

☆۔ کیا آپ نجات کا سادہ سا پیغام کسی ایسے شخص کے سامنے بیان کر سکتے ہیں جو آپ سے پیغام سنانے کے لئے کہے؟ ایک مرتبہ پھر سے پطرس کے انجیل سنانے پر غور کریں۔ اُس نے خوشخبری سناتے ہوئے کون سے بنیادی عناصر پیش کئے تھے۔

☆۔ آپ کو اِس حقیقت سے کیا تسلی ملتی ہے کہ خداوند ہر نسل اور قوم سے لوگوں کو قبول کرتا ہے۔

☆۔ کیا کچھ ایسے لوگ ہیں جنہیں قبول کرنا اور پیار کرنا بہت مشکل لگتا ہے؟ کیا خدا اُن لوگوں سے پیار کرتا ہے؟ اُن کے لئے آپ کا ردِ عمل کیسا ہونا چاہئے؟

چند اہم دُعائیہ نکات

☆۔ خداوند سے توفیق مانگیں کہ آپ بھی کسی کو نجات کا پیغام سنا سکیں۔

☆۔ خداوند سے دُعا مانگیں کہ آپ کا دل کسی بھی قسم کے تعصب کو دُور کرنے کے لئے کھولے۔ خداوند سے کہیں کہ وہ آپ کو توفیق دے کہ آپ بھی اُن لوگوں سے محبت کر سکیں جنہیں وہ پیار کرتا ہے۔ خواہ اُس شخص کا رنگ و نسل، مذہب اور معاشرتی اقدار کیسی ہی کیوں نہ ہوں۔

☆۔ خداوند سے دُعا کریں کہ آپ کو بھی توفیق بخشے کہ آپ اُس کی راہوں کو بالکل ایسے ہی قبول کر سکیں جس طرح پطرس نے قبول کیا تھا۔

باب 21

اَنطاکیہ کی کلیسیا

پڑھیں، اعمال 11:1-30

جس وقت تک پطرس یروشلیم پہنچا، غیر قوموں کی تبدیلی کی خبر اُس سے پہلے ہی وہاں پہنچ چکی تھی۔ ہر کسی نے اِس خبر کو خوشی سے قبول نہ کیا۔ یہودی ایماندار ابھی تک اپنے پرانے تعصبات میں پھنسے ہوئے تھے۔ وہ سمجھ ہی نہ پائے کہ غیر قوم کے لوگ کس طرح اُس نجات کو حاصل کر سکتے ہیں جو اُنہوں نے پائی تھی۔ کیا یہودی خدا کے برگزیدہ لوگ نہیں تھے؟ غیر قوموں نے کبھی بھی موسیٰ کی شریعت پر عمل نہیں کیا تھا۔ اُنہیں کیوں کر اور کیسے یہودیوں کے برابر سمجھا جا سکتا تھا؟

وہ لوگ جنہوں نے یہ خبر قبول نہ کی تھی، اُنہوں نے پطرس پر شریعت کی عدول حکمی کا الزام لگایا۔ اُنہوں نے یہ سن رکھا تھا کہ وہ غیر قوم والوں کے گھروں میں گیا اور اُن کے ساتھ کھایا پیا۔ پطرس سے کہا گیا کہ وہ یروشلیم کے مسیحیوں کے سامنے اپنے اُن کاموں کی جوابدہی پیش کرے۔

پطرس نے قیصریہ میں ہونے والی تمام روداد وضاحت سے بیان کی۔ اُس نے اُنہیں بتایا کہ جب وہ یافا میں تھا، اُس نے رویا میں آسمان سے ایک چادر اُترتی ہوئی دیکھی جس میں ہر طرح کے ناپاک جانور تھے۔ اُس نے بیان کیا کہ اُس نے خدا کی آواز سنی جس نے کہا، ”جن کو خدا نے پاک ٹھہرایا ہے تو اُنہیں حرام نہ کہہ۔“ (9 آیت)

اُس نے اُنہیں بتایا کہ یافا میں شمعون دباغ کے گھر میں تین لوگ آئے جنہوں نے اپنے مالک

کے پاس ایک فرشتہ کے آنے کا واقعہ سنایا، اُس فرشتہ نے اُسے کہا کہ یافا سے پطرس کو بلوا لے جو شمعون دباغ کے گھر میں ٹھہرا ہوا ہے۔ اُس نے وضاحت کی کہ خدا نے اُسے کہا کہ وہ اُن آدمیوں کے ساتھ جائے۔ اُس نے اُس حکم کی تابعداری کی اور چھ آدمی اپنے ساتھ لے کر اُن کے ساتھ چلا گیا۔ جب پطرس اُس غیر قوم کے شخص کے گھر میں آیا، کرنیلیس نے اُسے بتایا کہ کس طرح فرشتہ نے اُسے کہا کہ وہ پطرس کو بلوا لے جو اُس کے گھرانے کو ایسا پیغام سنائے گا۔ جس سے وہ اور اُس کا گھرانہ نجات پائے گا۔ جب پطرس نے بولنا شروع کیا، روح القدس اُن غیر قوم کے لوگوں پر بالکل ایسے ہی نازل ہوا جیسے یروشلیم میں یہودیوں پر نازل ہوا تھا۔ یافا سے آئے ہوئے ایماندار جو کچھ غیر قوم کے لوگوں کی زندگیوں میں واقع ہوا تھا، اُس کے چشم دید گواہ تھے۔ ہم اِس احساس کے بغیر اُن سب باتوں کی تفصیل کو سن اور سمجھ ہی نہیں سکتے کہ خدا اُن میں سکونت پذیر تھا۔

اپنے الزام لگانے والوں کو یہ سب کچھ وضاحت سے بتانے اور سمجھانے کے بعد، پطرس نے اُنہیں بتایا کہ اُس نے غیر قوم کے لوگوں کو اپنے ہم ایمان بھائیوں کی طرح قبول کر لیا ہے۔ وہ کیسے اُن لوگوں کو قبول کرنے سے انکار کر سکتا ہے جنہیں خدا نے قبول کر کے روح القدس کے مسح کی برکت سے ویسے ہی نوازا جیسے یہودیوں کو یہ برکت ملی تھی؟ یہ نشان کہ غیر قوم کے لوگ خدا کے لوگ تھے، یہ حقیقت تھی کہ اُنہوں نے بھی روح القدس میں بپتسمہ پایا۔

مسیحی کیا ہیں؟ مسیحی وہ لوگ ہوتے ہیں جنہوں نے خدا کے روح کے وسیلہ سے نئی زندگی پائی ہو، جو اُن کے درمیان سکونت کے لئے آیا تھا۔ روح القدس کا اُن میں سکونت کرنا صرف اُسی صورت میں ممکن تھا کہ وہ لوگ یسوع کے خون سے دُھل کر پاک صاف ہوتے اور گناہوں کی معافی پاتے۔ پطرس اور یافا کے ایمانداروں نے اُن غیر قوم کے لوگوں کی زندگی میں روح القدس کی موجودگی کے تازہ ترین شواہد دیکھتے تھے۔ اور اُنہیں بغیر کسی شک کے یقین ہو گیا تھا کہ غیر قوم کے لوگوں کی نجات کی مخالفت گویا خدا کی مخالفت تھی۔ (17 آیت)

یروشلیم کے یہودی ایمانداروں نے اِس سارے واقعہ کے تعلق سے کیا کہا؟ اُنہیں اِس بات کو تسلیم کرنا پڑا کہ خدا نے نامختون لوگوں کی زندگیوں میں بھی اپنا روح نازل کیا ہے۔ اُن لوگوں کے ساتھ رفاقت کا انکار کا مطلب خدا کے کام کو رد کرنا تھا۔ پطرس کی وضاحت سے اُن کے اعتراضات پر خاموشی طاری ہو گئی اور اُن کے دل خدا کی شکر گزاری اور ستائش سے معمور ہو گئے۔ کیوں کہ خدا نے غیر قوم کے لوگوں کو بھی توبہ اور نجات کی توفیق بخشی تھی۔

یہودیوں کے لئے نجات کی اِس ذہنیت کا ثبوت نہ صرف یروشلیم شہر میں، بلکہ اُن ایمانداروں کے درمیان بھی موجود تھا جو ستفنس کے دَور میں ایذاہ رسانی کی وجہ سے جگہ بہ جگہ تتر بتر ہو گئے تھے۔ اُن ایمانداروں نے فینیکے، کپرُس اور اَسوریہ میں انطاکیہ کا سفر کیا تھا۔ فونیکے فلسطین کے شمال مشرق میں واقع تھا۔ انطاکیہ لگ بھگ تین سو میل (پانچ سو کلو میٹر) یروشلیم کے شمال میں واقع تھا۔ کپرس ایک جزیرہ تھا۔ جو کہ دو سو پچاس میل (چار سو کلو میٹر) شمال مغرب یروشلیم میں واقع تھا۔ ایماندار جو ایذاہ رسانی کے سبب سے مختلف جگہوں پر تتر بتر ہو گئے تھے، اُنہوں نے اُن علاقہ جات میں انجیل کی منادی کی۔ ہمارے لئے یہ بات قابل غور ہے کہ اُنہوں نے صرف اور صرف یہودیوں کے درمیان انجیل کی منادی کی۔ (19 آیت)

یہ کپرس اور کرینے (شمالی افریقہ) سے کچھ مرد تھے جنھوں نے انطاکیہ میں جا کر انجیل کی منادی یونانی لوگوں کے درمیان کی۔ اِس ابتدائی مشنری سرگرمی کا نتیجہ یہ ہوا کہ بہت سے لوگ ایمان لے آئے۔ یہ مؤثر کلیسیا کا ایک آغاز تھا۔ انطاکیہ میں اِس کلیسیا سے، غیر قوموں کے درمیان انجیل کا پیغام پہنچا۔ انطاکیہ ہی سے اُس دَور کے عظیم ترین مشنریوں کو مشنری خدمت کے لئے بلایا گیا۔ کیا یہ بات حیرت انگیز نہیں کہ اُن لوگوں کے نام تک کا ذکر نہیں ملتا جنھوں نے اُس کلیسیا کا آغاز کیا تھا؟ یہی لوگ ابتدائی کلیسیا کی مشنری تحریک میں اہم شخصیات تھے۔ اُنہوں نے یونانی بولنے والے غیر قوم کے لوگوں میں انجیل کی منادی کے لئے اپنے وطن کو چھوڑنے کی جراُت کی۔ یہی وہ لوگ تھے جنھوں نے اپنے یہودی مسیحی بھائیوں اور بہنوں کی

ناپسندیدگی کا خطرہ مول لیا تا کہ وہ دیکھ سکیں کہ غیر قوم میں بھی نجات کے اُس پیغام کو سنیں جو یسوع مسیح میں پیش کی جاتی ہے۔ وہ اِس بات پر ایمان لائے کہ خدا کے دل میں یونانی اور یہودیوں دونوں کے لئے جگہ ہے۔ اگرچہ اُن لوگوں کے نام تاریخ کا حصہ نہ بن سکے، تو بھی اُن کی زندگیوں اور خدمات کا تاثر آج بھی محسوس کیا جا سکتا ہے۔

انطاکیہ میں خدا کی خدمت کا کام اِس قدر عظیم طریقہ سے ہو رہا تھا کہ رسولوں نے یروشلیم میں اُس خدمت کے بارے میں سن لیا۔ (22 آیت) اُنہوں نے برنباس کو بھیجا تا کہ وہ معلوم کرے کہ اصل میں وہاں پر کیا واقع ہو رہا تھا۔ جب برنباس انطاکیہ میں آیا، اُس نے واضح طور پر خدا کے روح کی جنبش کے شواہد دیکھے۔ اُس نے ایمانداوں کو خداوند کے ساتھ چلنے رہنے کے لئے اور زیادہ مضبوط کیا اور اُن کے حوصلوں کو بلند کیا۔ اُس شہر میں برنباس کی خدمت کے ذریعہ سے بہت سے لوگ مسیح یسوع پر ایمان لے آئے۔

بہت جلد برنباس نے مدد کی ضرورت محسوس کی۔ اُسے یاد آیا کہ پولس رسول ترسس میں ہے۔ جو کہ انطاکیہ سے ایک سو بیس میل (دو سو کلومیٹر) دور تھا۔ برنباس پولس کو انطاکیہ میں لانے کے لئے وہاں گیا۔ ایک برس تک دونوں نے انطاکیہ میں اکٹھے مل کر خدمت گزاری کا کام سر انجام دیا۔ اِس عرصہ میں نئے ایمانداروں کو خدا کے کلام میں سے تعلیم دی گئی۔ کلیسیا تعداد میں بڑھتی چلی گئی اور اُن کی خدمت کی وجہ سے کلیسیا پختہ بھی ہوتی چلی گئی۔ انطاکیہ ہی میں پہلی بار ایماندار مسیحی (مسیح کے پیروکار) کہلائے۔ مسیح پر ایمان رکھنے والوں کا یہ نام دَورِ جدید میں بھی استعمال کیا جاتا ہے۔ (26 آیت)

اُن دنوں کچھ نبی یروشلیم سے انطاکیہ میں آئے، اُن میں سے ایک نبی کا نام اگبس تھا۔ جس نے نبوت کر کے کہا کہ رومی دَور حکومت میں ایک شدید قحط پڑے گا۔ اور یہ قحط کلیودیس کے عہد حکومت میں پڑا۔ انطاکیہ کے ایمانداروں کا ردِ عمل دیکھیں، اُنہوں نے ضرورت کی اِس گھڑی میں اپنے محتاج بھائیوں بہنوں کے لئے کچھ کرنے کے لئے اپنی روح اور دل پر بڑا بوجھ محسوس

کیا۔ ہر ایک نے اپنی توفیق کے مطابق دیا تا کہ اُن کے ہم ایمان بھائیوں اور بہنوں کی ضروریات پوری ہوں اور اُن کی فکر اور دیکھ بھال کی جا سکے۔ جب ہدیہ جات اکٹھے ہو گئے، انطاکیہ کے ایمانداروں نے اپنے پاسبانوں کو یہ ہدیہ جات دے کر یہودیہ کے بزرگوں کے پاس بھیجا۔ غور کریں، کہ غیر اقوام کے لوگوں کو اپنے یہودی بھائیوں اور بہنوں کی دیکھ بھال اور خدمت کرنے میں کوئی اعتراض نہیں تھا۔

ہم دیکھتے ہیں کہ انطاکیہ کی کلیسیا میں خدا کا پاک روح کام کر رہا تھا۔ یروشلیم میں ابتدائی یہودی ایمانداروں کی طرح، غیر قوم سے یہ ایماندار محتاجوں کے لئے اپنے دل میں ترس اور ہمدردانہ جذبات سے معمور تھے۔ وہ اِس بات کے لئے رضامند تھے کہ اپنے ہم ایمان مسیحی بھائیوں اور بہنوں کی ضروریات کے لئے اپنے آرام و سکون اور ضروریات کو نچھاور کر دیں۔ یہ حوالہ ظاہر کرتا ہے کہ یہ فیصلہ اُن پر ٹھونسا نہیں گیا تھا۔ ''اُنہوں نے تجویز کی کہ اپنے اپنے مقدور کے موافق یہودیہ میں رہنے والے بھائیوں کے لئے کچھ بھیجیں۔'' (29 آیت) انطاکیہ کے شاگرد اپنی کاوش میں یک دل، یک خیال دکھائی دیتے ہیں۔ ساؤل اور برنباس نے اُن کے درمیان خدمت گزاری کا کام کیا تھا۔ اور اَب وقت تھا کہ وہ دوسروں کے درمیان خدمت گزاری کا کام کرتے۔ مجھے اِس بات میں کوئی شک نہیں کہ اسوری مسیحی اپنے اُن ہم ایمان اور محتاج بھائیوں اور بہنوں تک بڑی خوشی سے پہنچے ہوں گے۔ یہ ایک بالغ اور پختہ کلیسیا کی علامت ہے۔

انطاکیہ کے ایمانداروں نے برنباس اور ساؤل کی خدمت کے تحت یہ سمجھنا شروع کر دیا تھا کہ خدا نے اُنہیں صرف اِس لئے فراہم نہیں کیا کہ وہ ایک دوسرے کی تعمیر و ترقی کا باعث ہوں بلکہ محتاجوں اور ضرورت مندوں کی بھی مدد کریں۔ انطاکیہ کی کلیسیا ایک ایسی کلیسیا کے طور پر جانی اور پہچانی جاتی تھی جس کے پاس ایک مشن اور مقصد تھا۔ شاگردوں کو اِس بات کا احساس ہو چکا تھا کہ جو کچھ خدا نے اُنہیں دیا ہے وہ اِس لئے دیا ہی کہ اُسے خدا کے جلال کے

لئے استعمال کیا جائے۔ اگر چہ اُنہوں نے بھی قحط سالی کا دُکھ برداشت کیا تھا، تو بھی دوسرے مقامات پر اُنہیں اپنے بھائیوں اور بہنوں کی فکر تھی۔ دوسروں کے لئے فکر مندی کی رویا ہی اُنہیں زندہ اور قائم رکھے ہوئے تھی۔ وہ کلیسیا جو اپنی سوچ و فکر سے باہر نہیں نکلتی اور دوسروں کے بارے میں نہ تو سوچتی اور نہ اُن کے لئے عملی طور پر کچھ کرتی ہے، بالا خر ختم ہو جائے گی۔

انطاکیہ کی کلیسیا کے تعلق سے ایک اور بات بھی قابل ذکر ہے۔ جس سے ہم یہ نتیجہ اخذ کر سکتے ہیں کہ یہ ایک ایسی کلیسیا تھی جہاں پر یہودی اور یونانی باہم مل کر بڑی ہم آہنگی کے ساتھ کام کر رہے تھے۔ تمام رکاوٹیں مسمار ہو چکی تھیں۔ اور تمام شاگردوں نے ایک دوسرے کو مسیح یسوع میں بھائیوں اور بہنوں کے طور پر قبول کر لیا تھا۔ خدا کا پاک روح کلیسیا میں جنبش کر رہا تھا۔ کیوں کہ اُنہوں نے اپنے تعصبات کو ایک طرف رکھ دیا تھا۔

ہم ایک ایسے دَور میں زندگی بسر کر رہے ہیں جہاں پر حقیقی ایماندار بہت سی تعلیمات اور بے شمار تنظیموں میں بٹ چکے ہیں۔ بعض اوقات ہم اپنی کلیسیا میں موجود بھائیوں اور بہنوں کی مشکلات اور مسائل پر غور و فکر نہیں کرتے۔ انطاکیہ کی کلیسیا ہمیں اُن مسیحی بھائیوں اور بہنوں کے تعلق سے بہت کچھ سکھاتی ہے جو ہماری کلیسیا میں نہیں ہیں۔ یہ کلیسیا ہمیں محبت اور ایک دوسرے کے اختلافات کے ساتھ دوسروں کو قبول کرنے کے تعلق سے بہت کچھ سکھاتی ہے۔ یہ ایک اہم مشنری کلیسیا تھی۔ خدا ہمیں انطاکیہ جیسی کلیسیائیں مہیا کرے۔

چند غور طلب باتیں

☆۔ آپ خدا کے حقیقی اور اصلی کام کو کس طرح پہچانتے ہیں؟ انطاکیہ کی کلیسیا میں یہ حقیقی کام کس طرح دکھائی دے رہا تھا؟

☆۔ آپ کی کلیسیا میں اپنی کلیسیا سے باہر کے ایمانداروں کے لئے کس حد تک رویا پائی جاتی ہے؟ اِس رویا کی بہتری کے لئے مزید کیا کیا جاسکتا ہے؟

☆۔ آج کے دَور میں وہ کون سی دیواریں ہیں جو حقیقی ایمانداروں کے درمیان حائل ہو رہی ہیں؟

چند اہم دُعائیہ نکات

☆۔ خداوند سے دُعا کریں کہ مسیح کے بدن میں تفرقات اور جدائیاں پیدا کرنے والی رکاوٹوں کو ختم کر دے۔

☆۔ خداوند سے مدد اور توفیق چاہیں کہ آپ اپنی ضروریات پر کم اور دوسروں کی ضروریات پر زیادہ توجہ مرکوز کر سکیں۔

☆۔ خداوند سے دُعا کریں کہ آپ کی کلیسیا کے لئے نئے دروازے کھولے تاکہ وہ ایک نئے انداز اور نئے جوش کے ساتھ لوگوں تک رسائی حاصل کر سکے۔

باب 22

مزید ایذاہ رسانی

پڑھیں، اعمال 12:1-25

ہیرودیس بادشاہ کے عہد حکومت میں، کلیسیا کو ایک بار پھر ایذاہ رسانی کے دَور سے گزرنا پڑا۔ یہ شاگرد تو پہلے ہی ستفنس کے سنگسار کے بعد یروشلیم میں شروع ہونے والی ایذاہ رسانی کے باعث جگہ بہ جگہ تتر بتر ہو گئے تھے۔ اِس باب میں ہم دیکھیں گے کہ سیاسی راہنما کلیسیا کے کام میں رکاوٹ پیدا کرنے کے لئے اکٹھے ہوئے ہیں۔ بلاشبہ اِس ساری تحریک کے پیچھے شیطان تھا جو کسی طور پر بھی خدا کے لوگوں کو اِس پاک مقصد میں پیش قدمی کرتے ہوئے نہیں دیکھ سکتا تھا۔

ایذاہ رسانی کی یہ نئی لہر اُس وقت شروع ہوئی جب ہیرودیس نے چند ایک مسیحی لوگوں کو گرفتار کر لیا۔ پہلی آیت ہی ہمیں یہ بتاتی ہے کہ اُس کا مقصد اُن ایمانداروں پر ظلم وستم ڈھانا تھا۔ یعقوب رسول کا قتل بھی اِسی ایذاہ رسانی کا حصہ تھا، یاد رہے کہ یعقوب اور یوحنا بارہ شاگردوں میں سے تھے۔ یعقوب رسول خداوند یسوع کے بہت قریب رہا اور ابتدائی کلیسیا کی زندگی میں ایک بااثر شخصیت تھا۔ یہ اُن ابتدائی رسولوں میں سے تھا جنھوں نے اپنے مسیحی ایمان کے باعث جام شہادت نوش کیا۔

یہودی راہنما یعقوب کی موت پر بہت خوش تھے۔ ہیرودیس تو یہودیوں کو خوش کرنا چاہتا تھا۔ پھر اُس نے پطرس پر بھی ہاتھ ڈالا اور اُسے بھی قید خانہ میں ڈال دیا۔ اور اُس کی کڑی نگرانی کے پیش نظر چار چار سپاہیوں کے چار پہروں میں اُسے رکھا گیا (4 آیت) ایک عام شخص

حیرت میں ڈوب سکتا ہے کہ ہیرودیس کے لئے کیوں کر ضروری تھا کہ پطرس کو سولہ سپاہیوں کے پہرے میں رکھے۔ کیا وہ کچھ اِس طرح سے اُس کی محافظت اور نگہبانی کر رہا تھا کہ کلیسیا اُسے کہیں چھڑا کر نہ لے جائے؟ کیا اُس نے یہ بات سن رکھی تھی کہ کس طرح خدا کے فرشتہ نے اُنہیں قید خانہ کے دروازے کھول کر رہائی بخشی تھی (اعمال 5:19؟) اِس میں تو کوئی شک و شبہ نہیں کہ پطرس کی زندگی واقعی خطرے میں تھی۔ یہودی فسح کے بعد، پطرس پر مقدمہ بازی ہونی تھی۔

کلیسیا نے زبردستی سے پطرس کو قید خانہ سے چھڑانے کی کوئی کوشش نہ کی۔ بلکہ یہ مسئلہ اور پریشانی لے کر خدا کے حضور گئے۔ پانچویں آیت ہمیں بتاتی ہے کہ کلیسیا نے پطرس کے لئے بڑی جانفشانی کے ساتھ خدا کے حضور دُعا کی۔ وقت گزرتا گیا، پیشی کی تاریخ قریب آرہی تھی۔ اگلے دن پطرس پر مقدمے کا آغاز ہونا تھا، اَب پطرس پر مقدمے کی کاروائی ایک رات کے فاصلے پر دکھائی دے رہی تھی۔ کیا خدا کچھ کرنے والا تھا؟ کلیسیا کے ایمان میں وسعت پیدا ہوتی جارہی تھی۔ اُن ایمانداروں کو کیا کرنا چاہیئے تھا؟ کیا ایسی صورتحال پیدا ہو چکی تھی جہاں پر اب اُنہیں یہ سارا معاملہ اپنے ہاتھوں میں لے لینا چاہیئے تھا؟ کیا واقعی خدا نے اپنے لوگوں کی دُعا کو سنا تھا؟

چھٹی آیت ہمیں بتاتی ہے کہ مقدمے سے ایک رات قبل، پطرس دو سپاہیوں کے درمیان سویا ہوا تھا۔ پطرس دو زنجیروں میں جکڑا ہوا تھا جب کہ یہ زنجیریں اُن دو سپاہیوں کے ساتھ بندھی ہوئیں تھیں جو اُس کے اِرد گرد سوئے ہوئے تھے۔ باہر بھی محافظ سپاہی پہرا دے رہے تھے۔ پطرس کے بچ نکلنے کا دُور دُور تک کوئی امکان دکھائی نہیں دیتا تھا۔ ساری صورتحال پر مایوسی کے بادل منڈلا رہے تھے۔

اِس نااُمیدی کی حالت میں خدا کا فرشتہ وہاں پر اُتر آیا۔ فرشتہ نے پطرس سے کہا کہ وہ اُٹھ کر اپنا چوغہ اور جوتے پہن لے اور اُس کے پیچھے پیچھے چلا آئے۔ مجھے آپ کے بارے میں تو علم نہیں

لیکن جو کچھ فرشتہ پطرس سے کہہ رہا تھا مجھے اِس تعلق سے کچھ تحفظات اور شکوک ہیں۔ پطرس کے لئے یہ کیسے ممکن تھا کہ وہ اُن دو زنجیروں سمیت اُٹھ کھڑا ہوتا جن کے ساتھ وہ بندھا ہوا تھااور وہ دو زنجیریں اُن دو سپاہیوں کے ساتھ منسلک تھیں جو اُس کے اِردگرد سوئے ہوئے تھے؟ دوسری طرف قید خانہ کے دروازوں پر بھی بڑی احتیاط سے قفل (تالے) لگے ہوئے تھے جبکہ مسلح پہرے دار تمام حرکات و سکنات پر کڑی نظر رکھے ہوئے تھے؟ پطرس کو بھی ایسی صورتحال میں کسی بھی بات کا یقین کرنا مشکل دکھائی دے رہا تھا۔ 9ویں آیت ہمیں بتاتی ہے کہ پطرس نے سمجھا کہ رویا دیکھ رہا ہے۔

فرشتے کی آواز کی تابعداری کرتے ہوئے، پطرس اپنے قدموں پر اُٹھ کھڑا ہوا۔ وہ زنجیریں جو اُس کے ہاتھ سے بندھی اور سپاہیوں سے منسلک تھیں اُس کے ہاتھوں پر سے گر پڑیں۔ پطرس اور فرشتہ پہلے اور دوسرے محافظ دستے کے پاس سے گزرے اور پھر شہر کو جانے والا لوہے کا پھاٹک آپ ہی اُن کے لئے کھل گیااور وہ اُس میں سے گزر گئے۔ فرشتہ نے ایک گلی اُس کے ساتھ جانے کے بعد اُسے تنہا چھوڑ دیا، اُسی وقت پطرس کو احساس ہوا کہ جو کچھ وہ دیکھ رہا ہے رویا نہیں بلکہ حقیقت ہے۔ ہمیں یہ تو نہیں بتایا گیا کہ پطرس وہاں پر کتنی دیر کھڑا رہا۔

خدا نے یہودیوں اور ہیرودیس کے منصوبے کو خاک میں ملا دیا تھا۔ پطرس کے لئے یہ بڑا خاص لمحہ تھا۔ بے شک دشمن کے ہاتھ سے چھڑائے جانے پر وہ خدا کے فضل پر ہکا بکا رہ گیا ہوگا۔ ہیرودیس اور اُس کے سولہ سپاہی پطرس کو خدا کی مرضی کے خلاف اپنی چار دیواری میں محصور رکھنے کے لئے کافی نہ تھے۔ دُعا کے وسیلہ سے ایمانداروں نے ایسا کام سرانجام دیا جو جسمانی طاقت اور قوت سے بھی سرانجام دینا ممکن نہ تھا۔

اِس ساری کہانی میں ہمارے لئے کیسا زبردست سبق موجود ہے۔ کئی دفعہ ہم معاملات اور صورتحال کو اپنے ہاتھوں میں لے کر حل کرنے کی کوشش کرتے ہیں، اگر ہم میں سے بعض لوگ وہاں پر موجود ہوتے تو وہ پطرس کو قید خانہ سے رہائی دلانے کے لئے کس قدر ذہانت پر

مبنی منصوبے تشکیل دیتے؟ کچھ ایسے بھی ہونے تھے جنھوں نے یہ سوچ کر ہی خاموش ہو جانا تھا کہ یہ خدا کی مرضی ہے کہ پطرس اَب اِس جہان سے رُخصت ہو جائے۔ خدا کا انتظار کرنا ہمیشہ آسان نہیں ہوتا۔ انسانی حکمت اور طاقت کی بہ نسبت دُعا اور خدا کا انتظار کرنے سے کسی بھی کام میں زیادہ بہتر پیش رفت ہوتی ہے۔

پطرس نے ہوش میں آ کر مریم کے گھر جانے کا فیصلہ کیا، جہاں پر ایماندار جمع ہو کر دُعا کر رہے تھے۔ (12 آیت) جب وہ وہاں پر پہنچا، دروازے پر دستک دی تو ایک لونڈی دروازہ کھولنے کے لئے آئی۔ جب اُس نے پطرس کی آواز کو پہچانا تو وہ دروازہ کھولنے کی بجائے دوسرے بھائیوں بہنوں کو بتانے گئی کہ دروازہ پر تو پطرس کھڑا ہے۔ وہ اِس قدر خوشی اور جذبات سے بھر گئی کہ دروازہ کھول کر اُسے اندلانے کی بجائے وہ دوسروں کو بتانے کے لئے پیچھے دوڑ گئی۔

اِس کہانی میں کچھ اور بھی اہم تفصیلات ہیں جو ہم کسی طور پر بھی نظر انداز نہ کریں۔ پہلی بات، چھٹی آیت ہمیں بتاتی ہے کہ یہ وہ رات تھی کہ اگلی صبح پطرس پر مقدمہ شروع ہونا تھا۔ ہمیں یہ تو معلوم نہیں کہ اُس وقت رات کے کتنے بجے تھے۔ تاہم یہ بات واضح ہے کہ پطرس سویا ہوا تھا۔ 12 آیت، ہمیں بتاتی ہے کہ اگرچہ رات کا وقت تھا، ایماندار دُعا کے لئے فراہم ہوئے تھے۔ جب پطرس مریم کے گھر پر پہنچا، رات کے اُس خاص پہر میں، اُس وقت دُعائیہ عبادت کا سلسلہ جاری تھا۔ یہ دُعائیہ عبادت کب سے ہو رہی تھی؟ ہمیں یہ نہیں بتایا گیا۔ لیکن یہ بات واضح ہے کہ اُنھوں نے پطرس کی زندگی کی خاطر خدا کے تخت کے سامنے دُعا اور مناجات کرنے کا سلسلہ نہیں روکا تھا۔ جب وہ دُعا کر رہے تھے تو خدا نے اپنے فرشتہ کو بھیجا۔

دوسری بات جو ہم نظر انداز نہیں کرنا چاہتے وہ یہ حقیقت ہے کہ لونڈی نے پطرس کے لئے فی الفور دروازہ نہ کھولا۔ آپ کو یاد ہوگا کہ یہ ایذا رسانی کا دَور تھا۔ کسی بھی انجان آدمی کے لئے دروازہ کھولنا کسی طور پر بھی عقلمندی نہیں تھی۔ ساؤل تو ایمانداروں کو گھروں سے گھسیٹ

کر قید خانہ میں ڈلواتا تھا۔ ایماندار گوشہ نشینی کی زندگی گزارنے پر مجبور تھے۔

جب رُدی نے ایمانداروں کو بتایا کہ پطرس دروازہ پر ہے تو اُن کا ردعمل بہت دلچسپ ہے۔ اُنہوں نے کہا۔ ''تو دیوانی ہے۔'' (15) حتیٰ کہ جب وہ اصرار کرتی رہی، اُنہوں نے پھر بھی ماننے سے انکار کیا، اُنہوں نے اُسے کہا کہ، یقیناً یہ تو پطرس کا فرشتہ ہی ہوگا۔ ہم اُس لونڈی کے ایمان کی تعریف کرسکتے ہیں۔ جب دوسرے شاگردوں نے ماننے سے انکار کیا کہ خدا نے اُن کی دُعا کا جواب دے دیا ہے تو پھر بھی وہ تن تنہا اپنے ایمان پر قائم اور مضبوط رہی۔

سولھویں آیت میں ہمیں کچھ مزاح کا پہلو بھی نظر آتا ہے کہ ایک طرف ایماندار اِس بات پر بحث کررہے تھے کہ دروازہ پر کون ہے اور دوسری طرف پطرس تھا کہ دستک پر دستک دئے جارہا تھا۔ بالاخر کسی نے یہ خیال پیش کیا ہوگا کہ چلو دروازہ کھول کر دیکھتے ہیں کہ آیا یہ پطرس ہی ہے یا اُس کا فرشتہ؟ جب اُنہوں نے دروازہ کھول کر دیکھا تو معلوم ہوا کہ واقعی پطرس دروازہ پر کھڑا ہے۔ وہ یہ سب کچھ دیکھ کر ششدر رہ گئے۔

پطرس وہاں پر زیادہ وقت نہ ٹھہرا۔ بلکہ اُنہیں گواہی دی کہ کس طرح خدا نے اُن کی دُعاؤں کا جواب دیا ہے۔ ہم تصور کی آنکھ سے دیکھ سکتے ہیں کہ پطرس کی اِس گواہی پر ایمانداروں کے ایمان میں کس قدر مضبوطی آئی ہوگی۔ کیا اُنہوں نے باقی رات شکرگزاری اور خدا کی تعریف کرتے ہوئے گزاری ہوگی؟ ہمیں یہ تو نہیں بتایا گیا۔ لیکن ایک بات یقینی ہے کہ اُس ساری خوشی اور شکرگزاری کے لمحات میں، اُنہیں رات بھر نیند نہیں آئی ہوگی۔

اِس بات پر غور کرنا بہت دلچسپی کا حامل ہے کہ اعمال کی کتاب میں پطرس کے تعلق سے دیگر حوالہ جات اعمال 15 باب میں ملتے ہیں۔ جہاں پر یروشلیم کی عدالت کے سامنے تھا۔ اس معجزانہ رہائی کے بعد پطرس کی زندگی کا حال احوال فوری طور ختم ہوجاتا ہے، اِس کے بعد پطرس کی خدمت، زندگی اور زندگی کے سفر کی کوئی تفصیل نہیں ملتی اگلی صبح، رومی قید خانہ میں صورتحال ایسی کہ ہر اہلکار اور افسر، پریشان حال اور ذہنی دباؤ کا شکار تھا۔ اُس دن کا آغاز تو اُن کے

لئے نہایت اُلجھن اور پریشانی سے بھرا ہوا تھا۔ ہیرودیس نے پطرس کی تلاش میں کوئی کسر اُٹھا نہ رکھی، لیکن پطرس کو نہ کہیں ملنا تھا اور نہ ہی وہ اُنہیں کہیں مل سکا۔ ہیرودیس نے محافظوں کو سزائے موت کا حکم سنادیا۔ یہ قانونی تقاضا تھا کہ قیدی کے بھاگ جانے کی صورت میں اُنہیں اپنی جان کا نقصان اُٹھانا تھا۔

رہی ہیرودیس کی بات، 12باب کی آخری آیات ہمیں بتاتی ہیں کہ کس طرح اُس کی زندگی کا باب ختم ہوا۔ ہیرودیس یہودیہ کو چھوڑ کر قیصریہ میں جارہا، یوں لگتا ہے کہ جیسے اُسے صور اور صیدا کے لوگوں کے ساتھ رہتے ہوئے کوئی مسئلہ اور پریشانی تھی۔ یہ شہر فونیکے کی تجارتی بندگاہوں کے اہم مراکز تھے۔ صور اور صیدا کے علاقے اپنی تجارت اور خورش کی رسد کے لئے ہیرودیس پر انحصار کرتے تھے۔ بلستُس کی سپورٹ میں نام درج کروانے کے بعد، جو کہ ہیرودیس کا قابل اعتماد خادم تھا، اُن دوشہروں کے چند ایک باشندوں نے اِس سلسلہ میں قیصریہ میں ہیرودیس سے ملاقات کا پروگرام بنایا تا کہ وہ اُن اختلافات کو ہمیشہ کے لئے ختم کر دے۔ اِس مقررہ دن، ہیرودیس لوگوں کے سامنے شاہی جبہ پہنے آیا، اُس نے تخت نشین ہو کر عوام سے خطاب کیا۔ جب بھیڑ اُس کی باتیں سن رہی تھی، وہ پکار اُٹھے، "یہ تو خدا کی آواز ہے۔" (21آیت)

ہم پہلے ہی یہ دیکھ چکے ہیں کہ ہیرودیس نے یہودیوں کو خوش کرنے کے ارادہ سے پطرس کو گرفتار کرایا تھا۔ یوں لگتا ہے کہ ہیرودیس ایک ایسا شخص تھا جس نے اپنی رعایا میں مقبول ہونے کی بڑی کوشش اور جدوجہد کی تھی۔ اُسے لوگوں کی تعریف اور خوشامد بہت اچھی لگتی تھی۔ اِس موقع پر، اُس کا دل تکبر سے پھول گیا۔ اُسے اُن لوگوں کی ستائش بہت اچھی لگ رہی تھی۔ وہ اِس بات کو پہچاننے سے قاصر رہا کہ خدا ہی نے اُسے یہ رُتبہ اور مقام دیا ہے۔

اُس نے اپنے ہی نام کو سربلند کیا۔ اور ایسا کرنے سے اُس نے خدا کے نام پر کفر بکا۔ جب وہ اُس ستائش اور پرستش میں مگن تھا تو خدا کے فرشتہ نے اُسے ایسا مارا کہ وہ وہیں مر گیا۔ خدا

نے قیصر یہ اور صور و صیدا کے علاقوں پر یہ واضح کر دیا کہ ہیرودیس کسی طور پر بھی خدا اور معبود کہلانے کے لائق نہیں تھا۔ اپنی رعایا کے سامنے، وہ بڑے کرب اور درد میں نیچے آ گرا۔ وہ اُن سب کے سامنے پست ہوا جن کے سامنے وہ خود کو سر بلند کرتا تھا۔

23 آیت ہمیں بتاتی ہے کہ وہ کیڑے پڑ کر مر گیا۔ ہیرودیس کا اختتام اچھا نہ تھا۔

ہیرودیس کی وفات کے ساتھ ہی، خدا کا کلام پھیلتا چلا گیا، کوئی چیز بھی خدا کے پاک روح کی جنبش کو روک نہ سکی۔ شیطان نے کلیسیا پر حملہ کیا تھا۔ لیکن ایک بار پھر اُس کا آلہ کار ختم کر دیا گیا۔ اگر خدا ہمارے ساتھ ہے تو کون ہمارا مخالف ہے؟

چند غور طلب باتیں

☆۔ہمیں کیسے معلوم ہوتا ہے کہ کب ہم نے خدا کا انتظار کرنا اور کب دلیری سے آگے بڑھنا ہے؟

☆۔کیا آپ کو واقعی حیرت ہوئی جب خدا نے آپ کی دُعا کا جواب دیا؟ ہمیں اپنی دُعاؤں کے جوابات پر کیوں حیرت ہوتی ہے؟

☆۔خدا مغروروں کا مقابلہ کرتا ہے، اُس کی روشنی میں آپ ہیرودیس کی موت کے تعلق سے کیا سیکھتے ہیں؟

☆۔ابتدائی کلیسیا کی دُعا کے تعلق سے وفاداری کے بارے میں ہمیں کیا سیکھنے کو ملتا ہے؟

چند اہم دُعائیہ نکات

☆۔کیا آپ نے خدا کے حضور کوئی خاص دُعائیہ درخواست رکھی ہے جس کا ابھی تک جواب نہیں آیا؟ دلیری سے کام لیں اور پھر سے اُس دعائیہ درخواست کو خدا کے حضور رکھیں۔

☆۔کیا خدا نے آپ کو اپنی زندگی میں ''کسی قید'' سے رہائی دی ہے؟ خداوند کی اُس کے معجزے کے لئے شکرگزاری کریں۔

☆۔خدا کی شکرگزاری کریں کہ وہ کسی بھی اُس دشمن سے زورآور ہے جو شیطان آپ کے خلاف کھڑا کرسکتا ہے۔

☆۔خداوند سے دُعا کریں اِس باب میں آپ نے جو کچھ سیکھا ہے اُس کی روشنی میں آپ کے ایمان کو بڑھائے۔

باب 23

کُپرس میں بلاہٹ اور خدمت

پڑھیں اعمال 13:1-12

پچھلے باب میں، ہم نے دیکھا کہ کس طرح پطرس کو معجزانہ طور پر ہیرودیس کے گرفت سے چھٹکارا ملا جو اُسے ہلاک کر دینا چاہتا تھا۔ اِس باب میں ہم پطرس سے پولس رسول کی طرف توجہ مرکوز کریں گے۔ (اِس باب کی 9ویں آیت میں، سائول کی پہچان پولس بن گئی۔ کسی بھی اُلجھن سے بچنے کے لئے ہم اِس حوالہ میں اُس کا ذکر پولس کے طور پر ہی کریں گے۔) اعمال کی کتاب کے باقی حصہ میں، پولس رسول کی زندگی اور اُس کے مشنری دَوروں کی کھوج لگائیں گے۔

پولس رسول کی خدمت کا آغاز انطاکیہ شہر سے ہوا تھا۔ (26:9) پولس اور برنباس کو شہر میں خدمت گزاری کا کام کرتے ہوئے ایک سال کا عرصہ گزر چکا تھا۔ اِس خدمت کے نتیجہ میں کلیسیا نے بہت زیادہ ترقی کی، کلیسیا تعداد میں بھی بڑھتی اور روحانی طور پر پختہ ہوتی چلی گئی۔ اور مسیحی دُنیا پر اُس کا بڑا اثر ورسوخ تھا۔ وقت گزرنے کے ساتھ خدا نے اِس کلیسیا میں بہت سے باصلاحیت معلم اور نبی عطا کئے۔ پہلی آیت میں، ہمیں اُن پانچ لوگوں کے نام ملتے ہیں جو انطاکیہ کی کلیسیا میں خدمت گزاری کے کام میں مشغول تھے۔

شاید یہی حقیقت تھی کہ اِس ایک جگہ پر بہت سے نبی اور معلم تھے، جس وجہ سے کلیسیائی قیادت اِس سوچ و بچار میں تھی کہ بطور کلیسیا اب اگلا قدم کیا ہونا چاہئے۔ کیا یہ واجب تھا کہ ایک کلیسیا میں اِتنے زیادہ معلم اور نبی تھے جب کہ اِردگرد کے علاقوں میں بہت سے لوگوں نے انجیل کا پیغام تک بھی نہیں سنا تھا؟ کیا جب وہ دُعا اور روزے میں ٹھہرے ہوئے تھے تو اُن کے ذہنوں

پر یہی سوال تھے (2 آیت) اِس حوالہ سے یہ بات واضح ہے کہ جب وہ کشادہ دلی اور کھلے ذہن کے ساتھ آئے اور خدا کی مرضی کے طالب ہوئے، تو پھر خدا نے اُنہیں بتایا کہ وہ پولس اور برنباس کو اُس کام کے لئے مخصوص کر دیں جس کے لئے خدا نے اُنہیں بلایا تھا۔

غور کریں کہ پولس اور برنباس کو بھیجنے کا فیصلہ دُعا سے ہوا۔ یہاں پر ایک ایسی کلیسیا تھی جو ایسے لوگوں سے بھری ہوئی تھی جو یہ جانتے تھے کہ خدا اُن کی زندگی کے لئے ایک مقصد اور منصوبہ رکھتا ہے۔ اُنہوں نے معاملات اپنے ہاتھ میں نہ لئے۔ اُنہوں نے دُعا سے فیصلہ کیا۔ بعض اوقات ایسا بھی ہوتا ہے کہ کلیسیا میں بہت سی انتظامی میٹنگز ہوتی ہیں مگر دُعا بہت کم ہوتی ہے۔ ایک کلیسیا میں بہت سے بحث مباحثے ہوسکتے ہیں جب کہ خدا کی آواز سننے کے لئے بہت کم وقت نکالا جاتا ہے۔ انطاکیہ کی کلیسیا خدا کی آواز سننے والی کلیسیا تھی۔ آج ہمیں بھی انطاکیہ کی کلیسیا سے یہ بات اپنانے کی ضرورت ہے۔

انطاکیہ کی کلیسیا کے لئے خدا کی یہ مرضی تھی کہ وہ برنباس اور ساؤل کو انسانی روحوں کی فصل کی کٹائی کے لئے بھیجے۔ کلیسیا بہت زیادہ ترقی کرتی اور بڑھتی چلی جارہی تھی۔ اور اب وقت آ گیا تھا کہ یہ بڑھوتی اور ترقی دوسروں کے لئے بھی باعث برکت ہوتی۔

کیا آپ نے کسی گملے میں کوئی پودہ لگایا ہے؟ ہوسکتا ہے کہ کوئی ایک پودا ایسا بھی ہو جو کئی سالوں سے ایک ہی گملے میں لگا ہوا ہے۔ اُس نے پھلنا پھولنا شروع کیا تھا، جیسے جیسے وقت گزرتا چلا گیا، پھر آپ نے غور کیا کہ اُس کی نشو ونما رُک گئی ہے۔ نشو ونما میں رکاوٹ کی اصل وجہ یہ تھی کہ وہ گملہ اُس پودے کے لئے چھوٹا پڑ گیا تھا۔ اَب جڑوں کے پھیلنے کے لئے مزید جگہ نہ تھی۔ اُس گملے میں پودا اُتنا ہی بڑھ سکتا تھا اور مزید نشو ونما کے لئے کوئی گنجائش نہ تھی۔ اگر اُس کی نشو ونما کے لئے کچھ نہ کیا جاتا تو اُس نے وہیں پر سوکھ جانا تھا۔ پودے کی نشو ونما اور افزائش کے لئے، ضرورت تھی کہ اُسے کسی بڑے گملے میں لگایا جاتا اور اُس کی شاخوں کو قلموں کی صورت میں دوسرے پودوں میں منتقل کیا جاتا۔ انطاکیہ کی کلیسیا کی صورتحال بھی

کچھ ایسی ہی تھی۔ معلم (اُستاد) اور نبی بہت زیادہ تعداد میں ہو چکے تھے۔ وہ خدمت میں ایک دوسرے پر فضلیت لے جانے رہے تھے۔ وقت آپہنچا تھا کہ پودے کو تقسیم کر کے نیا کام شروع کیا جاتا۔

میں ایسی کلیسیاؤں میں گیا ہوں جہاں پر روحانی قائدین کی تعداد بہت زیادہ تھی۔ بعض کلیسیائیں ایسی بھی ہوتی ہیں جہاں پر آپ کو اپنی نعمتوں کو برُوئے کار لانے کے لئے اپنی باری کا انتظار کرنا پڑتا ہے۔ جبکہ کئی ایک کلیسیاؤں کی صورتحال ایسی بھی ہوتی ہے جہاں پر خدا کے کلام کی منادی اور تعلیم بالکل نہیں دی جاتی۔ انطاکیہ کی کلیسیا کو اِس بات کا احساس ہو چکا تھا کہ اُسے اِس عدم توازن کے تعلق سے کچھ کرنا چاہیئے۔

غور کریں کہ اِس حوالہ میں خدا نے پولس اور برنباس کو بھیجنے کا چناؤ کیا۔ خدا نے اپنے اہم قائدین کو لیا، اِس معاملہ میں کلیسیا نے خدا کی مرضی پر کوئی شک نہ کیا اور نہ ہی کوئی سوال اُٹھایا۔ کئی بار ہم اچھی چیزوں کو اپنے تک ہی محدود رکھتے ہیں۔ جب کسی مشنری خدمت اور کام کی بات آتی ہے تو ہم بچا کھچا ہی دینا پسند کرتے ہیں۔ جبکہ خدا تو بہترین لینے کا چناؤ کرتا ہے۔ انطاکیہ کی کلیسیا میں پولس اور برنباس کی قیادت اہم کردار ادا کر رہی تھی۔ اُن کا جانا کلیسیا کے لئے بہت بڑا نقصان تھا۔ دُنیا تک پہنچنے کا کام آپ کے لئے کس قدر اہمیت کا حامل ہے؟ اگر آپ انطاکیہ کی کلیسیا میں موجود ہوتے اور خدا کے اِن دو عظیم خادمین سے پرورش پائی ہوتی، اور اگر خدا اُنہیں وہاں سے لے جانے کا چناؤ کرتا تو آپ کے احساسات اور جذبات کیسے ہونے تھے؟ کیا اِس سے ہمیں اِس بات کا انداز اور اہمیت سمجھ نہیں آجاتی کہ خدا کے نزدیک مشنری خدمت کس قدر اہم ہے؟

پولس رسول اور برنباس کے تعلق سے خدا کی مرضی پر کسی نے کوئی سوال نہ اُٹھایا۔ بلا تاخیر کلیسیائی بزرگوں نے اُن پر ہاتھ رکھ کر اُنہیں خدمت کے لئے مخصوص کر دیا۔ (3 آیت) دُعا اور روزے میں وقت گزارنے کے بعد، برنباس اور پولس رسول کو بھیج دیا گیا۔ مجھے پورا یقین

ہے کہ کلیسیا یہ جاننے کی مشتاق تھی کہ خدا اُن کے وسیلہ سے کیسی خدمت لے گا۔ جب وہ جا رہے تھے تو کسی طور پر بھی کسی شخص کو اُن کی خدمت کے تعلق سے توقعات میں کوئی شک نہ تھا۔ جب اُنہوں نے خدمت گزاری کے کام کے لئے آگے بڑھنا تھا تو کلیسیا نے اُن کے پیچھے دُعاؤں کے وسیلہ سے کھڑے ہونا تھا۔ اُن دو آدمیوں کے وسیلہ سے، کئی لوگوں نے خداوند یسوع مسیح کے پاس آنا تھا۔ اور اُسے اپنا خداوند اور نجات دہندہ قبول کر لینا تھا۔

پولس رسول اور برنباس نے سفر شروع کیا اور سلوکیہ کی بندگاہ پر آپہنچے۔ وہاں سے وہ بحری جہاز پر سوار ہو کر کپرس کے جزیرہ پر آگئے۔ وہ سَلمیس شہر کی بندرگاہ پر آپہنچے۔ اُس شہر میں بہت سے یہودی عبادت خانے تھے۔ یوحنا مرقس جو کہ شاید برنباس کا رشتہ دار تھا، کلسیوں 10:4 کے مطابق اِس موقع پر اُن کے ساتھ تھا۔ یہ تینوں آدمی فوری طور پر عبادت خانہ میں گئے اور یہودیوں کے درمیان خدا کے کلام کی منادی کی۔ ہمیں یہ تو نہیں بتایا گیا کہ اِس پیغام کو سن کر یہودیوں کا ردِعمل کیا تھا۔

سَلمیلس شہر سے، اُنہوں نے کپرس کے سارے جزیرے کو عبور کرتے ہوئے خدا کے کلام کی منادی کی۔ 6 آیت میں، ہمیں یہ بتایا گیا ہے کہ اُنہوں نے پمفس کی طرف سفر کیا۔ جو کہ کپرس کے جزیرے کی دوسری طرف تھا۔ سلسلمیلس سے لگ بھگ 90 میل کلومیٹر کا فاصلہ تھا۔ وہاں اُن کی ملاقات ایک جادوگر اور جھوٹے نبی سے ہوئی جس کا نام برّ یسوع تھا۔ کسی بھی لفظ سے پہلے "برّ" کا معنی ہے "کا بیٹا" چونکہ یسوع اور یشوع کے لئے ایک ہی یونانی لفظ ہے، یہ شخص یسوع یا یشوع کا بیٹا تھا۔

سرگیُس پولس سننے کا خواہشمند تھا کہ پولس اور برنباس کیا کہنا چاہتے ہیں، شیطان نے ایک جنگ کے بغیر اُس شخص کو اِس بات کا علم نہیں ہونا دینا تھا۔ برّ یسوع کی صورت میں شیطان کے پاس ایک آلہ کار تھا جس کے وسیلہ سے اُس نے سرگیُس پالیس تک انجیل کے پیغام کے پہنچنے کی مخالفت کرنی تھی۔ بر یسوع کو الیماس بھی کہا گیا ہے (جس کا معنی ہے جادوگر) اُس نے ہر

ممکن کوشش کی کہ سرگیُس انجیل کے پیغام کو قبول نہ کرے۔ پولس رسول کے مطابق الیماس شیطان کا فرزند تھا۔ (10 آیت) اِس خاص صورتحال میں، الیماس شیطان کے ہاتھوں استعمال ہو رہا تھا کہ وہ انجیل کی منادی کی مخالفت کرے۔ پولس نے اُسے یہ کہتے ہوئے برملا طور پر ڈانٹا کہ وہ حق کی مخالفت کر رہا ہے۔

یہ حوالہ خدا کی بادشاہی اور شیطان کی بادشاہی کے درمیان ایک جنگ کو پیش کرتا ہے، پولس الیماس کی طرف متوجہ ہوا، اور اُسے خدا کی راہوں کو بگاڑنے والا کہا، پولس نے اُسے کہا چونکہ وہ خداوند یسوع کی خوشخبری کی منادی کی مخالف کر رہا ہے اِس لئے وہ اندھا ہو جائے گا۔ فی الفور برّ یسوع پر تاریکی چھا گئی اور وہ تلاش کرنے لگا کہ کوئی اُس کا ہاتھ پکڑ کر لے جائے۔ بر. یسوع کے وسیلہ سے انجیل کی منادی کی مخالفت اور رکاوٹ پیدا کرنے کی ساری ابلیسی کاوشیں خاک میں مل گئیں۔

دراصل خدا نے برّ یسوع کو استعمال کیا تا کہ سرگیُس پولس کو برنباس اور پولس کی طرف سے سنائے جانے والے پیغام کی صداقت کے لئے قائل کر دے۔ جو کچھ الیماس کے ساتھ واقع ہوا تھا، اُسے دیکھ کر سرگیُس پولس خداوند یسوع مسیح پر ایمان لے آیا۔ اُس نے خداوند یسوع کی قوت اور قدرت کا ظاہری ثبوت دیکھا تھا جو ایمان لانے کے لئے کافی تھا۔

کپرس میں، انجیل کی منادی میں شیطان کی طرف سے مخالفت صاف نظر آ رہی تھی۔ لیکن خدا نے ہر طرح کی مخالفت سے خود کو عظیم اور غالب ظاہر کیا۔ حتیٰ کہ خدا نے اپنی بادشاہی کی وسعت کے لئے ایک جادوگر کو استعمال کیا۔ وہ خدا جس نے پولس ور برنباس کو اپنی خدمت کے لئے بلایا تھا، اُس نے اُنہیں اپنے طور پر خدمت کرنے کے لئے اُنہیں اُن کے اپنے حال پر نہ چھوڑ دیا۔ وہ اُن کے ساتھ ساتھ گیا۔ اگرچہ کپرس میں شیطان نے اُن کی مخالفت کی تھی۔ تو بھی وہ یسوع کے نام سے فاتح اور غالب ہوئے۔

چند غور طلب باتیں

☆۔ یہ حوالہ مشنری خدمت یا ایسے لوگوں تک پہنچنے کے لئے خدا کے دل کو کس طرح پیش کرتا ہے جن تک انجیل کا پیغام نہیں پہنچا؟

☆۔ آپ کس قسم کی قربانی بخوشی دیں گے تاکہ اُن لوگوں تک بھی انجیل کا پیغام پہنچے جنہوں نے ابھی تک انجیل کا پیغام نہیں سنا؟

☆۔ یہ حوالہ خدا کی آواز سننے کے تعلق سے ہمیں کیا تعلیم دیتا ہے؟

☆۔ آپ کی اِس حقیقت سے کیا حوصلہ افزائی ہوتی ہے کہ خدا پولس اور برنباس کے سفروں میں اُن کے ساتھ تھا؟

کیا خدا اُن لوگوں سے دستبردار ہو جاتا ہے جنہیں وہ اپنی خدمت کے لئے بلاتا ہے؟

چند اہم دُعائیہ نکات

☆۔ خدا کی شکرگزاری کریں کہ شیطان یسوع کے نام سے شکست خوردہ ہے۔ اور کوئی بھی قوت جو ہمارے خلاف سر اُٹھاتی ہے ہم پر غالب نہیں آسکتی۔

☆۔ آج کسی ایسی جگہ کے لئے دُعا کریں جہاں پر ابھی تک انجیل کے پیغام کی منادی نہیں کی گئی۔

☆۔ اُن روحانی قائدین کے لئے دُعا کریں جو خدا نے آپ کو دئے ہیں۔

☆۔ اُن لوگوں کے لئے دُعا کریں جنہیں خدا نے آپ کی کلیسیا سے باہر مختلف جگہوں پر خدمت گزاری کے کام کے لئے بھیجا ہے۔

☆۔ خداوند کی شکرگزاری کریں کہ جب وہ ہمیں اپنی خدمت کے لئے بلایا ہے تو پھر وہ ہمیں قوت اور قدرت سے مسلح کرتا ہے اور پھر اُس بلاہٹ میں ہمارے ساتھ ساتھ چلتا ہے۔

باب 24

پسدیہ کے انطاکیہ

پڑھیں، اعمال 13:13-52

پولس، برنباس اور یوحنامرقس نے ابھی ابھی کپرس کے جزیرے کو عبور کیا ہے تاکہ انجیل کی منادی کرسکیں۔ اگرچہ شیطان کی طرف سے کچھ مخالف تھی، تو بھی خداوند کا کام پھیلتا اور بڑھتا چلا گیا۔ سرگیُس، پولس، ایک رومی عہد دار خداوند یسوع پر ایمان لے آیا۔ اِس بڑی تبدیلی سے کپرس میں اُن کا وقت قابل قدر ہو گیا۔ پمفس شہر کی بندرگاہ سے، مشنری حضرات پرگہ کی طرف سفر کرتے تھے جو کہ پمفلیہ کا ایک رومی صوبہ تھا، پرگہ لگ بھگ پچاس میل پمفس کے شمال کی طرف تھا۔

اُن کے پرگہ میں پہنچنے پر، یوحنامرقس نے یروشلیم واپس لوٹ آنے کو ترجیح دی اور اُن کو وہیں چھوڑ آیا۔ ہمیں یہ نہیں بتایا گیا کہ یوحنامرقس نے اُن سے کیوں جدا ہو گیا۔ (15باب سے ہم یہ سمجھتے ہیں کہ پولس رسول کو مرقس کا اِس طرح اُن کو چھوڑ کر آجانا بہت ناگوار گزرا۔ جب پولس اور برنباس نے اپنے دوسرے مشنری سفر پر جانے کا فیصلہ کیا تو پولس رسول نے اِس مرتبہ یوحنامرقس کو اپنے ساتھ لے جانا پسند نہ کیا، وجہ یہی تھی کہ وہ اُنہیں پرگہ میں چھوڑ کر یروشلیم واپس لوٹ آیا تھا۔ بعد ازاں ہم اِس نکتہ پر غور و خوص کریں گے۔ اِس ایک واقعہ کے علاوہ، ہمیں کوئی اور ایسا بیان یا واقعہ نہیں ملتا جس سے معلوم ہو کہ پرگہ میں اور کیا کیا واقع ہوا۔

پولس اور برنباس نے پرگہ سے شمال کی طرف انطاکیہ شہر میں آئے جو کہ پسدیہ کا علاقہ

تھا۔ یاد رہے کہ اَسوریہ میں انطاکیہ شہر (جو اُس مشنری دَورے کا نکتہ آغاز تھا) سے ایک الگ جگہ تھی۔ سبت کے روز جیسا وہاں کا دستور تھا، پولس اور برنباس یہودیوں کے عبادت خانہ میں گئے۔ جیسا کہ ہم عہد عتیق کے مذہب کو ایک رسمی مذہب کے طور پر دیکھتے ہیں، یہاں اِس حوالہ میں مندرج آزادی پر غور کریں۔ شریعت اور نبیوں کے صحائف کے پڑھنے کے بعد، عبادتخانہ کے سرداروں نے پولس اور برنباس سے پوچھا کہ آیا وہ عبادت کے لئے آئے ہوئے لوگوں کے سامنے کچھ بیان کرنا چاہیں گے۔

پولس رسول نے اِس موقع سے فائدہ اُٹھایا اور انجیل کے پیغام کی منادی کی۔ جو کچھ اِس کے بعد ہوا وہ اُس روز عبادتخانہ میں جمع شدہ لوگوں کے لئے پولس کے پیغام کا ایک جائزہ ہے۔

پولس رسول نے فراہم ہونے والے لوگوں کے سامنے یہودی قوم کی کہانی بیان کرنے سے اپنی منادی کا آغاز کیا۔ اُس نے لوگوں کو یاد دلایا کہ کس طرح خدا نے اُنہیں اپنی قوم ہونے کے لئے چن لیا۔ خدا نے مصر میں اُن کو اسیری کے دَور میں خوشحالی بخشی اور موسیٰ کی خدمت کے وسیلہ سے بڑی قدرت کے ساتھ اُنہیں آزادی بخشی۔ چالیس برس تک جب وہ بیابان میں پھرتے رہے تو خدا نے مسلسل اُن کی بڑبڑاہٹ کو برداشت کیا۔ یشوع کی خدمت کے وسیلہ سے خدا نے کنعان کی سر زمین پر سات مختلف قوموں کو شکست دی اور اپنے لوگوں کو وہ سر زمین میراث کے طور پر دے دی۔ پولس کے مطابق، یہ تمام واقعات ایک سو پچاس سالوں کے عرصہ میں واقع ہوئے۔

جب خدا کے لوگ بڑے آرام وسکون اور محفوظ طریقے سے ملک کنعان میں آباد ہو گئے، سموئیل کے زمانہ تک قاضی اُن کا انصاف کرتے رہے۔ سموئیل کے دور میں، لوگوں نے ایک بادشاہ کا مطالبہ کر دیا۔ خدا نے ساؤل نام کا ایک بادشاہ دے دیا۔ اُس نے چالیس برس تک حکومت کی۔ اِس کے بعد، خدا نے اُس کا عہد حکومت ختم کر کے، بادشاہی داؤد کے ہاتھوں میں دے دی۔ داؤد خدا کے دل کے موافق شخص تھا۔ (22 آیت) داؤد نے ساؤل سے قطعی

مختلف طریقہ سے بدل و جان خدا کی خدمت گزاری کی۔

اسرائیل کی اِس مختصر تاریخ کے بیان کے بعد، پولس رسول نے داؤد کے گھرانے کا ذکر بھی کیا۔ پولس رسول نے اپنے سامعین کو بتایا کہ اِس عظیم بادشاہ کے گھرانے سے، خدا نے موعودہ نجات دہندہ، خداوند یسوع کو فراہم کیا۔ یوحنا بپتسمہ دینے والا اِس نجات دہندہ سے پہلے آموجود ہوا اور توبہ کی منادی کی۔ یوحنا کے پیغام نے بہت سے لوگوں کو چھوا۔ یوحنا تو وعدہ شدہ نجات دہندہ نہیں تھا بلکہ اُس نے آنے والے نجات دہندہ کی آمد کی خبر دی۔ یوحنا نے لوگوں کو بتایا کہ جو اُس کے بعد آتا ہے، اُس کے پاؤں کی جوتیوں کے تسمے کھولنے کے بھی وہ لائق نہیں ہے۔ یہ نجات دہندہ، خداوند یسوع مسیح تھا۔ شہر یروشلیم نے یسوع کو نجات دہندہ کے طور پر قبول نہ کیا۔ اگرچہ خداوند یسوع بے گناہ تھا، یروشلیم شہر کے لوگوں اور اُس کے حکمرانوں نے اُسے پیلاطس سے مصلوب کروایا۔ اُنہوں نے یسوع کو قبر میں رکھ کر اُس پر مہر لگادی۔ تاہم خداوند یسوع قبر میں نہ رہے۔ خدا نے اُسے مردوں میں سے زندہ کر دیا۔ کئی دن تک بہت سے لوگ زندہ یسوع کو دیکھتے رہے۔ اُنہی لوگوں نے یہودیوں کو گواہی دی کہ یسوع زندہ ہے۔ پولس رسول نے اپنی باتوں کی تائید میں عہد عتیق میں سے تین حوالہ جات پیش کئے، اُس نے اپنے سامعین کو دوسرا زبور یاد کرایا۔ ” خداوند نے مجھ سے کہا تو میرا بیٹا ہے۔، آج تو مجھ سے پیدا ہوا۔“

(زبور 7:2) اُس روز جو کچھ پولس رسول نے کہا اور اِس آیت کے درمیان ایک تعلق دیکھنا بہت مشکل کام ہے۔ جو کچھ مقدس پولس رسول بیان کر رہے ہیں اُسے رومیوں 1:2-4 کی روشنی میں سمجھا جائے تو بہتر ہوگا۔

” جس کا اُس نے پیشتر سے اپنے نبیوں کی معرفت کتاب مقدس میں اپنے بیٹے ہمارے خداوند یسوع مسیح کی نسبت وعدہ کیا تھا جو جسم کے اعتبار سے تو داؤد کی نسل سے پیدا ہوا، لیکن پاکیزگی کی روح کے اعتبار سے مردوں میں سے جی اُٹھنے کے سبب سے قدرت کے ساتھ خدا کا بیٹا

ٹھہرا۔''

پولس رسول نے رومیوں کو یاد دلایا کہ اگرچہ یسوع ابتدا ہی سے خدا کا بیٹا تھا، توبھی مردوں میں سے زندہ ہونے کے وسیلہ قدرت کے ساتھ خدا کا بیٹا ٹھہرا۔

اُس نے موت پر فتح پا کر دُنیا پر ثابت کر دیا کہ وہ خدا کا بیٹا ہے۔ اُس کا مُردوں میں سے جی اُٹھنا گویا یسوع کے صلیب پر سر انجام دئے گئے کام پر مہر تھی۔ خدا نے بڑے فخر و ناز سے اُسے اپنا وفادار اور تابع فرمان بیٹا بیان کیا جو کہ اُس کی صورت اور ذات کا پرتو تھا۔ اگرچہ خداوند یسوع داؤد کی اصل سے تھا۔ لیکن وہ اِس سے کہیں بڑھ کر تھا۔ خدا نے اُس سے کہا، ''تو میرا بیٹا ہے، آج تو مجھ سے پیدا ہوا۔'' یوں لگتا ہے کہ مقدس پولس رسول مسیح کے زمین پر سر انجام دئے گئے کام پر اور زمین پر بہت بڑی فتح پر جو اُس نے حاصل کی، باپ کی طرف سے مہر تصدیق ثبت کر رہا تھا۔ دوسری بات، مقدس پولس رسول مردوں میں سے زندہ ہونے واقعہ کی تصدیق و تائید کے لئے یسعیاہ نبی کے صحیفہ سے ایک حوالہ استعمال کرتے ہیں۔

'' کان لگاؤ اور میرے پاس آؤ، سنو اور تمہاری جان زندہ رہے گی اور میں تم کو ابدی عہد یعنی داؤد کی سچی نعمتیں بخشوں گا۔'' (یسعیاہ 3:55)

یہ آیت اُس ابدی عہد کو بیان کرتی ہے جو خدا اپنے لوگوں کے ساتھ باندھے گا۔ یہ عہد داؤد کے ساتھ وفادار محبت کا عہد تھا۔ خدا کے لوگوں کے ساتھ کس طرح وفادار محبت کا اظہار ہوا؟ بیان کئے گئے حوالہ کی روشنی میں، یسعیاہ نبی گناہوں کی معافی، اطمینان، خوشی اور خوشحالی کا ذکر کرتا ہے۔ (55:7,12-13) یہ وہ چیزیں تھیں جن کا خدا نے داؤد اور اُس کی نسل سے وعدہ کیا تھا۔ اَب سوال یہ ہے کہ یہ سارے وعدے کس طرح ہم سے منسلک ہیں؟ خداوند یسوع مسیح کے کام کے وسیلہ سے جو کہ داؤد کی نسل سے تھا، یہ سارے وعدے اَب ہمارے لئے ہیں۔ داؤد سے کئے گئے تمام وعدے جیسا کہ یسعیاہ 55:7-13 سے ظاہر ہوتا ہے، (گناہوں کی معافی، خوشی، اطمینان اور خوشحالی) مسیح یسوع، اُس کے صلیب پر سر انجام دئے گئے کام اور

مردوں میں سے زندہ ہونے میں پورے ہوتے ہیں۔

عہدِ عتیق کا تیسرا حوالہ جو مقدس پولس رسول نے پیش کیا، وہ زبور کی کتاب سے تھا اور ہمیں بتاتا ہے کہ وہ اپنے مقدّس کو قبر میں نہ رہنے دے گا اور نہ ہی اُس کے گلنے سڑنے کی نوبت آئے گی۔

"کیوں کہ تو نہ میری جان کو پاتال میں رہنے دے گا اور نہ اپنے مقدّس کو سڑنے دے گا۔"

(زبور 10:16)

یہودیوں کے لئے مسیح (قدوس) کے قبر میں جانے والی بات سمجھ سے بالاتر تھی۔ بائبل مقدس بیان کرتی ہے کہ وہ قدوس کو قبر میں نہ رہنے دیا جائے گا۔ اُس کا مفہوم یہ ہے کہ وہ قبر میں نہ جائے گا۔ کیوں کہ جو مر جاتے ہیں وہی قبر میں جاتے ہیں، پولس رسول یہ ظاہر کر رہا تھا کہ اِس حوالہ کو خداوند یسوع مسیح کی موت کے وسیلہ سے سمجھا جا سکتا ہے جو مر گیا اور پھر مُردوں میں سے زندہ ہو گیا۔ اِس سے یہ ثابت ہو گیا کہ مردے دوبارہ زندہ ہوں گے۔ (قیامت) اِس سے یہ بھی ظاہر ہو گیا کہ خداوند یسوع قدوس تھا۔ کیوں کہ کوئی بھی ایسا نہیں جو مر گیا اور پھر مردوں میں سے زندہ ہوا۔

41ویں آیت میں، پولس رسول کی اپنے سامعین کے لئے یہ دُعا تھی کہ حبقوق 5:1 نبی کی پیش گوئی اُن کی زندگی میں پوری نہ ہو۔ اِس آیت میں حبقوق اُن لوگوں سے مخاطب تھا جو خدا کے کلام کی تحقیر کرتے ہیں۔ وہ اُنہیں بتا رہا تھا کہ خدا اُن کے درمیان ایسا کام کرے گا کہ اُنہیں بتایا بھی جائے گا تو وہ اُس کا یقین ہی نہ کریں گے۔ حبقوق کی اِس نبوت کے متن سے ہم دیکھتے ہیں کہ خدا اپنے لوگوں کی عدالت کے لئے بابل کے باشندوں کو بھیج رہا تھا۔ اُن دشمنوں نے خدا کے لوگوں پر گدھوں کی مانند جھپٹنا تھا اور اُن کے فصیل دار شہروں کو نیست و نابود کر دینا تھا۔ اپنی بے اعتقادی کے سبب سے خدا کے لوگوں نے ایسی عبرتناک تنبیہ پائی تھی جیسی اُن کے وہم و گمان میں بھی نہ تھی۔ پولس رسول اپنے سامعین سے یہ کہہ رہا تھا کہ اگر وہ خداوند یسوع کو مسیح کو رد کر دیں جو کہ اُن کا ابدی بادشاہ اور داؤد کی نسل سے ہے، تو اُنہیں بھی خدا کی

بھیانک عدالت کا سامنا کرنا پڑے گا۔

سننے والوں کی زندگیوں پر اِس حوالہ کے اثر و تاثیر پر غور کریں، 42 آیت بیان کرتی ہے کہ جب پولس اور برنباس عبادتخانہ سے رُخصت ہو رہے تھے، اُنہیں دعوت ملی کہ وہ اگلے سبت پھر آ کر اِس موضوع پر مزید بات کریں۔ بہت سے لوگ جنھوں نے پولس رسول کو کلام کرتے سنا تھا، اُس وقت پولس کے پیچھے ہو لئے جب وہ وہاں سے رُخصت ہوئے، کیوں کہ وہ یسوع کے بارے مزید جانکاری حاصل کرنا چاہتے تھے۔ ہفتہ بھر لوگ پولس رسول کے پیغام کے تعلق سے ایک دوسرے سے گفت و شنید کرتے رہے۔ 44ویں آیت بیان کرتی ہے کہ سبت کے روز تقریباً۔ سارا شہر پولس رسول کے پیغام کو سننے کے لئے جمع ہو گیا۔ بلاشبہ خدا کا پاک روح اُس شہر میں کام کر رہا تھا۔

ہم اعمال کی کتاب میں دیکھ چکے ہیں کہ جب خدا کسی کام کا آغاز کرتا ہے، تو دَبے پاؤں شیطان بھی اُس کام کی مخالفت میں آگے بڑھتا ہے۔ ایک بار پھر شیطان کو کسی ایسے آلہ کار کی ضرورت تھی جس کے وسیلہ سے وہ رنگ میں بھنگ ڈال سکے۔ کپرس میں، شیطان نے ایک جادوگر کو استعمال کیا، یہاں پر اُس نے یہودی راہنمائوں کو اپنا آلہ کار بنالیا، جب اُن راہنمائوں نے دیکھا کہ لوگ بڑی دلچسپی اور توجہ سے پولس رسول کی باتوں پر کان دھرے ہوئے ہیں تو وہ حسد سے بھر گئے، اُنہوں نے پولس اور اُس کے پیغام کی مخالفت کرنا شروع کر دی، اُن کا مقصد یہی تھا کہ وہ لوگ کی نظر میں حقیر ہو جائیں تا کہ جو کچھ وہ بیان کر رہا ہے لوگ اُس پیغام کو قبول ہی نہ کریں۔

پولس رسول نے اُن یہودیوں سے کسی قسم کا کوئی بحث مباحثہ نہ کیا۔ اُس نے اُنہیں بتایا، چونکہ وہ خدا کے کلام کو قبول کرنے سے انکار کر رہے ہیں، وہ غیر قوموں کے پاس اُس پیغام کو لے جائے گا۔ پولس رسول نے اُنہیں یاد کرایا کہ یہاں پر یسعیاہ نبی کی پیش گوئی پوری ہوتی ہوئی نظر آ رہی ہے جو اِس طرح سے ہے۔

"ہاں خداوند فرماتا ہے، یہ تو ہلکی سی بات ہے کہ تو یعقوب کے قبائل کو برپا کرنے اور محفوظ اسرائیلیوں کو واپس لانے کے لئے میرا خادم ہو۔" (یسعیاہ 6:49)

جب اُن غیر قوم والوں نے اُس خوشخبری کے پیغام کو سنا تو وہ بہت خوش ہوئے۔ اُن میں سے بہت سے ایمان لے آئے۔ غور کریں کہ وہی لوگ ایمان لائے جو "ہمیشہ کی زندگی کے لئے مقرر کئے گئے تھے۔" (48 آیت) ہم میں سے کوئی بھی اپنی مرضی سے خداوند کے پاس نہیں آیا۔ اِس سے پہلے کہ ہم خداوند یسوع کے پاس آتے، خدا کے پاک رُوح نے ہماری زندگیوں میں کام کیا۔ ضرور ہے کہ خدا ہمیں چھوئے، قبل اِس کے کہ ہم خدا کو چھوئیں۔ یہاں پر کچھ ایسا ہی ہو رہا تھا۔ خدا نے بعض دلوں سے کلام کیا تھا۔ خدا لوگوں کو اپنے پاس بلا رہا تھا۔ اُن لوگوں نے خدا کی آواز سن کر اپنے دلوں کو خدا کے لئے کھولا۔

اُن یہودی راہنماؤں کی طرف سے مخالفت کے باوجود، خوشخبری کا پیغام سارے علاقہ میں پھیل گیا۔ خدا نے اپنی بادشاہی کی وسعت اور پھیلاؤ کے لئے کام کرنا جاری رکھا۔ یہودی راہنماؤں کا حسد اور بھی بڑھتا چلا گیا۔ اُنہوں نے شہر سے کچھ خدا ترس مرد و زن کو پولس اور برنباس کے خلاف اُبھارا۔ غور کریں کہ اُنہیں "خدا ترس" کہا گیا ہے۔ (50 آیت) اِس کا ہرگز یہ مطلب نہیں ہے کہ اُنہوں نے خداوند یسوع کو اپنا نجات دہندہ اور خداوند قبول کر لیا تھا۔ یہ مذہبی لوگ تو ضرور تھے لیکن خوشخبری کی سچائی کو اُنہوں نے قبول نہ کیا تھا۔ یہ لوگ شہر کے لوگوں کو پولس اور برنباس کی مخالفت کے لئے تیار کرنے میں کامیاب ہو گئے۔ یہ اُن مشنریوں کے لئے ایک نشان تھا کہ اَب اُنہیں کسی اور شہر میں جانا ہے۔ اُنہوں نے پسدیہ انطاکیہ میں الٰہی شادمانی اور روح سے معمور لوگوں کی ایک جماعت کو چھوڑا۔ مخالفت کے باوجود، خدا نے اپنے اُس کام کو مکمل کیا جو وہ پولس اور برنباس کے وسیلہ سے کرنا چاہتا تھا۔

چند غور طلب باتیں

☆۔ آپ کی کلیسیا کی نشو و نما اور افزائش کو روکنے کے لئے ابلیس کون سے حیلے حربے استعمال کرتا چلا آ رہا ہے؟

☆۔ خدا کے منصوبے کو ناکام کرنے کے لئے دشمن کی کاوشوں کے باوجود آپ کی کلیسیا میں خداوند کی فتح کس طرح دکھائی دیتی ہے؟

چند اہم دُعائیہ نکات

☆۔ خداوند کی شکر گزاری کریں کہ شیطان کی خدا کے کام کو تباہ کرنے کی کوشش اور مخالفت کے باوجود اُس کا کام آگے بڑھ رہا ہے۔

☆۔ خداوند سے دُعا کریں کہ وہ آپ کو بھی اُن رسولوں جیسی ہمت، طاقت اور دلیری بخشے تا کہ آپ مخالفت کے باوجود ثابت قدم، قائم اور مضبوط رہ سکیں۔

☆۔ چند لمحات کے لئے ایسے مسیحی کارکنوں کے لئے دُعا کریں جو اِس وقت خوشخبری کی منادی کے سلسلہ میں بڑی مخالفت اور ایذا رسانی کا سامنا کر رہے ہیں۔

باب 25

اَکُنیم، لسُترہ اور دربے

پڑھیں اعمال 14:1-28

پچھلے باب میں ہم نے دیکھا کہ کس طرح اُن حاسد یہودی راہنمائوں نے پولس اور برنباس کو پسدیہ کے انطاکیہ سے نکال دیا جنھوں نے شہر کے لوگوں کو اُن کے خلاف اُبھارا تھا۔ تاہم پولس اور برنباس کا شہر میں بڑا اچھا وقت گزرا تھا۔ پسدیہ انطاکیہ میں، اُنہوں نے بہت سے غیر اقوام کو مسیح کے پاس آتے ہوئے دیکھا تھا۔ راہ کی دشواریوں کے باوجود خدا نے اُنہیں سرفرازی اور کامیابی عطا فرمائی۔ پولس اور برنباس نے دوسرے شہروں میں جانے کا سلسلہ جاری رکھا۔

اَکُنیم

پسدیہ کے انطاکیہ سے رسولوں نے جنوب مشرق کی طرف ایک قصبے کی طرف سفر شروع کیا جس کا نام اکیونیم تھا۔ جو پسدیہ سے 70 میل کا فاصلہ تھا۔ پولس اور برنباس عبادتخانہ میں گئے، ایک بار پھر اُنہیں عبادت خانہ میں جمع ہونے والے لوگوں سے کلام کرنے کا موقع دیا گیا۔ بائبل مقدس بیان کرتی ہے کہ اُنہوں نے اِس قدر موٴثر طریقہ سے کلام کیا کہ بہت سے یہودی اور غیر قوم کے لوگ ایمان لے آئے۔ اب سوال یہ ہے کہ غیر قوم والے عبادت خانہ میں کیا کر رہے تھے، امکانِ غالب ہے کہ یہ وہ غیر قوم والے تھے جو یہودیت کے دائرہ میں آچکے تھے۔

یہاں پر ایک بار پھر ہم خدا کی بادشاہی اور شیطان کی بادشاہی کے درمیان ایک اختلاف اور

لڑائی دیکھتے ہیں۔ شیطان نے اُکنیم کے لوگوں پر اپنی گرفت اُس وقت تک ڈھیلی نہ کی جب تک کہ خدا کے لوگ اُس کے خلاف نبرد آزمانہ ہوئے۔ پولس اور برنباس جب کبھی مشنری دَورے پر نکلے تو انجیل سنانے میں اُنہیں مخالفت کا سامنا کرنا پڑا۔ کپرس میں بر یسوع نے اُن کی مخالفت کی، انطاکیہ میں حاسد یہودیوں نے اُن پر ایذاء رسانی کا سلسلہ شروع کر دیا۔ اکیونیم میں ایمان نہ لانے والے یہودیوں کی طرف سے مخالفت ہوئی۔ یہودیوں نے غیر قوم کے لوگوں کو اُبھارا اور اُنہیں پولس اور برنباس کے تعلق سے بدظن کر دیا۔ ہمیں یقینی طور پر اِس بات کا علم نہیں کہ یہ یہودی پولس اور برنباس کے تعلق سے کیسے کیسے شوشے چھوڑ رہے تھے۔ لیکن یہ بات بالکل عیاں ہے کہ اُن کا مقصد و مدعا اُن کی نیک نامی کو داغدار کرنا اور جو کچھ وہ بیان کر رہے تھے اُس کے تعلق سے لوگوں کو شک و شبہ میں مبتلا کرنا تھا۔

ہمیں اِس بات پر تعجب نہیں کرنا چاہئے کہ دشمن خدا کے کلام کے خلاف جھوٹ اور تہمت بازی پر بھروسہ کرتا ہے۔ شیطان جھوٹوں کا باپ ہے۔ (یوحنا 8:44)

شروع میں تو اِس مخالفت نے اُن مشنریوں کی راہ میں رکاوٹیں کھڑی نہ کیں، وہ دلیری سے خدا کا کلام سناتے رہے۔ جب وہ اکیونیم میں ثابت قدمی اور دلیری سے کلام سنا رہے تھے تو خدا آپ اُن کے ساتھ تھا۔ خدا نے پولس اور برنباس کے وسیلہ سے بہت سے معجزات کر کے شہر کے لوگوں پر اپنی موجودگی کو ظاہر کیا۔ (3 آیت) یہ ایسے واضح معجزات تھے کہ اِن کا انکار ممکن نہ تھا۔ اِس کا نتیجہ یہ نکلا کہ شہر میں پھوٹ پڑ گئی۔ بعض لوگ خوشخبری پر ایمان لے آئے، جب کہ بعضوں نے اُس پر ایمان لانے سے انکار کیا۔ یہ بات بالکل واضح ہے کہ شہر پر خدا کے کلام کا گہرا اثر ہوا۔ مجھے اِس تعلق سے کوئی شک شبہ نہیں کہ اُس دوران سارا شہر پولس اور برنباس کی منادی اور تعلیم کے بارے میں ہی باتیں کر رہا ہو گا۔

خدا کا پاک روح واضح طور پر کام کر رہا تھا۔ نجات کے پیغام سے لوگوں کی زندگیاں تبدیل ہو رہی تھیں۔ شہر پر خوشخبری کے گہرے اثرات مرتب ہوتے دیکھ کر پولس اور برنباس کی

مخالفت کرنے والے یہودیوں نے اُنہیں لوگوں سے سنگسار کرانے کا فیصلہ کیا۔ جب پولس اور برنباس کو اِس سازش کا علم ہوا تو اُنھوں نے وہاں سے چلے جانے کا فیصلہ کیا۔ اگرچہ دشمن نے اکیونیم میں بشارتی کام کی مخالفت کی، تو بھی خدا کی بادشاہی میں وسعت آتی چلی گئی۔ یہاں پر بھی پولس اور برنباس نے نئے نئے تبدیل ہونے والے مسیحیوں کی ایک جماعت کو چھوڑا۔ کیوں کہ اُن تبدیل شدہ لوگوں نے ایسے لوگوں تک پہنچنا تھا جنہیں مسیح یسوع پر ایمان لانے کی ضرورت تھی۔ پولس اور برنباس اکیونیم سے لسترا شہر کے جنوب کی طرف چلے گئے جو کہ وہاں سے بیس میل کا فاصلہ تھا۔

لُسترہ

لُسترہ امیں پولس اور برنباس کو اپنی مشنری خدمت کی سب سے سخت ترین مخالفت کا تجربہ ہوا۔ اِس مخالفت کی شروعات اُس وقت ہوئی جب اُن کی ملاقات ایک جنم کے لنگڑے شخص سے ہوئی۔ اُس نے پولس کو کلام کرتے سنا، پولس نے اُس پر غور سے نظر کی اور دیکھا کہ اُس میں شفا پانے کے لائق ایمان ہے تو پولس نے اُس شخص سے کہا کہ وہ اپنے پائوں پر کھڑا ہو جائے۔ وہ شخص کود کر کھڑا ہو گیا اور چلنے پھرنے لگا۔ (10 آیت) وہ شخص جو اُس وقت پہلی دفعہ اپنی زندگی میں چل رہا تھا، اُس وقت اُس شخص کی ذہنی کیفیت اور احساس و جذبات کا تصور کرنا بہت مشکل ہے۔

اس معجزہ کو دیکھ کر بھیڑ ششدر رہ گئی۔ اُنھوں نے پہلے ایسا کبھی نہیں دیکھا تھا۔ وہ تو یہ سب کچھ دیکھ کر چلانے لگے۔

"آدمیوں کی صورت میں دیوتا اُتر کر ہمارے پاس آئے ہیں۔" (11 آیت)

برنباس کو اُنھوں نے زیئس جبکہ پولس رسول کو اُنہیں ہرمیس کہا، کیوں کہ یہ کلام کرتا تھا۔ اُن معبودوں پر تھوڑا غور کرنے سے ہمیں لُسترہ کے لوگوں کے مذہب کی سمجھ بوجھ حاصل ہو گی۔

زیئس یونانی لوگوں کا اہم دیوتا تھا۔ اُس کے والدین کرونس اور رھیا تھے۔ ایک اہم اور

سر دار دیوتا ہونے کی حیثیت سے، وہ آسمان پر حکمرانی کرتا تھا۔ جبکہ اُس کے بھائی زمین اور سمندر پر حکمران تھے۔ آسمان کا حکمران ہونے کی حیثیت سے وہ موسم اور زرخیزی کا دیوتا تھا۔ بہت سی کہانیاں ہمیں بتاتی ہیں کہ کس طرح وہ بہت سی عورتوں کے بچوں کا باپ ہوا۔ (انسانی عورتیں اور دیویاں) یونانی لوگ اُسے قوت اور قدرت والا معبود مانتے تھے جو نیکی کا اجر اور بدی کی سزا دیتا ہے۔

ہرمیس زیئس کے بیٹوں میں سے ایک تھا۔ وہ سفر کرنے والوں اور چوروں کا معبود تھا۔ وہ اپنی خوش کلامی کے سبب سے دیوتاؤں کا پیامبر بن گیا۔ یہ بڑا پُرفریب دیوتا تھا۔

اِس مذہبی تناظر میں ہی خوشخبری کی منادی کی جارہی تھی، اُس لنگڑے شخص کی معجزانہ شفا سے لوگ ایمان لائے کہ زیئس اور ہرمیس انسانی شکل میں اُن کے درمیان آگئے ہیں۔ زیئس کے مندر کا پجاری پولس اور برنباس کے پاس پھولوں کے ہار اور بیل لے کر آیا تاکہ اُن کے حضور قربانی گزرانے۔ یہ دیکھ کر رسولوں نے نوحہ اور عرض منت کی علامت کے طور پر اپنے کپڑے پھاڑے تاکہ اُنہیں کسی طرح سے قربانی گزراننے سے منع کرسکیں۔ رسولوں نے اُنہیں یقین دلایا کہ وہ عام انسان ہیں اور پھر اُنہیں اپنی بُری راہوں سے پھر کر خداوند یسوع مسیح پر ایمان لانے کے لئے اُبھارا جو کہ اُن کا حقیقی خدا ہے اور اُن کے لئے بارش برساتا اور وقت پر اُن کے لئے فصلیں پیدا کرتا ہے۔ یونانی عقیدہ کے مطابق، زیئس موسم اور بارآوری کا دیوتا تھا۔ اور وہی اُنہیں فصلیں عطا کرتا تھا۔ لیکن پولس رسول نے اُنہیں بتایا کہ زندہ خدا ہی اُنہیں سب کچھ مہیا کرتا ہے۔ یوں لگتا ہے کہ پولس رسول اُن کے مذہبی عقائد سے واقف تھا۔ اور اُس نے اُس علم کو اپنے حقیقی خدا کے تعلق سے بات کرنے کے لئے استعمال کیا۔ پولس اور برنباس نے بڑی ہی مشکل سے اُن لوگوں کو قربانی کرنے سے روکا۔ (18 آیت)

اَکنِیم کی بہ نسبت لسترا میں خوشخبری کے تعلق سے لوگوں کا ردِعمل قطعی مختلف تھا۔ لسترا میں دشمن نے یسوع کے بارے میں سچائی قبول کرنے کے تعلق سے لوگوں میں ایک ذہنی

اُلجھاؤ پیدا کر دیا اور اُن کے خیالات کو منتشر کرنے میں کامیابی حاصل کی۔ اِن واقعات کے فوری بعد، انطاکیہ اور اُکُنیم سے یہودی لُسترا میں آپہنچے۔ اُن کی نیت اور مقصد بالکل واضح تھا۔ وہ نہیں چاہتے تھے کہ پولس اور برنباس بشارتی خدمت کو جاری رکھیں۔ جب اُن یہودیوں نے لسترہ شہر میں قدم رکھا تو اُنہوں نے دیکھا کہ شہر میں بلوا ہو رہا ہے اور بڑی کھلبلی ہے۔ اُنہوں نے پولس اور برنباس کے خلاف لوگوں کو اُبھارا۔ اِس کے نتیجہ میں پولس کو سنگسار کیا گیااور مردہ سمجھ کر شہر سے باہر گھسیٹ کر لے گئے اور وہاں چھوڑ کر واپس آ گئے۔

اِس بات پر غور دلچسپی کا حامل ہے کہ بعض شاگرد پولس کے چوگرد جمع ہو گئے اور وہ اُٹھااور دوبارہ شہر میں چلا گیا۔ اِس آیت کو لازمی طور پر ہماری توجہ کا مرکز بننا چاہئے، یہ آیت ہمیں بتاتی ہے کہ پولس اور برنباس نے لُسترہ میں جو وقت گزارا، وہ بڑا پھل دار وقت تھا۔ یہ شاگرد کون تھے؟ کیا یہ وہی ایماندار تھے جو پولس کے پیغام پر ایمان لے آئے تھے؟ جب پولس اور برنباس لسترا سے روانہ ہوئے۔ اُنہوں نے وہاں پر ایمانداروں کی ایک جماعت کو چھوڑا۔ اگرچہ شاگردوں نے لُسترہ میں بہت دُکھ اٹھایا، لیکن خدا کا کلام اور بھی زیادہ پھیلااور اُس شہر کے لوگوں نے مسیح کی معرفت اور پہچان بھی حاصل کی۔

دربے

اُس دن کے بعد جب وہ لوگ پولس کو سنگسار کرنے کے بعد مردہ سمجھ کر اُسے باہر گھسیٹ کر چھوڑ آئے تھے، پولس اور برنباس 33 میل کا سفر کرکے دربے شہر کے جنوب مشرق میں آئے۔ وہاں پر بھی پولس رسول نے مسیح کی منادی کرنے کا کام جاری رکھا۔ یہ بڑی حیران کن بات ہے کہ دربے میں منادی کرنے کے بعد پولس رسول ایک بار پھر لسترا کا رُخ کرتا ہے جہاں پر اُسے سنگسار کیا گیا تھا۔ تاکہ وہاں پر اُن ایمانداروں کو مضبوط کر سکے جنہیں اُس نے وہاں پر چھوڑا تھا۔ لسترا سے پھر وہ اُکنیم اور انطاکیہ کی طرف لوٹا۔ تاکہ وہاں پر موجود ایمانداروں کو مضبوط کرنے کے ساتھ ساتھ اُنہیں نصیحت کرے کہ وہ روزمرہ زندگی میں خدا

وند کی پیروی سے پیچھے نہ ہٹیں۔ اُس نے اُن کے ذہن نشین کیا کہ خداوند کے ساتھ چلنا آسان کام نہ ہوگا۔ پولس رسول کے جسم پر زخموں کے نشان اِس حقیقت کا منہ بولتا ثبوت تھے۔

گھر واپس لوٹنے سے قبل، پولس اور برنباس نے مذکورہ علاقوں میں قائم ہونے والی کلیسیاؤں میں بزرگوں کو مقرر کیا۔ یہ شاگرد خدمت میں پیش آنے والی مشکلات اور دشواریوں کو سمجھتے تھے۔ اُنہوں نے دیکھ لیا تھا کہ کس طرح پولس رسول نے انجیل کی منادی میں دُکھ اُٹھایا ہے۔ وہ یہ بھی جانتے تھے کہ اُنہوں نے بھی مسیح کے لئے ایک خطرہ مول لیا ہے۔ پولس نے اِس بات کے لئے معذرت نہ کی، اُس نے اُنہیں یہی کہا کہ وہ ثابت قدم اور قائم رہیں۔ پھر دُعا اور روزہ کے ساتھ، پولس اور برنباس نے نئے ایمانداروں اور اُن کے راہنمائوں کو خدا کے فضل کے سپرد کیا۔

پسدیہ انطاکیہ سے پولس اور برنباس نے جنوب کی طرف ایک سو بیس میل (دو سو کلومیٹر) کا فاصلہ طے کیا۔ اور پرگہ اور اطالیہ میں پہنچے۔ پرگہ ایک بندرگاہ کا شہر تھا جہاں پر یوحنا مرقس پولس اور برنباس کو چھوڑ کر یروشلیم واپس آ گیا تھا۔ اطالیہ پرگہ سے لگ بھگ تیس میل کے فاصلے پر واقع تھا۔ اطالیہ سے اُنہوں نے تقریباً تین سو تیس میل اسوریہ، انطاکیہ کی طرف سفر کیا۔ جہاں سے اُن کا یہ مشنری سفر شروع ہوا تھا۔

انطاکیہ واپس آ کر اُنہوں نے وہ سب کچھ بیان کیا جو خداوند نے اُن کے مشنری دَوروں کے دوران کیا تھا۔ اُنہوں نے بیان کیا کہ کس طرح خدا نے غیر قوموں کے لئے دروازہ کھولا تاکہ وہ بھی مسیح کی معرفت اور پہچان حاصل کر سکیں۔ پولس اور برنباس ایک عرصہ تک انطاکیہ میں ہی رہے۔ گزشتہ چند ماہ سے یہ دو آدمی محوِ سفر تھے۔ اور اُنہوں نے 13 سو میل کا سفر کیا تھا۔ مسیح کی منادی کرنے کے سبب سے اُنہیں لفظی مخالفت اور جسمانی طور پر دُکھ اور ظلم و ستم کا سامنا کرنا پڑا۔ اِس سفر کے دوران اُنہوں نے دیکھا کہ خدا نے بڑے عجیب اور معجزانہ طور پر کام کیا۔ ہمیں یہ تو معلوم نہیں کہ اِس مشنری سفر کے نتیجہ میں کتنی کلیسیائیں قائم ہوئیں۔ لیکن ہمار

ے پاس پسدیہ انطاکیہ کے ایمانداروں کی جماعت کا ریکارڈ موجود ہے۔

(52-48:13)اکونیم(1:14) لسترا(20:14)اوردربے(21:14)

اگرچہ ہمارے پاس کپرس میں کلیسیا کا کوئی ریکارڈ نہیں ہے۔ لیکن ہم یہ ضرور جانتے ہیں کہ اُس جزیرہ میں کم از کم ایک آدمی خداوند یسوع پر ایمان لے آیا تھا۔(12:13) کیا یہ مشنری دورہ ایک کامیاب دورہ تھا؟ اِس ایک سفر کے باعث، کم از کم چار نئی کلیسیائیں قائم ہوئیں۔ جہاں پر بزرگ مقرر کئے گئے۔ بہت سے لوگوں (بشمول یہودی اور غیر اقوام کے لوگ) نے مسیح کو جانا اور اُس کو اپنا نجات دہندہ اور خداوند قبول کر لیا۔ اِس دَور میں میں تو کسی ایسے مشنری کو نہیں جانتا جس نے اپنے ایک ہی مشنری دَورے کے دوران ایسی بڑی کامیابی حاصل کی ہو۔ اگرچہ مخالفت بہت زیادہ تھی لیکن خدا نے ثابت کیا کہ وہ ایک قادر اور عظیم خدا ہے۔

چند غور طلب باتیں

☆ مسیح کے لئے دُکھ اُٹھانے کے لئے پولس رسول کی رضامندگی اور آمادگی پر غور کریں۔ آپ کے خیال میں اِس آدمی کے پیچھے کون سی الٰہی قوت تھی؟

☆ آپ کے خیال میں پولس رسول نے اِس مشکل کام میں کیوں ہمت نہ ہاری؟

☆ آپ مسیح کی خاطر کیسا دُکھ اُٹھانے کے لئے تیار ہوں گے؟

☆ آپ کو انجیل کی منادی کے لئے کیسا دُکھ اُٹھانا پڑا؟

چند اہم دُعائیہ نکات

☆ چند لمحات کے لئے کسی مسیحی یا مشنری کو خداوند کے حضور لائیں، خداوند سے شفاعت کریں کہ خدا اُنہیں وفادار رہنے کی توفیق بخشے، خواہ کیسی ہی مشکلات اور دشواریاں آئیں وہ اپنے ایمان اور خدمت میں قائم اور مضبوط رہیں۔

☆ خداوند سے اُس کی گواہی دینے کے لئے اور زیادہ قوت اور دلیری مانگیں۔

☆ خواہ کیسی بھی قیمت ادا کرنا پڑے، ایک بار پھر سے اپنے آپ کو خداوند کی خدمت کے لئے اُس کے سپرد کر دیں۔

باب 26

یروشلیم کے بزرگ اور رسول

پڑھیں، اعمال 15:1-35

ہم نے پچھلے تین ابواب میں دیکھا کہ کس طرح شیطان انجیل کی خدمت میں بڑی مستعدی سے رکاوٹیں ڈالتا رہا۔ پولس اور برنباس کو شیطان کی مخالفت کے تحت بہت دُکھ اُٹھانا پڑا۔ لیکن خدا کا فضل مشنری دَوروں میں اُنہیں سنبھالتا رہا۔ جب وہ اسوریہ انطاکیہ میں اپنے گھر واپس لوٹے تو مشکلات اُنہیں روک نہ سکیں۔ شیطان نے خدا کے کام کو تباہ و برباد کرنے کے لئے اپنی کاوشیں جاری رکھیں۔ خدا کی بادشاہی اور شیطان کی بادشاہی میں جنگ کبھی رُکنے کا نام نہیں لیتی۔ ہمیں ہمہ وقت شیطان کے حیلے بہانوں سے واقف اور آگاہ رہنا چاہئے۔ وہ خدا کے کام کو تباہ کرنے کے لئے اپنی بے کارنا کام کوششوں کو کبھی نہیں روکے گا۔

انطاکیہ میں بھی دشمن کے حملے اُن یہودی اساتذہ کی صورت میں ہوئے جنہوں نے یہ تعلیم دی کہ جب تک کسی شخص کا موسیٰ کی روایت کے مطابق ختنہ نہ ہو۔ وہ نجات نہیں پا سکتا۔ اِس تعلیم سے انطاکیہ کے ایمانداروں میں بڑی کھلبلی اور ذہنی انتشار پیدا ہو گیا۔ اِس سے بہت سے سوالات اُٹھنے لگے۔ کیا ایک نامختون شخص مسیحی ہو سکتا ہے؟ ایک ایماندار کی زندگی میں موسیٰ کی شریعت کا کیا مقام تھا؟ کیا غیر اقوام سے مسیح پر ایمان لانے والے یہودی قوم سے ایمان لانے والوں سے کمتر تھے؟ اِس بات کا اندازہ لگانا بہت آسان ہے کہ اِس ساری صورتحال سے کلیسیا پر کیا اثرات مرتب ہوئے ہوں گے۔ شیطان کلیسیا میں بے اتفاقی اور تکبر کے بیج بو رہا تھا۔ ایک ایماندار کو دوسرے کے خلاف کھڑا کرنے سے انطاکیہ کی کلیسیا میں پھوٹ ڈالنا کس قدر

آسان ہو گیا ہو گا۔ مسیح کے مقصد اور منصوبے کے لئے کلیسیا کا تاثر تباہ ہو گیا ہو گا۔

شیطان کو معلوم تھا کہ انطاکیہ کی کلیسیا دُنیا بھر میں مسیح کے پیغام کو لے جانے میں کس قدر حکمت عملی اور منصوبہ بندی کے تحت کام کر رہی ہے۔

پولس اور برنباس نے جھوٹی تعلیمات کو قبول نہ کیا۔ دوسری آیت ہمیں بتاتی ہے کہ وہ اُن کے ساتھ سخت بحث میں پڑ گئے۔ یہ معاملہ انطاکیہ میں حل نہ ہوا۔ لوگ اِس معاملہ میں مختلف دھڑوں میں تقسیم ہو گئے اور اُن میں بے اتفاقی پیدا ہو گئی۔ کلیسیا نے پولس اور برنباس کو یروشلیم میں رسولوں سے اِس معاملہ پر بات چیت کرنے کے لئے بھیجا۔ پولس اور برنباس کو اِس مسئلہ کا حل تلاش کرنے کے لئے یروشلیم جانے کے لئے ایک سو اسی میل سفر کرنا پڑا۔ اِس سے ہمیں اندازہ ہوتا ہے کہ اُن جھوٹے اُستادوں نے انطاکیہ کی کلیسیا پر کس قدر بُرے اثرات مرتب کئے تھے۔

جب اُنہوں نے یروشلیم کی طرف سفر کیا، تو پولس اور برنباس فینیکے اور سامریہ کے علاقوں میں موجود ایمانداروں سے بھی ملے۔ رسولوں نے اُنہیں بتایا کہ کس طرح خدا نے غیر قوموں کے لئے بھی نجات اور گناہوں کی معافی کا دروازہ کھولا ہے۔ ایمانداروں کو انجیل کے پیغام کے پھیلنے کی خبر سن کر بہت خوشی ہوئی۔ یروشلیم پہنچ کر، پولس اور برنباس نے کلیسیا کو بتایا کہ خدا اُن ایمانداروں کے درمیان بھی اُن کے وسیلہ عجیب کام کر رہا ہے۔

یروشلیم کی کلیسیا میں ایسے ایماندار تھے جو فریسیوں کے فرقہ سے تعلق رکھتے تھے۔ اگرچہ اُن لوگوں نے خداوند کو قبول کر لیا تھا، تو بھی اُن کا یہی ایمان تھا کہ مسیحی ایمان والوں کو تمام شریعت پر پہلے کی طرح عمل پیرا ہونا چاہئے۔ ظاہری بات ہے، پطرس، پولس اور برنباس کی خدمت کی وسیلہ سے غیر قوموں کو نجات پانا یہودی کلیسیا کے لئے ایک علم الٰہیات کا مسئلہ بن گیا تھا۔ اِس معاملہ پر بہت زیادہ اُلجھن پیدا ہو گئی تھی۔ رسول اور بزرگ اِس مسئلہ پر بات چیت کے لئے فراہم ہوئے۔ اُن کے لئے یہ کوئی آسان معاملہ نہیں تھا۔ ساتویں آیت ہمیں یہ بات

سمجھنے میں مدد دیتی ہے کہ وہ کافی عرصہ تک اِس معاملہ پر بحث کرتے رہے۔ ہمیں یہی تاثر ملتا ہے کہ شروع میں کسی نکتہ پر بھی اتفاق رائے نہ ہو سکا۔ اُن یہودیوں نے بچپن سے جوانی تک شریعت کی تعلیم پائی تھی، خدا نے شریعت کے ذریعہ سے خود کو بنی اسرائیل پر ظاہر کیا تھا۔ جو کوئی شریعت کو ماننے سے انکار کرتا تھا اُس کو کڑی سزا دی جاتی تھی۔ کیا یہ بڑی آسان بات تھی کہ اب وہ اُس شریعت کو مسیح پر ایمان لانے کی سبب سے نظر انداز کر دیں؟

جزوی طور پر یہ پطرس، پولس اور برنباس کی گواہیاں تھیں جن سے کلیسیائی کونسل کو مطلوبہ جواب ملا۔ پطرس نے جماعت میں کھڑے ہو کر بتایا کہ اُس نے دیکھا ہے کہ غیر قوموں میں بھی خدا نے نجات کی بخشش جاری کی ہے۔ اُس نے وہاں پر ایک غیر قوم سے تعلق رکھنے والے کرنیلیس بھائی اور اُس کے خاندان کی کہانی کو پھر سے دہرایا اور اُنہیں بتایا کہ کس طرح اُس کی موجودگی میں رُوح القدس اُن سب پر نازل ہوا جو کلام سن رہے تھے۔ پطرس کے ذہن میں ایک بات تھی اور وہ یہ کہ خدا نے غیر قوم لوگوں کو قبول کر لیا ہے خواہ وہ کیسے بھی تھے۔

اگرچہ وہ موسیٰ کی شریعت پر عمل پیرا نہیں ہوتے تھے، خدا کا پاک روح اُن سب پر نازل ہوا جو موسیٰ کی شریعت پر عمل پیرا ہوتے تھے اور اُن پر بھی جو موسیٰ کی شریعت کو نہیں مانتے تھے۔ اِس سے پطرس بھائی نے یہ نتیجہ نکالا کہ روح القدس کے حصول و نزول کے لئے یہ ضروری نہیں کہ کوئی شخص موسیٰ کی شریعت پر عمل کرنے والا ہو۔ خدا کسی یہودی (جو موسیٰ کی شریعت پر عمل کرتا ہے) اور ایک غیر قوم کے شخص (جو موسیٰ کی شریعت کو نہیں مانتا) میں کوئی فرق نہیں کرتا۔ پطرس نے یہی نتیجہ اخذ کیا کہ خدا نے اُنہیں روح القدس دینے سے قبل اگر اُن پر کوئی تقاضا نہیں ٹھونسا، تو پھر کلیسیا کو بھی چاہئے کہ وہ بھی اُن پر کسی قسم کی کوئی پابندی اور تقاضا نہ ٹھونسے۔ نجات فضل سے تھی نہ کہ شریعت کو ماننے سے۔

پطرس رسول ہمیں یہاں پر یہ بتا رہے ہیں کہ خدا ہمیں قبول کرتا ہے خواہ ہم کیسے بھی کیوں نہ ہوں، نجات فضل سے ملتی ہے۔ یہ تو وہ مفت بخشش ہے جو غیر مستحق لوگوں کو ملتی ہے۔ نجات کا

آپ کے طرزِ زندگی سے کوئی تعلق نہیں۔ آپ کا لباس کیسا ہے، آپ کس طرح کے دکھائی دیتے ہیں، نجات کا اِن ساری چیزوں سے دُور کا بھی واسطہ نہیں، اور نہ ہی آپ کے رنگ و نسل، زبان سے کوئی تعلق ہے۔ آپ کتنی بار گرجہ گھر جاتے ہیں، آپ نے خداوند کے لئے کیا کیا ہے، اور آپ کا آپ کے ہمسائے سے کیسا سلوک اور روّیہ ہے۔

نجات اِن چیزوں سے نہیں ملتی بلکہ یہ خدا کے فضل سے ایک مفت بخشش ہے۔ درحقیقت نجات کا آپ سے کوئی تعلق نہیں ہے۔ جب نجات کا معاملہ آتا ہے تو خدا آپ کے کردار اور کارناموں کو حساب میں نہیں لاتا۔ آپ ایک نیک اور پارسا یہودی جیسا طرزِ زندگی اپنا سکتے ہیں یا پھر ایک غیر قوم کے شخص کی طرح زندگی گزار سکتے ہیں، اور یہ دونوں صورتیں اِس حقیقت پر اثر انداز نہ ہوں گی کہ خدا آپ کو نجات دے گا یا نہیں۔ خدا جس پر چاہے اپنے پاک روح کو نازل کر سکتا ہے۔ کوئی بھی ایسا کام نہیں جس کو کرنے سے ہم خدا کے حضور زیادہ مقبول و منظور ہوں گے۔ ہماری نجات کا دارومدار مکمل طور پر اُس کے فضل اور رحم پر ہے۔

یہودی ایمانداروں کے سامنے ایسا بیان جاری کرنا پطرس کے لئے ایک انقلابی قدم تھا۔ درحقیقت وہ اُنہیں یہ بتا رہا تھا کہ شریعت اُنہیں نجات نہیں دے سکتی۔ 12 آیت پر غور کریں کہ ساری جماعت خاموش رہی۔ پھر پولس اور برنباس نے جماعت کو اپنے تجربات بتائے کہ کس طرح خدا نے غیر قوموں کے درمیان معجزات اور نشانات کئے اور وہ مسیح یسوع پر ایمان لائے۔

میں اِس خاموشی میں خدا کے پاک روح کی جنبش کو دیکھ سکتا ہوں، فطری طور پر یہ ایک تفرقہ پیدا کرنے والا موضوع تھا جو کہ جماعت میں پھوٹ ڈال سکتا تھا۔ انسانی نکتہ نظر سے بات کرتے ہوئے، ہم کہہ سکتے ہیں کہ اِس موضوع پر جسمانی لحاظ سے تو تو میں میں ہو سکتی تھی۔ (ہو سکتا ہے۔

کہ آپ نے بعض کلیسیائوں میں ایسی انتظامی میٹنگز کا حال دیکھا یا پھر سنا ضرور ہو گا۔) جب لوگ کسی مسئلہ پر پریشانی اور اُلجھن کا شکار ہوتے ہیں تو پھر اُن کے سلگتے جذبات شعلوں کی صورت میں ظاہر ہونے لگتے ہیں۔ ممکن تھا کہ کہ کوئی شخص کڑواہٹ کی روح میں باہر نکل جاتا جب کہ دوسرے اپنے آبائو اجداد کی رسم و رواج پر ہی زور دیتے رہتے،، ہو سکتا ہے کہ وہ یہ دلیل دیتے کہ جو کچھ باپ ابرہام کے لئے مفید اور اچھا تھا وہی کچھ اُن کے لئے بھی باعث برکت ہے۔ بعض ایسے بھی ہو سکتے تھے جو روایت کی تبدیلی کی صورت میں کلیسیا چھوڑ کر چلے جانے کی دھمکی دیتے۔ لیکن ایسا کچھ بھی واقع نہ ہوا۔ بجائے اِس کے وہاں پر اتفاق و یگانگت کی روح تھی۔ ہم ساری صورتحال کو یوں بیان کر سکتے ہیں کہ اُن کے فیصلوں کے درمیان خدا کا پاک روح جنبش کر رہا تھا۔ پھر یعقوب خدا کی طرف سے بولنے کے لئے کھڑا ہوا۔ (13 آیت) اُس نے عاموس 9:11-12 کا حوالہ دیا، جس میں خدا نے اپنے بندہ موسیٰ کی معرفت کلام کر کے اپنے لوگوں کو بتایا کہ ایک دن وہ دائود کے گرے ہوئے خیمہ کو پھر سے کھڑا کرے گا۔ (خدا کے لوگوں کی علامت) اُس روز یہودی اور غیر قوم کے لوگ خدا کے طالب ہوں گے۔ یعقوب نے اُن تجربات کی تصدیق کر دی جن کا پطرس اور پولس اپنی خدمت کی کاوشوں میں تجربہ کر رہے تھے۔ پھر پطرس نے اشارہ دیا کہ وہ غیر قوم کو شریعت کے جوئے کے نیچے نہ لائیں۔ اِس بات کی سفارش کرنے سے دراصل وہ یہ کہہ رہا تھا۔ اب غیر قوم کے لوگوں کو نجات پانے اور خدا کو جلال دینے کے لئے شریعت کی ماتحتی میں زندگی بسر کرنا ضروری نہیں ہے۔

ایسی بات کی تجویز مشکلات سے مبرا نہیں تھی۔ اُن یہودی ایمانداروں کے تعلق سے کیا کہیں جو ابھی تک موسیٰ کی شریعت پر عمل پیرا تھے؟ وہ اُس کلیسیا میں کس طرح رفاقت رکھ سکتے تھے جہاں پر غیر قوم والے یہ سمجھتے تھے کہ اب موسیٰ کی شریعت کی کوئی ضرورت ہی نہیں رہی؟ کیا اِس سے مزید اُلجھن پیدا نہیں ہو جاتی تھی؟ کیا ایسی صورتحال سے اُن لوگوں کے سامنے ایک

رکاوٹ کھڑی نہیں ہو جاتی تھی جو ابھی تک خدا کی شریعت پر عمل پیرا ہونا ایک لازمی فرض سمجھتے تھے؟ اِس مسئلہ کے حل کے لئے، یعقوب رسول نے یہ تجویز پیش کی کہ کچھ اقدام کئے جائیں، اُس نے تجویز پیش کی کہ غیر قوم سے ایمان لانے والے لوگ کھانے پینے کے تعلق سے رسومات سے اجتناب اور پرہیز کریں۔ یعنی بتوں کے حضور گزرانی گئی قربانیوں کا گوشت کھانے سے پرہیز یا خون کھانے یا گلہ گھونٹے ہوئے جانوروں کو گوشت کھانے سے اجتناب کریں۔

"جو کچھ قصابوں کی دکان میں بکتا ہے۔ وہ کھاؤ اور دینی امتیاز کے سبب سے کچھ نہ پوچھو۔ کیوں کہ زمین اور اُس کی معموری خداوند ہی کی ہے۔ اگر بے ایمانوں میں سے کوئی تمہاری دعوت کرے۔ اور تم جانے پر راضی ہو۔ تو جو کچھ تمہارے آگے رکھا جائے۔ اُسے کھاؤ اور اور دینی امتیاز کے سبب سے کچھ نہ پوچھو۔ لیکن اگر کوئی تم سے کہے کہ یہ قربانی کا گوشت ہے۔ تو اُس کے سبب سے جس نے تمہیں جتایا اور دینی امتیاز کے سبب سے نہ کھاؤ۔ دینی امتیاز سے میرا مطلب تیرا امتیاز نہیں بلکہ اُس دوسرے کا، بھلا میری آزادی دوسرے شخص کے امتیاز سے کیوں پرکھی جائے؟"

(1 کرنتھیوں 10:25-29)

ضرورت اِس بات کی تھی کہ یہودی ایمانداروں کے لئے ٹھوکر کا باعث نہ ہونے کے لئے غیر قوم سے ایمان لانے والے ایمانداروں کو یہ ترغیب دی جاتی کہ وہ بعض چیزوں کو کھانے سے اجتناب کریں۔ غیر قوم کے ایمانداروں کو اپنے ہم ایمان مسیحی بھائیوں اور بہنوں کے احترام کے پیش نظر ایسا کرنے لئے تیار اور رضامند ہونا تھا۔ ایسا نہیں کہ اُن کے ایسا کرنے سے خدا کو عزت اور جلال ملنا تھا۔

یعقوب کی طرف سے دوسری سفارش یہ تھی کہ وہ جنسی حرامکاری سے دُور رہیں، یاد رہے کہ پولس اور برنباس کے دَور میں غیر قوم سے ایمان لانے والے لوگ انتہائی بُری اخلاقیات سے

تعلق رکھتے تھے اور اُن کا معاشرتی چال چلن انتہائی بُرا تھا۔ وہ یونانی دیوتا جن کی وہ پرستش اور عبادت کیا کرتے تھے، وہ خود بھی ایسی بدکاریوں کے مرتکب تھے۔ ہم پہلے ہی اِس بات کا ذکر کر چکے ہیں کہ اُن کا دیوتا زئیس کئی عورتوں (انسانی عورتوں + دیویوں) کی اولاد کا باپ تھا۔ زئیس دھوکے اور چالبازی سے اپنے کالے کرتوت اپنی بیوی سے چھپاتا تھا۔ غیر قوم کے لوگوں کا چال چلن اور معیار زندگی خدا کے کلام سے قطعی مختلف اور متضاد تھا۔

21ویں آیت اِس بات کی تائید کرتی ہے کہ ان معاملات اور مسئلوں کا ذکر یعقوب رسول نے یہودی ایمانداروں کے اپنے درمیان ہونے کی وجہ سے کیا، اِس لئے نہیں کہ وہ غیر قوم سے ایمان لانے والوں کو شریعت کے ماتحت کرنا چاہتے تھے۔ ہر سبت کو موسیٰ کی شریعت پڑھی جاتی تھی۔ غیر قوم سے ایمان لانے والے لوگوں کو اِن معاملات کے تعلق سے بہت حساس ہونے کی ضرورت تھی تاکہ کسی قسم کی کوئی مشکل اور نیا مسئلہ پیدا نہ ہو۔ غیر قوم سے ایمان لانے والے لوگوں کو کھانے پینے کی بعض چیزوں سے اجتناب کرنا تھا، شریعت کی وجہ سے نہیں بلکہ اپنے ہم ایمان بھائیوں اور بہنوں کے احترام کے پیش نظر۔ یعقوب کی پیش کردہ تجاویز اور سفارشات منظور ہوئیں، 22ویں آیت ہمیں بتاتی ہے کہ ساری کلیسیا اِس بات پر متفق ہوئی کہ پولس اور برنباس کے ساتھ آدمی بھیجے جائیں جو وہاں پر جا کر کونسل کے فیصلہ کا اعلان کریں۔ غور کریں کہ ''ساری'' کلیسیا نے ایسا کرنے کا فیصلہ کیا۔ اِس معاملہ اور مسئلہ پر کلیسیا ہم آہنگ تھی۔ یہ خدا کے پاک روح کے کام کرنے کے سبب سے تھا۔

پولس اور برنباس کے ساتھ جانے کے لئے یہوداہ اور سیلاس کا انتخاب کیا گیا، اُن کے سپرد رسولوں اور بزرگوں کا لکھا ہوا ایک خط تھا جس میں کونسل کے فیصلے کی وضاحت اور تفصیلات درج تھیں۔ 28ویں آیت خصوصی طور پر ہمارے لئے دلچسپی کی حامل ہے۔ اِس میں لکھا تھا کہ روح القدس اور بزرگوں نے مناسب جانا کہ غیر قوم والوں پر بوجھ نہ ڈالا جائے۔ اِس کونسل نے دوران میٹنگ روح القدس کے کام کرنے کے تعلق سے اپنی آگاہی کا

بھی ذکر کیا۔ آخری فیصلہ روح القدس کے کام کرنے کی وجہ سے ہی سامنے آیا، یہ فیصلہ خدا کی طرف سے تھا، اُس کی تین طرح سے تصدیق ہوئی۔

اوّل، یہ فیصلہ پطرس، پولس اور برنباس کے تجربات پر مبنی تھا۔ دروازے کھل رہے تھے اور خدا کا پاک روح نازل ہو رہا تھا۔ غیر قوموں کے درمیان عجیب کام، نشانات اور معجزات رونما ہو رہے تھے۔ یہ سب کچھ صرف اور صرف روح القدس کی جنبش کے نتیجہ میں ہی ہو سکتا تھا۔ اِن چیزوں کے واقع اور رونما ہونے کی کوئی اور وجہ نہیں ہو سکتی تھی۔ اِن تجربات نے بزرگوں او رسولوں کو بتایا کہ خدا کچھ عجیب وغریب کاموں کو وقوع میں لا رہا تھا۔

دوئم۔ کونسل کا فیصلہ محض پطرس، پولس اور برنباس کے تجربات پر مبنی نہیں تھا۔ یعقوب رسول نے کونسل کے سامنے خدا کا کلام رکھا، یعقوب نے کتاب مقدس سے ثابت کیا کہ جو کچھ ہو رہا ہے اُس کا ذکر عاموس نبی کے نبوتی کلام میں موجود ہے۔ جن تجربات کا ذکر پطرس، پولس اور برنباس نے کیا تھا، خدا کے کلام سے اُس کی تصدیق وتائید ہو گئی۔ اگر خدا کے کلام سے پطرس، پولس اور برنباس کے تجربات کی تردید ہو جاتی تو کونسل نے کسی بھی نتیجہ پر نہیں پہنچنا تھا۔ خدا کے کلام سے غیر قوموں کے درمیان تجربات کی تصدیق وتوثیق ہو گئی۔

سوئم، اُن کے درمیان روح القدس کی حضوری کی تصدیق تھی۔ پوری میٹنگ میں روح القدس کے کام کرنے اور اُس کی راہنمائی کا احساس موجود رہا۔ اُس دن جس ہم آہنگی کا تجربہ ہوا، وہ روح القدس کی حضوری کا نشان تھا۔ خدا کی حضوری کا تجربہ اِس قدر واضح تھا کہ میٹنگ کے اختتام پر راہنمائوں نے یہ کہا کہ روح القدس نے یہ مناسب سمجھا کہ غیر قوموں پر بوجھ نہ ڈالا جائے۔ یہ فیصلہ کسی انسانی سوچ، خیال یا تجویز کا نتیجہ نہیں تھا۔ وہ سبھی جانتے تھے کہ روح القدس ایسا ہی چاہتا ہے۔

جہاں انطاکیہ کی کلیسیا میں کونسل کی طرف سے بھیجا گیا خط پڑھا گیا تو وہ بہت خوش ہوئے۔ (31 آیت) اِس آخری فیصلہ کو قبول کرتے ہوئے روح القدس کی حضوری بالکل

واضح طور پر محسوس کی جا سکتی تھی۔ ہمیں کسی بھی قسم کی تلخی اور تفرقے کا کوئی بیان اور ریکارڈ نہیں ملتا۔ کوئی ایسا ذکر نہیں ملتا کہ کسی نے اِس طرح کی بات کی ہو۔ ''میں نے تو آپ کو ایسا ہی بتایا تھا۔'' ہم تو صرف اور صرف یہ سن رہے ہیں کہ کلیسیا یہ جان کر خوش ہوئی کہ شریعت کے بغیر غیر قوم والے خدا کے حضور مقبول و منظور ٹھہرے۔ سیلاس اور یہوداہ کچھ عرصہ انطاکیہ کی کلیسیا کے درمیان رہے۔ ایمانداروں کو ایمان میں مضبوط کرتے رہے اور پھر وہ یروشلیم کو لوٹ آئے۔ پولس اور برنباس تو انطاکیہ ہی میں رہے اور خدا کے کلام کی منادی کرتے اور تعلیم دیتے رہے۔

ایک دفعہ پھر ہم دیکھتے ہیں کہ دشمن کا حملہ پسپا ہو گیا۔ یہ حملہ ایمانداروں کو ایک دوسرے کو خلاف نبرد آزما کر سکتا تھا۔ اِس سے ساری کلیسیا تعلیمی گمراہی میں بھی جا سکتی تھی۔ اِس کی بجائے انطاکیہ کی کلیسیا آج ہم سب کے لئے ایک مثال اور نمونہ بن گئی ہے۔ اب انطاکیہ کی کلیسیا میں یہودی ایماندار اور غیر قوم سے آئے ہوئے لوگ باہم مل کر خدمت گزاری کا کام کرنے لگے۔ اُنہوں نے ہمیشہ مختلف چیزوں کو اپنے نکتہ نظر سے نہ دیکھا، اگرچہ وہ مختلف پس منظر سے آنے کی وجہ سے کئی ایک چیزوں میں اختلاف رکھتے تھے۔ شیطان کے لئے تفرقہ اور پھوٹ پیدا کرنے کا یہ نادر موقع تھا۔ روح القدس کے وسیلہ سے ایک دوسرے کے لئے عزت و احترام اور ہم آہنگی پیدا ہوئی۔ کیا آپ معلوم کرنا چاہتے کہ آپ کی کلیسیا میں خدا کا پاک روح جنبش کر رہا ہے؟ اپنے آپ سے یہ سوال پوچھیں، کیا ایماندار اپنے اختلافات کے باوجود ایک دوسرے سے محبت کرتے اور ایک دوسرے کا احترام کرتے ہیں؟

چند غور طلب باتیں

☆ ۔ کیا آپ کو اِس وقت زندگی میں مشکل ترین فیصلے کا سامنا ہے؟ یہ حوالہ ہمیں خدا کی مرضی کو جاننے کے تعلق سے کیا سکھاتا ہے؟

☆ ۔ کیا آج ہمارے لئے ممکن ہے کہ ہم شریعت کی ماتحتی میں زندگی بسر کرتے رہیں؟ وضاحت کریں؟

☆ ۔ شریعت کے ماتحت اور فضل کے تحت زندگی بسر کرنے میں کیا فرق ہے؟

☆ ۔ ہم یہاں پر اِس تعلق سے کیا سیکھتے ہیں کہ بطور ایماندار شیطان ہم میں تفرقہ ڈالنے کو کوشش کرتا ہے؟

چند اہم دُعائیہ نکات

☆ ۔ خداوند کی ستائش کریں کہ آپ جیسے بھی ہیں وہ آپ کو قبول کرتا ہے۔

☆ ۔ دُعا کریں کہ وہ یگانگت اور ہم آہنگی جس کا تجربہ یروشلیم کی کلیسیا نے کیا آج آپ کی کلیسیا بھی یگانگت اور ہم آہنگی کا ویسا ہی تجربہ کرے۔

☆ ۔ خداوند سے فضل اور توفیق مانگیں کہ آپ اپنے شخصی ترجیحات اور تعصبات کو ایک طرف رکھ دیں۔ خداوند سے دُعا کریں کہ وہ آپ کو اُس کی واضح مرضی اور مقصد کو قبول کرنے کی توفیق عطا فرمائے۔

باب 27

سفر کا آغاز

پڑھیں، اعمال 15:36-41

پولس اور برنباس کو انطاکیہ میں رہتے ہوئے کچھ عرصہ گزر چکا تھا۔ پولس رسول نے فیصلہ کیا کہ یہ وہ وقت ہے جب اُنہیں اُن شہروں میں جانا چاہئے جہاں وہ پہلے مشنری دَورے کے دوران گئے تھے تاکہ ایمانداروں کی خیریت و عافیت معلوم کرسکیں۔ عہدِ جدید میں پولس رسول کے خطوط کا مطالعہ کرتے ہوئے ہم دیکھ سکتے ہیں کہ وہ نئے ایمانداروں کے تعلق سے واقعی فکرمند ہوتا تھا کہ اُن کا چال چلن اور روحانی ترقی کیسی ہے۔ جب اُسے شخصی طور پر اُن کے ہاں جانے کا وقت نہیں ملتا تھا تو وہ خط لکھنے بیٹھ جاتا تھا۔ جس قدر پولس رسول نے نومرید ایمانداروں کو خطوط لکھے ہیں، کسی اور رسول یا شاگرد نے نہیں لکھے۔ مختلف کلیسیائوں کو لکھے گئے اپنے خطوط میں، اُس نے اُنہیں بتایا کہ وہ مسلسل اُس کے ذہن میں رہتے ہیں۔ وہ اُنہیں ایمان میں بڑھتا اور ترقی کرتا ہوا دیکھنا چاہتا تھا۔ اُسے اِس تعلق سے گہری فکرمندی تھی کہ کہیں ایسا نہ ہو کہ یہ نومرید خداوند سے الگ ہو جائیں یا جھوٹے اُستادوں کی تعلیمات کے چکر میں آ کر گمراہ ہو جائیں۔ جو کلیسیائیں اُس نے قائم کی تھیں، وہاں کے ایمانداروں کی روحانی حالت کے تعلق سے اُس کے دل میں پدرانہ شفقت، فکرمندی اور محبت جوش مارتی رہتی تھی۔

اگر ذہن پر زور ڈالیں تو آپ کو یاد آئے گا کہ برنباس دوسروں کی ہمت بڑھانے والا اور دوسروں کے لئے حوصلہ افزائی کا باعث تھا۔ جب یروشلیم میں ہر کسی نے سائول (پولس) نو مرید کو قبول کرنے سے انکار کیا، برنباس اُس کی مدد کرنے کے لئے آگے

بڑھا۔ (27:9) برنباس نے پولس کا تعارف رسولوں سے کرایا اور اُنہیں وضاحت سے بتایا تھا کہ کس طرح اُس نے مسیح کو قبول کیا ہے۔ برنباس انطاکیہ میں خدمت کے کام کے لئے پولس کی معاونت اور حوصلہ افزائی کے لئے ترسُس گیا تھا۔ (25:11) پہلے مشنری دَورے میں ایذا رسانیوں میں بھی برنباس پولس کے شانہ بشانہ رہا۔ (34:11) یروشلیم میں وہ اُس وقت اُس کے ساتھ کھڑا ہوا جب وہ مجلس میں اپنے کاموں کا دفاع کر رہے تھے۔ برنباس شروع ہی سے پولس کے ساتھ رہا۔ دونوں نے باہم مل کر ایک اچھی مشنری ٹیم تشکیل دی۔

برنباس پولس رسول کے ساتھ متفق ہوا کہ وہ اُن کلیسیائوں میں دوبارہ سے جائیں جو اُنہوں نے قائم کی ہیں۔ برنباس نے اُس بات کی تائید کی کہ اُنہیں یوحنا مرقس کو بھی اپنے ساتھ لے جانا چاہئے۔ آپ کو یاد ہوگا کہ یوحنا مرقس نے پولس اور برنباس کے ساتھ اپنے سفر کا آغاز تو کیا لیکن اُنہیں راہ میں چھوڑ کر واپس یروشلیم لوٹ آیا تھا۔ (13:13) دوسرے مشنری دَورے پر یوحنا مرقس کو اُن کے ساتھ جانا چاہے یا نہیں، یہ سوال اُن دونوں مشنریوں کے درمیان اختلاف کا باعث ہوا۔ اگرچہ برنباس چاہتا تھا کہ یوحنا مرقس کو ایک بار پھر موقع دیا جائے، لیکن پولس رسول اُسے ساتھ نہیں لے جانا چاہتا تھا کیوں کہ وہ پہلے مشنری دَورے میں وفادار ثابت نہیں ہوا تھا۔ پولس اور برنباس اِس بات پر متفق نہ ہوسکے۔ یہ بحث مباحثہ اِس قدر شدت اور زور پکڑ گیا کہ اُنہوں نے اپنی راہیں ایک دوسرے سے جدا کرنے کا فیصلہ کرلیا۔ برنباس نے یوحنا مرقس کو اپنے ساتھ لے لیا جبکہ پولس رسول نے سیلاس کو اپنے ساتھ رکھنے کا چناؤ کیا۔

اِس سارے معاملے میں کون درست تھا، اِس موضوع پر بہت زیادہ بحث ہوچکی ہے۔ تاہم یہ معاملہ کوئی تحریری معاملہ نہیں ہے۔ مسیحی زندگی میں ہمیں ایک بہت بڑا سبق سیکھنے کی ضرورت ہے اور وہ یہ ہے کہ اکثر اوقات دئے گئے سوال کے کئی ایک جوابات ہوتے ہیں۔ بطور ایماندار، ہم کئی ایک معاملات پر متفق نہیں ہوتے، اِس کا ہرگز یہ مطلب نہیں ہے کہ ایک ایماندار غلط ہے اور دوسرا صحیح ہے۔

ہمیں معلوم نہیں کہ اُس وقت پولس اور برنباس کے ذہن میں کیا بات چل رہی تھی، آئیں اِس معاملہ کو اُن دونوں مشنریوں کی آنکھ سے دیکھیں۔

جیسا کہ ہم پہلے ہی دیکھ چکے ہیں کہ برنباس ایک حوصلہ افزائی کرنے والا شخص تھا۔ ہوسکتا ہے کہ جب اُسے معلوم ہوا کہ یوحنا مرقس کیسے حالات و واقعات سے گزر رہا ہے تو اُس کا دل بھر آیا ہو۔ اگرچہ یوحنا مرقس نے پہلے مشنری دَورے پر ٹیم کو خیر باد کہہ دیا تھا لیکن اِس کا یہ ہرگز مطلب نہیں کہ اَب وہ مشنری خدمت کے قابل نہیں رہا تھا۔ مسیح میں معافی مل سکتی ہے۔ شاید یوحنا مرقس اَب کی بار دوسرے مشنری سفر کے لئے بہتر طور پر تیار ہو چکا تھا۔ اِس میں سادہ سی بات یہ بھی ہے کہ عین ممکن ہے کہ پہلے مشنری دَورے پر اُسے معلوم ہی نہ ہو کہ اُسے کس چیز کی توقع کرنی چاہئے۔ یوں لگتا ہے کہ برنباس کو یہ علم تھا کہ اگر یوحنا مرقس کی تھوڑی سی حوصلہ افزائی کی جائے تو وہ بہت اچھا ساتھی ثابت ہوگا۔ یوحنا مرقس کو مشنری سفر مکمل کرنے کے لئے دوسرا چانس دینے کی ضرورت تھی۔ اگر اُسے دوسرا موقع نہ دیا جاتا تو پھر شاید اُس نے شکست اور ناکامی کے احساسات کو اپنے ذہن میں بٹھا لینا تھا۔ ہوسکتا ہے کہ اُسے مشنری سفر پر جانے سے پھر سے ایک نیا آغاز مل جاتا جس کی اُسے ضرورت تھی۔ ہوسکتا ہے کہ اِس سے یوحنا مرقس میں ایک اعتماد پیدا ہوتا کہ خدا اُسکے وسیلہ سے کیا کچھ کرسکتا ہے۔ ہوسکتا ہے کہ برنباس نے کچھ اِس طرح سے محسوس کیا ہو کہ یوحنا مرقس کا مسیح میں نشوونما اور ترقی پانا بہت ضروری ہے۔

اِس کے برعکس پولس رسول چیزوں کو ایک مختلف تناظر سے دیکھتا تھا۔ وہ درپیش مشنری سفر کی دشواریوں اور مشکلات سے بخوبی واقف تھا۔ پہلے مشنری دَورے کے دوران لسترہ میں اُسے سنگسار کیا گیا اور پھر مردہ سمجھ کر اُسے باہر گھسیٹ کر لے گئے اور پھر وہیں چھوڑ دیا گیا۔ پولس اور برنباس جہاں کہیں گئے ایذاہ رسانی شروع ہو گئی۔ پولس کا ارادہ تھا کہ وہ اُن کلیسیائوں میں جائے جو اُس نے شروع کیں تھیں۔ اُس شہر میں لوگ اُس سے واقف

تھے۔ پولس اور اُس کے ساتھیوں نے دوبارہ سے اُن شہروں میں جانے کا فیصلہ کر کے ایک بہت بڑا خطرہ مول لیا تھا۔ ایسے شہر یوحنا مرقس جیسے شخص کے لئے موزوں نہیں تھے جو پہلے ہی مشنری سفر میں حالات و واقعات کے کشیدگی اختیار کرنے سے قبل ہی واپس لوٹ آیا تھا۔ پولس رسول ہرگز یہ نہیں کہہ رہا تھا کہ یوحنا مرقس اَب دوبارہ مسیح کی خدمت میں مفید ثابت نہیں ہوسکتا۔ ہوسکتا ہے کہ پولس رسول نے صرف یہی محسوس کیا ہو کہ یہ مشنری دَورہ یوحنا مرقس کے لئے نہیں ہے۔ بلاشبہ یوحنا مرقس کسی اور جگہ پر مفید ثابت ہوسکتا تھا۔ عین ممکن ہے کہ بعد ازاں وہ کسی اور دَورے پر پولس کے ہمراہ جاسکتا تھا لیکن پہلے مشنری سفر کے دوران واپس لوٹ آنے کے فوری بعد ایسا ممکن نہیں تھا۔ یوحنا مرقس کو روحانی طور پر پختگی کے لئے وقت درکار تھا۔ ہوسکتا ہے کہ دوسری دفعہ سفر میں ناکامی اُسے مزید بے دل اور خوف زدہ کر دیتی۔ اِس سوال میں آپ کہاں کھڑے ہوں گے؟ برنباس اور پولس کے درمیان یہ اختلاف رائے کوئی تحریری معاملہ نہیں تھا۔

میں کبھی کبھی اِس پر حیران ہوتا اور اِس سوچ میں پڑ جاتا ہوں کہ اِن مشنریوں نے ایک دوسرے سے الگ ہو کر خدمت کرتے ہوئے کیسا محسوس کیا ہوگا۔ یوحنا مرقس کے ذہن میں کیسی سوچیں چل رہیں ہوں گی؟ پولس رسول اور اُس کے کے سخت روّیے کے تعلق سے یوحنا مرقس کیسا محسوس کر رہا ہوگا؟ کیا اِس صورتحال سے اُن دونوں کے درمیان ایک جدائی کی دیوار کھڑی ہو گئی؟ برنباس کیسا محسوس کر رہا ہوگا؟ برنباس پولس رسول کی خاطر بڑے کٹھن حالات سے گزر کر بھی اُس کے ساتھ ہی رہا، پولس اَب یوحنا مرقس کے لئے ایسا روّیہ کیوں اختیار نہیں کر رہا تھا؟ اِس صورتحال میں پولس کیا محسوس کر رہا تھا؟ کیا اُسے برنباس کے فیصلے کو قبول کرنے میں ایک کشمکش سے گزرنا پڑا؟ اِس مقام پر پولس اور برنباس کے درمیان تعلقات کس نہج پر آ گئے تھے؟ یہ وہ سوال ہیں جن کے جواب ہمیں نہیں دئے گئے۔ یقیناً اُن کے دوسرے مشنری دورے کے لئے یہ اُن کے لئے تکلیف دہ آغاز تھا۔

شیطان تو ایسے تفرقے کو دیکھ کر بہت خوش ہوا ہوگا۔ تاہم اِس صورتحال میں یہ سمجھنا بہت ضروری ہے کہ ہر طرح کے حالات و واقعات میں خدا بزرگ و برتر اور ہر چیز پر قادر رہا۔ جو کچھ ظاہری طور پر واقع ہو رہا تھا، اِس کے باجود خدا اپنے مقصد کو پورا کر رہا تھا۔ خدا اپنے مقاصد اور منصوبوں کی تکمیل کے لئے اختلافات کو بھی استعمال کرنے کی قدرت رکھتا ہے۔ دیکھیں کہ یہاں پر کیا ہو رہا ہے۔ مشنری دَورے پر ایک ٹیم کے جانے کی بجائے اب دو ٹیمیں مشنری دَورے پر نکل کھڑی ہوئی ہیں۔ اِس طرح سے اِن دونوں ٹیموں نے زیادہ علاقوں میں جانا تھا اور زیادہ لوگوں تک رسائی حاصل کرنی تھی۔

دوسری بات یہ کہ خدا کو معلوم تھا کہ پولس اور یوحنا مرقس کے درمیان کس قسم کا کھچاؤ پیدا ہو گیا ہے۔ اگرچہ یوحنا مرقس کو مزید حوصلہ افزائی اور ایمان میں پختگی کی ضرورت تھی، لیکن پولس رسول نے یہ کام سر انجام نہیں دینا تھا۔ یوحنا مرقس کو برنباس کے ساتھ تنہائی میں کچھ وقت گزارنے کی ضرورت تھی۔ اگرچہ ہمیں یہ تو نہیں بتایا گیا کہ یوحنا مرقس اور برنباس کا مشنری دَورہ کیسا رہا۔ تاہم یہ بات دلچسپی کی حامل ہے کہ بعد ازاں پولس کی یوحنا مرقس کے تعلق سے رائے یکسر بدل گئی۔ 2 تیمتھیس 11:4 میں پولس نے اپنی قید تنہائی میں، یوحنا مرقس کو بلوا بھیجا۔ کیوں کہ اُس کی رائے میں یوحنا مرقس اُس کی خدمت میں اُس کے لئے بہت مفید تھا۔ ظاہری بات ہے کہ برنباس کی زندگی اور صلاح کاری کا یوحنا مرقس کی زندگی پر گہرا اور مثبت اثر ہوا اور اُس نے ترقی کی اور قائم شدہ نئی کلیسیاؤں کے لئے بہت مفید ثابت ہوا۔

ہوسکتا ہے کہ آپ اِس وقت ایسی ہی صورتحال سے دوچار ہوں، ہوسکتا ہے کہ آپ بُری طرح ناکام ہو گئے ہیں۔ لیکن یہاں پر آپ کے لئے ایک اُمید نظر آتی ہے۔ یوحنا مرقس پھر سے اپنے قدموں پر کھڑا ہوا اور ابتدائی کلیسیا میں ایک اہم شخصیت بن کر اُبھرا۔ شاید آپ کو یوحنا مرقس کے نقش قدم پر چلنے کی ضرورت ہے۔ شاید آپ کسی ایسے شخص سے واقف ہوں جو گر چکا ہے۔ کیا ممکن ہے کہ خدا آپ کو اُس شخص کے لئے برنباس جیسا کردار ادا کرنے کے لئے بلا رہا

ہے۔

آخری بات، ہم دیکھ سکتے ہیں کہ خدا نے اِس صورتحال کو ایک اور شخص کو مشنری دَورے میں شامل کرنے کے لئے استعمال کیا۔ دوسرے مشنری سفر پر سیلاس کو پولس کے ساتھ رکھا گیا۔ یوحنا مرقس کی طرح سیلاس بھی منسٹری میں وقت گزارنے کے بعد پہلے جیسا نہ رہا۔ وہ خدا کا ایک عظیم مرد مجاہد بن کر واپس لوٹا۔ وہ خدا کے ہاتھوں ایک کار آمد وسیلہ بن کر استعمال ہوا۔ اگرچہ پولس اور برنباس کی ٹیم کافی حد تک متاثر ہوئی، تاہم اُن کے لئے یہی وقت تھا جب اُنہوں نے ایک دوسرے سے جدا ہو کر خدمت کی اُس رویا کو دوسروں میں منتقل کرنا تھا۔ خدا نے اِس صورتحال کو مشنری قوت بڑھانے کے لئے استعمال کیا۔ اور یوں کلیسیا کی مشنری رویا میں وسعت پیدا ہو گئی۔

خدا نے پولس اور برنباس کے درمیان پیدا ہونے والے اختلاف کو اپنے مقاصد کی تکمیل کے لئے استعمال کیا۔ خدا آج بھی ایسا ہی کرنے پر قادر ہے۔ مجھے معلوم نہیں کہ آپ زندگی میں کیسی صورتحال سے دوچار ہیں، لیکن میں اِتنا ضرور جانتا ہوں کہ خدا آپ کے ہر ایک دُکھ درد اور آزمائش پر قادر اور غالب ہے۔ خدا ناگوار حالات اور کٹھن صورتحال کو واقع ہونے دیتا ہے تاکہ اپنے مقاصد کو پایہ تکمیل تک پہنچائے۔ اکثر و بیشتر، جب ہم تنہائی میں خدا کے ساتھ وقت گزارتے ہیں تو خدا ہم پر ظاہر کرتا ہے کہ ہماری دُکھ درد اور مشکل وقت سے خدا نے کیسی اچھی اور بھلی چیزوں کو سر انجام دیا۔ اپنی مشکلات اور دُکھ درد میں خدا پر بھروسہ اور توکل کریں، وہ بہتر جانتا ہے کہ وہ کیا کر رہا ہے۔

چند غور طلب باتیں

☆۔ آج مخلص ایمانداروں میں کس طرح کے اختلاف پائے جاتے ہیں؟ کیا خدا اُن اختلافات کو اپنے نام کو جلال دینے کے لئے استعمال کر سکتا ہے؟ وضاحت کریں۔

☆۔ آپ اور آپ کے کسی مسیحی بھائی یا بہن کے درمیان پائے جانے والے اختلافات کے تعلق سے یہ باب آپ کو کیا سکھاتا ہے؟

☆۔ کیا آپ کی زندگی میں کبھی کوئی ایسی آزمائش یا مسئلہ کھڑا ہوا جسے خدا نے آپ کی زندگی میں ایک عظیم مقصد اور منصوبے کو پورا کرنے کے لئے استعمال کیا؟

چند اہم دُعائیہ نکات

☆۔ خدا کی ستائش کریں کہ وہ وہ آپ کی زندگی میں موجود دُکھ درد کو اپنے جلال کے لئے عظیم کاموں کو سرانجام دینے کے لئے استعمال کرے گا۔

☆۔ خداوند سے فضل اور توفیق مانگیں کہ آپ مسیح میں اپنے بھائیوں اور بہنوں کے جائز فیصلہ جات کو قبول کر سکیں، خواہ وہ آپ کے طرزِ فکر سے اختلاف ہی کیوں نہ رکھتے ہوں۔

☆۔ کسی دوسری کلیسیا کے بھائیوں اور بہنوں کے لئے دُعا کرنے کے لئے وقت نکالیں، دُعا کریں کہ خدا اُن کی رویا اور گواہی میں وسعت پیدا کرے۔

باب 28

تیمتھیس اور مکدُنیہ میں بلاہٹ

پڑھیں، اعمال 16:1-10

برنباس سے جدا ہونے کے بعد، پولس سیلاس کو لے کر اپنے مشنری سفر پر روانہ ہو گیا۔ ہمیں معلوم ہے کہ برنباس اور یوحنا مرقس کپرس کے جزیرے پر جانے کے لئے بحری سفر پر روانہ ہوئے۔ جس راستہ سے وہ پہلے مشنری دَورے پر گئے تھے، اُنہوں نے وہی راستہ اختیار کیا۔ پولس اور سیلاس نے خشکی کا راستہ اختیار کیا۔ یہ دونوں بالکل مخالفت سمت میں گئے۔ پولس اور سیلاس نے شمالی سمت میں سفر کیا اور اسوریہ اور کلکیہ سے ہوتے ہوئے دربے اور لسترا میں آ نکلے۔ جہاں پولس نے پہلے مشنری دَورے کے دوران کلیسیا قائم کی تھی۔ ہم سمجھ سکتے ہیں کہ پولس ایمانداروں کو مضبوط کرنے، اُن کی حوصلہ افزائی کرنے اور اُن کو آگے بڑھانے کے مقصد کے پیش نظر اُن کی ساتھ وقت گزارنے کا خواہشمند تھا۔

لُسترہ ہی میں پولس کی تیمتھیس نام کے ایک شخص سے ملاقات ہوئی، جس کہ والدہ محترمہ ایک یہودی ایماندار تھی اور اُس کا باپ ایک یونانی تھا۔ ہمیں یہ تو نہیں بتایا گیا کہ آیا اُس کا باپ ایماندار تھا یا نہیں، اپنے آخری خطوط میں پولس رسول نے تیمتھیس اور اُس کی نانی کا بڑے اچھے لفظوں میں ذکر کیا ہے۔

"مجھے تیرا وہ بے ریا ایمان یاد دلایا گیا ہے جو پہلے تیری نانی لوئس اور تیری ماں یونیکے رکھتی تھیں اور مجھے یقین ہے کہ تو بھی رکھتا ہے۔" (2 تیمتھیس 1:5)

تیمتھیس کی والدہ محترمہ اور نانی جی نے اُسے ایمان میں مضبوط کیا تھا۔ پولس اِس نوجوان سے اِس قدر متاثر تھا کہ وہ اُسے اپنے مشنری سفر پر اپنے ساتھ لے جانا چاہتا تھا۔ ہمیں یہ تو معلوم

نہیں کہ جب وہ پولس کے ساتھ مشنری سفر پر گیا تو اُس وقت اُس کی عمر کتنی تھی۔ جب پولس رسول نے اُس کو خط لکھا تو اُسے کہا کہ کوئی اُس کی جوانی کی حقارت نہ کرنے پائے۔

''کوئی تیری جوانی کی حقارت نہ کرنے پائے۔ بلکہ تو ایمانداروں کے لئے کلام کرنے اور چال چلن اور محبت اور ایمان اور پاکیزگی میں نمونہ بن۔'' (1 تیمتھیس 12:4)

اِس سے ہمیں یہ اشارہ ملتا ہے کہ جب پولس کی تیمتھیس سے پہلی ملاقات ہوئی تو یہ بالکل جوان شخص تھا۔ تیمتھیس کی جوان عمری کے باوجود پولس نے اُس میں کچھ دیکھا، یہ عمر بھر کے ساتھ کی ابتدا تھی۔ بالاخر پولس نے تیمتھیس کو ایمان کی روح سے اپنا سچا فرزند سمجھا۔ پولس رسول کو بطور مرد خدا تیمتھیس پر بڑا اعتماد تھا۔ اُس نے تیمتھیس کو افسس میں نئی قائم ہونے والی ایسی کلیسیا کی پاسبانی کے لئے چھوڑا جو ابھی تک مشکلات اور مسائل سے دوچار تھی۔

15ویں باب میں پولس نے یوحنا مرقس کو مشنری سفر پر لے جانے سے انکار کر دیا تھا، اِس سے ہمیں یہ سوچ نہیں لینی چاہئے کہ اُسے نو مریدوں کی نگہبانی اور روحانی دیکھ بھال میں دلچسپی نہیں تھی۔ یہ حوالہ ہمیں بتائے گا کہ صورتحال اِس کے برعکس تھی۔ غالباً ہمیں اِس سے یہ سمجھنا چاہئے کہ شاگردیت ایک نہایت ہی پیچیدہ معاملہ ہے۔ ہم سب مختلف شخصیات رکھنے والے لوگ ہیں۔ کچھ ایسے لوگ ہوتے ہیں جنہیں میں اپنے طرز فکر اور شخصیت کی بنا پر شاگردیت کی تعلیم دے سکتا ہوں جبکہ کچھ ایسے لوگ بھی ہو سکتے ہیں جو عین ممکن ہے کہ میرے طریقہ کار پر مثبت رد عمل کا اظہار نہ کریں۔ ہو سکتا ہے کہ ایسے لوگوں کو کسی اور قسم کے سہولت کار کی ضرورت ہو۔ یوحنا مرقس کو برنباس جیسے سہولت کار کی ضرورت تھی۔ جبکہ تیمتھیس کو پولس رسول کی ضرورت تھی، حتیٰ کہ خداوند یسوع مسیح کے بھی تین ایسے شاگرد تھے جنہیں خداوند دوسروں کی بہ نسبت گہری تعلیم دیتے تھے۔ مسیح کا بدن اِس طور سے ترتیب دیا گیا ہے کہ ہمیں ایک دوسرے کی ضرورت پیش آتی ہے۔ ایک ہی شخص سارے کام سر انجام نہیں دے سکتا ہے۔ ہم سب کے پاس مختلف طرح کی خدمتیں ہوتی ہیں۔ کچھ ایسے لوگ بھی ہوتے ہیں جو آپ

کی خدمت کے وسیلہ سے برکت پا سکتے ہیں، کیوں کہ خدا نے آپ کو اُن لوگوں کی ضرورت اور طبعیت کے مطابق ہی بنایا ہے۔

تیسری آیت ہمیں بتاتی ہے کہ پولس رسول نے تیمتھیس کے ختنہ پر زور دیا، یہ فیصلہ یروشلیم کی کونسل کے فیصلہ کے بالکل متضاد نظر آتا ہے، جس نے یہ طے کیا تھا کہ غیر قوم سے ایمان لانے والے ایمانداروں کے لئے ختنہ کرانا ضروری نہیں ہے۔ تو پھر پولس رسول نے تیمتھیس کے ختنہ کو کیوں ضروری سمجھا؟ یہ تو تیمتھیس کی مدد کے لئے تھا تاکہ یہودی لوگ اُس کو قبول کریں اور اُسے عبادت خانہ میں داخل ہونے دیں جہاں پر پولس اور سیلاس نے منادی کرنا تھی۔ اگر تیمتھیس کو پولس کے ساتھ مؤثر خدمت گزاری کا کام کرنا تھا تو پھر اُسے عبادت خانہ میں پولس کے ساتھ داخل ہونے کی ضرورت تھی۔ یہاں پر پولس رسول کا فیصلہ عملی طور پر ایک تحریک کا نتیجہ نظر آتا ہے۔ غیر قوم والوں کو تو اِس سے کچھ فرق نہیں پڑتا تھا کہ تیمتھیس نے ختنہ کروالیا ہے۔ لیکن یہودی لوگوں کے لئے کسی نامختون کے پیغام کو قبول کرنا آسان نہیں تھا۔ اِس لئے تیمتھیس کا پیغام سننے والوں کو ٹھوکر لگنے سے بچانے کے لئے تیمتھیس کا ختنہ کیا گیا۔

یہ بات دلچسپی کی حامل ہے کہ جب پولس، سیلاس اور تیمتھیس نے شہر بہ شہر سفر کیا، اُنہوں نے یروشلیم کی کونسل کے تعلق سے بات چیت کی۔ جو کچھ اِس طرح سے تھی کہ نجات غیر قوموں اور یہودیوں دونوں کے لئے ہے۔ یہ ایسی نجات تھی جو موسیٰ کی شریعت سے بالکل الگ تھی۔ کسی شخص کو بھی نجات پانے کے لئے ختنہ کرانے کی ضرورت نہ تھی۔ پولس رسول نے آزادی کے اُس پیغام کی منادی کی جس کا ذکر شریعت میں موجود ہے۔ اور پھر بھی تیمتھیس کے ختنہ پر اصرار کیا۔ کیا یہ ریاکاری معلوم نہیں ہوتی؟ ہمیں یہاں پر یہ بات سمجھنے کی ضرورت ہے کہ تیمتھیس کے ختنے کے پیچھے موسیٰ کی شریعت کا ہاتھ نہیں تھا۔ بلکہ یہ تو اُن لوگوں کے لئے رحم اور ترس کی بنا پر کیا گیا جن کے درمیان اُس نے خدمت کرنی تھی۔ اگرچہ پولس رسول شریعت سے شخصی آزادی کو سمجھتا تھا، اُس نے اُس آزادی کو موقع نہ دیا کہ وہ خوشخبری کی منادی

میں رکاوٹ پیدا کرے۔ پولس رسول رحم وترس کی بنا پر اُن لوگوں کے لئے شریعت پر عمل پیرا ہونے کے لئے تیار تھا جنہیں ابھی تک انجیل کے پیغام کو سننے کی ضرورت تھی۔ اُس کا دلی محرک یہ تھا۔

''کمزوروں کے لئے میں کمزور بنا تا کہ کمزوروں کو کھینچ لائوں۔ میں سب آدمیوں کے لئے سب کچھ بنا ہوا تا کہ کسی طرح سے بعض کو بچائوں۔'' (1 کرنتھیوں 9:22)

اگرچہ پولس رسول اپنی شخصی قائلیت پر سمجھوتہ نہیں کرتا تھا، تو بھی اُس نے ثانوی حیثیت کے معاملات کو انجیل کا پیغام پوری دُنیا میں لے جانے کے لئے آڑے نہ آنے دیا۔ نتیجہ پر غور کریں، کلیسیائیں مضبوط ہو کر، ایمان اور تعداد میں بڑھتی چلی گئی۔ کلیسیائیں اِس لئے بڑھتی اور مضبوط ہوتی چلی گئیں کیوں کہ کلیسیائوں میں روایات اور شخصی ترجیحات پر مسیح کو سر بلند کیا گیا۔

پولس اور اُس کے دو ساتھی خدمت گزاری کا کام کرتے ہوئے فروگیہ اور گلتیہ کے علاقوں سے گزرے۔ خدا نے اُن کے سفر کی ایک خاص ترتیب رکھی تھی۔ چھٹی آیت بتاتی ہے کہ روح القدس نے اُنہیں آسیہ کے علاقہ میں جانے سے روکا۔ 7 آیت بتاتی ہے کہ روح القدس نے اُنہیں بتونیہ کے علاقہ میں بھی جانے سے روکا۔

چونکہ وہ مشرق کی طرف سے آئے تھے، روح القدس نے اُنہیں آسیہ اور بتھونیہ کے علاقہ جات میں جانے نہ دیا، اِس لئے اَب اُن کے پاس سفر کے لئے ایک ہی سمت تھی۔ یعنی وہ مغرب کی طرف سفر کر سکتے تھے۔ وہ مغرب کی سمت بغیر کشتی سفر کرتے گئے اور تروا س میں آپہنچے۔ وہاں پر خدا کے پاک روح نے پولس رسول پر عیاں کیا کہ اُنہیں کس سمت میں آگے بڑھنا ہے۔ اُس رات رویا میں، پولس نے دیکھا کہ ایک مکدونی شخص اُسے بلا رہا ہے کہ آ کر اُن کی مدد کرے۔ اس رویا کو دیکھ کر، پولس جانتا تھا کہ خدا کہاں جانے کے لئے اُن کی راہنمائی کر رہا ہے۔ وہ تروا س سے مکدنیہ چلے گئے۔

10-6 آیات اس مشنری سفر میں ہمیں روح القدس کی راہنمائی کی سوچ دیتی ہیں۔ غور کریں کہ ایسے اوقات بھی تھے جب اُنہوں نے کسی خاص علاقہ میں جانے کی کوشش کی۔ لیکن روح القدس نے اُنہیں جانے سے روکا۔ اُنہوں نے اپنے طور پر کوشش تو کی لیکن وہ روح القدس کی راہنمائی کے لئے احساس تھے اور جانتے تھے کہ خدا اُن کے لئے کچھ اور منصوبہ رکھتا ہے۔ اِس کا ہرگز یہ مطلب نہیں تھا کہ وہ اپنے طور پر کوشش کرنے میں کوئی غلطی کر رہے تھے۔ ہر کام جو اُنہوں نے کیا بہت زیادہ دُعا کے بعد کیا۔ اُنہوں نے اپنے تمام فیصلہ جات خدا کے ہاتھوں میں دے دیئے اور ایمان رکھا کہ خدا اپنی مرضی کے مطابق اُن کے لئے دروازے کھولے۔ جب اُنہوں نے ایک خاص سمت میں جانا چاہا تو پاک روح نے اُنہیں روکا، اُنہیں اپنی مرضی سے آگے بڑھنے سے روکا گیا اور اُن کی سمت کو تبدیل کر دیا گیا۔ یہاں پر ہم انسانی دلیل اور خدا کی عظیم ترین مرضی کا اشتراک دیکھتے ہیں۔

ہم اِس باب سے یہ سیکھتے ہیں کہ یہ کس قدر ضروری ہے کہ ہم خداوند کو موقع دیں کہ وہ ہماری زندگیوں کا خدا اور خداوند ہو۔ بعض اوقات اِس کا معنی یہ ہوتا ہے کہ ہم اپنی شخصی ترجیحات کو ایک طرف رکھ دیں۔ بعض اوقات اِس کا معنی یہ بھی ہوتا ہے کہ ہم ثانوی معاملات کو پیچھے کرتے ہوئے خدا کو موقع دیں کہ اِس طور سے کام کرے جو ہمارے وہم و گمان بھی نہیں ہے۔ بعض اوقات خداوند کو اپنی زندگی کا خدا اور خداوند بنانے کا مطلب، اُسے موقع دینا ہوتا ہے کہ وہ ہمارے منصوبوں کو تبدیل کر دے۔ تمام وقتوں میں، اِس کا یہ مطلب ہوتا ہے کہ ہم اُس کے کام کرنے کے طریقوں کو قبول کریں اور یہ توقع کریں کہ وہ ہماری زندگیوں میں شامل حال ہو، جب ہم منسٹری کے لئے منصوبہ سازی کریں یا پھر اُس کی خدمت میں آگے بڑھیں، ہر صورت میں وہ ہمارا خدا اور خداوند ہو۔

چند غور طلب باتیں

☆۔ وہ کون سے علاقہ جات ہیں، جہاں ہمیں کسی طور پر بھی سمجھوتہ نہیں کرنا چاہئے؟ آپ ثانوی معاملات کے بارے میں کیا سوچیں گے؟

☆۔ کیا ہم نے اپنی روایات اور رسموں پر اڑے رہ کر خدا کے پاک روح کے کام میں رکاوٹ پیدا کی ہے؟

☆۔ ہماری زندگی میں خدا کی راہنمائی کے تعلق سے یہ باب ہمیں کیا تعلیم دیتا ہے؟

چند اہم دُعائیہ نکات

☆۔ خداوند سے آج خدمت گزاری کے کام کے لئے ایک ''تیمتھیس'' مانگیں۔

☆۔ خداوند سے کہیں کہ وہ آپ کو روح القدس کی راہنمائی اور مرضی سے اور زیادہ ہم آہنگ ہونے کی توفیق بخشے۔ حتیٰ کہ جب یہ سب کچھ آپ کے لئے بہت ناگوار اور تکلیف دہ ہی کیوں نہ ہو،

☆۔ خداوند کی شکر گزاری کریں کہ اُس نے خدمت کے کام کے لئے ہمیں ہمارے حال پر نہیں چھوڑا بلکہ وہ ہماری راہنمائی کے لئے ہم سے پہلے وہاں پہنچتا اور ہمیں قوت اور توفیق دیتا ہے۔

☆۔ خداوند سے فضل، مدد اور توفیق مانگیں تاکہ آپ اُس کی ترجیحات کو اپنی زندگی میں لے سکیں۔ ایسے وقتوں کے لئے خداوند سے معافی مانگیں جب آپ نے اپنے شخصی معاملات کو خوشخبری کے پیغام کے پھیلاؤ میں آڑے آنے دیا۔

باب 29

فلپی

پڑھیں، اعمال 16:11-40

خداوند سے واضح طور پر کلام حاصل کرنے کے بعد، مشنری صاحبان بحری جہاز پر سوار ہوئے اور سموترے کے جزیرے کی طرف رواں دواں ہو گئے جو کہ تروآس سے ساٹھ میل کے فاصلہ پر تھا۔ اگلے روز وہ نیاپُلس روانہ ہوئے، جو کہ لگ بھگ ستر میل (115 کلومیٹر) کا فاصلہ تھا۔ نیو پلس سے وہ فلپی کی طرف روانہ ہوئے جو کہ ایک ہمسایہ شہر تھا۔ 12 آیت سے ہم سمجھتے ہیں کہ فلپی ایک رومی بستی اور ضلع مکدونیہ میں ایک خاص شہر تھا۔ خدا اِس مصروف ترین اور بااثر شہر کے لئے بہت اچھے منصوبے رکھتا تھا۔

سبت کے روز پولس اور اُس کے ساتھی شہر سے باہر دریا کے کنارے گئے تا کہ وہاں پر اُنہیں دُعا کے لئے کوئی جگہ مل سکے۔ اِس واقعہ سے یہ صاف ظاہر ہے کہ فلپی کے یہودی لوگ تعداد میں اِس قدر زیادہ نہیں تھے کہ وہ اپنے لئے ایک عبادتخانہ تعمیر کرتے۔ اِس علاقہ میں یہودیوں کے ایک گروپ نے دریا کے کنارے ایک پُرسکون اور شور شرابے سے دُور ایک جگہ تلاش کر لی تھی تا کہ وہ چھٹی کے روز وہاں پر جا کر دُعا میں وقت گزار سکیں۔ پولس رسول نے اُس جگہ کا ذکر سن رکھا تھا اِس لئے وہ اُس جگہ کی تلاش میں نکل کھڑا ہوا۔ جب پولس وہاں پہنچا تو اُسے عورتوں کی ایک جماعت ملی جو دُعا کے لئے وہاں پر اکٹھی ہوئی تھی۔ اُن میں سے ایک عورت کا نام لُدیہ تھا۔ یہ عورت فلپی کی نہیں تھی بلکہ تھواتیرہ شہر کی تھی، یاد رہے کہ یہ شہر اپنے ارغوانی کپڑوں کی وجہ سے مشہور تھا۔ امکان غالب ہے کہ لُدیہ فلپی میں کاروباری سلسلہ میں آئی تھی۔ 14 آیت سے ہم سمجھتے ہیں کہ وہ خدا کی پرستش اور عبادت کرنے والی عورت

تھی۔ ہمیں یہ سمجھنے کی ضرورت ہے کہ اگرچہ وہ خدا کی پرستش اور عبادت کرتی تھی تو بھی وہ مسیحی عورت نہیں تھی۔

جب اُس نے پولس رسول کو باتیں کرتے سنا، خدا نے اُس کا دل کھولا تو اُس نے خدا کے کلام کو قبول کرلیا۔ غور کریں کہ خدا ہی ہے جو دل کو کھولتا ہے۔ روحوں کو بچانے کا عمل ایک معجزہ ہے۔ کھوئے ہوئے گنہگاروں کی زندگی میں خدا کا براہ راست کام ہوتا ہے۔ یہ روحانی اندھے لوگوں کو بینائی اور مردہ لوگوں کو نئی زندگی دینے کا تقاضا کرتا ہے۔ کسی بھی روح کی نجات سے بڑھ کر کوئی معجزہ نہیں ہے۔ خدا ہم میں سے ہر ایک کو اِس عظیم خدمت کے لئے بلا رہا ہے۔ اِس خدمت کے تعلق سے ایک پُرجوش اور خوشی سے بھر دینے والی بات یہ ہے کہ اِس کام کا دارومدار ہم پر نہیں ہے۔ ہم تو صرف اور صرف اپنے آپ کو خدا کے ہاتھوں میں دے دیتے ہیں اور باقی خدا کا کام ہے۔ پولس رسول نے کلام بیان کیا اور خدا نے دل کھولا۔

15ویں آیت ہمیں بتاتی ہے کہ لُدیہ اور اُس کے گھر والوں نے بپتسمہ لیا۔ کیا اُس نے گھر آ کر اپنے خاندان کے لوگوں کے سامنے خدا کے کلام کو بیان کیا؟ یہ تو بالکل فطری سی بات ہے کہ اُس نے گھر کے افراد کے سامنے ضرور خدا کا کلام بیان کیا ہوگا۔

40 آیت میں فلپی کے علاقہ سے روانہ ہونے سے پہلے، پولس اور سیلاس لُدیہ کے گھر میں بھائیوں سے ملے، اعمال کی کتاب میں ''بھائی'' کی اصطلاح اُن کے لئے استعمال کی جاتی تھی جنھوں نے خدا کے کلام کو قبول کیا ہوتا تھا۔ اِس سے ظاہر ہوتا ہے کہ پولس رسول کے کلام اور لُدیہ کی گواہی نے اُس کے گھرانے پر اثر کیا، لُدیہ اور اُس کے گھرانے کے لوگوں نے اپنی زندگیاں خدا کے ساتھ ساتھ چلنے کے لئے وقف کر دیں اور مسیح کی موت اور زندہ ہونے کے ساتھ مشابہت پیدا کرنے کے لئے پانی کا بپتسمہ لیا۔ لُدیہ کا گھر فلپی میں پولس رسول کے کام کرنے کے لئے ایک سنٹر بن گیا۔

پولس رسول نے شہر سے باہر دُعا کے لئے جانے کا سلسلہ جاری رکھا۔ ایک موقع پر اُس کی

ملاقات ایک لونڈی سے ہوئی جو کہ بدروح گرفتہ تھی اور لوگوں کی قسمت کا حال بتانے کی صلاحیت بھی رکھتی تھی۔ اُس کے مالک اِس قوت کو اپنے مفاد کے لئے استعمال کرتے تھے۔ وہ لونڈی پولس اور اُس کے ہم خدمت لوگوں کے پیچھے یہ چلاتی ہوئی گئی، ''یہ آدمی خدا تعالیٰ کے بندے ہیں جو تمہیں نجات کی راہ بتاتے ہیں۔'' (7 آیت) اِس بات کا پہلا تاثر یہی تھا کہ خدا کی پرستش اور ستائش کی جاتی۔ یہاں پر ایک نوجوان لڑکی تھی جو لوگوں کو دعوت دے رہی تھی کہ وہ رسولوں کی تعلیم کو غور سے سنیں۔ ہوسکتا ہے کہ ہمیں یہ دیکھ کر حیرت ہو کہ پولس رسول نے مڑ کر بُری روح کو ڈانٹا۔ یوں لگتا ہے کہ جو کچھ وہ کہہ رہی تھی وہ خداوند کی طرف سے نہیں تھا بلکہ وہ ابلیس کی طرف سے بول رہی تھی۔ ہمارے لئے یہاں پر ایک بہت بڑی آگاہی موجود ہے۔ سنیں کہ خداوند ہمیں کیا کہہ رہے ہیں۔

''اُس دن بہتیرے مجھ سے کہیں گے۔ اَے خداوند، اَے خداوند! کیا ہم نے تیرے نام سے نبوت نہیں کی اور تیرے نام سے بدروحوں کو نہیں نکالا اور تیرے نام سے بہت سے معجزے نہیں دکھائے۔ اُس وقت میں اُن سے صاف کہہ دوں گا کہ میری کبھی تم سے واقفیت نہ تھی۔ اَے بدکارو میرے پاس سے چلے جائو۔'' (متی 7:22-23)

ہم یہ بات سمجھتے ہیں کہ بدروحیں نکالنا، نبوت کرنا ممکن ہے لیکن ہوسکتا ہے کہ پھر بھی کوئی شخص خداوند یسوع سے کوئی تعلق واسطہ نہ رکھتا ہو۔ یہ کہنے سے ہم حقیقی نبیوں کی قدر ومنزلت کم نہیں کرنا چاہتے جو خداوند کے نام سے آتے ہیں۔ تاہم ضرور ہے کہ ہم روحوں کو آزمائیں کہ وہ واقعی خدا کی طرف سے ہیں یا نہیں۔ جو کچھ وہ لونڈی کہہ رہی تھی، سچ کہہ رہی تھی۔ لیکن یہ خداوند کی طرف سے نہیں تھا۔ شیطان ہر ممکن حربے استعمال کرے گا کہ ایسے لوگوں کو کلیسیا کا حصہ بنائے جو خداوند کے لئے کام نہیں کرتے۔ ایک دفعہ ایسے لوگ کلیسیا کا حصہ بن جائیں تو پھر شیطان اپنا من پسند نقصان کر سکے گا۔

پولس رسول جانتا تھا کہ جیسا نظر آتا ہے ہمیشہ ویسا ہی نہیں ہوتا۔ یسوع کے نام میں وہ بُری روح اُس لونڈی میں سے نکل گئی۔ جو کچھ پولس رسول نے کیا تھا یہ سب کچھ لونڈی کے مالکوں کو اچھا نہ لگا۔ جب اُنہوں نے دیکھا کہ اُن کے منافع بخش کاروبار کی اُمید جاتی رہی، اُنہوں نے پولس اور سیلاس کو پکڑ لیا اور اُنہیں گھسیٹ کر بازار میں حاکموں کے پاس لے گئے۔ اُنہوں نے پولس اور سیلاس پر شہر میں کھلبلی اور افراتفری پیدا کرنے کا الزام لگایا اور کہا کہ یہ ایسی رسمیں بتاتے ہیں جن کا ماننا رومیوں کو واجب نہیں ہے۔ بھیڑ نے بھی اِن الزامات کی تصدیق کی اور حاکموں نے پولس اور سیلاس کو پٹوانے کا فیصلہ کیا۔ اُن کو بہت زیادہ کوڑے لگوانے کے بعد، اُنہیں قید خانہ میں ڈال کر اُن کے پاؤں کاٹھ میں ٹھونک دئے گئے۔

غور کریں کہ کس طرح پولس اور سیلاس نے اپنا وقت قید خانہ میں گزارا۔ اُنہوں نے خدا کی حمد اور دُعا کرنے میں اپنا وقت گزارا۔ آدھی رات تک دُعا اور پرستش کا سلسلہ جاری رہا۔ جب وہ خداوند کی پرستش اور ستائش کر رہے تھے، بہت شدید قسم کا بھونچال آیا۔ قید خانہ کی دیواریں ہل گئیں۔ دروازے کھل گئے اور اُن کے ہاتھوں سے بیڑیاں کھل پڑیں۔

یہاں پر ہمارے لئے ایک زبردست نمونہ ہے۔ پولس اور سیلاس ہار مان کر پیچھے ہٹ سکتے تھے۔ کیوں کہ وہ قید خانہ میں تھے اور اُن کا مستقبل تاریک دکھائی دے رہا تھا۔ جو کچھ اُن کی زندگی میں ابھی ابھی ہوا تھا اُس کے لئے وہ خدا پر الزام تراشی کر سکتے تھے، لیکن اِس کی بجائے اُنہوں نے خوشی منائی اور اپنے لئے خدا کے کامل منصوبوں کو پہچانا۔ اُنہوں نے حمد و ثنا کرتے ہوئے اُس کی عبادت اور پرستش کی اور سخت ترین آزمائش کے وقت میں بھی اُس کی بھلائی اور اچھائی کا اقرار کیا۔

کیا آپ دشمن کی طرف سے دباؤ محسوس کر رہے ہیں؟ کیا آپ بے دل ہو چکے ہیں؟ کیا آپ کی زندگی اجیرن ہو چکی ہے؟ تو پھر ہو سکتا ہے کہ آپ کو وہی سبق سیکھنے کی ضرورت ہے جو اُس رات پولس اور سیلاس نے سیکھا تھا۔ کیا ممکن ہے کہ آپ اپنے دُکھوں میں خدا کی بھلائی پر

شک کرنے لگتے ہیں؟ کیا ممکن ہے کہ آپ اِس لئے بھی شکست خوردہ زندگی بسر کر رہے ہیں کیوں کہ آپ نے آنے والی آزمائش، حالات و واقعات کو خدائے قادر کی طرف سے ایک نعمت اور برکت کے طور پر قبول کرنے سے انکار کیا ہے؟ خدا دل سے آپ کی بھلائی چاہتا ہے۔ اِس بات کے لئے ابھی اُس کی شکر گزاری کریں۔ کئی بار ہم اپنے ہی روّیوں کے غلام بن جاتے ہیں؟ ابھی حال ہی میں مجھے کچھ فاصلہ پر ایک عبادت میں کلام سنانے کا موقع ملا، پرستش اور ستائش میں رہنمائی کرنے والا شخص بالکل نابینا تھا۔ جب میں اُس کو پرستش اور ستائش میں راہنمائی کرتے ہوئے دیکھ رہا تھا تو میں اُس کے پُرجوش اور خوش باش روّیے پر حیران تھا۔ میں نے تو لوگوں کو اندھے پن سے بھی کہیں چھوٹے مسئلے پر تلخ روّیہ اپناتے ہوئے دیکھا ہے۔ یعنی لوگ معمولی باتوں پر بھی تلخ مزاجی پر اُتر آتے ہیں۔ میرے نابینا دوست نے اپنی آزمائش میں بھی خداوند کی پرستش اور ستائش کرنا سیکھ لیا ہے۔ اگرچہ جسمانی طور پر وہ محدود و مفلوج تھا، لیکن رُوح میں وہ ہر طرح کی تلخی، غصے اور کڑواہٹ سے پاک تھا۔ اُس نے سیکھ لیا تھا کہ خواہ کیسی بھی صورتحال اور معاملات ہوں، اُس نے دل سے خدا کی پرستش اور عبادت ہی کرنی ہے۔ خدا کی پرستش اور غصہ اکٹھے نہیں چل سکتے۔ ہم چاہیں تو غصے میں رہنے کا چناؤ کر لیں یا پھر چاہیں تو خدا کی پرستش، عبادت اور اُس پر توکل کرنے کا چناؤ کر لیں۔ ہمارا چناؤ ہی اِس بات کا تعین کرے گا کہ ہم نے مسیح میں آزاد زندگی بسر کرنی ہے یا پھر غلط روّیوں کے بندھنوں میں گرفتار رہنا ہے۔

جب داروغہ نے دیکھا کہ دروازے کھلے ہوئے ہیں، تو اپنے آپ کو مار ڈالنا چاہا، رومی دستور کے مطابق، اگر داروغہ کی نگرانی میں قیدی بھاگ جاتا تھا تو داروغہ کو سزائے موت دے دی جاتی تھی۔ ایک داروغہ اپنی جان کی بازی لگا کر قیدیوں کی نگرانی کرتا تھا۔ اِس سے پہلے کہ وہ شخص اپنے آپ کو مار ڈالتا، پولس نے اُسے پکارا، داروغہ جلدی سے قید خانہ میں گیا اور دیکھا کہ سبھی قیدی موجود ہیں۔ کانپتے ہوئے وہ پولس کے قدموں میں گر گیا اور پوچھنے لگا کہ نجات

پانے کے لئے اُسے کیا کرنا چاہئے۔

اُس داروغہ نے کیوں یہ سوال کیا؟ کیا ممکن ہے کہ داروغہ کے اِس بیان کا اُس لونڈی سے کچھ تعلق بنتا ہو جو روز بروز پولس اور اُس کے ساتھیوں کے پیچھے چلاتی تھی؟

"یہ آدمی خدا تعالیٰ کے بندے ہیں جو تمہیں نجات کی راہ بتاتے ہیں۔" (17 آیت)

بلاشبہ جو کچھ اُس لونڈی نے کہا تھا، اُس داروغہ نے سن رکھا تھا۔ کیا داروغہ اِس بات پر حیران تھا کہ جو کچھ اُس بدروح گرفتہ لڑکی نے کہا وہ سچ ہے؟ داروغہ خوشخبری کے پیغام کو قبول کرنے کے لئے تیار تھا۔ جب پولس اور سیلاس خدا کی حمد کے گیت گا رہے تھے تو وہ کیا سوچ رہا تھا؟ کیا وہ اُس پرستش اور دُعا کے ماحول سے متاثر ہوا تھا؟

جب فلپی داروغہ نے دیکھا کہ قیدی بھاگے نہیں ہیں تو اِس سے بھی اُس کے دل پر گہرا اثر ہوا۔ یہ بالکل ایسے ہی تھا گویا کہ خدا اُس کے ساتھ براہ راست کلام کر رہا تھا۔ یہ آدمی تو اپنی ہی جان لینے والا تھا۔ لیکن خدا نے پولس رسول کے دل کو تیار کیا کہ وہ درُست وقت پر اُس کو آواز دے۔ قید خانہ کا داروغہ بھاگتا ہوا اُن قیدیوں کے پاس آیا، ایک ایسے شخص کے طور پر اُن کے قدموں میں آ گرا جسے اُن کی زندگیوں کے اچھے نمونے نے متاثر کیا تھا، اُس کا دل شکستہ ہو چکا تھا۔ اُس وقت اُس کی خدا کے ساتھ ملاقات ہوئی۔ داروغہ اپنے قیدوں کے سامنے گر پڑا۔ ایک اور بات یقینی ہے، اُس نے اُن مشنریوں کو خدا کے پیامبر کے طور پر دیکھا جو اُس کے پاس نجات کا پیغام لے کر آئے تھے۔ جو کچھ لونڈی نے کہا تھا بالکل سچ تھا۔

پولس نے فلپی داروغہ کو بتایا کہ اگر وہ نجات پانا چاہتا ہے تو وہ خداوند یسوع مسیح پر ایمان لائے۔

یاد رہے کہ انجیل کے پیغام کی منادی کے سبب سے ہی پولس رسول قید خانہ میں ڈالا گیا تھا۔ داروغہ بھی جانتا تھا کہ مسیح یسوع پر ایمان لانا اور پھر فلپی میں رہنا آسان کام نہیں ہوگا۔ (سمندر میں رہنا اور مگر مچھ سے بیر۔) جو کچھ اُس نے اُن رسولوں کی زندگی میں دیکھا تھا اُس سے وہ قائل ہو گیا کہ یسوع پر ایمان لانا قابل قدر اور ایک بڑے شرف و استحقاق کی بات ہے۔ خدا

کا پاک روح اُس کی زندگی میں کام کر رہا تھا۔

پولس رسول نے داروغہ کو بتادیا تھا کہ نجات صرف اور صرف یسوع مسیح کے وسیلہ سے ہی ہے۔اور پھر یہ کہ نجات صرف اُس کے لئے نہیں بلکہ اُس کے گھرانے کے لئے بھی ہے۔ 32 آیت سے ہم سمجھ سکتے ہیں کہ پولس رسول نے داروغہ صاحب کے گھر والوں کو بھی خوشخبری کا پیغام سمجھانے کے لئے وقت صرف کیا۔ 34 آیت کے مطابق، پولس رسول کی منادی کا نتیجہ یہ نکلا کہ سارا گھرانہ یسوع مسیح پر ایمان لا کر نجات پا گیا۔ پولس اور سیلاس کے زخم دھونے کے بعد، داروغہ اور اُس کے سارے گھر والوں نے پانی کا بپتسمہ لیا۔ اُس رات داروغہ نے اپنے گھر والوں سمیت رسولوں کے ساتھ مل کر بہت خوشی منائی۔ کیوں کہ وہ اور اُس کا گھرانہ خدا پر ایمان لا کر نجات پا چکا تھا۔

صبح کے وقت، مجسٹریٹ نے حکم نامہ بھیجا کہ پولس اور سیلاس کو رہا کر دیا جائے۔ (ہمیں معلوم نہیں کہ تیمتھیس کے ساتھ کیا واقع ہوا۔) پولس رسول نے وہاں سے جانے سے انکار کر دیا۔ اُس نے افسران بالا کو بتایا کہ وہ ایک رومی شہر ہے اور جو سلوک اُس کے ساتھ کیا گیا ہے وہ بالکل غیر قانونی ہے۔ اُس نے مطالبہ کر دیا کہ افسران بالا خود آ کر اُنہیں رہا کریں۔ پولس رسول صرف اِس بات پر کیوں مطمئن نہیں تھا کہ اُنہیں رہائی مل گئی ہے۔ کیوں اُس نے چاہا کہ سرکاری افسران آ کر اُنہیں رہا کریں اور اُن کے ساتھ باقاعدہ طور پر معذرت بھی کریں؟ ہم صرف پولس رسول کے دلی محرک کے بارے قیاس آرائی ہی کر سکتے ہیں۔ اِس سوال کا جواب جزوی طور پر اِس حقیقت میں بھی پنہاں ہے کہ سارے شہر میں افراتفری اور بلوہ ہو رہا تھا۔ ہم تو صرف تصور ہی کر سکتے ہیں کہ اگر پولس اور سیلاس رہا ہو کر سڑک پر نکل آتے اور وہ بھی بغیر سرکاری محافظت کے، تو کیا کچھ واقع ہو سکتا تھا؟ اِس بات کا بہت زیادہ امکان تھا کہ بھیڑ نے اُنہیں گھیر لینا تھا۔ محافظ دستے نے کم از کم اُنہیں لُدیہ کے گھر تک محفوظ اور سلامت پہنچانے کے اقدامات کرنے تھے۔ جب بھیڑ نے محافظ دستے کو دیکھنا تھا تو پھر اُنہوں

نے اُس مشنری ٹیم کو کسی بھی قسم کا کوئی نقصان پہنچانے کے لئے دوبارہ نہیں سوچتا تھا۔
پولس اور اُس کے ساتھیوں کے لئے محافظ دستہ تعینات کیا گیا۔ رومی افسران جانتے تھے کہ وہ عارضی طور پر اُن کی محافظت کر سکتے ہیں، اِس لئے اُنھوں نے کہا کہ وہ اُس شہر سے چلے جائیں۔ لُدیہ کے گھر واپس لوٹ آنے اور ایمانداروں کو مضبوط کرنے کے بعد، پولس اور اُس کے ساتھی فلپی سے رُخصت ہو گئے، اور اپنا مشنری سفر جاری رکھا۔ وہ اپنے پیچھے ایمانداروں کی چھوٹی سی جماعت چھوڑ گئے جو امکانِ غالب ہے کہ لُدیہ کے گھر پر ہی پرستش اور عبادت کے لئے جمع ہوتی تھی۔ بعد ازاں پولس رسول نے اپنے خط میں فلپی کی اُس کلیسیا کے ایمانداروں کو لکھا۔

فلپیوں کے خط میں، پولس رسول نے اِس بات کو جانا کہ یہ ایماندار مشکلات سے گزرے ہیں، (1:27-30) فلپی کے ایمانداروں میں تفرقے اور جدائیوں کا مسئلہ بھی پیدا ہو گیا تھا۔ (فلپیوں 2:1-4, 1:4) اُنہیں جھوٹے اُستادوں کا بھی سامنا تھا جو اُنہیں گمراہ کرنا چاہتے تھے۔ (فلپیوں 3:2-4) اِن ساری مشکلات کے باوجود، یہ کلیسیا وفادار رہی، یہ واحد کلیسیا تھی جس نے پولس رسول کو اُس کے ابتدائی مشنری دورے میں مالی امداد بھیجی، (فلپیوں 4:14-15) مشکلات اور چھوٹی شروعات کے باوجود، یہ کلیسیا ایمان میں بڑھی اور پختہ اور مضبوط ہوتی چلی گئی اور انجیل کے پیغام کے ساتھ پوری دُنیا کے لئے باعث برکت ہوئی۔

چند غور طلب باتیں

☆۔ اگر ایک غیر ایماندار نبوت کر سکتا ہو اور یسوع کے نام سے معجزات بھی کر لیتا ہو تو پھر ہم اِس صورت میں کس طرح امتیاز کریں گے کہ آیا وہ شخص خدا کا حقیقی خادم ہے یا نہیں؟

☆۔ آپ کے خیال میں پولس اور سیلاس قید خانہ میں دُعا اور پرستش کیوں کر رہے تھے؟ پرستش اور ستائش بھی ہمیں ہمارے ''قید خانوں'' سے رہائی دے سکتی ہے۔ پرستش اور ستائش کے تعلق سے کون سی ایسی بات ہے جو بندھنوں کو توڑ کر ہمیں آزاد کر دیتی ہے؟

☆۔ غور کریں کہ کس طرح خدا نے سخت برتاؤ اور قید و بند کی صعوبتوں کو فلپی میں اپنے مقصد کی تکمیل کیلئے استعمال کیا۔ اِس سے آپ کو اپنی مشکلات اور مسائل کے تعلق سے کیا پیغام ملتا ہے؟

☆۔ اُن طریقوں کے لئے خدا کی شکر گزاری کریں جن سے خدا ہماری راہنمائی کرتا ہے۔ اور جس خدمت کے لئے اُس نے ہمیں بلایا ہے، اِس میں وہ ہمارے آگے آگے چلتا ہے۔

چند اہم دُعائیہ نکات

☆۔ اِس حصہ میں ہم پرستش اور ستائش کے تعلق سے کیا سیکھتے ہیں؟ جو کچھ خدا ہے اور جو کچھ اُس نے آپ کے لئے کیا اِن سب باتوں کے لئے کچھ دیر خدا کی پرستش، ستائش اور شکر گزاری کریں۔ ☆۔ خداوند کی شکر گزاری کریں کہ وہ ہر طرح کے حالات و واقعات کو اپنے جلال کے لئے استعمال کر سکتا ہے۔ آج اپنی آزمائشوں میں بھی اُس پر توکل اور بھروسہ کرنے کے لئے عہد کریں۔

☆۔ ہم دیکھتے ہیں کہ کس طرح خدا پولس اور اُس کے ساتھیوں کو مشکل وقت، ناگوار حالات و واقعات اور ایذا رسانی میں بھی استعمال کرنے کے لئے تیار اور مستعد تھا۔ خداوند کی شکر گزاری کریں کہ جب ہم اُس کی خدمت کرتے ہیں تو وہ ہمارے آگے آگے چلتا ہے۔

باب 30

تھسلنیکے اور بیریہّ

پڑھیں، اعمال 17:1-15

تھسلنیکے

فلپی شہر سے روانہ ہونے کے بعد، پولس اور اُس کے ساتھیوں نے جنوب کی طرف قریب قریب ایک سو میل (ایک سو ساٹھ کلو میٹر) کا سفر کیا اور تھسلنیکے شہر میں پہنچے۔ فلپی سے قطعی مختلف تھسلنیکے میں، ایک یہودی عبادت خانہ تھا۔ دستور کے موافق پولس رسول عبادت خانہ میں جمع ہونے والے لوگوں کو انجیل کا پیغام سنانے کے لئے گیا، تین ہفتے تک پولس رسول عبادتخانہ میں جا کر تھسلنیکے کے یہودیوں سے بحث کرتا رہا، اُس نے خداوند یسوع کی طرف رجوع لانے کے لئے کہا اور کلام سے ثابت کیا کہ مسیح کا مرنا اور پھر مردوں میں سے زندہ ہونا طے شدہ حقیقت ہے۔

اِس منادی کا نتیجہ یہ نکلا کہ بعض یہودی قائل ہو گئے کہ یسوع ہی فی الحقیقت مسیح ہے۔ بہت سے غیر قوم سے لوگ اور بڑی تعداد میں صاحب حیثیت خواتین خداوند یسوع کی طرف آ گئیں۔

اِن صاحب حیثیت عورتوں کی جان پہچان کے تعلق سے کوئی بات بھی یقینی طور پر نہیں کہی جا سکتی۔ وہ خواتین بہت مالدار تھیں یا پھر اُن کے شوہر معاشرے میں چودھری ٹائپ کے لوگ تھے۔ بہر کیف، تھسلنیکے میں انجیل کی منادی کا اثر ہو رہا تھا۔ اِس چھوٹی سی شروعات سے ہی تھسلنیکے میں کلیسیا کا آغاز ہوا۔ بعد ازاں پولس رسول نے تھسلنیکے کی کلیسیا کو دو خطوط لکھے۔ اِن دو خطوط سے ہم اِس بات کو سمجھتے ہیں کہ یہ کلیسیا مکدونیہ کے علاقہ میں موجود دیگر کلیسیائوں کے لئے ایک مثال بنی۔ (1 تھسلنیکیوں 1:7) اِس کلیسیا کے ایماندار ایک دوسرے سے محبت

کرنے کی وجہ سے بھی جانے پہچانے جاتے تھے۔(1 تھسلنیکیوں 9:4) فلپی کے ایمانداروں کی طرح، اُنہیں بھی مسیح کی خاطر دُکھ اُٹھانا پڑا، تھسلنیکیوں کے نام لکھے گئے خط کے دوسرے باب میں، پولس رسول نے اُنہیں لکھا کہ اپنے دُکھوں میں وہ ایک دوسرے کی ہمت بندھائیں۔ (2 تھسلنیکیوں 1:4،2:14-15)

یوں لگتا ہے کہ مقدس پولس رسول کی خدمت میں کلیسیائوں کا قیام اوّلین ترجیح تھی۔ اگرچہ معلوم ہوتا ہے کہ پولس رسول نے کوئی پچیدہ قسم کی حکمت عملی نہ اپنائی، اُس نے انجیل کے پیغام کی منادی کی اور نومرید ایمانداروں کو ہدایات اور نصیحت بھی نئے انداز سے کی۔ پھر اُس نے انجیل کے پیغام کو دوسروں تک پہنچانے کا کام اُن کے سپرد کر دیا۔ مقدس پولس رسول خطوط اور گاہے بگاہے اُن کے پاس جانے کے ذریعہ سے اُن کے ساتھ رابطے میں رہا۔ وہ اکثر اُنہیں اپنی دُعائوں میں یاد کرتا، اُن کی یاد ہمیشہ اُس کے ذہن اور دل میں تازہ رہتی تھی۔ وہ اکثر دوسروں سے بھی اُن کلیسیائوں کے تعلق سے خیر خبر لیتا رہتا تھا۔ دیگر موقعوں پر وہ دوسرے لوگوں کو بھی مشکلات اور مسائل میں اُن کی مدد کرنے کے لئے بھیجتا تھا۔ اگرچہ وہ ہمیشہ اُن کے ساتھ نہیں رہتا تھا۔ وہ دُور رہ کر بھی اُن کا خیال رکھتا تھا۔

جب تھسلنیکے کے یہودیوں نے دیکھا کہ پولس کی منادی کے باعث بہت سے لوگ تبدیل ہو رہے ہیں تو اُن کے اندر حسد کی آگ زور پکڑنے لگی۔ اُن یہودیوں نے شہر کے کچھ آوارہ اور بد معاش قسم کے لوگوں کو اپنی طرف کر کے اُنہیں فساد کے لئے اُبھارا۔ اور پھر یاسون کے گھر پر چڑھ دوڑے جہاں پر پولس قیام پذیر تھا۔ اُن کی نیت اور ارادہ تھا کہ اُسے مشتعل ہجوم میں گھسیٹ لائیں۔ ہم اندازہ ہی لگا سکتے ہیں اور یقینی طور پر کچھ نہیں کہہ سکتے کہ اگر اُنہیں پولس مل جاتا تو اُنہوں نے اُس کا کیا حشر کرنا تھا۔ خدا کا محافظ ہاتھ پولس رسول پر تھا اور خدا نے اُسے بچا لیا۔ جب غصے سے جلتے ہوئے یہودیوں نے دیکھا کہ پولس وہاں پر نہیں ہے، تو یہودیوں نے یاسون اور چند دوسرے ایمانداروں کو گھر میں پایا، وہ اُنہیں گھسیٹ کر شہر کے

مجسٹریٹ کے پاس لے آئے۔ یہودیوں نے یاسون پر الزام لگایا کہ اُس نے پولس اور اُس کے ساتھیوں کو اپنے گھر میں اُتارا ہے، جو کہ یہودیوں کے نزدیک فساد برپا کرنے والے تھے اور قیصر کے احکام کی مخالفت کرتے تھے...."

یہودیوں مسیحی لوگوں پر غدار ہونے کی بھی الزام تراشی کرتے رہے۔ اُنہوں نے یہ بھی کہا کہ یہ لوگ کسی اور بادشاہ (یسوع) کی وفاداری کی حمایت کرتے ہیں۔

ایسی بات سے بھیڑ میں اور بھی اشتعال پیدا ہو گیا، یاسون اور اُس کے دوست احباب سے جرمانہ طلب کیا گیا۔ تاکہ اربابِ اختیار کو یقین ہو جائے کہ آئندہ اِس قسم کی بدنظمی اور افراتفری پیدا نہیں کریں گے۔ اُن نومرید ایمانداروں کے لئے زندگی اجیرن ہو چکی تھی لیکن وہ ثابت قدم اور قائم رہے۔ اِسی ثابت قدمی اور وفاداری نے تھسلنیکے کی کلیسیا کو مکدونیہ میں موجود دیگر کلیسیائوں کے لئے ایک قابل تقلید نمونہ بنادیا۔

بیریہ

اِس مخالفت کی وجہ سے، پولس اور سیلاس رات کے وقت تھسلنیکے سے رُخصت ہوئے تاکہ کوئی اُنہیں دیکھ ہی نہ سکے اور بیریہ میں آگئے جو کہ تھسلنیکے سے چالیس میل بیریہؔ میں عبادت خانہ مل جانے پر، مقدس پولس رسول اور سیلاس نے یسوع کے نام سے انجیل کی منادی شروع کر دی۔ ہم دریافت کرتے ہیں کہ بیریہ کے لوگ تھسلنیکے کے لوگوں سے بھی زیادہ باکردار تھے کیوں کہ اُنہوں نے بڑی خوشی بلکہ دلی خوشی سے پیغام کو قبول کیا اور کتاب مقدس میں سے تحقیق کرتے تھے کہ آیا جو کچھ پولس بیان کرتا ہے واقعی دُرست ہے۔ اِس کے نتیجہ میں بیریہ کے بہت سے یہودی اور یونانی انجیل کے پیغام پر ایمان لائے۔ کیا اِس سے بیریہ کے لوگوں کے دل انجیل کے پیغام کے لئے اور زیادہ کھل گئے؟ ہمیں یقینی طور پر کچھ علم نہیں۔ بعد ازاں پولس رسول اتھینے گیا جہاں کے لوگوں کے تعلق سے کہا جاتا تھا کہ وہ نئی نئی باتوں کو بڑی دلچسپی سے سنتے ہیں۔ وہ نئی نئی باتیں تو شوق سے سنتے تھے لیکن اُن کو قبول کرنے کے لئے کشادہ دل نہیں

تھے۔ بیریہ میں، پولس اور اُس کے ساتھیوں کو کھلے دل دریافت کرنے میں زیادہ دیر نہ لگی۔ بیریہ کے یہ لوگ سچائی کی باتوں کو جاننے میں دلچسپی رکھتے تھے۔ اتھینے کے لوگوں سے قطعی مختلف، جن کی سوچ وفکر اُن کی زندگیوں پر تسلط رکھتی تھی، بیریہ کے لوگوں کی زندگیوں اور سوچوں پر خدا کے کلام کا اختیار اور تسلط تھا۔ جب پولس رسول نے اُنہیں کتاب مقدس میں سے تعلیم دی تو وہ سننے کے لئے تیار تھے۔ جب اُنہوں نے دیکھا کہ جو کچھ پولس رسول بیان کر رہا ہے وہ کتاب مقدس ہی میں سے بیان کر رہا ہے تو وہ ایمان لانے کے لئے تیار ہو گئے۔

آج ہمارے لئے یہ کس قدر بڑا چیلنج ہے؟ کتنی ہی دفعہ ہم اپنے دلائل پر کان لگائے رہتے ہیں اور کلام مقدس پر غور نہیں کرتے؟ کتنی بار ہماری اپنی ترجیحات ہمیں کتاب مقدس کی تحقیق و تفتیش سے دُور رکھتی ہیں۔ کتنی ہی بار ہم گناہ میں گر جاتے ہیں کیوں کہ ہم کتاب مقدس سے زیادہ اپنے خیالات کو اوّل درجہ دیتے ہیں۔ اکثر و بیشتر ہم اپنے اعمال و افعال کو جو کلام پر مبنی نہیں ہوتے، درست قرار دیتے ہیں جب کہ کتاب مقدس کی تعلیم کو نظر انداز کر دیتے ہیں۔ بیریہ کے لوگ ہمارے لئے ایک مثال ہیں۔ وہ روز بروز کلام مقدس میں سے تفتیش و تحقیق کرتے تھے کہ جو کچھ پولس رسول بیان کرتا ہے واقعی اُسی طرح سے ہے۔ اُن کی زندگی اور روزمرہ کے اعمال و افعال کے لئے کتاب مقدس ہی ایک مستند اور بااختیار ضابطہ حیات تھا۔

جب تھسلنیکے کے بے دین لوگوں نے سنا کہ پولس رسول بیریہ میں کلام کی منادی کر رہا ہے، تو وہاں پر بھی اُس کے خلاف مشکلات پیدا کرنے کے لئے پہنچ گئے۔ تھسلنیکے کے لوگ بیریہ کے ہجوم کو پولس رسول کے خلاف بھڑکانے میں کامیاب ہو گئے، جب اُنہیں یہ معلوم ہوا کہ پولس کی زندگی خطرے میں ہے، تو پھر اُسے بڑی حفاظت سے ساحل تک چھوڑ آئے اور وہاں سے وہ اتھینے شہر کے جنوب کی طرف چلا گیا۔ سیلاس اور تیمتھیس بیریہ ہی میں رہے۔ صاف ظاہر ہے کہ یہودیوں کو یہ لوگ پولس رسول کی طرح ایک خطرہ دکھائی نہیں دیتے تھے۔ اُسے اِس بات کی قطعاً کوئی پرواہ نہیں تھی کہ لوگ اُس کے بارے کیا سوچیں گے۔ ہمیں یہ تو نہیں بتایا گیا

کہ سیلاس اور تیمتھیس بیریہ میں کتنا عرصہ ٹھہرے اور وہاں پر کیا کرتے رہے۔ تاہم یہ بات تو یقینی ہے کہ اُنہوں نے اُس علاقہ کے ایمانداروں کو ایمان میں مضبوط کیا۔ اتھینے روانہ ہونے سے پہلے، پولس نے سیلاس اور تیمتھیس کو ہدایت دی کہ جس قدر جلد ممکن ہو وہ اُس سے ملیں۔ وہ کرنتھس شہر میں پولس رسول کو مل سکتے تھے۔

جب سے پولس مکدونیہ میں آیا تھا، اُسے مجبور کیا گیا کہ وہ فلپی، تھسلنیکے اور بیریہ سے چلا جائے۔ کیوں کہ اُس کے خلاف مخالفت نے زور پکڑ لیا تھا۔ خدا نے مقدس پولس رسول کے لئے حالات معمول پر لانے کا کوئی وعدہ نہ کیا۔ وہ شیطان کی مخالفت کا نشانہ تھا۔ اِس مخالفت کے باوجود، خدا کا کلام پھیلتا چلا گیا۔ تین نئی کلیسیائیں قائم ہوئیں۔ اگرچہ ہمیں بیریہ میں ایمانداروں کی جماعت کا کوئی علم نہیں تاہم تھسلنیکے اور فلپی کی کلیسیائیوں کی مضبوطی اور نشوونما اور افزائش کا ریکارڈ خدا کے کلام میں موجود ہے۔ خدا نے بڑی قوت اور قدرت سے پولس رسول کو استعمال کیا۔ کسی ایک موقع پر بھی ہم پولس رسول کو بے دل اور مایوس نہیں دیکھتے۔ وہ ہمارے لئے ایک مثال ہیں۔ وہ دلیری سے آگے بڑھا، اُس نے انجیل کی خاطر اپنی زندگی، اپنی عزت و وقار کو خطرے میں ڈالا۔ اُس نے پیچھے ہٹنے سے انکار کر دیا۔ یوں لگتا تھا کہ اُس کی طاقت اور توانائی ختم ہونے کا نام ہی نہیں لے رہی تھی۔ وہ خدا کا ایک چنا ہوا اور خاص نمونہ تھا۔ خدا ہمیں پولس رسول کی زندگی کے نمونہ کے مطابق اِسی روح اور قدرت میں آگے بڑھنے کی توفیق عطا فرمائے۔ آمین

اَے میری جان، تو اِسی زور میں چل
اپنے خداوند کی راہوں میں چل

چند غور طلب باتیں

☆۔ مقدس پولس رسول نو مرید ایمانداروں سے رابطے میں رہا۔
آج ہم نو مرید ایمانداروں کو شاگردیت کی تعلیم دینے اور اُن کی روحانی دیکھ بھال میں کس مقام پر کھڑے ہیں؟

☆۔ کیا اِس بات کا کوئی ثبوت ہے کہ بیریہ کے لوگوں سے قطعی مختلف آج بہت سے لوگ خدا کے کلام کی بہ نسبت اپنی عقل و دانش پر بھروسہ اور توکل کرتے ہیں؟ وضاحت کریں۔

☆۔ جس طرح پولس رسول نے مسیح کی خاطر دُکھ اُٹھائے کیا آپ بھی اُسی طرح سے دُکھ اُٹھانے کے لئے تیار ہوں گے؟

چند اہم دُعائیہ نکات

☆۔ آج خدا سے فضل اور توفیق مانگیں کہ آپ کی زندگی میں صرف اور صرف خدا کا کلام ہی حرف آخر ہو۔

☆۔ خداوند سے دُعا کریں کہ آپ دوسروں کے لئے ایک قابل تقلید مثال بن سکیں۔

☆۔ خداوند کے لئے کھڑے رہنے کے لئے طاقت اور دلیری مانگیں۔

☆۔ خداوند سے کہیں کہ وہ آپ کو کوئی ایسا شخص دکھائے جس کی آپ مسیحی زندگی میں مدد کر سکیں۔

دُعا کریں کہ آپ ایسے لوگوں کی زندگیوں پر مثبت اثرات مرتب کر سکیں۔

باب 31

اَتھینے

پڑھیں، اعمال 17:16-34

پچھلے باب میں ہم نے دیکھا تھا کہ کس طرح تھسلنیکے کے یہودیوں نے پولس کو بیریہ شہر جانے پر مجبور کر دیا۔ پولس بیریہ چھوڑ کر اتھینے شہر آ گیا جو کہ جنوب سے دو سو میل (300 کلومیٹر) دُور تھا۔ 15 آیت ہمیں بتاتی ہے کہ پولس نے تیمتھیس اور سیلاس کو جو بیریہ ہی میں رہ گئے تھے پیغام بھیجا کہ وہ جلد از جلد اُس کے پاس آ جائیں۔

جب پولس رسول اتھینے میں سیلاس اور تیمتھیس کا اِنتظار کر رہا تھا تو شہر میں بتوں کو دیکھ کر اُس کو بہت پریشانی ہوئی۔ یونانیوں کے بہت سے معبود تھے۔ اپنے دستور کے مطابق پولس رسول نے عبادتخانہ میں یہودیوں کے ساتھ بحث مباحثہ کرتے ہوئے اُن کے ساتھ مسیح کے بارے میں گفتگو کی۔ اُس نے ہر روز گلیوں بازاروں میں بھی کلام کرنے کا موقع حاصل کیا۔ اُس نے اتھینے کے لوگوں کو یسوع مسیح میں نجات کی خوشخبری کا پیغام دینے کے لئے کسی بھی موقع کو ہاتھ سے جانے نہ دیا۔

جلد ہی پولس نے اپکوری اور رستوئیکی لوگوں کی توجہ حاصل کی۔ ہمارے لئے مفید ہو گا کہ ہم اُن دو فلسوف کا جائزہ لیں۔ اپکوری مذہب کا بنیادی اور مرکزی نکتہ خوشی کی تلاش اور زندگی کی آسودگی تھا۔ اپکوری زندگی میں اچھی چیزوں سے لطف اندوز ہونے کی حوصلہ افزائی کرتے تھے اور زندگی میں سکون کی تلاش میں تھے۔ اُن کے مطابق کسی شخص کے مر جانے پر اُس کی روح ابدی سکون میں چلی جاتی ہے اور کسی طرح سے کوئی تکلیف اور پریشانی اور ملال اُس کے ساتھ نہیں ہوتا۔ اِس کے برعکس محسوس کرتے تھے کہ لوگوں کو جذبے اور خواہش سے مخلصی

دلانے کی ضرورت ہے۔وہ بھی روح کے سکون اور اطمینان کی اہمیت پر یقین رکھتے تھے۔ستوئیکی لوگوں کی حوصلہ افزائی کی جاتی تھی کہ وہ ہر طرح کے حالات و واقعات کو اپنے دیوتائوں کی مرضی جانتے ہوئے قبول کریں۔

اپکوری اور ستوئیکی سائول کو کلام کرتے ہوئے سننے لگے۔لیکن جو کچھ پولس بیان کر رہا تھا وہ اُن باتوں کے قائل نہ ہوئے۔دیگر سامعین نے دعویٰ کیا کہ وہ غیر معبودوں کی تعلیم دیتا ہے اب وہ اور بھی دلچسپی سے اُس کی باتیں سننا چاہتے تھے۔پولس رسول کو اریوپگس کے سامنے پیش کیا گیا، جو کہ اتھینے شہر کی سب سے بڑی قانونی کونسل تھی۔وہاں شہر کے اعلیٰ مرتبہ والے راہنمائوں کے سامنے پولس رسول کو خوشخبری سنانے کا موقع ملا۔ 21آیت پر غور کریں،اتھینے کے لوگ نئی فلسوفی باتوں اور خیالات کو سننے میں بڑے فراخ ذہن تھے۔یوں لگتاہے کہ وہ نئے خیالات کے بڑے دلدادہ تھے۔

پولس رسول نے کونسل کے سامنے کھڑے ہو کر اپنا خطاب شروع کیا۔اُس نے اِس بات کو محسوس کر لیا تھا کہ اتھینے کے لوگ بڑے مذہبی قسم کے لوگ ہیں۔اُس نے شہر میں بتوں کی کثیر تعداد سے یہ اندازہ لگالیا تھا۔اُس نے اُنہیں ایک خاص بت کے بارے میں بتایا جس نے اُس کی توجہ اپنی طرف مبذول کرلی تھی۔یہ ایک ایسا بت تھا جو کہ ایک نامعلوم خدا کے لئے مخصوص تھا۔پولس رسول نے خداوند یسوع مسیح کے تعلق سے بات کرنے کے لئے اِس بت کو نکتہ بنالیا۔جو کچھ پولس رسول نے اُنہیں کہا،ہم اُن باتوں کا جائزہ لیں گے۔

اُس نے دُنیا بنائی (24آیت)

پولس رسول کا خدا دُنیا کا خالق و مالک خدا ہے۔یہ بات اتھینے کے مذہبی عقائد سے تضاد رکھتی تھی۔تو بھی پولس رسول اِس سچائی کو بیان کرنے سے نہ جھجکا۔اگرچہ یہ صداقت اُس کے سامعین کے ثقافتی خیالات اور آراء سے قطعی مختلف تھی،لیکن پولس نے حق سچ بیان کیا اور وہ بھی بے خوف وخطر اور دلیری کے ساتھ بیان کیا۔

آسمان اور زمین کا خداوند (24 آیت)

نہ صرف پولس رسول کا خدا آسمان اور زمین کا خلق کرنے والا ہے، بلکہ وہ اپنی ہر تخلیق کردہ چیز پر اختیار اور قدرت بھی رکھتا تھا۔ کوئی بھی اُس کے اختیار و مقام کو نہیں لے سکتا۔ یونانی مذہب میں ایک دیوتا کے لئے دُنیا کو تخلیق کرنا اور اُس پر اختیار نہ رکھنا ممکن تھا، لیکن حقیقی خدا تو ایسا نہیں۔ کیوں کہ وہ تو اپنی تخلیق پر بلند و بالا ہے اور ہر شے پر اختیار رکھتا ہے۔

وہ ہاتھ کے بنائے ہوئے مندروں میں نہیں رہتا۔ (24 آیت)

وہ خدا جس کی پولس عبادت اور خدمت کرتا تھا ہاتھ کے بنائے ہوئے مندروں میں نہیں رہتا۔ کیوں کہ وہ تو آسمانوں کے آسمان میں بھی سما نہیں سکتا۔ وہ تو ہر جگہ موجود ہے۔

وہ انسانی ہاتھوں کی خدمت کا محتاج نہیں ہے۔ (25 آیت)

اِس دُنیا میں بہت سے معبود ہیں جنہیں اپنے مقاصد کی تکمیل و تعمیل کے لئے انسانی مدد کی ضرورت ہوتی ہے۔ لیکن اسرائیل کا قدوس خدا ایسا نہیں ہے۔ اُسے انسانی مدد کی ضرورت نہیں ہے۔ ہم میں سے کوئی ایسا نہیں جو خدا کو وہ کچھ دے سکے جو اُس نے پہلے ہمیں نہیں دیا۔ ہم خدا کے کردار اور اُس کی قدرت میں کسی طرح کا کوئی اضافہ نہیں کر سکتے۔ وہ اپنی ذات میں بالکل کامل ہے۔ وہ ہم پر انحصار نہیں کرتا۔

وہ ہی سبھی انسانوں کو زندگی عطا کرتا ہے۔ (25 آیت)

ہماری زندگی اور سانسوں کا دار و مدار اُسی پر ہے۔ ہر ایک بات میں ہم اُس کے مرہونِ منت ہیں۔ اگر ہمیں اُس سے کچھ نہ ملتا تو ہمارے پاس کچھ بھی نہ ہوتا۔

اُس نے ہی ہر قوم کو پیدا کیا۔ (26 آیت)

روئے زمین پر ہر ایک قوم خدا ہی کی وجہ سے قائم اور موجود ہے۔ ہر طرح کی قدرت اور مال و دولت اُسی کی طرف سے ملتا ہے۔ یہ اِس بات کا ثبوت ہے کہ وہ کس قدر عظیم اور مہیب

خدا ہے۔

وہ ہی قوموں کے لئے وقتوں اور معیادوں کا تعین کرتا ہے۔ (26 آیت)

یہی خدا قوموں کے لئے وقتوں اور معیادوں کا تعین کرتا ہے۔ وہی اِس بات کا تعین کرتا ہے کہ اُنہیں کہاں پر مقیم ہونا ہے۔ جب ہم دیکھتے ہیں کہ کس طرح قومیں جنگ و جدل، ظلم وستم اور بھیانک حالات و واقعات سے گزر کر اپنے علاقہ جات حاصل کرتی ہیں تو پھر ہمیں اِس نکتہ کو سمجھنا تھوڑا مشکل لگتا ہے۔ انسانی عقل و دانش سے تو یہی لگتا ہے کہ اُنہوں نے اپنی طاقت اور ہمت سے اپنا خطہ زمین حاصل کیا ہے۔ لیکن خدا ہی سب کچھ حاصل کرنے کی ہمت اور توفیق دیتا ہے۔ اگر خدا ہی کو منظور نہ ہو تو کچھ بھی نہیں ہو سکتا۔ خدا کے مقاصد اور منصوبے ہی اُن قوموں کے وسیلہ سے پایہ تکمیل کو پہنچتے ہیں۔

وہ چاہتا ہے کہ بنی نوع انسان اُسے جانیں اور پہچانیں۔ (27 آیت)

یہ قادر عظیم و مہیب خدا اپنی مخلوق کے ساتھ شخصی تعلق اور رشتہ قائم رکھنا چاہتا ہے۔ خدا چاہتا ہے کہ لوگ اُس تک رسائی حاصل کریں۔ یہ بات ہماری سمجھ سے بالا تر ہے۔ ہمارا خدا کس قدر مہیب ہے جو ہم سے رشتہ اور تعلق رکھنا چاہتا ہے۔ اب سوال یہ ہے کہ وہ ہم سے کیوں ایک تعلق، رشتہ اور رفاقت رکھنا چاہتا ہے؟ ہم کبھی اِس بات کو سمجھ نہیں پائیں گے۔ یہی وہ بات ہے جو مقدس پولس رسول ہمیں یہاں پر بتا رہے ہیں۔

ہم اُس کی اولاد ہیں۔ (28-29 آیات)

ہم خدا کی اولاد ہیں، خدا نے ہماری زندگیوں پر اپنی شبیہ اور صورت کی مہر لگائی ہے۔ اُس نے ہمیں خلق کیا ہے کہ ہم اُس کے ساتھ ایک تعلق اور رشتہ قائم کریں اور وہ ہمیں اپنی اعلیٰ ترین برکات اور میراث ہمیں دینا چاہتا ہے۔ پولس کا خدا شخصی تعلق اور رشتہ قائم کرنا چاہتا ہے۔

وہ ہر جگہ انسانوں کو توبہ کا حکم دیتا ہے۔ (30 آیت)

یہ عظیم ومہیب خدا ہر جگہ انسانوں کو حکم دیتا ہے کہ توبہ کریں۔ ماضی میں خدا نے اپنے لوگوں کو اُن کی تاریکی ہی میں رہنے دیا۔ اتھینے کے لوگ اِس بات کی ایک مثال ہیں۔ خدا کی بنیادی فکر اور دلچسپی قوم اسرائیل تھی۔ مسیح کے وسیلہ سے اَب اُس نے توبہ اور ہمیشہ کی زندگی سب قوموں کے لئے فراہم کر دی ہے۔ ہر ایک قبیلہ اور زمین کی قوم کو توبہ اور زندہ خدا کے حضور جھکنے کے لئے بلایا جاتا ہے۔

اُس نے دُنیا کی عدالت کا وقت مقرر کیا ہے۔ (31 آیت)

خدا نے عدالت کا دن مقرر کیا ہے۔ اُس نے گناہوں کی معافی کی پیش کش کے لئے اپنے بیٹے کو اِس زمین پر بھیجا۔ خداوند یسوع مسیح ہماری جگہ پر مر گیا تا کہ ہمارے لئے گناہوں کی معافی کا حصول ممکن ہو سکے۔ اور پھر تیسرے روز مردوں میں سے جی اُٹھا اور بہت سے لوگوں نے اُسے دیکھا جو کہ اِس بات کا ثبوت تھا کہ خدا نے اُس کی قربانی کو قبول کر لیا ہے۔ وہ دن آرہا ہے جب اُن لوگوں کی عدالت ہو گی جو خداوند یسوع مسیح کو رد کرتے ہیں اور وہ خدا کے حضور اپنے اعمال وافعال کے لئے جواب دہ ہوں گے۔

مقدس پولس رسول کے پیغام کے تعلق سے ردِعمل پر غور کریں۔ بعض لوگوں کو مردوں میں سے جی اُٹھنے کے تعلق سے پولس رسول کی تعلیم کی سمجھ نہ آئی۔ اپکوری تو ایمان رکھتے تھے کہ موت ایک پُرسکون ابدی نیند ہے۔ وہ اِس بات پر ایمان لانے کے لئے تیار ہی نہ تھے کہ اُن کی پرسکون نیند متاثر ہو گی۔ جو کچھ پولس رسول نے کہا، بعضوں نے اُس پر ٹھٹھا مارتے ہوئے اُس کو رد کر دیا۔ کچھ لوگوں کے دل کھلے رہے اور وہ کسی اور موقع پر پولس کی باتوں کو سننے کے لئے دلچسپی رکھتے تھے۔ چند ایک پیغام قبول کر کے یسوع مسیح کے نام پر ایمان لے آئے۔ ایمان لانے والوں میں اریوپگس اور دیمارس نام کی عورت بھی تھی اور اُن کے ساتھ بہت سے اور بھی ایمان لائے۔

اتھینے میں پولس رسول کے قیام کے تعلق سے یہ نمایاں بات تھی کہ اتھینے والے پولس کے پیغام کو سننے کے لئے فراخ دل اور کشادہ ذہن تھے۔ یہاں پر پولس رسول کو سنگسار کیا گیا اور نہ ہی اُسے شہر بدر کیا گیا۔ اِس کے باوجود اُس شہر کے لوگ خوشخبری کے پیغام میں مزاحم تھے۔ جبکہ اتھینے کے لوگ سننے کے لئے تیار تھے۔ جو کچھ پولس بیان کرتا تھا اُنہیں اُس میں کوئی دلچسپی نہیں تھی۔ اُن کی عقل و دانش نے اُن پر خوشخبری کے دروازے کو بند کئے رکھا۔ اَب ضروری نہیں تھا کہ شیطان پولس رسول کے خلاف بھیڑ کو اشتعال دلاتا۔ یہاں پر شیطان نے اتھینے کے ذہین و فطین لوگوں کو پولس کی باتوں پر ٹھٹھے بازی کرنے کے لئے استعمال کیا۔ درحقیقت، انسان اِس بات کا تعین نہیں کرتا کہ سچ کیا ہے۔ یونانی پولس کی باتیں سمجھنے سے قاصر رہے، اِس بات سے اِس حقیقت میں تبدیلی پیدا نہ ہوئی کہ ایک دن اُنہیں خوشخبری کے اُس پیغام کو رد کرنے کے لئے جواب دہ ہونا پڑے گا۔ ایمان نہ لانے والے اتھینے کے لوگوں نے اپنی مذہبی ذہانت میں مرنا تھا۔

چند غور طلب باتیں

☆۔ یہاں پر آپ خدا کی قدرت اور اختیار کی وسعت کے تعلق سے کیا سیکھتے ہیں؟ آپ اِس سے کیا حوصلہ افزائی پاتے ہیں؟

☆۔ آج دُنیاوی علم و فہم کس طرح ایک مسئلہ بنا ہوا ہے؟ کیا یہ لوگوں کو سچائی قبول کرنے سے روکتا ہے؟

☆۔ خدا کے کلام کی سچائی میں مزاحم ہونے والی ذہانت سے رہائی پانے کے لئے کیا اقدام کرنا ہوں گے؟

☆۔ ہم خدا کی شخصی فطرت کے تعلق سے کیا سیکھتے ہیں؟

چند اہم دُعائیہ نکات

☆۔ خدا کی قدرت اور اُس کے اختیار کے تعلق سے اُس کی تعریف اور شکر گزاری کریں۔ اِس بات کے لئے اُس کی شکر گزاری کریں کہ وہ زندگی کی ہر ایک صورتحال پر اختیار اور غلبہ رکھتا ہے۔

☆۔ خدا کی شکر گزاری کریں کہ اگرچہ وہ ہر چیز سے اعلیٰ و بالا ہے تو بھی ہم سے ایک تعلق اور رشتہ قائم رکھنا چاہتا ہے۔

☆۔ کیا آپ کے کچھ ایسے دوست احباب ہیں جو اتھینے کے لوگوں کی طرح مسیح پر ایمان کی باتوں کو ٹھٹھوں میں اُڑاتے ہیں؟ ایسے لوگوں کے لئے دُعا کرنے کے لئے وقت نکالیں۔

☆۔ کچھ وقت کے لئے خدا کی شکر گزاری کریں کہ وہ اِس قدر عظیم ہے کہ ہماری ناقص عقل اُسے سمجھنے سے قاصر ہے۔

باب 32

کرنتھس

پڑھیں، اعمال 18:1-23

اتھینے سے پولس رسول مغرب کی طرف سفر کرتا ہوا کرنتھس شہر پہنچا۔ وہاں پر وہ اِکولہ نام کے ایک یہودی سے ملا جو کہ اطالیہ میں پُنطُس کے علاقہ سے تعلق رکھتا تھا۔ اِکولہ اور اُس کی بیوی پرسکلہ اطالیہ کلودیس کے اعلان پر اطالیہ سے چلے آئے تھے کیوں کہ اُس گورنر نے یہودیوں کو روم سے جبراً نکال دیا تھا۔ اُس جوڑے نے اپنا گھر بار اور کاروبار چھوڑا اور کرنتھس میں آ کر آباد ہو گئے تاکہ یہاں پر خیمہ دوزی کا کام کرتے ہوئے معمول کی نئی زندگی کا آغاز کر سکیں۔ چونکہ پولس بھی خیمہ دوزی کا کام کرتا تھا۔ اِس لئے وہ اِکولہ اور پرسکلہ کے ہاں ٹھہرا۔ ہمیں یہ تو نہیں بتایا گیا کہ یہ جوڑا اُس وقت مسیح پر ایمان لے آیا تھا یہ نہیں۔ کیا ممکن ہے کہ اُنہوں نے پولس کی خدمت کے نتیجہ میں مسیح پر ایمان لانے کی توفیق پائی؟

ہر سبت پولس رسول عبادت خانہ میں جایا کرتا تھا، تاکہ عبادت کے لئے جمع ہونے والوں کو قائل کر سکے کہ یسوع ہی مسیح ہے۔ جب سیلاس اور تیمتھیس پولس رسول کی درخواست کے مطابق اُس سے ملنے کے لئے مکدونیہ سے آئے تو پولس رسول نے مسیح کی خوشخبری کے لئے اپنے آپ کو پورے طور پر وقف کر رکھا تھا۔ اب سوال یہ ہے کہ سیلاس اور تیمتھیس کے آجانے میں کون سی ایسی بات تھی جس کی وجہ سے پولس نے خیمہ دوزی چھوڑ کر پورے طور پر اپنے آپ کو خدمت کے لئے وقف کر دیا؟

اِس سوال کے جواب کے لئے ہمیں پولس کے دو خطوط پر نظر ڈالنا پڑے گی۔

”اور جب میں تمہارے پاس تھا اور حاجت مند ہو گیا تھا۔ تو بھی میں نے کسی پر بوجھ نہیں ڈالا۔ کیوں کہ بھائیوں نے مکدنیہ سے آ کر میری حاجت کو رفع کر دیا تھا۔ اور میں ہر ایک بات میں تم پر بوجھ ڈالنے سے باز رہا اور رہوں گا۔“

(2 کرنتھیوں 9:11)

”اور اَے فلپیو! تم خود بھی جانتے ہو کہ خوشخبری کے شروع میں جب میں مکدنیہ سے روانہ ہوا تو تمہارے سوا کسی کلیسیا نے لینے دینے کے معاملہ میں میری مدد نہ کی۔“ (فلپیوں 15:4)

اِن آیات سے ہم سمجھتے ہیں کہ جب سیلاس اور تیمتھیس کرنتھس پہنچے، تو وہ مکدونیہ کی کلیسیائوں کی طرف سے پولس رسول کے لئے کچھ ہدیہ جات بھی لائے۔ اِس مالی معاونت سے ہی پولس اِس قابل ہوا کہ خیمہ دوزی کا کام چھوڑ کو پورے طور پر خدمت کے کام کے لئے خود کو وقف کر سکے۔ یہاں پر ہم دیکھتے ہیں کہ کس طرح خدا نے پولس رسول کی ضروریات کی فراہمی کے لئے اپنا ہاتھ بڑھایا۔ بعض اوقات خدا کی یہ مرضی ہوتی تھی کہ پولس اپنی ضروریات کے لئے اپنے ہاتھوں سے کام کرے۔

دیگر کئی وقتوں میں بھی خدا نے کلیسیائوں کو پولس کی مالی معاونت کے لئے اُبھارا۔ اِس سے ہمیں یہ سیکھنے کو بھی ملتا ہے کہ پولس کی ایمان کی زندگی صرف یہ نہیں تھی کہ وہ ہاتھ پر ہاتھ رکھ کر بیٹھا رہے اور خدا اُس کی ضروریات پوری کرتا رہے۔ کئی دفعہ خدا نے جسمانی محنت کے وسیلہ سے بھی اُس کی ضروریات کو پورا کیا۔ پھر جلد ہی کرنتھس کے یہودی لوگ پولس کی منادی سن کر خفا ہوئے اور اُس کے خلاف ناحق باتیں کرنے لگے۔ اُن کا ردِ عمل دیکھ کر پولس رسول نے اپنے کپڑے پھاڑ ڈالے جو کہ اُن کے خلاف احتجاج کی علامت تھا۔ اور پھر اُس نے اُس علاقہ میں موجود غیر قوموں کی طرف توجہ مرکوز کی۔ (6 آیت) وہ عبادتخانہ کو چھوڑ کر ططس یوستس کے گھر پہ جا ٹھہرا جو کہ غیر قوم سے تعلق رکھتا تھا۔

کرنتھس میں پولس کا گزرا ہوا وقت پھل دار ثابت ہوا۔ کرسپُس جو کہ عبادتخانہ کا سردار تھا،

خداوند پر ایمان لے آیا۔ صرف یہی نہیں اُس کے سارے خاندان نے بھی خداوند یسوع کو اپنا نجات دہندہ اور خداوند قبول کر لیا۔ کرنتھیس شہر کے کئی ایسے لوگ جو غیر قوم سے تھے خداوند یسوع پر ایمان لے آئے اور پھر پانی کا بپتسمہ لیا جو کہ مسیح کے مرنے اور جی اُٹھنے کے ساتھ اُن کی اکائی اور مشابہت کی علامت تھا۔

کرنتھس میں س کلیسیا کی بڑھوتی اور ترقی یہودیوں کو ایک آنکھ نہ بھائی۔، خدانے پولس سے ہم کلام ہو کر اُس کی ہمت بندھائی کہ وہ کرنتھس میں اپنی خدمت میں قائم اور مضبوط رہے۔ خدانے اُسے کسی بھی قسم کے نقصان سے بچائے رکھا۔ شہر میں اُس کے کرنے کے لئے ابھی بہت سا کام باقی تھا۔ خداوند کی طرف سے حوصلہ افزائی پانے کے بعد پولس رسول ڈیڑھ سال تک وہاں خدا کے کلام کی منادی کرتا اور تعلیم دیتا رہا۔

اگرچہ خدانے پولس کی محافظت کا وعدہ کیا تھا تو بھی خدانے یہ وعدہ نہیں کیا تھا کہ اُس پر مشکلات اور ایذاہ رسانی نہیں ہوگی۔ یہودیوں نے پولس رسول پر حملہ کیا اور اُسے رومی عدالت کے سامنے پیش کیا۔ اُنہوں نے اُس پر الزام لگایا کہ "یہ شخص لوگوں کو ترغیب دیتا ہے کہ شریعت کے برخلاف خدا کی پرستش کریں۔ "(13 آیت) گلیو، صوبہ دار نے یہودیوں کی طرف سے اُس پر لگائے گئے الزامات کو غور سے سنا۔ اور پھر اُس نے یہ کہتے ہوئے یہودیوں کو عدالت سے باہر کروادیا۔ کہ اِن الزامات کا رومی قانون سے کوئی تعلق واسطہ نہیں ہے۔ گلیلو نے اُنہیں کہا کہ وہ خود ہی اِس مقدمے کو فیصل کریں۔

گلیلو کا یہ فیصلہ لوگوں کو اچھا نہ لگا۔ وہ سوستھنیس کے پاس چلے آئے۔ جو کہ عبادت خانہ کا سردار تھا۔ اُنہوں نے پولس کو عدالت کے سامنے مارا۔ گلیلو نے منفی یا مثبت کسی طرح کا ردعمل ظاہر نہ کیا۔ یہ

وہ دی کیوں سوستھنس، عبادتخانہ کے سردار کی طرف گئے؟ کیا ممکن ہے سوستھنیس کہ کرسپُس کی طرح عبادتخانہ کے دیگر سردار جن کا آٹھویں آیت میں ذکر پایا جاتا ہے، پولس اور اُس کے

پیغام سے ہمدردی رکھتا تھا۔ 1 کرنتھیوں 1:1 ہمیں بتاتی ہے کہ کرنتھیس کی کلیسیا کے نام پولس اور سوستھنیس کی طرف سے لکھا گیا۔ تب ہی یہودیوں نے سوستھیس پر حملہ کیا۔ کیوں کہ اُنہوں نے اُسے غدار کے طور پر دیکھا۔

اِس واقعہ کے بعد، پولس رسول کچھ عرصہ تک کرنتھس میں ٹھہرا رہا۔ پھر وہ اپنے دوستوں اِکولہ اور پرسکلہ کے ساتھ سوریہ چلا گیا۔ پولس رسول نے اپنی منت کے مطابق اپنا سر منڈوایا۔ شاید یہ نذیروں کا عہد تھا، گنتی 6 باب ہمیں بتاتا ہے کہ کوئی بھی شخص خود کو خدا کے لئے مخصوص کرنے کا عہد باندھ سکتا تھا۔ ایسے لوگ جو یہ عہد باندھتے تھے۔ اُن کے لئے ضروری تھا کہ وہ اپنے بال نہ منڈوائیں (5:6)، شراب نہ پئیں (3:6) اور نہ ہی کسی لاش کو چھوئیں۔ (گنتی 6:6) عہد عتیق کے دَور میں سموئیل اور سمسون نے خدا کے حضور یہ عہد باندھے۔ (قضاۃ 17:16,7:13) جب عہد پورا ہو جاتا، تو عہد باندھنے والے اپنا سر منڈاتے اور اُن بالوں کو یروشلیم شہر کی ہیکل میں لاتے جہاں وہ خدا کے حضور جلا دیے جاتے۔ (گنتی 18:6)

یہ بات دلچسپی کی حامل ہے کہ جب پولس رسول اپنے تیسرے مشنری دَورے کے بعد یروشلیم پہنچا تو کلیسیا نے اُسے چند ایک دوسرے ایمانداروں کے ساتھ طہارت کی اِس رسم میں شمولیت کے لئے کہا جس میں سر منڈوانا بھی شامل تھا۔ (اعمال 24:21) اِس سے ہم اِس بات پر ایمان رکھ سکتے ہیں کہ پولس رسول عہد عتیق میں مندرج ایسے عہدوں کو اپنانے میں کوئی حرج نہیں سمجھتا تھا۔

کرنتھس سے پولس رسول اپنے ساتھیوں کے ساتھ افسس گیا۔، ایک بار پھر یہاں پر پولس یہودیوں کے ساتھ عبادتخانہ میں بحث کرنے کے لئے گیا۔ اُنہوں نے پولس رسول سے کہا کہ وہ کچھ دیر اُن کے ساتھ ہی قیام کرے۔ لیکن پولس رسول نے اُن کی بات نہ مانی اور کہا کہ وہ اُمید کرتا ہے کہ وہ پھر کسی وقت اُن کے پاس دوبارہ آئے گا۔ اُسے یروشلیم جانے کی جلدی

تھی۔ ہوسکتا ہے کہ اُسے اپنے عہد کے سلسلہ میں یروشلیم جلد پہنچنا تھا۔

افسس سے پولس رسول قیصریہ میں آیا جو کہ یروشلیم کے شمال میں واقع تھا۔ 22 آیت ہمیں بتاتی ہے کہ وہ قیصریہ سے کلیسیا کے لوگوں کے پاس گیا۔ ہوسکتا ہے کہ وہ قیصریہ سے یروشلیم کی کلیسیا ہی کے پاس گیا ہو۔ کلام مقدس میں اکثر و بیشتر لوگوں کے پاس جانے کو "یروشلیم جانے" کے طور پر بیان کیا گیا ہے۔ اِس بات کا تعلق اِس بات سے ہے کہ یروشلیم ایک پہاڑ پر واقع تھا۔ ممکن ہے کہ جب وہ یروشلیم میں تھا تو اُس نے خداوند کے حضور اپنی منت پوری کی ہو۔ یروشلیم سے پولس رسول انطاکیہ میں واپس آیا۔ جو کہ دوسرے مشنری سفر کا نقطہ آغاز تھا۔ یوں پولس رسول کے دوسرے مشنری سفر کا اختتام ہوا۔ ہمیں یہ نہیں بتایا گیا کہ پولس کے ساتھ تیمتھیس اور سیلاس بھی اِس سفر پر آئے تھے یا نہیں۔ ممکن ہے کہ وہ پولس رسول کی غیر موجودگی میں کام کو جاری رکھنے کے لئے پیچھے ہی ٹھہر گئے ہوں۔

اِس دوسرے مشنری دَورے کے دوران، بہت سے لوگوں کے دلوں پر خوشخبری کے کلام کا اثر ہوا۔ پولس رسول اُن ایمانداروں کے پاس گیا جن سے وہ اپنے پہلے مشنری دَورے کے دوران برنباس کے ساتھ گیا تھا۔ فلپی، تھسلنیکے اور کرنتھس میں کلیسیائیں قائم ہوئیں۔ ہمیں بیریہ اور افسس میں بھی ایمانداروں کی موجودگی کے شواہد ملتے ہیں۔ اِس مشنری دَورے کے دوران، پولس کو فلپی کے قید خانہ میں ڈال دیا گیا۔ کرنتھس میں اُس پر مقدمہ چلا۔ پھر اُسے تھسلنیکے اور بیریہ سے نکال دیا گیا۔ اِن دشواریوں کے باوجود خدا کا کلام پھیلتا چلا گیا۔ خدا کی محافظت کا ہاتھ پولس رسول پر تھا اور وہ اُسے ہر طرح کے نقصان سے بچاتا رہا۔ خدا نے اُس کے مشنری سفروں کے دوران اپنی قدرت سے اُس کی مالی ضروریات کو بھی پورا کیا۔

چند غور طلب باتیں

☆۔ پولس رسول نے خیمہ دوزی کے کام سے حاصل شدہ روپیہ پیسہ ستعمال کرتے ہوئے، خدا پر اپنے ایمان کا اظہار کیا؟

☆۔ پولس رسول کے دوسرے مشنری سفر پر خدا کی برکت کا کوئی ثبوت ملتا ہے؟ آپ خداوند کی خدمت کرتے ہوئے اُس کی برکت کا کون سا ثبوت دیکھتے ہیں؟

☆۔ کیا پولس رسول عہدِ عتیق کی تعلیمات کے خلاف تھا؟ اِس باب میں ہم اِس تعلق سے کیا شواہد دیکھتے ہیں؟

چند اہم دُعائیہ نکات

☆۔جس طور سے خدا آپ کی بنیادی ضروریات مہیا کر رہا ہے، اُس کے لئے خدا کی شکر گزاری کریں۔

☆۔ خداوند سے دُعا کریں کہ آپ کے دَور میں پولس جیسے مزید جوانوں کو کھڑا کرے جو کسی بھی قیمت پر خوشخبری کے پیغام کے پھیلاؤ میں مستعد اور پر جوش ہوں۔

☆۔ خدا سے دُعا کریں کہ وہ آپ کی زندگی پر اپنی بلاہٹ کو اور زیادہ واضح کرے۔

☆۔ خدا سے دُعا کریں کہ وہ آپ کی خدمت میں پولس کی طرح آپ کو ثابت قدم اور منظم ہونے کی توفیق عطا فرمائے۔

☆۔ خداوند کی شکر گزاری کریں کہ اُس نے آپ کو اپنی بادشاہی کی بڑھوتی اور ترقی کے لئے استعمال کیا۔

باب 33

اَپلوس اور یوحنا کے شاگرد

پڑھیں، اعمال 18:24-20:19

پولس رسول نے اپنا دوسرا مشنری دَورہ ختم کیا، جب وہ اُن شہروں سے رُخصت ہوا جہاں پر اُس نے کلیسیائیں قائم کی تھیں۔ خداوند نے دیگر لوگوں کو بھی کلام کی منادی کے لئے کھڑا کیا۔ اُن میں سے ایسا ہی نوجوان اپلوس تھا جو کہ بڑا دیندار شخص تھا۔ جو خدا کے کلام کو بہت اچھے طریقے سے جانتا تھا اور صاحبِ اختیار اور پُرجوش انداز سے کلام بیان کر سکتا تھا۔ اگرچہ اپلوس کو علم تھا کہ یسوع کون ہے۔ لیکن اُسے صرف یوحنا کے بپتسمہ کا علم تھا۔ لگتا ہے کہ اُس کی خدمت میں یہ کمی ایک بڑی رکاوٹ تھی۔

جب اِکولہ اور پرسکلہ نے سنا کہ اپلوس افسس میں کلام کی منادی کر رہا ہے تو اُنہیں معلوم ہوا کہ وہ خوشخبری کی منادی کے لئے بڑا پُرجوش اور بڑی خوبیوں کا مالک تھا۔ اُنہیں اِس کی علمی خامیوں کا بھی پتہ چلا اُنہوں نے اُسے الگ لے جا کر اور بھی صحت کے ساتھ خدا کے کلام کی راہوں کی تعلیم دی۔ 27-28 آیات ہمیں بتاتی ہیں کہ جب اپلوس افسس سے روانہ ہوا کہ اگلی منزل پر جا کر انجیل کی منادی کرے تو وہ بہت سے بھائیوں اور بہنوں کے لئے باعث برکت ثابت ہوا۔ اب اُس کی منادی میں ایک نیا جوش اور ولولہ تھا اور وہ کلام سے ثابت کرتا تھا کہ یسوع ہی مسیح ہے۔

اِکولہ اور پرسکلہ نے اپلوس کو ایسا کیا بتا دیا کہ اُس کی زندگی میں ایسی بڑی تبدیلی پیدا ہو گئی؟ اِس حوالہ میں ہمیں اِس تعلق سے کچھ نہیں بتایا گیا۔ 25 آیت ہمیں بتاتی ہے کہ اُسے

صرف یوحنا کے بپتسمہ کا ہی علم تھا۔ جب پولس رسول اپنے تیسرے مشنری دَورے پر شہر یروشلیم پہنچا، تو اُس نے یوحنا بپتسمہ دینے والے کے کچھ شاگردوں سے ملاقات کی۔ (11:19) یوں لگتا ہے کہ اُن شاگردوں کو بھی اَپلوس کی طرح ہی کا مسئلہ درپیش تھا۔ پولس رسول نے اُن سے پوچھا کہ کیا اُنہوں نے ایمان لاتے وقت رُوح القدس پایا۔ اُنہوں نے پولس رسول کو بتایا کہ اُنہوں نے تو رُوح القدس کے تعلق سے سنا بھی نہیں ہے۔

اپلوس کی طرح، اُن شاگردوں کا فہم وادراک بھی مکمل نہیں تھا۔ بلاشبہ وہ خداوند یسوع مسیح پر ایمان لے آئے تھے۔ اُن کا اُستاد یوحنا تو اِس تعلق سے بہت واضح سمجھ بوجھ رکھتا تھا۔ اُس نے یہ منادی کی تھی کہ یسوع مسیح خدا کا برّہ ہے جو جہاں کے گناہ اُٹھانے کے لئے دُنیا میں آیا۔ (29:1) اگرچہ اُن لوگوں کو اُن حقائق کی سمجھ بوجھ تھی، تو بھی اُنہوں نے کبھی بھی اپنی زندگی میں روح القدس کا قوت دینے والا تجربہ حاصل نہیں کیا تھا۔ اُن کا ایمان واعتقاد لگ بھگ ٹھیک ہی تھا لیکن اپلوس کی طرح اُن میں حقیقی زندگی اور قوت نہیں تھی۔ مسیح کے لئے اُن کی کوششیں بہت نیک تھیں، لیکن یہ ساری کاوشیں انسانی طاقت اور حکمت سے ہو رہی تھیں۔

ہمیں یہ تو نہیں بتایا گیا کہ پولس رسول نے اُن شاگردوں کو کیا بتایا تاہم یہ واضح ہے کہ پولس رسول نے اُن کے ساتھ یسوع مسیح کے بارے میں بات کی جس کی یوحنا بپتسمہ دینے والے نے منادی کی تھی۔ پولس کی منادی کا نتیجہ یہ تھا کہ اُن شاگردوں نے اپنے دلوں اور زندگیوں کو مسیح کی طرف پھیرا۔ مسیح کے ساتھ مشابہت قائم کرتے ہوئے پانی کا بپتسمہ لیا۔ جب پولس رسول نے اپنے ہاتھ اُن پر رکھے تو اُنہوں نے بھی روح القدس پایا، اِس کے ثبوت کے طور پر وہ نبوت کرنے اور غیر زبانیں بولنے لگے۔ کیا ہوسکتا ہے کہ اپلوس کا بھی یہی مسئلہ تھا؟ اُسے یسوع کے بارے علم تھا لیکن اپنی زندگی میں اُسے روح القدس کی خدمت کے تعلق سے علم ومعرفت کا فقدان تھا۔ رُوح القدس کا بپتسمہ پانے والے یہ لوگ اِس تجربہ کے بعد پہلے جیسے نہ رہے۔

جب روح القدس نے اُن کی زندگیوں کو اپنا مقدّس بنالیا اور اُنہیں قوت کا تجربہ ہوگیا تو اُن کی

زندگی میں ایک بڑی تبدیلی واقع ہوگئی، اپلوس مسیح کے بارے جانتا تھا اور اُس نے اُس سچائی کی منادی کی۔ لیکن وہ رُوح القدس کی ضرورت کو نہیں سمجھتا تھا۔ یوحنا بپتسمہ دینے والے کے شاگرد یسوع کی خدمت اپنی طاقت اور حکمت سے کرنے کی کوشش کر رہے تھے۔ جس خدمت کے لئے خدا نے ہمیں بلایا ہے وہ انسانی اور حکمت سے ممکن نہیں ہے۔ ہمیں اپنی زندگی میں روح القدس کے قوت بخشنے والے کام کی اشد ضرورت ہوتی ہے۔ وہ ہمیں خدمت کے لئے کام کے لئے مسح اور قوت دینا چاہتا ہے۔ لیکن اکثر اوقات ہم روح القدس کی اپنی زندگی میں ضرورت کی اہمیت کو سمجھنے سے قاصر رہتے ہیں۔ کیا ممکن ہے کہ ہمیں بھی اپلوس اور یوحنا رسول کے شاگردوں کی طرح اپنی زندگی اور خدمت میں از سر نو روح القدس کے تجربے کی ضرورت ہے؟

اُن شاگردوں کے ساتھ گفتگو کرنے کے بعد، پولس افسس کے عبادتخانہ میں گیا، تین ماہ تک پولس رسول بڑی دلیری سے یسوع کے نام سے کلام کرتا رہا۔ اِس حقیقت کے باوجود کہ پولس رسول روح القدس سے معمور شخص تھا۔ کچھ ایسے لوگ تھے جو ہٹ دھرم رہے۔ اُن کے دلوں میں خدا کے کلام کی قدرت اور تعلیمات میں کوئی دلچسپی نہیں تھی۔ کئی ایک نے تو سر عام پولس رسول کی تعلیمات کو ٹھٹھوں میں اُڑایا۔ کیوں کہ اُنھوں نے پیغام کو رد کر دیا تھا۔ پولس رسول عبادت خانہ سے نکل کر شہر کے ایک لیکچر ہال میں آ گیا۔ وہاں وہ ہر روز اُن لوگوں سے ملا کرتا تھا جو اُس کی باتیں سننا چاہتے تھے۔ دو سال تک وہ افسس میں رہ کر خدا کے کلام کی منادی کرتا اور تعلیم دیتا رہا۔

اِن دو سالوں میں افسس شہر کے لوگوں نے خدا کے پاک روح کی قدرت کے کاموں کو اپنی آنکھوں سے دیکھا۔ غیر معمولی قسم کے معجزات رونما ہوئے۔ کیوں کہ خدا کا پاک روح پولس کی زندگی کے وسیلہ سے کام کر رہا تھا۔ پولس کی زندگی میں خدا کی حضوری اِس قدر زبر دست تھی کہ رومال اور پٹکے پولس کے جسم سے چھوا (Touch) کر لوگ بیماروں کو لگاتے تو

وہ اچھے ہو جاتے تھے۔لوگ جسمانی بیماریوں سے شفااور بدروح گرفتہ لوگ رہائی پاتے تھے۔زبردست نشانات اور معجزات کے وسیلہ سے خدااپنی حضوری کو ثابت کررہا تھااور اُس سچائی کی بھی تصدیق کررہا تھا جس کی منادی پولس رسول کررہا تھا۔پولس رسول کی زندگی میں خدا کے پاک روح کے کام کرنے کے وسیلہ سے افسس شہر پر خدا کی قوت اور قدرت کا گہرا اثر ہو رہا تھا۔

ہمیں اِس بات کو سمجھنے کی ضرورت ہے کہ اِس حوالہ کا مقصد ہمیں یہ بتانا نہیں کہ خدا کس طرح ہماری زندگی میں آج کام کرنا چاہتا ہے۔خدا کسی بھی طور پر کسی بیمار کو شفا دینے کی قدرت رکھتا ہے۔ہمیں کوئی قاعدہ قانون اور طریقہ عمل طے کر کے خدا کی قوت اور قدرت کو کم کرنے کی کوشش نہیں کرنی چاہئے۔اور نہ ہی ہمیں اُن کاموں اور طریقوں کی نقل کرنی چاہئے جو خدا دوسروں کے وسیلہ سے کام کر رہا ہے۔ہمارے لئے یہ ضروری ہے کہ ہم خدا کی راہنمائی کے تابع رہیں اور خدا کے کلام کے اختیار کے نیچے زندگی بسر کریں۔

سفر کرتے ہوئے کچھ یہودی جادوگر بھی وہاں آنکلے اور عجیب کاموں کو دیکھ کر دنگ رہ گئے۔اُنہوں نے دیکھا کہ کس طرح پولس بدروحوں کو نکالتا ہے۔اُن جادوگروں نے یہ فیصلہ کیا کہ وہ بھی پولس رسول کی طرح کے کام کریں گے۔اُنہوں نے طے کیا کہ وہ بھی بدروح گرفتہ لوگوں پر یسوع کا نام استعمال کریں گے۔اور کہیں گے اُس یسوع کے نام سے نکل جاؤ جس کی منادی پولس رسول کرتا ہے۔یہ تصور کرنا بہت مشکل لگتا ہے کہ وہ یہودی جو مسیحیوں کے خلاف بہت کڑواہٹ اور تلخی سے بھرے ہوئے تھے وہ اب یسوع کا نام استعمال کر رہے تھے۔وہ اپنے اِردگرد ہونے والے کاموں کے شواہد کا انکار نہ کر سکے۔اگرچہ یہ لوگ اپنی زندگیاں یسوع کے نام کے تابع کرنے کے لئے تیار نہیں تھے۔لیکن وہ اِس حقیقت کو تسلیم کرنے پر مجبور ہو گئے کہ یسوع نام میں بڑی قدرت پائی جاتی ہے۔مجھے اِس بات سے حیرت ہوتی ہے کہ ہم یسوع کو قبول کرنے کے بغیر کس طرح اُس کے اِس قدر قریب آسکتے ہیں۔اُن

یہودیوں نے تسلیم کرلیا کہ یسوع نام ایک پُرقدرت نام ہے۔ اُنہوں نے وہ سب کچھ دیکھا جو اُن کے اِردگرد اُس شہر میں رونما ہورہا تھا۔ اُنہوں نے اُس کے نام سے خدمت کی لیکن اپنے گھٹنے اُس کے سامنے نہ ٹیکے۔

غور کریں کہ یسوع نام استعمال کرنے والے یہودیوں کے ساتھ کیا واقع ہوا۔ 15 آیت ہمیں بتاتی ہے کہ ایک دن جب اُنہوں نے ایک بدروح کو یسوع نام سے نکل جانے کا حکم دیا، تو بدروح گرفتہ شخص اُن سات جادوگروں پر جھپٹا۔ بدروح نے اُنہیں برہنہ حالت میں وہاں سے مار بھگایا۔

متی 7:22-23 ہمیں بتاتی ہے کہ اخیر زمانہ میں ایسے لوگ ہوں گے جو یسوع کو نہیں جانتے ہوں گے لیکن اُس کے نام سے بدروحوں کو نکالیں گے۔ ہمیں یہ نہیں سمجھ نہیں لینا چاہئے کہ وہ لوگ اِس لئے ناکام ہوگئے کیوں کہ وہ یسوع کو نہیں جانتے تھے۔ (حتیٰ کہ ہم اِس تعلق سے کوئی ٹھوس ثبوت بھی پیش نہیں کرسکتے) ہمیں یہ سمجھنے کی ضرورت ہے کہ یسوع نام کوئی فارمولہ نہیں کہ ہم اُسے اپنے دل کے ارمان پورے کرنے کے لئے استعمال کرسکیں۔ لازم ہے کہ خداوند کے نام کی عزت اور احترام کیا جائے۔ روحانی جنگ کی خدمت کو معمولی نہ لیا جائے۔

غور کریں کہ اُن سات جادوگروں کے ساتھ جو کچھ واقع ہوا، اِس پر اِفسس کے لوگوں کا کیا ردِعمل تھا۔ شہر کے لوگوں پر بڑا خوف چھا گیا اور خداوند یسوع کے نام کی بزرگی ہوئی۔ (17 آیت دیکھیں) اُنہیں علم ہوچکا تھا کہ بُری روحوں سے بڑی قوت اور قدرت خدا کی قدرت ہے۔

خدا نے سکوا کاہن کے سات بیٹوں کی شکست کو اپنے بڑے کام کو سرانجام دینے کے لئے استعمال کیا۔ یسوع نام کی بڑی قدرت کو دیکھ کر وہ اِس مقام پر آگئے کہ یسوع کو اپنی زندگیوں میں قبول کرلیں۔ کئی جادوگروں نے اپنی جادوگردی کی کتابوں اور طوماروں کو ڈھیر لگا کر آگ لگادی۔

بلاشبہ اِفسس شہر میں یہ ایک بہت بڑی بیداری تھی۔ ایک اندازے کے مطابق جادوگری کے موضوع پر جلائی جانے والی کتابوں کی قیمت ایک بہت بڑی رقم تھی۔

خدا واقعی افسس شہر میں واقعی کام کر رہا تھا۔

اِس حصہ سے ہم یہ دیکھتے ہیں کہ افسس میں خدمت کرنے والے ابتدائی شاگردوں کی زندگی میں قوت کا فقدان تھا۔ پولس، اِکولہ اور پرسکلہ کو خدا نے استعمال کیا تا کہ وہ ایمانداروں کو روح القدس کی قوت اور قدرت کے لئے راہنمائی دے سکیں۔ پولس رسول کے وسیلہ سے خدا نے افسس کے لوگوں پر ظاہر کیا کہ روح القدس کیا کچھ کرسکتا ہے۔ اِفسس شہر میں بیداری کی لہر چلنے لگی۔ پورا شہر خدا اور اُس کی موجودگی کے ثبوت سے حیران رہ گیا۔ پہلی دفعہ لوگوں نے یسوع نام کے سامنے گھٹنے ٹیکے۔ دوسرے لوگ گناہ کی گرفت میں ہی پھنسے رہے۔ ہم دیکھتے ہیں کہ جب جادوٹونے کی کتابیں سرعام جلائی گئیں، یہ دشمن پر بہت بڑی فتح کا زبردست اظہار تھا۔

جو کچھ اپلوس اور یوحنا بپتسمہ دینے والے کی زندگی میں شروع ہوا تھا پورے معاشرے میں اُس کے اثرات پھیل گئے۔

چند غور طلب باتیں

☆۔یوحنا بپتسمہ دینے والے شاگردوں کے بے اثر ایمان کا اُن کاموں سے موازنہ کریں جو اُنہوں نے پولس رسول کی خدمت کے وسیلہ سے ہوتے دیکھے۔

☆۔آج کی کلیسیا کا اِن دو مختلف قسم کی صورتحال سے کیسے موازنہ کیا جا سکتا ہے؟

☆۔اپنی قوت اور حکمت اور خدا کے پاک روح کی قوت اور قدرت سے خدمت کرنے میں کیا فرق ہے؟

☆۔آج روح القدس کا کیا کردار ہے؟ کیا آج کے دَور میں ہم کلیسیائی خدمت میں روح القدس کے کاموں کا ثبوت دیکھ رہے ہیں؟ وضاحت کریں۔

چند اہم دُعائیہ نکات

☆۔دُعا کریں کہ خدا ہمارے شہروں میں بیداری کے لئے گہرا کام کرے۔

☆۔خداوند سے دُعا کریں کہ وہ آپ پر ظاہر کرے کہ آپ کے ایمان میں کس چیز کی کمی ہے۔

☆۔خداوند سے معافی کے طلبگار ہوں کہ آپ یہ سمجھتے رہے کہ آپ اپنی حکمت اور طاقت سے خدمت کر سکتے ہیں۔

☆۔خداوند سے دُعا کریں کہ وہ آپ کو سکھائے کہ آپ کو اپنی زندگی میں روح القدس کی راہنمائی پر عمل پیرا ہونے کی ضرورت ہے۔

باب 34

دیمیتریس

پڑھیں، اعمال 19:21-41

پچھلے باب میں ہم نے دیکھا تھا کہ کس طرح خدا نے پولس کے وسیلہ سے اِفسس میں خدمت گزاری کے کام کے وسیلہ سے ایک عظیم بیداری کی لہر چلائی۔ 21-22 آیات ہمیں بتاتی ہیں کہ اِفسس سے رُخصت ہونے کے بعد، پولس مکدونیہ اور اَخیہ کے علاقوں سے گزرتا ہوا یروشلیم تک پہنچا، جہاں اُس نے دوسرے مشنری سفر کے دوران خدمت گزاری کا کام کیا تھا۔ تیمتھیس اور اراستُس مکدونیہ کے علاقہ میں پولس رسول کے ہمراہ تھے۔ 23 آیت سے اِس باب کے آخر تک پڑھیں تو ہم اِس واقعہ کے طرف چلے جاتے ہیں، جہاں اِفسس سے پولس کی روانگی کا ذکر ہے۔ آئیں اِس واقعہ کو تفصیل سے دیکھیں۔

جیسا کہ ہم پہلے ہی دیکھ چکے ہیں، خداوند نے بڑی قوت اور قدرت سے اِفسس میں کام کیا تھا۔ شہر میں جادوگری کی کتابیں جلائے جانے کا تجربہ بھی دیکھنے میں آیا۔ حالات و واقعات میں ایک انقلابی تبدیلی دوسروں کی بہتری اور بھلائی کے پیدا ہو رہی تھی۔ تاہم یہ تبدیلی اِفسس شہر کے تمام شہروں کے لئے خوشی کا باعث نہ تھی۔ خاص طور پر دیمیتریُس نام کے ایک شخص نے پولس رسول اور اُس کے اثرورسوخ کی مخالفت کی۔ یہ بندہ ارتمس دیوی کے مندر کے لئے مذہبی رسوم کی چیزوں کو بنا کر اپنی روزی چلاتا تھا۔

دراصل اِفسس کے بہت سے کاریگر ایسی ہی مذہبی اشیاہ تیار کر کے بڑا منافع بخش کاروبار کر رہے تھے۔ اِفسس شہر ارتمس دیوی کی پوجا کے لئے ایک اہم مرکز تھا۔

جب سے پولس رسول نے اِفسس شہر میں قدم رکھا تھا، اُس وقت سے اَرتمس دیوی کی پوجا

پاٹ کے لئے مذہبی اشیاہ کی فروخت میں خاطر خواہ حد تک کمی واقع ہوئی تھی۔ اَب لوگ پہلے کی طرح اَرتمس دیوی کی پوجاپاٹ نہیں کرتے تھے۔ یہ دستکار لوگ مالی نقصان اُٹھارہے تھے۔ دیمترس نے سوچا کہ ساری بگڑتی ہوئی صورتحال کے لئے کچھ کیا جانا چاہئے۔ اُس نے سارے دستکاروں اور اِس کاروبار سے منسلک لوگوں کی ایک میٹنگ بلائی۔ تاکہ درپیش صورتحال پر بات چیت کی جائے۔

دیمترس نے اپنے ساتھی دستکاروں سے کہا کہ جب سے پولس نے شہر میں قدم رکھا ہے اُس وقت سے ہمارا کاروبار نیچے ہی نیچے گیا ہے۔ اُس نے اُنہیں بتایا کہ کس طرح پولس رسول نے یہ تعلیم دی ہے کہ ہاتھ کے بنائے ہوئے بت معبود نہیں ہیں۔ دیمترس نے واضح طور پر کہا، کہ اگر اِس پولس رسول کے تعلق سے کچھ نہ کیا گیا تو پھر اُن کا کاروبار مزید خطرے میں پڑ جائے گا۔ دیمترس نے مذہبی ٹھیکداروں سے کہا کہ صرف کاروبار ہی نہیں بڑی دیوی ارتمس کا نام اور شان وشوکت بھی جاتی رہے گی۔ (27 آیت) اِفسس شہر اَرتمس دیوی کی عزت و تعظیم اور ہیکل کی وجہ سے مشہور تھا۔ دیمترس کا خیال تھا کہ یہ بڑا مندر بھی ناچیز ہو جائے گا۔

دیمترس اُن دستکاروں کو مشتعل کرنے میں کامیاب ہو گیا۔ وہ بڑے غصے سے چلانے لگے۔ ''افسیوں کی ارتمس بڑی ہے۔'' (28 آیت) اِس چھوٹے سے گروپ کا یہ شور وغل پورے شہر میں پھیل گیا اور ایک افراتفری اور بلوہ شروع ہو گیا۔ مشتعل نے گیلیو اور ارسترخس کو پکڑ لیا، پولس رسول اور اُس کے ہم سفر ساتھیوں کو تماشاہ گاہ لایا گیا۔ ہمیں یہ تو نہیں بتایا گیا کہ وہ مشتعل بھیڑ اُن کے ساتھ کیا کرنے کا ارادہ رکھتی تھی۔

22ویں آیت، ہم پڑھتے ہیں کہ تیمتھیس اور ارسترخس مشنری سفر میں پولس رسول کے معاون تھے۔ 29ویں آیت ہمیں بتاتی ہے کہ گیس اور استرخس پولس رسول کے ہم سفر معاونین تھے۔ یہ دیکھنا دلچسپی کا حامل ہے کہ یہ جماعت کس طرح وسعت پکڑتی گئی۔ پہلے مشنری سفر پر، پولس اور برنباس تنہا سفر کرتے ہوئے دکھائی دیتے ہیں۔

دوسرے مشنری سفر پر، ہمیں پولس، تیمتھیس اور سیلاس اکٹھے سفر کرتے ہوئے نظر آتے ہیں۔ اَب تیسرے مشنری سفر پر، ہمارے پاس پولس اور چار دیگر مشنری اکٹھے سفر کرتے ہوئے دکھائی دیتے ہیں۔ یوں لگ رہا ہے کہ زیادہ زیادہ لوگ مشنری خدمت میں شامل ہوتے چلے جا رہے تھے۔

مشتعل ہجوم زبردستی گیُس اور ارسترخس کو مجمع کی جگہ پر لائے۔ پولس مجمع میں جا کر خود بات کرنا چاہتا تھا، لیکن مقامی ایمانداروں نے اُسے جانے نہ دیا۔ امکان غالب ہے کہ وہ اُس کی جان بچانا چاہتے تھے۔ حتیٰ کہ شہر کے چند عہدار جو کہ پولس رسول کے دوست تھے۔ اُنہوں نے بھی پولس سے درخواست کی کہ وہ مجمع کی جگہ پر نہ جائے۔ کیوں کہ پولس رسول کے وہاں جانے سے حالات مزید خراب ہو سکتے تھے۔ کئی اوقات ایسے بھی ہوتے ہیں جب ہم صرف اور صرف اپنی مرضی کو خدا کے ہاتھوں میں سونپ کر اُنہیں حالات و واقعات سے دستبردار ہو جاتے ہیں، کیوں کہ کئی دفعہ ہمارا عمل دخل معاملات کو مزید کشیدہ اور خراب کر دیتا ہے۔

جمع ہونے والی بھیڑ مکمل طور پر اُلجھن کا شکار تھی۔ کسی نے کچھ اور کسی نے کچھ کہا۔ 32ویں آیت بتاتی ہے کہ بہت سے لوگ یہ بھی نہیں جانتے تھے کہ وہ وہاں پر کیوں جمع ہوئے ہیں۔ یہودیوں نے سکندر نام کے ایک شخص کو دھکیل کر آگے کیا اور اُسے کچھ ہدایات دیں۔ اُس نے ہاتھ سے خاموش ہونے کا اشارہ کیا اور اپنے لوگوں کے دفاع میں بولنے ہی والا تھا۔ جب بھیڑ نے محسوس کیا کہ وہ یہودی ہے، تو وہ چلا چلا کر کہنے لگے۔ ''افسیوں کی اَرتمس بڑی ہے۔'' (34 آیت) مزید دو گھنٹے تک یہی صورتحال جاری رہی۔

جائز طور پر یہ سوال پوچھا جا سکتا ہے۔ کیوں یہودیوں نے سکندر نام کے شخص کو دھکیل کر آگے کیا؟ 33ویں آیت بیان کرتی ہے کہ وہ اپنے لوگوں کے دفاع میں بولنا چاہتا تھا۔ یہ ضرورت کیوں پیدا ہوئی کہ کوئی شخص یہودیوں کے دفاع میں آگے بڑھے؟ بھیڑ پولس اور اُس کے پیغام کے خلاف احتجاج کے لئے جمع ہوئی تھی۔ یہودی احتجاج میں خوشی سے شامل ہوئے۔ پولس

رسول اُنہیں ایک آنکھ نہیں بھاتا تھا، وہ تو دیوی ارتمس کے لئے ہی اپنے آپ کو مخصوص اور وقف رکھنا چاہتے تھے۔ یوں لگتا ہے کہ ارتمس کے پوجاریوں کے درمیان یہودیوں اور مسیحیوں کے درمیان اختلافات کے تعلق سے ایک اُلجھن پائی جاتی تھی۔ امکانِ غالب ہے کہ اِفسس کے لوگ مسیحیوں کو یہودیوں کے طور پر ہی دیکھتے تھے۔ ایسی صورتحال میں بت غیر قوم کے لوگوں کے لئے اُن دو گروپس میں ایک اُلجھاؤ پیدا کرنا بڑا آسان ہوتا تھا۔ پولس رسول نے عبادت خانہ میں کلام کیا تھا۔ اُس نے یہودیوں کی کتاب مقدس اور مسیح کے تعلق سے کلام کیا تھا۔ اِس کے علاوہ، اَرتمس کے پوجاری یہ جانتے تھے کہ یہودی لوگ بھی اَرتمس کے سامنے گھٹنے ٹیکنے سے انکاری ہیں اور اِس نکتہ پر، وہ ہر اُس شخص سے اظہار ناراضگی کرتے تھے جو ارتمس دیوی کی پوجا اور پرستش نہیں کرتا تھا۔

بھیڑ کے سامنے کھڑا ہونے والا دوسرا شخص شہر کا ناظم تھا۔ کم از کم اُس نے بھیڑ کو خاموش کرا دیا۔ اُس نے بھیڑ سے کہا، کوئی شخص بھی انکار نہیں کر سکتا کہ اِفسس شہر ارتمس دیوی کی مورت اور اُس کے مندر کا سرپرست ہے۔ جس کے تعلق سے وہ ایمان رکھتے تھے کہ وہ آسمان سے اُتری ہے۔ کوئی شخص بھی اِن حقائق کو اُن سے چھین نہیں سکتا تھا۔ اُن کے غصے اور احتجاج سے کچھ حاصل نہ ہوا۔ اُس کلرک نے اُن دستکاروں سے کہا کہ وہ مناسب طریقہ سے کاروائی کریں۔ وہ اِس معاملہ کو عدالت میں لے جانے کے لئے تیار تھے۔ اگرچہ گیئس اور استرخس نے کوئی غلط کام نہیں کیا تھا تو بھی اُس بھیڑ نے اُن کے خلاف مقدمہ بازی کا سلسلہ شروع کر دیا۔ رومی حکومت کے قانون کے مطابق پورا شہر افراتفری اور بدامنی پیدا کرنے کے جرم کا مرتکب ہوا۔ اگر وہ بدامنی اور ربلوہ ختم نہ ہوتا تو ساری بھیڑ کو اِس ساری صورتحال اور ماحول کے لئے رومی حکمرانوں کو جوابدہ ہونا تھا۔ چونکہ ہر کوئی رومی اربابِ اختیار سے خوف کھاتا تھا، اِس لئے اُنہوں نے شہر کے ناظم کا مشورہ ماننے کا فیصلہ کیا۔

ہم یہاں پر دیکھتے ہیں کہ کس طرح خدا نے اپنے لوگوں کو محفوظ رکھا۔ ارسترخس اور گیئس بُری

طرح زخمی ہو سکتے تھے۔ لیکن خدا نے اُنہیں بچالیا۔ پولس رسول بھی مارا جاسکتا تھا۔ لیکن خدا نے پولس رسول کو مشتعل ہجوم سے دُور ہی رکھا اور اُسے وہاں جانے نہ دیا۔ خدا پولس رسول سے دستبردار نہیں ہوا تھا۔ قادرِ مطلق، مہیب خدا کے طور پر، خدا اُسے گھیرے رہا تا کہ جب تک اُس کی خدمت پوری نہ ہو جائے کوئی اُسے چھو نہ سکے۔ پولس رسول کے لئے خدا کی مرضی میں ہونے کے علاوہ اور کوئی محفوظ مقام نہ تھا۔ اگر چہ اُس کے اِرد گرد صورتحال، حالات اور ماحول خراب سے خراب تر ہوتا دکھائی دے رہا تھا، لیکن خدا کی مرضی کے دائرے کے اندر گہرا اطمینان اور تحفظ پایا جاتا تھا۔ جب ہم خداوند کے ساتھ چل رہے ہیں تو یہ بات ہمارے لئے بڑی حوصلہ افزائی کا باعث ہونی چاہئے۔

اِس بیان میں ایک اور بات جو ہمارے لئے توجہ طلب ہونی چاہئے وہ یہ ہے کہ پولس مجمع کی جگہ پر جانا چاہتا تھا، ظاہری بات ہے کہ اِس کا مقصد صورتحال میں امن و امان پیدا کرنا اور اپنے ہم سفر ساتھیوں کو تحفظ فراہم کرنا تھا۔ پولس کسی طور پر ایسا نہیں چاہتا تھا کہ وہ ہاتھ پر ہاتھ رکھ کر بیٹھا رہے اور مشتعل ہجوم اُس کے دوستوں کو قتل کر ڈالے۔ حقیقت تو یہ ہے کہ اگر پولس رسول مشتعل ہجوم کے درمیان چلا جاتا تو ہجوم نے مزید مشتعل ہو جانا تھا اور یوں پولس رسول نے اپنے دوستوں کی موت کا سبب بنتا تھا۔

مقامی کلیسیا کے شاگرد جانتے تھے اِس لئے اُنہوں نے پولس کو مشورہ دیا کہ وہ مجمع میں جانے سے گریز ہی کرے۔ پولس رسول نے اُن کی مشورت کو مان لیا۔ خدا نے ثابت کر دیا کہ وہ پولس کے بغیر بھی صورتحال پر قابو پا سکتا ہے۔

ہماری زندگی میں بھی ایسے اوقات آئیں گے جب ہمیں اپنے مسائل اور مشکلات خدا کو دے کر آرام سے بیٹھنا ہو گا۔ بعض اوقات ہم کچھ بھی نہیں کر پاتے۔ لیکن ہم ایک بات کے تعلق سے پر یقین ہو سکتے ہیں۔ خدا واقعی عظیم ہے جو ہماری مشکلات پر غالب آنے کی قوت اور قدرت رکھتا ہے۔ پولس رسول نے اپنے دوستوں کی صلاح کی قدر و منزلت کو محسوس کیا۔ وہ اِس قدر

حلیم اور فروتن تھا کہ اُس نے تسلیم کر لیا کہ بھیڑ میں جانے کا منصوبہ اور خیال خدا کی طرف سے نہیں ہے۔ تاہم ساری صورتحال نے پولس پر یہ ثابت کر دیا کہ اب اُسے مشنری خدمت کے لئے کسی اور شہر چلے جانا چاہیئے۔

اگر چہ صورتحال خراب سے المناک حد تک بگڑ گئی لیکن خدا نے ساری صورتحال اور معاملات میں کام کیا۔ اگر آج ہم بھی کسی ایسی ہی صورتحال سے دو چار ہو جائیں تو خدا ہمارے لئے بھی ایسا ہی کرنے کی قدرت رکھتا ہے۔ اُس کی راہیں کامل ہیں۔ اگر چہ آپ بے بس اور بے یار و مددگار محسوس کریں، تو خدا پھر بھی ایسی صورتحال میں کام کرنے کی قدرت رکھتا ہے۔ وہ کسی بھی صورتحال، ماحول اور ابتر حالت میں آپ کو مایوس اور بے دل نہیں ہونے دے گا۔

چند غور طلب باتیں

☆ ۔ کیا آپ نے کبھی محسوس کیا ہے کہ آپ کو اپنی زندگی کی صورتحال کو اپنے ہاتھوں میں لینا چاہئے؟ یہ اِس قدر مشکل کیوں دکھائی دیتا ہے کہ ہم خدا کو ساری صورتحال کو سنبھالنے کا موقع دینے کے لئے خود کو پیچھے کریں؟

☆ ۔ ہمیں کس طرح معلوم ہوتا ہے کہ کب ہم نے پیچھے ہٹنا اور خدا کو موقع دینا ہے کہ وہ کام کرے؟

☆ ۔ اپنے برگزیدہ خادمین پر خدا کی محافظت کے تعلق سے ہم یہاں پر کیا سیکھتے ہیں؟

☆ ۔ کیا خدا اِس بات کا پابند ہے کہ صرف ایمانداروں کو ہی اپنے مقاصد اور منصوبوں کی تکمیل کے لئے استعمال کرے۔

☆ ۔ خدا ہجوم کو منتشر کرنے اور اپنے لوگوں کو بچانے کے لئے کن لوگوں کو استعمال کرتا ہے؟

چند اہم دُعائیہ نکات

☆ ۔ خداوند کی شکرگزاری کریں کہ وہ اِس قدر عظیم ہے کہ آپ کی ضرورت پوری کرسکتا ہے۔

☆ ۔ خداوند سے کہیں کہ آپ کے دل میں پریشانیوں اور افراتفری کی اُٹھتی ہوئی موجوں کو تھما دے اور آپ کو اُس میں آرام کرنے کی توفیق ملے۔

☆ ۔ اپنی زندگی کے اِردگرد اُس کی محافظت کے لئے اُس کی شکرگزاری کریں۔

☆ ۔ خداوند کا شکر کریں کہ وہ بے دین اور بے اعتقاد لوگوں کو بھی اپنے مقاصد اور منصوبوں کی تکمیل کے لئے استعمال کرسکتا ہے۔

☆ ۔ خداوند سے اُن آزمائشوں کا سامنا کرنے کے لئے دلیری اور جرأت مانگیں جو آپ کی زندگی میں آ گئی ہیں۔

باب 35

مکدُنیہ اور ملتے

پڑھیں، اعمال 20:1-38

اِفسس میں افراتفری اور کھلبلی کے بعد، پولس رسول نے وہاں پر ایمانداروں کو مضبوط کرنے کے لئے وقت گزارا اور پھر وہ مکدونیہ کی رومی کالونی کے لئے روانہ ہو گیا۔ پولس رسول مکدونیہ سے ہوتا ہوا ایمانداروں کو مضبوط کرتا گیا۔ اور جب وہ یونان پہنچا تو وہاں پر تین ماہ تک قیام کیا۔ اُس کا ارادہ یہی تھا کہ وہ یونان سے بحری سفر کرتا ہوا سوریہ میں مکدونیہ کے علاقہ میں جائے۔ یہ سارے منصوبے تبدیل ہو گئے۔ جب پولس رسول کے خلاف سازش بے نقاب ہو گئی۔ تو پولس رسول نے بحری سفر کی بجائے خشکی کے راستے مکدونیہ میں سے ہو کر جانے کا فیصلہ کیا۔

جب پولس رسول نے مکدونیہ میں سے سفر کیا تو اُس کے پاس کم از کم سات آدمی تھے۔ بیریہ سے سوسپطرس اور ارسترخس جو کہ تھسلنیکے سے تھا، گیئس دربے، تیمتھیس لسترہ سے تھا۔ اسی طرح تخکس اور ترفمس آسیہ کے صوبہ سے تھے۔ یہ لوگ خشکی کے راستے سے ترواس گئے جب کہ پولس رسول بے خمیر روٹی کی عید کے لئے فلپی ہی میں رہا۔ پھر پولس فلپی سے بحری سفر کے ذریعہ ترواس پہنچا۔ جہاں پر وہ اُن سے ملا۔ 5 آیت ہمیں اِس بات پر ایمان لانے میں ہماری راہنمائی کرتی ہے کہ پولس ترواس اکیلا نہیں گیا، اِس سے یہ ظاہر ہوتا ہے کہ وہاں پر سات سے زیادہ لوگ تھے جو بطور مشنری سفر کر رہے تھے۔ عین ممکن ہے کہ اعمال کی کتاب کا مصنف لوقا بھی پولس کے ساتھ ہو، ساری ٹیم ہفتہ بھر وہاں پر قیام پذیر رہی۔

جب مشنری ٹیم ترواس میں تھی، تو ایماندار روٹی توڑنے کے لئے فراہم ہوئے۔ بہت سے شواہد

ملتے ہیں جن سے ظاہر ہوتا ہے کہ ابتدائی کلیسیا میں اعشائے ربانی ہر ہفتے ہوا کرتی تھی۔ غور کریں کہ یہ ایماندار ہفتے کے پہلے دن جمع ہو رہے تھے نہ کہ ساتویں دن۔ یہاں پر ہمارے پاس خدا کے کلام میں سے ثبوت موجود ہے کہ ایماندار عبات کے لئے بروز اتوار جمع ہوتے تھے نہ کہ یہودیوں کے سبت کے روز۔ اگرچہ ہمیں اِس عبادت کا وقت تو نہیں بتایا گیا۔ تاہم متن بتاتا ہے کہ یہ عبادت شام کے وقت ہوا کرتی تھی۔ (پولس آدھی رات تک کلام کرتا رہا، اِس بات کو دیکھ کر ہم یہ کہہ سکتے ہیں) یہ بات تاریخی متن میں بھی بالکل موزوں دکھائی دیتی ہے۔ ہفتے کا یہ پہلا دن ایک معمول کا کاروباری دن تھا۔ شہنشاہ قسطنطین کے دَور میں جا کر اتوار کو ایک مذہبی چھٹی کے طور پر تسلیم کیا گیا۔ امکان غالب ہے کہ یہ ایماندار اتوار کو دن کے وقت کام کرتے تھے اور شام کے وقت عبادت کے لئے جمع ہوتے تھے۔

کھڑکی میں یوتخس نام کا ایک شخص بیٹھا ہوا تھا۔ ظاہر ہوتا ہے کہ ابتدائی کلیسیا میں کئی ایک چیزیں بالکل غیر رسمی حالت میں تھیں۔ دَورِ جدید میں ہماری کلیسیاؤں میں تو لوگ کلام سننے کے لئے کھڑکیوں میں نہیں بیٹھتے، جب پولس کلام سنا رہا تھا۔ یوتخس پر گہری نیند چھا گئی اور وہ کھڑکی سے نیچے زمین پر آ گرا۔ جب لوگوں نے اُسے اٹھایا تو وہ مردہ پایا گیا۔ پولس رسول نے اپنے آپ کو اُس پر لٹا دیا اور اسے اپنی آغوش میں لے لیا۔ یوتخس زندہ ہو گیا۔ پھر ہر شخص بالاخانہ پر گیا، روٹی توڑی، ایک دوسرے کے ساتھ رفاقت رکھی اور دن چڑھنے تک پولس رسول سے کلام سنتے رہے۔ جب دن چڑھا، پولس رسول وہاں سے چلا گیا۔ ہم اُن ایمانداروں کی جماعت کی لگن کی تعریف کرسکتے ہیں جو رات بھر خدا کا کلام سننے کے لئے وہاں پر ٹھہرے رہی۔

ترواس سے پولس کے ساتھی بحری جہاز پر سوار ہو کر جنوب کی طرف روانہ ہوئے اور اسئس میں آ پہنچے۔ پولس رسول نے خشکی کے راستے سفر کرنے کا فیصلہ کیا اور کہا کہ وہ اسئس میں اُنہیں دوبارہ ملے گا۔ ہمیں یہ تو نہیں بتایا گیا کہ کیوں اِس موقع پر پولس نے بحری سفر نہ کرنا

چاہا۔ ہم یقینی طور پر کہہ سکتے ہیں کہ پولس رسول نے تنہائی میں یہ وقت خداوند کے ساتھ گزارا۔ جب پولس اپنے ہم سفر ساتھیوں سے اسئس میں ملا، بحری جہاز پر سوار ہو کر ملیتے جانے سے قبل وہ کئی ایک جگہوں پر رُکا۔

چونکہ پولس رسول کو پینتکوست کے دن یروشلیم آنے کی جلدی تھی، اُس نے فیصلہ کیا کہ وہ افسس میں نہیں رُکے گا۔ اِس کی بجائے اُس نے فیصلہ کیا کہ وہ ملیتے شہر کی بندرگاہ پر رُکے گا۔ اُس نے افسس کی کلیسیا کے بزرگوں کو بلایا کہ وہ وہاں پر آکر اُسے ملیں۔ جب بزرگ وہاں پر پہنچے، پولس رسول نے اُنہیں گزشتہ برسوں کے دوران اپنی اُس خدمت کی یاد دلائی جو وہ بڑی وفاداری سے کرتا رہا۔ پولس رسول نے اُنہیں اپنے یروشلیم جانے کے منصوبہ سے بھی آگاہ کیا۔ اُس نے اُنہیں یروشلیم کے لئے اپنے سفر کی غیر یقینی صورتحال سے بھی باخبر کیا۔ روح القدس نے اُس پر واضح کر دیا تھا کہ قید و بند کی صعوبتیں اور سختیاں اُس شہر میں اُس کی منتظر ہیں۔ یہودی اُس کے ساتھ کیسا برتاؤ کریں گے، اِس خیال سے کہیں زیادہ یروشلیم جانے کے لئے اُس کے اند مضبوط قائلیت تھی۔ پولس رسول نے اُنہیں بتایا کہ شاید اُن کے ساتھ یہ آخری ملاقات ہے۔ تاہم وہ بڑے صاف ضمیر کے ساتھ اُن سے رخصت ہو رہا تھا۔ اُس نے بڑی دیانتداری کے ساتھ اُن کے درمیان انجیل کی منادی کی تھی۔ وہ اُن کے خون سے پاک تھا۔ اُس نے ہر وہ بات بیان کی جو اُسے بیان کرنی چاہیئے تھی۔ کاش ہم بھی آج ایسا ہی کہہ سکیں۔ کتنی بار ہم انجیل کی خاطر اُن باتوں کو بیان کرنے سے قاصر رہتے ہیں جو ہمیں بیان کرنی چاہئیں؟ جب پولس رسول اِفسس کی کلیسیا کے بزرگوں سے رخصت ہوا تو خدا کے سامنے اُس کا ضمیر بالکل صاف تھا۔ اُس نے وہ سب کچھ کیا تھا جو خدا نے اُسے کرنے کے لئے کہا تھا۔ کاش ہم بھی ایسے ہی ضمیر کے ساتھ زندگی بسر کر سکیں۔

28-31 آیات میں، پولس رسول نے افسس کے بزرگوں کو اختیار دیا، اُس نے اُنہیں کہا کہ وہ چرواہوں کی حیثیت سے خدا کے اُس گلہ کی نگہبانی کرتے رہیں جو خدا نے اُن کے سپرد کیا

ہے۔ 28 آیت میں اُس نے اُن بزرگوں کو یاد دلایا کہ اُنہیں خدا کی طرف سے اِس خدمت پر مامور کیا گیا ہے۔ روح القدس نے اُن آدمیوں کو اِفسس کے لوگوں کو خدا کے چرواہے اور راہنما ہونے کے لئے نعمتوں اور برکتوں سے نوازا تھا۔ پولس رسول نے اُن بزرگوں کو خبردار کیا کہ وہ دن آرہے ہیں جب بھیڑیے کلیسیا میں شامل ہونے کی کوشش کریں گے۔ اور خدا کے کلام کی سچائی سے گمراہ کردیں گے۔ مکاشفہ 2:1-7 ہمیں یاد دلاتا ہے کہ اِفسس کی کلیسیا کے بزرگوں اور لوگوں کو اُن بھیڑیوں سے نبرد آزما ہونا پڑا۔ نیکلیوں اُس جماعت میں داخل ہو گئے۔ غلط تعلیمات دینا شروع کردیں، مزید اُن کے درمیان ایسے جھوٹے اُستاد بھی تھے جو دعویٰ کرتے تھے کہ وہ رسول ہیں۔ پولس رسول کی نبوت پوری ہوئی۔

پولس رسول نے اُن بزرگوں کو اپنے نقش قدم پر چلنے کے لئے ایک نمونہ دیا۔ جب وہ اُن کے ساتھ تھا، وہ کبھی بھی اُن کی ضرورت کے وقت اُن کی دیکھ بھال کرنے اور اُن کی خبر گیری کرنے سے نہ رُکا۔ وہ رات دن آنسو بہا بہا کر اُنہیں خبردار کرتا رہا۔ اُس نے بزرگوں سے کہا کہ وہ بھی ایسا ہی کریں۔ آج اِس دَور میں ہماری کلیسیا کے بزرگوں اور ڈیکنز کے لئے یہ کتنا بڑا چیلنج ہے؟ اگر آپ ایک ایلڈر یا بزرگ ہیں۔ تو کیا آپ کا دل خدا کے لوگوں کے لئے شکستہ ہوا ہے؟ جو کام خدا نے آپ کے سپرد کیا ہے آپ اُسے نظر انداز نہیں کرسکتے اور نہ ہی آپ اُسے معمولی سمجھ سکتے ہیں۔

دوسری بات، پولس رسول نے اُن بزرگوں کو خدا اور اُس کے کلام کے سپرد کیا۔ یہ کلام اُن کی تعمیر و ترقی کرسکتا تھا اور اُنہیں پاک ٹھہرائے جانے والے لوگوں میں میراث دے سکتا تھا۔ اِس کا مطلب یہ تھا کہ اُن بزرگوں کو ایسے آدمی بننا تھا جو پورے طور پر کلام سے معمور ہوں۔ خدا کے کلام نے ہی اُنہیں رہنمائی بخشنی اور اُن کے طرزِ زندگی کو ایک نئی سمت عطا کرنی تھی۔ خدا کے کلام کے اصولوں پر بڑی احتیاط سے چلتے ہوئے وہ بالکل ایسے ہی بن سکتے تھے جیسا خدا چاہتا تھا کہ وہ بنیں۔ کلیسیائی خدمت کرتے ہوئے اُنہیں خدا کے کلام کے اصولوں کی

راہنمائی میں چلنا تھا۔ اُسی کلام کی تابعداری کرتے ہوئے اِفسس کی کلیسیا وہ کچھ بن سکتی تھی جو خدا چاہتا تھا کہ وہ بنے۔ پولس رسول نے اُن بزرگوں کو اِس بات کے لئے اُبھارا کہ وہ خدا کے کلام کو اپنی زندگی میں اوّلین ترجیح دیں۔

آخری بات، پولس رسول نے اُن بزرگوں کو خدمت کو روپے پیسے اور دُنیاوی چیزوں کے مفاد کا ذریعہ اور وسیلہ کے طور پر لینے کی آزمائش سے بھی خبردار کیا۔ پولس رسول نے اُنہیں یاد دلایا کہ وہ خود کس طرح اُن کے درمیان رہا۔ اُس نے دوسروں کے مال کا لالچ نہ کیا۔ نہ ہی خدمت میں اُس نے کسی قسم کے مالی فائدے کے حصول کی کوشش کی۔ پولس رسول نے اپنی ضروریات کو پورا کرنے کے لئے سخت محنت کی۔ اُس نے یہ سب کچھ کلیسیا کو یہ بتانے اور دکھانے کے لئے کیا کہ "دینا لینے سے مبارک ہے۔" اگر اُن بزرگوں کو وہی کچھ بنتا تھا کہ جو خدا چاہتا تھا کہ وہ بنیں تو پھر اُنہیں اپنی خدمت میں قربانی دینے والا طرز زندگی اپنانے کی ضرورت تھی۔

پولس رسول کی تحریریں ہمیں بتاتی ہیں کہ مزدور اپنی مزدوری کا حق دار ہوتا ہے۔ پولس رسول یہ بتاتے ہیں کہ خوشخبری کی خدمت سے اپنی روزی حاصل کرنا جائز بات ہے۔ (2 تیمتھیس 17:5 اور 1 کرنتھیوں 9:11-14) پولس رسول یہاں پر یہ کہہ رہے ہیں کہ روپے پیسے کا حصول ہماری خدمت کا محرک اور نیت نہیں ہونی چاہئے۔ ہمارے دَور میں بہت سے خادمین روپے پیسے اور رُتبے کی بنیاد پر کئی ایک خدمتوں کو قبول یا رد کر دیتے ہیں۔ اگرچہ خادمین کی ضروریات پوری ہونی چاہئے، خادموں کے مالی اخراجات کا خیال رکھا جانا چاہئے تو بھی خدمت کا محرک روپیہ پیسہ ہی نہیں ہونا چاہئے۔

اگرچہ روپیہ پیسہ ہی اِس حوالہ کا اہم بنیادی اور قابل غور نکتہ ہے تو بھی پاسبانوں اور بزرگوں کے لئے کئی ایک اور آزمائشیں بھی ہوتی ہیں۔ ممکن ہے کہ پاسبان یا بزرگ کے عہدے کا حصول محض عزت اور وقار کی خاطر کیا جائے۔ بہت سی وجوہات ہوتی ہیں جن کی بنا پر لوگ کلیسیائی عہدوں

کے طالب ہوتے ہیں۔ پولس رسول نے بزرگوں سے کہا کہ وہ مطلب پرستی یا خودغرضی کی بنیاد پر کلیسیائی عہدوں اور خدمتوں کی تلاش نہ کریں۔ خدا کو جلال دینا اور دوسروں کے لئے باعث برکت ہونا ہی کسی بھی خدمت کا اصل محرک ہونا چاہیئے۔

بزرگوں کو یہ ہدایات دینے کے بعد، پولس رسول نے گھٹنوں کے بل ہو کر اُن کے ساتھ دُعا کی۔ اُنہوں نے ایک دوسرے کو خدا کے فضل کے سپرد کیا ہو گا۔ ایک دوسرے سے جدا ہونے کے یہ لمحات اِس لئے بھی غم کا باعث تھے کیوں کہ اُن میں سے بعضوں کو علم تھا کہ وہ دوبارہ پولس سے نہیں مل سکیں گے۔ اب پولس کی آزادی محدود ہو جانی تھی۔ اُس کا اگلا مشنری سفر ہتھکڑیوں اور زنجیروں میں ہونا تھا۔ اُس نے بڑی جرأت سے ساری صورتحال کا سامنا کیا۔ اور اُسے خدا کی مرضی سمجھتے ہوئے قبول کیا۔ کاش خدا ہم میں بھی ایسی ہی جرأت اور دلیری پیدا کرے!

چند غور طلب باتیں

☆۔کیا آپ کہہ سکتے ہیں کہ آپ نے گزشتہ برس صاف ضمیر کے ساتھ زندگی بسر کی ہے؟ کیا کوئی ایسی باتیں اور ایسے کام ہیں جو آپ نے ادھورے ہی چھوڑ دئے؟

☆۔اِفسس کے بزرگوں کو پولس کی طرف سے ملنے والے تین رُخی چیلنج پر غور کریں، اِس چیلنج میں سے آپ کو خاص طور پر کون سی بات سمجھ آتی ہے؟

☆۔آپ کی شخصی خدمت میں بنیادی محرک کیا ہے؟

☆۔کیا آپ ایذاہ رسانی اور مشکل ترین حالات میں بھی خدمت کے لئے بخوشی رضامند ہوں گے؟ اگر کہیں پر آپ کو کوئی شخصی مفاد بھی نظر نہیں آرہا ہوگا تو کیا آپ پھر بھی خداوند کی خدمت کو ترجیح دیں گے؟

چند اہم دُعائیہ نکات

☆۔کسی بھی ایسی خامی اور کمی کمزوری کا اعتراف کریں جس نے آپ کو خدا کے حضور صاف ضمیر زندگی بسر کرنے سے روکے رکھا۔

☆۔خداوند سے دُعا کریں کہ وہ آپ کی صاف ضمیر کے ساتھ زندگی بسر کرنے میں مدد کرے۔

☆۔افسس کی کلیسیا کو پولس رسول نے جو تین رُخی چیلنج دیا اُس کی روشنی میں اپنی کلیسیائی قیادت کے لئے دُعا کریں۔

باب 36

یروشلیم

پڑھیں، اعمال 36-1:21

پولس رسول اور اُس کے ساتھیوں کے لئے اِفسس کے بزرگوں سے جدا ہونا آسان کام نہیں تھا۔ یہ جدائی بڑی دل خراش تھی۔ ملیتس سے، جہاں وہ بزرگوں سے ملے تھے، پولس رسول کی مشنری ٹیم بحری سفر سے جنوب کی طرف روانہ ہوا، کوس، رُدھس اور پترا شہر سے گزرے۔ پترہ سے وہ ایک بحری جہاز پر سوار ہو کر فینیکے کی طرف روانہ ہوئے۔ بحری سفر کرتے ہوئے وہ کپرس سے گزرے اور صیدا شہر پہنچے جہاں پر ایک بندرگاہ بھی تھی۔

صیدا میں پولس رسول اور اُس کے ساتھی کچھ ایمانداروں سے ملے اور اُن کے ساتھ سات دن تک قیام کیا۔ اُس وقت کے دوران اُن ایمانداروں نے پولس رسول کو خبردار کیا کہ وہ یروشلیم نہ جائے۔ 4 آیت ہمیں بتاتی ہے کہ ''روح'' نے پولس کو خبردار کیا کہ وہ یروشلیم نہ جائے۔ 5ویں آیت ہمیں بتاتی ہے کہ پولس کسی نہ کسی طور پر گیا۔ اِس بات سے ہم حیران ہوتے ہیں کہ اگر پاک روح نے پولس رسول کو منع کیا تھا کہ وہ یروشلیم نہ جائے اور وہ پھر بھی گیا تو کیا وہ نافرمان تھا؟ یہ بات واضح ہے کہ پولس رسول جانتا تھا کہ اُس کا وقت ختم ہونے والا ہے۔ روح القدس نے اُس پر واضح کر دیا تھا کہ شاہراہ یروشلیم مشکلات اور آزمائشوں سے بھری اور کٹھن ہے۔ خداوند کی طرف سے اُس کلام کی تصدیق صیدا میں ہوئی۔ ایمانداروں کو خداوند کی طرف سے ایک نمایاں تاثر ملا کہ پولس رسول یروشلیم میں دُکھ اُٹھائے گا۔ خداوند کی طرف سے یہ کلام لینے کے بعد، ایماندار پولس رسول کو کھونا نہیں

چاہتے تھے۔ اِس لئے اُنہوں نے اُس کو وہاں جانے سے روکا اور جانے کے معاملہ میں اُس کی کوئی حوصلہ افزائی نہ کی۔ اِس کے برعکس پولس رسول آنے والی اور درپیش مشکلات سے گھبراتا نہیں تھا۔ اُس نے محسوس کیا کہ خداوند یروشلیم جانے میں اُس کی راہنمائی کر رہا ہے۔ اور اگر یہ خدا کی مرضی تھی تو وہ اِس سلسلہ میں کسی طور پر بھی بے دل اور مایوس نہیں ہونا چاہتا تھا۔

اِس سے ہم نبوتی کلام کی تفسیر اور ترجمہ کرنے کی کوشش کے خطرہ کو دیکھتے تھے۔ ایمانداروں کے لئے اِس بات کو اس طرح سے سمجھنا بہت آسان تھا کہ خدا نے اُن پر واضح کیا ہے کہ یروشلیم میں دُکھ، آزمائشیں اور مصیبتیں پولس رسول کی منتظر ہیں، اِس لئے خدا نہیں چاہتا کہ وہ یروشلیم جائے۔ یہ اِس نبوتی کلام کی درست تشریح وتفسیر نہیں تھی۔ تاہم خدا چاہتا تھا کہ پولس رسول اُن مشکلات اور مسائل کا سامنا کرے۔ خدا تو صرف اِس بات کی تصدیق کر رہا تھا کہ بہت سارے دُکھ، آزمائشیں اور مشکلات اُس کی منتظر ہیں۔

پولس رسول اور اُس کے ساتھیوں نے ساحل پر کچھ دیر دُعا میں گزارنے کے بعد، ایمانداروں سے رُخصت لی۔ صیدا سے وہ پتمس آگئے جہاں پر مقامی کلیسیاؤں کے ایمانداروں سے سلام دُعا لی اور ایک روز وہاں پر قیام کیا۔ اگلے روز وہ قیصریہ میں آئے اور فلپس مبشر کے ہاں گھر پر قیام کیا۔ یہ ان سات ڈیکنز میں سے تھا کہ جن کا چناؤ یروشلیم کی کلیسیا نے کیا تھا۔ اُس کی چار کنواری بیٹیاں تھیں جن کے پاس نبوت کی نعمت تھی۔

اگرچہ پولس رسول قیصریہ میں تھا، تو یہودیہ سے اگبس نام کا ایک نبی آیا۔ اُس نے پولس رسول کو کمر بند لیا اور اپنے ہاتھوں اور پاؤں کو باندھ کر پولس رسول کو بتانے لگا کہ یہی کچھ اُس کے ساتھ یروشلیم میں واقع ہوگا۔ اَگبس نے پولس رسول کو آگاہ کیا کہ وہ غیر قوم کے حوالہ کیا جائے گا۔ جب ایمانداروں نے یہ سنا تو وہ پولس رسول کی یروشلیم جانے میں اُس کی حوصلہ شکنی کرنے لگے۔ یہ ایمانداروں کا دوسرا گروپ تھا جس نے خداوند سے یہ کلام حاصل کیا

تھا۔ پولس رسول کو بھی خداوند کی طرف سے یہی کلام ملا تھا۔

بلاشبہ یہ بات خداوند کی طرف سے ہی تھی۔ ایک بار پھر پولس رسول نے ایمانداروں کی خواہش کے آگے گھٹنے ٹیکنے سے انکار کر دیا۔ اُس نے اُنہیں بتایا کہ وہ نہ صرف یروشلیم میں باندھے جانے بلکہ خداوند یسوع کے نام کی خاطر مرنے کے لئے بھی تیار اور رضامند ہے۔ جب اُنہوں نے دیکھا کہ اِس سلسلہ میں وہ اُن کی بات نہیں مانے گا تو اُنہوں نے اُسے خداوند کی مرضی کے سپرد کر کے یروشلیم بھیجا۔ اِس کے ساتھ سات اور بھائی بھی گئے۔ یہ سب لوگ اپنے ایک ہم ایمان بھائی مناسون کے ہاں ٹھہرے۔ جو کپُرس کے علاقہ میں غیر قوم سے ایمان لانے والے ابتدائی ایمانداروں میں سے ایک تھا۔

جب ہم یروشلیم میں پولس کو درپیش متوقع خطرہ کے بارے میں بار بار سوچتے ہیں، تو اِسی نتیجہ پر پہنچتے ہیں کہ خدا چاہتا تھا کہ پولس کو علم ہو جائے کہ اُس کے ساتھ کیا واقع ہونے والا ہے۔ کیا ممکن ہے کہ خدا پولس رسول کو زندگی کے اگلے مرحلے کے لئے تیار کرنا چاہتا تھا؟ خدا نے یہ سب کچھ پولس رسول کو کیوں کر بتایا؟ خدا نے یہ سب کچھ اِس لئے پولس رسول پر عیاں نہیں کیا تھا کہ وہ آنے والی مشکلات سے بھاگ جائے بلکہ خدا اُسے تیار کرنا چاہتا تھا۔ کہاں پر یہ ساری آزمائشیں واقع ہوئیں۔ سب کچھ ولس رسول پر ناگہاں واقع نہیں ہوا تھا۔ کیوں کہ خدا نے پہلے ہی اُس پر یہ سب کچھ واضح کر دیا تھا۔ پولس رسول نے اُن آزمائشوں کو اپنی زندگی میں خدا کے مقصد کی تکمیل کے ایک حصہ کے طور پر دیکھ لیا تھا۔

اِس نبوت کی تکمیل جلد ہی حقیقت بن گئی۔ جب پولس رسول یروشلیم میں پہنچا، تو بھائیوں نے بڑی سرگرمی سے اُس کا استقبال کیا۔ پولس یعقوب سے بھی ملا جو کہ یروشلیم کی کلیسیا کا راہنما تھا۔ اُس کے ساتھ وہ کلیسیا کے دیگر بزرگوں سے بھی ملا۔ پولس رسول کو بزرگوں کی طرف سے موقع ملا کہ وہ اُن کاموں کو بیان کرے جو خدا اُس کے وسیلہ سے غیر قوموں کے درمیان کر رہا تھا۔ یروشلیم کی کلیسیا کے لئے یہ ایک بڑی خبر تھی۔ لیکن اِس سے ایک مسئلہ سامنے آیا جس

کو فوری طور پر حل کرنے کی ضرورت تھی۔کلیسیا نے پولس رسول کو بتایا کہ ہر کوئی اُس کی خدمت سے خوش و مطمئن نہیں ہے۔ ہزاروں یہودی تھے جو اِس طرح کی خبریں پھلا رہے تھے کہ پولس غیر قوموں کو یہ تعلیم دے رہا ہے کہ وہ موسیٰ کی شریعت کو نظر انداز کر دیں۔ یہ صورتحال خطرناک حد تک بھی جا سکتی تھی۔کلیسیا نے یہی محسوس کیا کہ مشتعل یہودیوں کو پُر سکون حالت میں لانے کے لئے فوری طور پر کچھ کیا جائے۔

یروشلیم کی کلیسیا میں چار آدمیوں نے خداوند کے ساتھ عہد باندھا تھا۔ ہو سکتا ہے کہ یہ عہد یہودی نذیر کا عہد ہو۔ اِس طرح کا عہد باندھنے والا شخص اپنے بال نہیں منڈواتا تھا۔ کسی تاک کا پھل یا مے نہیں پیتا تھا اور کسی لاش کو بھی نہیں چھوتا تھا۔ جب عہد اپنے اختتام کو پہنچتا تھا، وہ شخص ہیکل میں جا کر اپنا سر منڈواتا تھا۔ اُس کے بالوں کو خداوند کے حضور قربانی کے طور پر پیش کیا جاتا تھا۔ پھر وہ طہارت کرتے اور اُس عہد سے آزاد ہوتے تھے۔کلیسیا نے پولس رسول سے کہا کہ وہ بھی اِس تقریب میں شمولیت اختیار کرے۔ اُنہوں نے اُسے کہا کہ وہ اُن چار آدمیوں کے اخراجات کی ادائیگی کرے تاکہ یہودیوں کی طرف سے پھیلائی گئی یہ خبر بے بنیاد ثابت ہو کہ پولس رسول موسیٰ کی شریعت کی مخالفت کرتا ہے۔ پولس رسول اُن کی اِس بات سے متفق ہوا اور اگلے روز ہیکل میں طہارت کی شروعات کے لئے ہیکل میں اُن آدمیوں کے ساتھ داخل ہوا۔

اِس سارے منصوبے کا مقصد تو یہودیوں اور پولس کے درمیان اختلافات کو ختم کر کے اُن کو ایک دوسرے کے قریب لانا تھا، لیکن سب کچھ اِس کے اُلٹ ہی ہوا۔ اور یہ فاصلے مزید بڑھ گئے۔ آسیہ سے کچھ یہودی آ کر ہیکل میں داخل ہوئے، اُنہوں نے پولس کو اُن آدمیوں کے ساتھ دیکھا، اُنہوں نے یہ خبر پھیلا دی کہ پولس نے اُن چار آدمیوں کے ساتھ ہیکل میں داخل ہو کر خدا کے گھر کو ناپاک کر دیا ہے۔ یہودیوں کی شریعت کے مطابق یہ جرم انتہائی سخت سزا کا تقاضا کرتا تھا۔

اگر پولس واقعی اِس جرم کا مرتکب پایا جاتا تو اُسے سزائے موت دی جاتی تھی۔ اگرچہ یہ کہانی بے بنیاد اور من گھڑت تھی۔ تو بھی یہودی قوم اور بھی زیادہ غصے میں آ گئی جو کہ پہلے ہی پولس کے خلاف نفرت سے بھری ہوئی تھی۔ وہ پولس رسول کو ہیکل سے گھسیٹ کر باہر لے گئے۔ جب وہ اُسے مار ڈالنے کی کوشش کر رہے تھے، رومی پلٹن کے کانوں تک بھی یہ خبر پہنچ گئی۔ اُس نے فوری طور پر سپاہیوں کو بھیجا کہ وہ صورتحال پر قابو پا کر امن و امان کو بحال کریں۔ پولس موت سے بال بال بچا۔ اِس کی بجائے اُسے زنجیروں میں باندھ کر رومی سپاہیوں کے حراست میں رکھا گیا۔

جب حاکم نے بھیڑ سے پوچھا کہ وہ کیوں پولس کو مار ڈالنا چاہتے تھے۔ تو بھیڑ میں سے کسی نے کچھ اور کسی نے کچھ کہا، حاکم حقیقت تک نہ پہنچ سکا۔ اُس نے پولس رسول کو وہاں سے لے کر قلعہ میں رکھنے کا فیصلہ کیا۔ یہ بات اُس بھیڑ کو بالکل اچھی نہ لگی۔ بائبل مقدس بیان کرتی ہے کہ وہ اِس قدر مشتعل ہو گئے کہ جب وہ سیڑھیوں کے قریب پہنچا تو سپاہیوں کو اُسے اُٹھا کر لے جانا پڑا تا کہ اُسے ہجوم کی مار پیٹ سے بچا سکیں۔ بھیڑ اُس کے پیچھے یہ چلاتی ہوئی گئی کہ اُس کا کام تمام کر۔

پولس رسول کے لئے حالات اور ماحول خراب ہوتا جا رہا تھا۔ اُس نے بھی ہار ماننے سے انکار کر دیا۔ وہ ہجوم کی جھوٹی اور غم و غصے سے بھری باتوں کا سامنا کرنے کے لئے تیار تھا۔ وہ خداوند یسوع مسیح کے لئے مار پیٹ، باندھے جانے اور حتیٰ کہ مارے جانے کے لئے بھی تیار تھا۔ اُس کو کئی ایک مواقع ملے کہ وہ ایسے حالات و واقعات سے کنارہ کشی کر لے تو بھی اُس نے ایسا نہ کیا۔ ایمانداروں نے اُسے خبردار بھی کیا اور اُس کی یروشلیم جانے کے لئے حوصلہ شکنی بھی کی تا کہ وہ آزمائشوں اور دُکھوں سے بچ جائے۔ جیسے بھی حالات و واقعات خداوند کی طرف سے اُس کے لئے مقرر ہو چکے تھے وہ اُن کا سامنا کرنا چاہتا تھا۔ پولس رسول کسی طور پر بھی اپنی توجہ اور خیالات میں منتشر اور بے قرار نہ ہوا۔ وہ اپنی زندگی کے لئے خدا کی کامل مرضی چاہتا

تھا۔اور وہ اُس کے لئے ہر طرح کی قیمت بھی ادا کرنا چاہتا تھا۔

چند غور طلب باتیں

☆۔کیا آپ نے کبھی حالات و واقعات کا سامنا کرنے کی بجائے کبھی آسان راہ اختیار کرنے کی کوشش کی؟اِس کے لئے چند ایک مثالیں پیش کریں۔

☆۔اِس حوالہ میں پولس رسول نے کلیسیائی بزرگوں کی باتوں پر کان نہ لگانے کا چناؤ کیا۔اِس سے ہمیں خدا کی مرضی میں امتیاز کرنے کے تعلق سے کیا سیکھنے کو ملتا ہے؟
دوسروں کی مشورت نے خدا کی مرضی کو سمجھنے میں ہماری زندگی میں کیا کردار ادا کیا؟

چند اہم دُعائیہ نکات

☆۔خداوند سے اپنی آزمائشوں پر غالب آنے کے لئے جرأت کے حصول کے لئے دُعا کریں۔

☆۔خداوند سے امتیاز کی روح مانگیں تاکہ آپ اُس کی مرضی اور راہنمائی میں امتیاز کرتے ہوئے دیگر آوازوں میں سے اُس کی آواز کو پہنچان سکیں۔

☆۔خداوند کے شکرگزار ہوں کہ آپ کی آزمائشوں میں بھی اُس نے آپ کے ساتھ رہنے کا وعدہ کیا ہے۔اُس خاص وقت کے لئے بھی اُس کی شکرگزاری کریں جب آپ نے اپنی زندگی میں کسی خاص مشکل کی گھڑی میں اپنے اوپر اُس کے ہاتھ کا تجربہ کیا۔

باب 37

بھیڑ کے سامنے پولس رسول کا دفاع

پڑھیں، اعمال 21:37 -22:29

پولس رسول نے اپنی خدمت کے دفاع میں ایک لمبی تقریر کا آغاز کیا۔ اعمال کی کتاب کے بقیہ ابواب میں آپ پولس رسول کو یروشلیم کے لوگوں کے سامنے چھ بار دفاع کرتے ہوئے دیکھیں گے۔ صدر عدالت، فیلکس، فیستس، اگرپا اور بالاخر قیصر کے سامنے بھی پولس رسول اپنے دفاع میں بولتا ہوا نظر آتا ہے۔ آئیں پہلے دفاع پر غور کریں۔ یہاں پر پولس رسول یروشلیم کے لوگوں کے سامنے کھڑا ہوا ہے جو بہت زیادہ غم و غصے کی حالت میں ہیں۔

پولس رسول کو گرفتا کیا گیا تھا۔ سپاہیوں کو سیکیورٹی خدشات کی وجہ سے پولس رسول کو اُٹھا کر لے جانا پڑا تا کہ غصے سے بھری ہوئی بھیڑ سے اُس کو بچا کر لے جائیں۔ یوں لگتا ہے کہ سارا شہر ہی پولس رسول کے خلاف اُٹھ کھڑا ہوا تھا۔ اِن حوصلہ شکن حالات و واقعات کے باجود پولس رسول بھیڑ سے کلام کرنا چاہتا تھا۔ اُس نے حاکم سے اجازت چاہی تا کہ وہ بھیڑ سے ایک دو باتیں کر سکے۔ حاکم کو یہ جان کر بہت حیرت ہوئی کہ پولس رسول یونانی بول سکتا ہے۔ کیوں کہ اُس نے سمجھا تھا کہ پولس رسول ایک مصری دہشت گرد ہے۔ جس نے اِن واقعات سے قبل لگ بھگ چار ہزار دہشت گردوں کو اپنے ساتھ بغاوت میں ملا لیا تھا۔

(آیت 38)

جب حاکم کو احساس ہوا کہ پولس رسول ایک مصری دہشت گرد نہیں ہے۔ تو حاکم نے اُسے بولنے کی اجازت دی، حاکم کو اِس بات میں دلچسپی تھی کہ وہ پولس رسول کو اپنے دفاع میں کچھ

کہتا ہوا سنے۔ پولس رسول ہی رونما ہونے والے واقعات کے تعلق سے وضاحت سے سمجھا سکتا تھا۔ یہ الگ بات ہے کہ بھیڑ میں کھڑے لوگ پولس کی باتوں سے متفق نہیں تھے۔

جب پولس رسول کو بولنے کی اجازت مل گئی، پولس رسول نے سیڑھیوں پر کھڑے ہو کر بھیڑ کو خاموش ہونے کا اشارہ کیا۔ اگرچہ اُس نے حاکم سے یونانی زبان میں بات کی تھی، لیکن اُس روز جمع ہونے والے یہودیوں سے اُسے ارامی زبان میں بات کرنا پڑی۔ یہ بات بڑی دلچسپی کی حامل ہے کہ پولس رسول نے اُس غلط فہمی کے تعلق سے کچھ بیان نہ کیا جس کی وجہ سے اُس روز یہ سارا بلوہ ہوا تھا۔ یہ ہنگامہ آرائی اِس غلط فہمی کی وجہ سے شروع ہوئی تھی کہ پولس رسول کیوں ہیکل میں داخل ہوا ہے۔ اگر میں پولس رسول کی جگہ پر ہوتا، تو میں نے تو اِس حقیقت پر ہی زور دینا تھا کہ یہ سب کچھ ایک غلط فہمی کا نتیجہ ہے۔ ہو سکتا ہے کہ میں بھیڑ کو یہ بتاتا کہ میں موسیٰ کی شریعت کے خلاف نہیں ہوں، جیسا کہ وہ سمجھتے ہیں۔ یوں لگتا ہے کہ پولس رسول کو اِن معاملات پر بات کرنے میں کوئی دلچسپی نہیں تھی۔ اُس کی دلچسپی بھیڑ کو اپنی خداوند یسوع مسیح میں ملنے والی نجات کی گواہی دینے میں تھی۔

پولس رسول نے بھیڑ کو اپنی ماضی کی زندگی کے بارے میں جانکاری دیتے ہوئے اپنی تقریر کا آغاز کیا۔ اُس نے لوگوں کو بتایا کہ وہ پیدائشی یہودی ہے جو ترسُس میں پیدا ہوا لیکن اُس کی پرورش یروشلیم میں ہوئی۔ اُس نے اپنے دَور کے ایک عظیم ترین اور باثر اساتذہ سے تعلیم پائی، جس کا نام گملی ایل تھا۔ رہی بات موسیٰ کی شریعت کے تعلق سے جوش و جذبے کی، پولس رسول نے اُنہیں بتایا کہ وہ اِس حد تک پُرجوش تھا کہ مسیحیوں کو ستاتا تھا اور اُنہیں پکڑ پکڑ کر قید خانوں میں ڈلواتا تھا۔ اور چاہتا تھا کہ وہ مارے جائیں۔

اُس نے یہ بھی کہا کہ سردار کاہن اور یہودی اربابِ اختیار چاہیں تو اِس بات کے گواہ بھی ہو سکتے ہیں کہ اُسے اُن کی طرف سے دمشق کو جانے کا اجازت نامہ بھی ملا تھا تاکہ یسوع مسیح کے پیروکاروں کو پکڑ کر اُنہیں یروشلیم لائے تاکہ اُن پر مقدمہ چلایا جا سکے۔

پولس رسول اُس یہودی تحریک کا قائد تھا جو دُنیا کو مسیحیوں سے پاک کرنا چاہتی تھی۔

پولس رسول نے مزید وضاحت کرتے ہوئے کہا کہ جب وہ دمشق کی راہ پر جارہا تھا۔ تو آسمان سے ایک بہت تیز روشنی اُس کے گرادگرد چمکی اور اُسے زمین پر گرادیا۔ اُس نے ایک آواز بھی سنی جو اُسے پکار پکار کر کہہ رہی تھی۔ ''اَے ساؤل! اَے ساؤل! تو مجھے کیوں ستاتا ہے؟'' (7 آیت) پولس رسول کو علم نہیں تھا کہ کون اُس سے مخاطب ہے۔ پس اُس نے اُس شخص سے پوچھا کہ وہ کون ہے۔ اُس آواز نے اُسے جواب دیا، ''میں یسوع ناصری ہو جسے تو ستاتا ہے۔'' (8 آیت) اُس روز پولس کے ہم سفر ساتھی بھی اُس روشنی کے آسمان سے چمکنے کے چشم دید گواہ تھے، اگرچہ وہ اِس بات کو تو نہیں سمجھتے کہ وہ آواز اُسے کیا کہہ رہی ہے۔

پولس رسول نے بھیڑ کو بتایا کہ اِس واقعہ کے بعد، وہ پہلے جیسا نہ رہا۔ خداوند یسوع مسیح کے ساتھ اُس کی ملاقات نے اُس کی زندگی کو یکسر بدل دیا۔ اُس روز پولس نے خداوند سے کہا تھا، ''میں کیا کروں؟'' خداوند نے اُسے کہا تھا کہ وہ شہر میں جا کر ہدایات ملنے کا انتظار کرے۔ پولس رسول کے ہم سفر دوست اُسے ہاتھ سے پکڑ کر دمشق شہر میں لے گئے۔ اُس کی آنکھیں اُس روشنی سے اِس قدر چندھیا گئی تھیں کہ وہ دیکھنے کے قابل نہ رہا۔ خداوند یسوع مسیح نے اُسے اپنا اسیر بنالیا تھا۔

جب پولس رسول دمشق میں انتظار کر رہا تھا، حننیاہ نام کا ایک شخص اُس سے ملاقات کرنے کے لئے آیا، حننیاہ شریعت کا بڑا پابند شخص تھا۔ پولس رسول نے اِس بات پر زور دیا کہ اینیاس اپنے علاقہ کے یہودیوں کے درمیان بڑی عزت اور مقام رکھتا تھا۔ ممکن ہے کہ یروشلیم کے لوگوں نے بھی حننیاہ کے تعلق سے سن رکھا ہوگا۔ اینیاس کے وسیلہ سے ہی پولس کی بینائی دوبارہ بحال ہوئی تھی۔ حننیاہ کو خداوند کی طرف سے کلام ملا اور اُس نے پولس رسول کو مطلع کیا کہ خدا نے اِس لئے اُسے چنا ہے کہ جو باتیں اُس نے دیکھی اور سنی ہیں وہ اُن کی گواہی دے۔

یہ کون سی باتیں تھیں؟ حننیاہ پولس رسول کی خداوند کے ساتھ ملاقات کا حوالہ دے رہا

تھا۔ پولس رسول کے ذہن میں کوئی شک و شبہ نہیں تھا کہ یسوع واقعی زندہ ہے۔ پولس رسول کو خدا نے اِسی حقیقت کی گواہی کے لئے بلایا تھا۔ پھر حننیاہ نے یسوع مسیح کے پیروکار کے طور پر پولس رسول کو بپتسمہ پانے کا حکم دیا۔ اور کہا کہ وہ خداوند کے نام سے گناہوں کی معافی پائے۔

یہاں پر کیسی خوبصورت تصویر دکھائی دیتی ہے۔ پولس رسول کلیسیا کو ستانے کی وجہ سے خدا کے حضور گنہگار ہوا تھا۔ پولس رسول کی وجہ سے بہت سے ایمانداروں کو اپنی زندگیاں گنوانی پڑیں، کئی ایک کو مارا پیٹا گیا اور بعضوں کو قید خانوں کی ہوا بھی کھانی پڑی۔ پولس رسول کے گھنونے جرائم کی وجہ سے، خدا نے اُسے اُسی یسوع مسیح کے نام سے گناہوں کی معافی کی پیش کش کی جسے وہ ستاتا چلا آ رہا تھا۔ خواہ ہمارا ماضی کیسا ہی کیوں نہ ہو، آج بھی ہمارے لئے گناہوں کی معافی موجود ہے۔

پولس رسول نے بھیڑ کو اپنی کہانی بتانے کا سلسلہ جاری رکھا۔ وہ دمشق سے روانہ ہو کر یروشلیم آ گیا، رویا میں خدا نے اُس پر عیاں کیا کہ وہ یروشلیم سے چلا جائے کیوں کہ یہودی اُس کے پیغام کو قبول نہیں کریں گے۔ اُسے غیر قوموں کے پاس جا کر انہیں یسوع مسیح کے وسیلہ سے گناہوں کی معافی کا پیغام سنانا تھا۔

اِس مختصر سی گواہی میں، پولس رسول نے یہ بیان کر دیا کہ کس طرح اُس نے خداوند یسوع مسیح کو جانا اور کیسے اُسے خدمت کرنے کی توفیق ملی۔ خدا کے حضور اُس کا ضمیر بالکل صاف تھا۔ وہ اپنی زندگی میں خدا کی بلاہٹ کے تعلق سے بالکل تابع فرمان رہا۔ بھیڑ نے اُس وقت تک اُس کی گواہی سنی جب اُس نے کہا کہ خدا نے اُسے غیر اقوام کے لئے بھیجا ہے۔ اِس بات پر بھیڑ کا قہر و غضب اور بھی زیادہ ہو گیا۔ وہ چلانے لگے۔ ”ایسے شخص کو زمین پر سے فنا کر دے۔“ (22 آیت) اِس بات پر وہ خاک اُڑانے لگے۔

یہ سب کچھ پولس رسول اور اُس کے پیغام کے خلاف اظہار نفرت تھا۔

جو کچھ ہو رہا تھا، وہ سب دیکھ کر حاکم نے پولس رسول کو قلعہ میں لے جانے کا حکم دیا۔ اُس نے حکم دیا کہ اُسے کوڑے مارے جائیں اور مزید تفتیش کی جائے تا کہ معلوم ہو کہ یہ سب ہنگامہ آرائی کس وجہ سے ہو رہی ہے۔ جب پولس رسول کو کوڑے مارنے کی تیاری ہو رہی تھی تو اُس نے پوچھا کہ کیا کسی رومی شہری کو کوڑے مارنا روا ہے جب حاکم کو معلوم ہوا کہ پولس پیدائشی رومی ہے۔ تو وہ چونک گیا۔ کیوں کہ مناسب مقدمے بازی اور آخری فیصلے تک اُسے کسی رومی شہری کو کوڑے مارنے کا کوئی اختیار نہیں تھا۔ اِس کا نتیجہ یہ نکلا کہ پولس رسول اِس بدسلوکی سے صاف بچ گیا۔

اگرچہ یروشلیم کے لوگوں کے دل تبدیل نہیں ہوئے تھے، تو بھی پولس رسول کو خداوند کی طرف سے موقع ملا کہ وہ اُن لوگوں کے درمیان مسیح کی گواہی دے سکے جو اُس کی جان کے خواہاں تھے۔ پولس کا مدعا و مقصد اپنا دفاع نہیں بلکہ اُن کے درمیان مسیح کی منادی کرنا اور اُس خدمت کو سر انجام دینا تھا جو اُسے اُس کی طرف سے ملی تھی۔ اِس مقدمے اور عدالت میں خدا کی حضوری پولس رسول کے ساتھ تھی۔ بھیڑ نے پولس رسول کو مار ڈالنے کی ناکام کوشش کی تھی۔ فوجداری کے حاکم نے پولس رسول کو کوڑے مروانے کی کوشش کی تھی۔ لیکن جب اُسے پولس کی شہریت معلوم ہوئی تو وہ ایسا کرنے سے باز رہا۔ مجھے اِس بات کا بہت زیادہ یقین ہے کہ پولس رسول اپنی زندگی کے اِس اہم لمحہ میں اپنے ساتھ خدا کی حضوری سے بہت زیادہ واقف اور آگاہ تھا۔ مجھے یقین ہے کہ اُس کا دل خدا کے گہرے اطمینان اور سکون سے معمور تھا۔ وہ جانتا تھا کہ اُس کے ساتھ کچھ واقع نہیں ہو سکتا جب تک خدا کسی چیز کی اجازت نہ دے۔ پولس رسول نے زندگی کے اِس تکلیف دہ، پریشان کن اور مصیبت کے وقت میں، اُس نے اپنے آپ کو خدا کی محافظت کے سپرد کیا۔ پولس رسول نے معاملات کو اپنے ہاتھ میں لینے کی کوئی ضرورت محسوس نہ کی۔ اُس نے اپنے دفاع میں کوئی بات نہ کی۔ خدا ہی اُس کا محافظ اور مددگار تھا۔ پولس نے پورے طور پر خداوند پر توکل اور بھروسہ کیا۔ خدا کرے کہ ہم بھی

اپنی زندگی میں آنے والی مشکلاوت اور مسائل میں ایسے ہی تجربہ سے گزر سکیں!

چند غور طلب باتیں

☆۔ کئی آپ کی زندگی میں ایسے وقت آئے جب آپ اپنے خلاف جھوٹے الزامات کے خلاف اپنا دفاع کرنے کے لئے مجبور ہو گئے؟ کب اپنے دفاع میں کھڑے ہونا ضروری اور کب معاملات خدا کے ہاتھوں میں دے دینا ضروری ہوتا ہے؟

☆۔ پولس رسول کو اس بات کی فکر نہیں تھی کہ لوگ اُس کے بارے کیا سوچتے ہیں، اُسے انجیل کی منادی کے تعلق سے زیادہ فکرمندی تھی۔ وضاحت کریں کہ دوسروں کا مقبول نظر ہونے کی خواہش کس طرح بالاخر ہماری زندگی کے لئے ایک پھندہ ثابت ہوسکتی ہے۔

☆۔ آپ کو اِس حقیقت سے کیا حوصلہ افزائی ملتی ہے کہ خداوند یسوع مسیح آپ کو آپ کے اِردگرد کے لوگوں کے لئے ایک گواہ کے طور پر استعمال کرنا چاہتا ہے۔

☆۔ آزمائشوں اور ایذارسانیوں کے دَور میں خداوند کی محافظت کے تعلق سے یہ حوالہ ہمیں کیا سکھاتا ہے؟

چند اہم دُعائیہ نکات

☆۔ خداوند کی شکرگزاری کریں کہ اگرچہ دوسرے لوگ ہمارے دلی محرکات کو نہ بھی سمجھیں، خدا ہماری نیت سے واقف ہوتا ہے۔

☆۔ خداوند سے مدد اور توفیق مانگیں تاکہ آپ اپنے تعلق سے دوسروں کی باتوں اور طرزِ فکر سے آزاد ہوسکیں۔ ''دُنیا کب چپ رہتی ہے۔ کہنے دو جو کہتی ہے۔''

☆۔ خداوند سے بڑی جرأت اور دلیری مانگیں تاکہ آپ پولس رسول کی طرح خداوند کے لئے قائم اور ثابت قدم رہ سکیں۔

☆۔ اپنی زندگی پر خداوند کی محافظت بھرے ہاتھ کے لئے اُس کی شکرگزاری کریں۔

باب 38

صدرِ عدالت کے سامنے پولس رسول کا دفاع

پڑھیں، اعمال 30:22 اور 35:23

پولس رسول بھیڑ کے سامنے کھڑا ہوا اور اپنا دفاع پیش کیا۔ فوجداری کا حاکم ابھی تک پولس کے جرم کے تعلق سے بے یقینی کی حالت میں تھا۔ لیکن اُسے اِتنا معلوم تھا کہ پولس رسول پر بعض مذہبی قسم کی باتوں کو الزامات لگائے گئے ہیں۔ رومی افسران بالا نے یہودی راہنمائوں، سردار کاہنوں یہودی کونسل کا ایک اجلاس طلب کر لیا۔ چونکہ معاملات یہودی مذہب کے تعلق سے تھے، اس لئے فوجداری کا حاکم اپنے طور سے اُن کے تعلق سے کوئی فیصلہ صادر نہیں کر سکتا تھا۔ پولس رسول کے تعلق سے نفرت اِس قدر شدید تھی کہ اُس کی وضاحت سے جاننا بہت ضروری تھی۔

جب سردار کاہن اور صدر عدالت والے جمع ہو گئے۔ تو پولس رسول کو اُن کے سامنے پیش کر کے کہا گیا کہ وہ اپنا دفاع پیش کرے۔ پولس اُس وقت بڑی مشکل میں پھنس گیا جب اُس نے کہا کہ خدا کے حضور اُس کا ضمیر بالکل صاف ہے۔ سردار کاہنوں کو اِس بات کا یقین بھی نہیں تھا کہ پولس رسول ایسی بات کہے گا کیوں کہ وہ غیر قوموں کے درمیان خدمت کرتا رہا تھا۔ اگرچہ وہ خدا کے حضور یہودیوں کے برابر درجہ رکھتے تھے۔ پولس رسول پر الزام یہ تھا کہ وہ غیر قوم کے لوگوں کو ہیکل میں لایا اور یہ دعوی بھی کیا کہ مسیح آ چکا ہے۔ پولس رسول کیسے کہہ سکتا تھا کہ اُس کا ضمیر خدا کے حضور بالکل پاک اور صاف ہے۔ سردار کاہن نے حکم دیا کہ اِس طرح کی کفر سے بھری اور متکبرانہ باتیں کرنے پر پولس کے تھپڑ مارا جائے۔ یہ

بات بالکل واضح ہے کہ یہ کونسل پہلے سے ہی پولس رسول کے تعلق سے ایک ذہن بنا چکی تھی۔
پولس رسول کو علم نہیں تھا کہ حکم دینے والا شخص سردار کاہن ہے۔ پولس رسول نے اُس سردار کاہن کو ریاکار کہا، جب کسی نے پولس رسول کو بتایا کہ وہ سردار کاہن ہے تو پولس رسول نے فوری طور پر تسلیم کیا کہ اُس نے سردار کاہن کے خلاف بول کر غلطی کی ہے۔ اِس معاملہ میں ہم پولس رسول کی حلیمی اور فروتنی کو دیکھتے ہیں۔ وہ یہ تسلیم کرنے سے نہ ڈرا کہ وہ غلط ہے۔
یہاں پر ہمارے لئے ایک چیلنج ہے، ہمیں اُن لوگوں کے تعلق سے کسی بھی طرح کی تنقید کرنے کے تعلق سے کس قدر محتاط ہونے کی ضرورت ہے جنہیں خدا نے اختیار کے مقام پر رکھا ہے۔ یہ سچ ہے کہ ہم اُن کے کاموں کے ساتھ متفق نہ ہوں، لیکن خدا کہتا ہے کہ ہم اُن کے رُتبے اور مقام کی وجہ سے اُن کے لئے عزت و احترام کا روّیہ اپنائیں۔ (خروج 28:22) پولس رسول نے اپنے گناہ کو تسلیم کر کے اُس کا اقرار بھی کیا۔ کتنی ہی بار ہم اپنے سیاسی راہنمائوں اور مذہبی قائدین کے تعلق سے بڑی بے باکی سے باتیں کر جاتے ہیں؟ خدا ہمیں اپنے برگزیدہ لوگوں کے تعلق سے عزت و احترام کا روّیہ اختیار کرنے کی توفیق دے۔
پولس رسول جانتا تھا کہ صدر عدالت، صدوقیوں اور فریسی لوگوں پر مشتمل ہوتی ہے۔ صدوقی مردوں کے جی اُٹھنے پر ایمان نہیں رکھتے تھے۔ نہ ہی وہ فرشتوں اور روحوں کے وجود پر یقین رکھتے تھے۔ اِس کے برعکس فریسی اُن دونوں حقائق پر ایمان رکھتے تھے۔ پولس رسول نے اُن دونوں گروہوں کے سامنے اپنا دفاع جاری رکھا، اُس نے اُنہیں آگاہ کیا کہ وہ ایک فریسی ہے۔ اور وہ مُردوں کی قیامت کی اُمید کی وجہ سے اُس پر مقدمہ ہو رہا ہے۔ اِس بیان سے پوری مجلس انتشار کا شکار ہو گئی۔ اِس سے صدوقی فریسیوں کے خلاف ہو گئے۔ فریسی مردوں کی قیامت کے تعلق سے اپنے ایمان پر قائم رہے۔ اُنہوں نے کہا، ''ہم اس آدمی میں کچھ برائی نہیں پاتے۔؟'' یہ بیان صدوقیوں کو بہت ناگوار گزرا۔ جھگڑا گرما گرمی اختیار کر

گیا۔ جو کچھ ہو رہا تھا، فوجداری کا حاکم سن رہا تھا۔ اُس نے اندازہ لگالیا کہ اگر پولس رسول بھیڑ میں رہا تو لوگ اُسیختم کر ڈالیں گے۔ اُس نے حکم دیا کہ پولس رسول کو واپس قلعہ میں پہنچا دیا جائے۔

اِن ساری باتوں میں، خدا کی حضوری بڑے گہرے طور پر دکھائی دیتی ہے۔ خدا نے اُسی عدالت سے پولس رسول کا بچالیا جس نے ہمارے خداوند کے خلاف سزائے موت کا حکم صادر فرمایا تھا۔ خدا نے کونسل کے اراکین کے خیالات کو منتشر کر دیا اور یوں پولس رسول کو صاف بچالیا۔

اِن واقعات کے بعد، خداوند پولس رسول پر ظاہر ہو کر اُسے کہا کہ وہ مضبوط ہو، حوصلہ نہ ہارے کیوں کہ اُس نے روم میں بھی اِسی طرح گواہی دینی ہے جس طرح اُس نے یروشلیم میں گواہی دی تھی۔ ہمیں نمایاں طور پر یہ تاثر ملتا ہے کہ خدا پولس رسول اور اُس کے نام کی گواہی دینے کی وفاداری سے خوش تھا۔

اگلی صبح، اِس بات پر غور کرتے ہوئے کہ صدر عدالت پولس کے تعلق سے کسی فیصلے پر نہیں پہنچی ، یہودیوں کے ایک ٹولے نے تہیہ کر لیا کہ جب تک وہ پولس رسول کا کام تمام نہ کر لیں گے، نہ تو وہ کچھ کھائیں گے اور نہ ہی کچھ پئیں گے۔ اِس قسم میں شامل ہونے والے لوگوں کی تعداد چالیس سے زیادہ تھی۔ وہ اپنے منصوبہ کو سردار کاہن اور بزرگوں کے پاس لائے، گویا کہ وہ مزید تفتیش وتحقیق کرنا چاہتے ہیں۔ اُن چالیس لوگوں نے پولس کی گھات میں بیٹھنے کا فیصلہ کر لیا تاکہ صدر عدالت پہنچنے سے پہلے اُس کو جان سے مار ڈالیں۔ کوئی بھی شخص اُن مذہبی راہنمائوں کی روحانی حالت کے تعلق سے حیران ہی ہو سکتا ہے۔ جو اِس طرح کی قاتلانہ سازش میں شریک ہوئے تھے۔

کونسل اِس بات کو سمجھ ہی نہ پائی کہ خدا خود پولس رسول کی محافظت کر رہا تھا۔ پولس رسول کی محافظت خود خدا ہی کر رہا تھا۔ خدا کی مرضی سے پولس رسول کے بھانجے نے اِس سازش کو سن

لیااور جا کر پولس کو اِس تعلق سے بتایا۔ پولس نے ایک سپاہی سے کہا کہ وہ اُس جوان کو حاکم کے پاس لے جائے۔ پولس رسول کے بھانجے کی باتیں سننے کے بعد، حاکم نے پولس کے بھانجے کو یہ کہہ کر بھیج دیا کہ وہ کسی کو اِس بارے میں نہ بتائے۔

حاکم نے دوسپاہیوں کو بلا کر کہا کہ دوسو سپاہیوں کی پلٹن، ستر پیادے اور دوسو نیزہ بردار تیار رہے تاکہ وہ آج رات پولس کے ساتھ قیصر یہ کو روانہ ہوسکیں۔ تاکہ پولس کو فیلکس گورنر کے سامنے پیش کرسکیں۔ حاکم نے سپاہیوں کو فیلکس کے لئے ایک خط بھی دیا جس میں وضاحت کی گئی کہ یہودی پولس رسول کی جان کے پیچھے ہاتھ دھو کر پڑے ہوئے ہیں۔ اُسے ایک بار سپاہیوں کی پلٹن نے بچالیا۔ خط میں یہ بھی لکھا تھا کہ وہ دریافت نہیں کرسکا کہ یہودی اُس پر کیوں الزام تراشی کرتے ہیں۔ پس وہ اُسے صدر عدالت والوں کے سامنے لایا، نہ ہی کونسل نے اور نہ ہی خود حاکم نے پولس کے خلاف کوئی ایسی بات دریافت کی ہے جس سے وہ سزائے موت یا قید کی سزا کا حقدار ٹھہرے۔ جب حاکم کو علم ہوا کہ پولس کے خلاف سازش تیار ہوچکی ہے تو اُس نے فیصلہ کیا کہ اُس مقدمے کے لئے اُسے فیلکس گورنر کے پاس بھیج دے۔

سپاہی اُسی رات پولس کو لے کر انتپاس آگئے۔ اگلے دن وہ قیصر یہ پہنچے۔ پولس اور خط کو فیلکس کے سپرد کرنے کے بعد، سپاہی یروشلیم واپس لوٹ آئے۔ فیلکس پولس کو قید خانہ میں رکھ کر اُس پر الزام لگانے والوں کی آمد کا انتظار کرنے لگا۔

ہمیں یہ دیکھ کر کس قدر حیرت ہوتی ہے کہ خدا کس طرح پولس کو اُن لوگوں سے بچاتا چلا آیا جو اُس کی جان لینے کے درپے تھے۔ خدا نے پولس کے گرد ایک باڑ لگا رکھی تھی تاکہ دشمن اُسے چھونے نہ پائے۔ خدا ہمیشہ دشمن کو اُلجھا تا رہا اور اُنہیں کسی بات کی سمجھ ہی نہ آنے دی۔ پولس رسول اپنے دشمنوں کے منصوبوں کو بار بار ناکام ہوتے دیکھ کر اپنے آپ میں مسکراتا ہو گا۔

پولس رسول کی اِس آزمائش سے ہم کیا سبق سیکھتے ہیں؟ اُس کے دشمن اُس کے خلاف کچھ بھی تو

نہیں کر سکتے تھے۔ جیسا خدا نے وعدہ کیا تھا پولس کا روم جانا طے پا چکا تھا۔ اِس سارے مقدمے پر خدا ہی ہمیں قادر اور غالب نظر آتا ہے۔ آج آپ کیسی آزمائش سے دوچار ہیں؟ خدا آپ کی آزمائش اور آپ کے خلاف دشمن کی چالوں پر غالب اور قادر ہے۔ پولس کے دشمنوں کے وسیلہ سے خدا اپنی کامل مرضی کو پورا کر رہا تھا۔ خدا آپ کی زندگی میں بھی ایسا ہی کرے گا۔

چند غور طلب باتیں

☆ ۔ یہ حوالہ ہمیں اِس تعلق سے کیا سکھاتا ہے کہ خدا کس طرح اپنے لوگوں کی نگہبانی کرتا ہے؟

☆ ۔ اِس حوالہ کی روشنی میں خدا نے کس طرح پولس رسول کے دشمنوں پر اپنی حاکمیت اعلیٰ کو ثابت کیا؟ آپ کو اِس سے کیا حوصلہ ملتا ہے؟

چند اہم دُعائیہ نکات

☆ ۔ اُن وقتوں کے لئے خدا سے معافی مانگیں جب آپ نے اُس کی محافظت اور اپنے لئے اُس کی فکرمندی پر شک کیا۔

☆ ۔ اِس بات کے لئے خدا کی شکر گزاری کریں کہ اِس وقت آپ جیسی بھی آزمائش سے گزر رہے ہیں وہ آپ کی نگہبانی اور محافظت کر رہا ہے۔

باب 39

فیلکس کے سامنے پولس رسول کا دفاع

پڑھیں، اعمال 24:1-27

پولس سپاہیوں کے پہروں میں تھا، اَب اُس کے مدعیوں کا انتظار تھا۔ وہ جلد ہی وہاں پر آپہنچے۔ پانچ دن کے اندر اندر سردار کاہن حننیاہ، کچھ بزرگ اور ایک وکیل جس کا نام ترطلس تھا قیصریہ میں آپہنچے جہاں پر پولس رسول قید تھا۔ یہ سارا وفد پولس رسول کے خلاف الزامات ثابت کرنے آیا تھا۔ ترطلس وکیل نے اپنا مقدمہ گورنر فیلکس کے سامنے پیش کیا۔

غور کریں کہ ترطلس نے کس طرح اپنے مقدمہ کا آغاز کیا۔ اُس نے فیلکس کی اعلیٰ قیادت پر اُس کی ستائش سے آغاز کیا۔ اُس نے گورنر صاحب کو یاد دلایا کہ کس طرح یہودی اُس کی قیادت میں پُرامن طریقے سے رہتے رہے ہیں۔ ترطلس نے فیلکس کی تعریف کی اور اُس کے بہت سے اچھے کاموں کے لئے اُس کا شکریہ بھی ادا کیا۔ وکیل کی یہ باتیں سراسر خوشامد پر مبنی باتیں تھیں۔ کیوں کہ فیلکس گورنر بہت ہی ظالم و جابر راہنما تھا۔

فیلکس کی ستائش کرنے کے بعد، ترطلس نے مدعا بیان کرنا شروع کیا۔ اُس نے پولس کو ایک فسادی کے طور پر پیش کیا۔ اور بیان کیا کہ یہ بغاوت پیدا کرتا اور ناصری فرقے کا سرغنہ ہے۔ (اُس وقت تک لوگ مسیح پر ایمان رکھنے والوں کو مسیحی نہیں کہتے تھے) اور ہیکل کی بے حرمتی کرتا ہے۔ اگر یہ الزامات درست ہوتے اور ثابت بھی ہو جاتے تو پولس رسول نے بڑی مشکل اور مصیبت میں پھنس جانا تھا۔ اُس وکیل کے ساتھ آئے ہوئے وفد کے دیگر لوگوں نے

بھی اُن الزامات کی تصدیق کی۔

دستور کے موافق پولس رسول کو بھی اپنے دفاع میں بولنے کا موقع دیا گیا۔ پولس رسول نے جھوٹی خوشامد اور تعریفی الفاظ سے اپنی بات کا آغاز نہ کیا۔ اُسے اِس بات کی خوشی تھی کہ اُسے گورنر فیلکس کے سامنے اپنے دفاع میں بولنے کا موقع ملا ہے کیوں کہ فیلکس ایک عرصہ سے گورنر تھا اور اَب تک اُسے یہودیوں کے طور طریقوں کی کافی سمجھ بوجھ حاصل ہو گئی تھی۔ فیلکس نے یہودیوں اور مسیحیوں کے درمیان پیدا ہونے والے ذہنی کھچاؤ اور تناؤ کو بھی محسوس کیا ہو گا۔ اِس علم اور معلومات کی بنا پر فیلکس کو یہ سمجھنے میں مدد ملی ہو گی کہ یہودی کیوں اِس قدر پریشان اور ذہنی طور پر مضطرب ہیں۔

پولس رسول نے فیلکس صاحب کو بتایا کہ بارہ دن پہلے وہ ہیکل میں عبادت کے لئے گیا تھا۔ یہودیوں نے اُسے کسی کے ساتھ نہ تو بحث کرتے اور نہ کسی کو عبادت خانہ میں بھیڑ کو کسی کے خلاف بغاوت کرتے ہوئے پایا۔ پولس نے فیلکس گورنر کو بتایا کہ جن باتوں کا وہ اُس پر الزام لگاتے ہیں، اُن میں سے کسی ایک کا اُن کے پاس ثبوت نہیں ہے۔ کوئی ایسا الزام نہ تھا جس کی پولس رسول تردید نہ کر سکا۔ وہ ناصری فرقے کا ایک رُکن تھا۔ (جیسا کہ وہ اُسے ناصری بھی کہتے تھے) پولس رسول نے اِس بات کا انکار نہ کیا کہ وہ یسوع مسیح کا پیروکار ہے۔ پولس نے اِس بات کا بھی اقرار و اعتراف کیا کہ وہ ایمان رکھتا ہے کہ عہد عتیق کے انبیاہ نے پہلے سے مسیح کی آمد کی پیش گوئی کی تھی۔ پولس رسول نے نیکوں اور بدوں کی قیامت میں ایک اُمید کا ذکر کیا۔ پس وہ خدا اور انسان، دونوں کے سامنے صاف ضمیر کے ساتھ زندگی بسر کرنے کا خواہش مند تھا۔ اِس مختصر سے بیان میں، پولس رسول نے فیلکس کو بتایا کہ یسوع پرانے عہد نامہ کے انبیاہ کی پیش گوئیوں کے مطابق مسیح ہے۔ اُس نے فیلکس کو یہ بھی بتایا کہ وہ دوبارہ اِس دُنیا کی عدالت کے لئے آنے والا ہے۔ ہر کسی کو اُس کی آمد ثانی کے لئے تیار ہونے کی ضرورت ہے۔ پولس رسول مسیح میں اپنی اُمید کے تعلق سے شرماتا نہیں تھا۔ اُس نے موقع سے فائدہ

اُٹھاتے ہوئے فیلکس کے سامنے اپنی گواہی بھی پیش کر دی۔ بڑی خاموشی اور پرُ اعتماد طریقے

سے سب کچھ بیان کیا۔

اس طرح مختصر انداز میں خوشخبری کی منادی کرنے سے، پولس رسول نے بیان کیا کہ وہ گزشتہ کچھ عرصہ سے یروشلیم سے باہر تھا اور غریبوں کو کچھ تحائف دینے کے لئے آیا تھا۔ (ممکن ہے کہ وہ ہدیہ جات اور تحائف جو اُسے کلیسیائوں کی طرف سے ملے تھے تاکہ وہ یروشلیم کے غریب غربأ میں تقسیم کر دے۔) ہم 1 کرنتھیوں 16:1-4 میں اِن تحائف اور ہدیہ جات کا ذکر پڑھتے ہیں۔

پولس رسول شخصی طور پر بھی خدا کے حضور کچھ ہدیہ جات پیش کرنے کے لئے آیا تھا۔ جب اُس پر الزام لگانے والوں نے اُسے ہیکل میں اپنی منتیں پوری کرتے ہوئے دیکھا تو نہ تو اُس کے ساتھ کوئی بھیڑ تھی اور نہ ہی وہ کسی قسم کے ہجوم کو کسی بات کے لئے اُبھار رہا تھا۔ پولس رسول نے تسلیم کیا کہ اُس کی وجہ سے ہی یروشلیم میں ہنگامہ آرائی شروع ہوئی۔ ہم اعمال 21:27-36 میں پڑھتے ہیں اُس وقت، آسیہ کے یہودیوں نے پولس رسول کو ہیکل میں دیکھ کر ایک جھوٹی افواہ پھیلا دی کہ وہ غیر قوم والوں کو ہیکل میں لے کر گیا ہے۔ تاہم آسیہ کے یہودی اِس وقت فیلکس گورنر کے سامنے موجود نہیں تھے۔ پولس رسول نے اُس روز وہاں پر موجود لوگوں کو بتایا کہ اِس سلسلہ میں پہلے ہی یروشلیم میں اُس پر مقدمہ بازی ہو چکی ہے۔ اور صدر عدالت بھی اُس پر کسی قسم کا کوئی جرم ثابت نہیں کر سکی۔ کیوں کہ رومی اور یہودی قانون کے مطابق مردوں کی قیامت پر ایمان رکھنا کوئی جرم نہیں تھا۔

پولس رسول کا دفاع سننے کے بعد، فیلکس نے مقدمے کی کاروائی یہ کہتے ہوئے ملتوی کر دی کہ جب لوسیاس حاکم آئے گا تو پھر ہم اِس کا فیصلہ کریں گے۔ لوسیاس حکمران ہی نے پولس کو قیصریہ میں بھیجا تھا۔ (دیکھیں اعمال 23:12-30) فیلکس نے پولس رسول کو محافظ سپاہیوں کے پہرے میں رکھا۔ لیکن اتنی اجازت دی گئی کہ اُس کے دوست احباب اُس کو ملنے کے لئے آسکتے اور اُس کی ضروریات اور آرام کا خیال رکھ سکتے ہیں۔

سات روز کے بعد فلیکس اپنی یہودی بیوی دروسلہ کے ہمراہ پولس رسول کو ملنے آیا، اُنہوں نے پولس رسول کو یسوع مسیح پر ایمان کے تعلق سے باتیں کرتے ہوئے سنا۔ جب پولس رسول نے فیلکس کے سامنے راستبازی، پرہیزگاری اور عدالت کا ذکر سنا، تو فیلکس نے اِن باتوں سے دہشت کھائی۔ جیسا کہ ہم پہلے ہی ذکر کر چکے ہیں کہ فیلکس ایک جابر اور ظالم راہنما تھا۔ پولس رسول کی باتیں سن کر اُسے احساس ہوا کہ ایک دن اُسے خدا کے سامنے اپنے اعمال و افعال کا جوابدہ ہونا پڑے گا۔ توبہ کرنے کی بجائے، فیلکس نے اپنے کانوں کو بند کر لیا، اُس نے پولس رسول کو بتایا کہ وہ مزید اِس موضوع پر کوئی بات نہیں سننا چاہتا۔ اگرچہ فیلکس باقاعدگی سے پولس کو بلوا بھیجتا تھا (26 آیت) اُس کے محرکات بڑے مشکوک تھے۔ وہ پولس رسول سے رشوت حاصل کرنے کے چکر میں تھا۔ اِس کا مطلب یہ ہے کہ اُسے معلوم تھا کہ پولس رسول نے کوئی جرم نہیں کیا۔ پولس رسول کو کسی بھی قسم کی سزا دینے کے لئے اُس کے پاس کوئی بھی جواز نہیں تھا۔ لیکن اِسی اُمید اور خواہش کے ساتھ اُسے قید خانہ میں رکھا کہ شاید وہ اُس کی مٹھی گرم کر ہی دے۔

ہمارے لئے اِس بات پر غور کرنا بہت ضروری اور اہم ہے کہ اگرچہ فیلکس پولس کے پیغام سن کر قائل بھی ہو گیا تھا، تو بھی اُس نے اُس پیغام کو نظر انداز کر دیا۔ کتنے ہی لوگوں نے خود کو ایسی ہی صورتحال میں پڑے ہوئے دیکھا ہے؟ ہو سکتا ہے کہ جب آپ اِس بات کو پڑھ رہے ہیں تو آپ بھی اپنے آپ کو فیلکس جیسی صورتحال میں محسوس کریں۔ ہو سکتا ہے کہ آپ کی زندگی میں کچھ ایسی باتیں ہوں جن کے تعلق سے خدا آپ سے کلام کرتا چلا آ رہا ہے۔ وہ آپ سے کہہ رہا ہے کہ بگڑے معاملات کو درست کر لو، لیکن آپ ابھی تک اِس کے لئے تیار نہیں ہیں۔ ہو سکتا ہے کہ آپ فیلکس کی طرح یہی کہہ رہے ہیں کہ جب مناسب وقت ہو گا تو پھر آپ اُن باتوں کو سنیں گے۔ ہمیں کوئی ایسا بیان اور ریکارڈ نہیں ملتا کہ فیلکس نے پولس

کے پیغام کو دل سے قبول کر لیا تھا۔ ہو سکتا ہے کہ شروع میں وہ پولس رسول کے پیغام کو سننے کا

خواہشمند تھا۔ لیکن جب اُسے معلوم ہوا کہ اُس پیغام کا تقاضا یہ ہے کہ اپنی بدیوں سے توبہ کی جائے تو پھر اُس نے اُس پیغام کو سننے میں کوئی دلچسپی نہ لی۔ ظاہری طور پر تو یہی معلوم ہوتا ہے کہ وہ پولس رسول کی باتوں کو سننے میں بڑی دلچسپی رکھتا تھا۔ وہ اکثر پولس کو بلوا کر اُس سے بات چیت کیا کرتا تھا۔ لیکن باطن میں اُس کے دلی محرکات کچھ اچھے نہ تھے۔ وہ رشوت لینے کی آڑ میں تھا۔ آج بھی کئی ایک لوگ ایسے ہیں جو چرچ میں تو آتے رہتے ہیں۔ لیکن دل میں اُنہوں نے پیغام پر کان نہ دھرنے کا تہیہ کر رکھا ہے۔ اندر ہی اندر گھن کی طرح گناہ اُن کو کھائے چلا جا رہا ہے۔ ہوسکتا ہے کہ آپ کی زندگی کی بھی یہی حالت ہے۔

پولس رسول دو سال تک قید خانہ میں رہا، فیلکس کی جگہ کوئی دوسرا گورنر مقرر ہوا۔ ہم حیران ہوتے ہیں کہ آخر اِس قید کی سزا کا مقصد اور وجہ کیا تھی جب کہ پولس رسول پر کوئی جرم بھی ثابت نہیں ہوا تھا۔ خدا پولس رسول کی زندگی اور ابتدائی کلیسیا میں اپنے مقصد کو پورا کر رہا تھا۔ پولس نے دریافت کیا کہ اُس کی قید کو دیکھ کر کلیسیائیں اور بھی زیادہ دلیری سے خدمت کے لئے باہر نکل رہی ہیں۔ آئیں دیکھیں کہ اُس نے فلپی کی کلیسیا کو کیا لکھا۔

''اور اَے بھائیو! میں چاہتا ہوں کہ تم جان لو کہ جو مجھ پر گذرا وہ خوشخبری کی ترقی ہی کا باعث ہوا۔ یہاں تک کہ قیصری سپاہیوں کی ساری پلٹن اور باقی سب لوگوں میں مشہور ہو گیا کہ میں مسیح کے واسطے قید ہوں اور جو خداوند میں بھائی ہیں، اُن میں سے اکثر میرے قید ہونے کے سبب سے دلیر ہو کر بے خوف خدا کا کلام سنانے کی زیادہ جرأت کرتے ہیں۔''

(فلپیوں 1:12-14)

یاد رکھیں کہ قید میں اُس وقت کے دوران، پولس رسول نے بہت سے خط لکھے۔ یہ خطوط عہد جدید کا انتہائی اہم حصہ بنے۔ آج پوری دُنیا میں مسیحی لوگ اُن خطوط سے استفادہ کر رہے ہیں۔ قید کی حالت میں چونکہ پولس کسی دوسرے شہر نہیں جا سکتا تھا اور اپنی کوٹھری تک ہی

محدود تھا۔ اُس کی خدمت چار دیواری تک ہی محدود ہو گئی تھی۔ اُس کے پاس خداوند کے

ساتھ گزارنے کے لئے بہت سا وقت تھا۔ مجھے اِس بات کو تسلیم کرنے اور اِس پر ایمان رکھنے میں کوئی شک نہیں ہے کہ پولس رسول کی دُعائیہ زندگی اِس عرصہ میں اور بھی زیادہ مضبوط ہو گئی ہو گی۔ اگرچہ جسمانی لحاظ سے وہ محدود تھا لیکن وہ روحانی طور پر مضبوط اور زور آور ہوتا چلا جا رہا تھا۔ کیا پولس رسول کا تحریری کام اِسی قید کی وجہ سے نہیں ہے؟ اِن ساری آزمائشوں میں خدا اپنے مقصد کو پورا کر رہا تھا۔ پولس رسول کو یہ علم بھی نہیں تھا کہ اُس کے خطوط پوری دُنیا پر اپنا اثر چھوڑیں گے۔ میں اِس بات پر ایمان نہیں رکھتا کہ اُسے اِس بات کا فہم تھا کہ اُس کا قید خانہ میں گزرا ہوا وقت میرے اور آپ کے لئے باعث برکت ہو گا اور آپ اور میں اُن خطوط سے اِس قدر استفادہ اور برکت پائیں گے۔ میرا نہیں خیال کہ اُسے قید میں اِس بات کا فہم و ادراک تھا کہ اُس کے قید کی حالت میں لکھے گئے خطوط پڑھ کر بہت سے لوگ مسیح کو قبول کر لیں گے۔ ظاہری طور پر نظر آنے والی شکست ایک بہت بڑی فتح بھی ہو سکتی ہے۔ خدا کی راہیں ہماری راہیں نہیں ہیں۔

ہمارے لئے یہی سبق ہے کہ ہماری آزمائشوں میں خدا غالب اور قادر ہے۔ وہ اپنے مقصد کو ہمارے وسیلہ سے پورا کرتا ہے۔ ہو سکتا ہے کہ اِس وقت جس دُکھ درد سے آپ گزر رہے ہیں آپ اُس کو نہیں سمجھتے، لیکن ایمان رکھیں کہ خدا اُسے اپنے نام کو جلال دینے کے لئے استعمال کرے گا۔ وہ دل سے آپ کی بھلائی اور برکت کا خواہاں ہے۔

چند غور طلب باتیں

☆ ۔جس طرح خدا نے فیلکس کے ساتھ کلام کیا، کیا اُسی طور سے کبھی خدا نے آپ سے بھی اُن باتوں کے تعلق سے کلام کیا ہے جن میں آپ نافرمان ہیں؟ایسی بگڑی صورتحال کو درست کرنے کے لئے خدا سے قوت اور توفیق مانگیں۔

☆ ۔کیا آپ نے غور کیا ہے کہ کس طرح خدا نے آپ کی زندگی میں آنے والی مشکلات، دُکھوں اور آزمائشوں کو آپ کی بھلائی کے لئے استعمال کیا ہے؟وضاحت کریں۔

چند اہم دُعائیہ نکات

☆ ۔خداوند سے دُعا کریں کہ وہ اُس گناہ کو آپ پر عیاں کرے جسے وہ چاہتا ہے کہ آپ اُسے آج ہی اپنی زندگی سے نکال دیں۔

☆ ۔کسی خاص آزمائش کے لئے خداوند کی شکرگزاری کریں جو آپ کو خداوند کے قریب لے آئی۔

☆ ۔خداوند سے اُن آزمائشوں کے دوران اُسی پر بھروسہ اور توکل کرنے کی توفیق مانگیں جن سے آپ اِس وقت گزر رہے ہیں۔

☆ ۔خداوند کا شکر کریں کہ وہ اِن آزمائشوں کو آپ کی بھلائی کے لئے استعمال کرنے کا وعدہ کرتا ہے۔

باب 40

فیستُس کے سامنے پولس رسول کا دفاع

پڑھیں اعمال 25:1:22

یہودیہ کے گورنر کا عہدہ سنبھالنے کے بعد، فیستس یروشلیم آیا۔ جب وہ یروشلیم میں تھا تو سردار کاہنوں اور مذہبی راہنمائوں نے پولس کے خلاف اپنا مقدمہ پیش کیا۔ ہو سکتا ہے کہ وہ اِسی حقیقت کی تلاش میں ہوں کہ فیستس گورنر نے نیا نیا یہ عہدہ سنبھالا ہے، یہودیوں نے اُسے اُبھارا کہ وہ پولس کو یروشلیم منتقل کر دے۔ 2 آیت ہمیں بتاتی ہے کہ اُنہوں نے فیستس کو اِس بات کے لئے اُبھارا کہ وہ یہودیوں پر یہ مہربانی کر دے۔ ہمیں اندازہ ہوتا ہے کہ اِن باتوں کے پیچھے ایک سیاسی تحریک موجود تھی۔ اُس وقت یہودیوں اور رومیوں کے درمیان کشیدگی چل رہی تھی۔ اگر فیستس یہودیوں پر یہ مہربانی کر دیتا تو اُس نے اپنے رومی افسران بالا اور اربابِ اختیار کی نظر میں بہت عزت اور مقام حاصل کر لینا تھا۔ غور کریں کہ یہودیوں کو اِس بات میں کوئی دلچسپی نہیں تھی کہ پولس پر مقدمہ بازی ہو۔ وہ تو اُس کی موت کے طالب تھے۔ اُنہوں نے اُس کے خلاف گھات لگانے کا منصوبہ بنایا ہوا تھا کہ جونہی وہ یروشلیم آئے اُسے مار ڈالیں۔

فیستس یہودی مذہبی راہنمائوں کی چال میں نہ پھنسا۔ اُس نے اُنہیں کہا کہ اگر وہ چاہتے ہیں کہ پولس رسول پر نالش ہو تو پھر اُنہیں قیصریہ آنا چاہئے جہاں وہ اُن سے ملاقات کرے گا اور پولس رسول کو بھی اُن کے سامنے کھڑا کرے گا۔ جب فیستس قیصریہ میں واپس لوٹا، اُس نے

عدالت لگائی۔ پولس رسول کو اُس کے مدعیوں کے سامنے کھڑا کیا گیا۔ یہودیوں نے اُس پر

بڑے سنگین الزامات لگائے۔ مسئلہ یہ ہے کہ کوئی بھی جرم ثابت نہ ہو سکا۔

ایک دفعہ پھر پولس رسول کو موقع دیا گیا کہ وہ اپنے الزام لگانے والوں کے سامنے اپنا دفاع پیش کرے۔ یوں لگتا ہے کہ پولس رسول کا دفاع بہت سادہ تھا، اُس نے بڑی سادگی سے اُن کے الزامات کی تردید کی، اُس نے کہا کہ اُس نے یہودیوں کی شریعت کے خلاف کوئی جرم نہیں کیا اور نہ ہی اُس نے ہیکل کو ناپاک کیا ہے۔ اُس نے قیصر کے خلاف بھی کسی قسم کے جرم کے مرتکب ہونے کی تردید کی۔

فیسٹس کے پاس پولس کے خلاف فردِ جرم عائد کرنے کی کوئی وجہ نہیں تھی۔ یہودیوں پر مہربانی اور نظرِ عنایت کرنے کی خواہش میں فیستس نے پولس رسول سے کہا کہ آیا وہ یروشلیم جانے کو راضی ہے کہ اُس کے سامنے اُن الزامات کے تعلق سے اُس کے مقدمے کی کاروائی ہو، دو سال قید و بند کی صعوبتیں برداشت کرنے کے بعد، یہ بات قابلِ فہم ہے کہ پولس رسول کوئی ایسا وسیلہ تلاش کر رہا تھا جس سے وہ اپنی بے گناہی ثابت کر سکے۔ وہ جانتا تھا کہ وہ یہودیوں کی نفرت اور چال کا شکار ہوا ہے۔ پولس نے فیستس کو بتایا کہ اگر اُس نے کوئی جرم کیا ہے تو اُسے سزا پانے سے بھی انکار نہیں ہے۔ یہودیوں نے تین بار اُس پر فردِ جرم عائد کروانے کی ناکام کوشش کی۔ پولس رسول جانتا تھا کہ وہ کسی طور پر بھی اپنی کوششوں سے دستبردار ہونے کے لئے تیار نہیں ہیں تاوقتیکہ وہ اُسے سزائے موت نہ دلا دیں۔ اُس نے روم ہی میں اپنے مقدمہ کی کاروائی کروانے کا چناؤ کیا۔ اُس نے قیصر کے ہاں اپنے مقدمے کی کاروائی کی اپیل کی۔

رومی شہری ہونے کی حیثیت سے، پولس رسول کو یہ حق حاصل تھا کہ وہ قیصر کے ہاں اپیل کر سکے۔ جب یہودیوں نے پولس کے خلاف کچھ سنجیدہ قسم کے سیاسی الزمات لگانے کا چناؤ کیا تو یہ سب کچھ پولس کے فائدے میں گیا۔

(اعمال 5:24) کیوں کہ انتہائی اہم نوعیت کے مقدمات ہی قیصر کے ہاں بھیجے جاتے

تھے۔فیستس کے پاس اختیار تھا کہ وہ پولس کے خلاف لگے الزامات کو بے بنیاد قرار دیتے ہوئے اُسے رہا کر دے یا پھر اُسے قیصر کے ہاں روم میں مقدمے کی کاروائی کے لئے بھیج دے۔ اگرچہ ہم جانتے ہیں کہ پولس کا مقدمہ ایسا بڑا مقدمہ نہیں تھا کہ قیصر کی توجہ حاصل کر سکتا، تو بھی یہودیوں کے سنگین جھوٹے الزامات کی وجہ سے فیستس مجبور ہو گیا۔ ہم دیکھتے ہیں کہ کس طرح خدا نے پولس کی زندگی میں اپنے مقاصد کو حاصل کیا۔ حتیٰ کہ یہودیوں کی طرف سے لگنے والے جھوٹے الزامات کو بھی خدا نے پولس کو روم میں لانے کے لئے استعمال کیا۔

فیستُس کے پولس کو قیصر کے ہاں روم بھیجنے کے فیصلے کے چند دن بعد ،اگرپا بادشاہ اور اُس کی بہن برنیکے نئے گورنر کو خوش آمدید کہنے کے لئے قیصریہ میں آگئے۔ اگرپا کو شہنشا کلودیس کی طرف سے کلکیہ کے علاقے کا بادشاہ مقرر کیا گیا تھا۔ اَب موقع تھا کہ فیستس اگرپا بادشاہ کے ساتھ پولس کے مقدمہ کے تعلق سے بات چیت کر سکے۔ فیتس نے اگرپا کو وضاحت کرتے ہوئے بتایا کہ پولس پر لگنے والے الزامات کسی شخص یسوع کے تعلق سے مذہبی جھگڑے کی صورت اختیار کر گئے ہیں۔ جسے پولس زندہ قرار دیتا ہے۔فیستس نے اگرپا کو یہ بھی بتایا کہ کیسے پولس نے قیصر کے ہاں جانے کی درخواست کی ہے۔ اگرپا بادشاہ نے مقدمے میں دلچسپی لیتے ہوئے کہا کہ کیا وہ پولس کی باتیں سن سکتا ہے۔فیستس اگلے روز پولس کو اگرپا بادشاہ کے سامنے پیش کرنے پر راضی ہو گیا۔

اِس حقیقت کے باوجود کہ پولس کا مقدمہ گزشتہ دو سال سے چل رہا تھا، خدا ابھی تک اُس کی زندگی میں کام کر رہا تھا۔ خدا کا اپنا ایک وقت ہوتا ہے۔ خدا ہمارے وقت کے مطابق کام نہیں کرتا۔ کئی دفعہ ہم بے تاب و بے قرار ہو کر خداوند کی راہوں پر شک کرنے لگتے ہیں، اِس طرح کے حالات و واقعات سے گزرنے کے بعد پولس رسول بھی تعجب اور حیرت میں ڈوب سکتا تھا کہ خدا کیا کر رہا ہے۔ چار عدالتوں میں اُس کا مقدمہ پیش ہو چکا تھا۔ اب اگرپا اُس کا

مقدمہ سننے میں دلچسپی ظاہر کر رہا تھا۔ شاید آپ محسوس کریں کہ ایک رکاوٹ کے بعد دوسری

رکاوٹ سامنے آرہی ہے۔ خدا اِسی طور سے آپ کی زندگی میں بھی اپنے مقصد کو پورا کر رہا ہے جس طرح وہ پولس رسول کی زندگی میں کر رہا تھا۔ خدا کے وقت کے تابع ہو جائیں۔ جس کام کو اُس نے شروع کیا ہے، وہی اُس کو پورا بھی کرے گا۔ اُسے کام کرنے کا موقع دیں، آخر میں وہی تمام کاموں کو پایہ تکمیل تک پہنچائے گا۔

چند غور طلب باتیں

☆۔ خدا کا انتظار کرنا اس قدر مشکل کیوں لگتا ہے؟

☆۔ جو لوگ خدا کا انتظار کرتے ہیں، خدا اُن سے کیسے وعدے کرتا ہے؟

☆۔ کیا آپ کی زندگی میں کچھ ایسے چیزیں ہیں جن کا آپ کو انتظار کرنا پڑ رہا ہے؟ کیا شک کی کوئی وجہ نظر آتی ہے کہ جو کچھ خدا کی نظر میں درست ہے وہ اُس کو اپنے ٹھہرائے ہوئے وقت پر نہیں کرے گا؟

چند اہم دُعائیہ نکات

☆۔ خداوند کے وقت کا انتظار کرنے کے لئے خدا سے صبر و تحمل کی توفیق مانگیں۔

☆۔ اِس بات کے لئے خداوند کی شکر گزاری کریں کہ وہ ہر ایک چیز پر قادر و غالب ہے۔

☆۔ کیا آپ ایسے لوگوں سے واقف ہیں جنھوں نے اپنی زندگی میں یکے بعد دیگرے کئی ایک مسائل اور اُلجھنوں کا سامنا کیا ہے؟ خداوند سے ایسے لوگوں کے لئے شفاعت کریں کہ خدا اُن کی آزمائشوں میں اُن کو تسلی اور اطمینان دے اور اُن کی مدد فرمائے۔

☆۔ اِس بات کے لئے خداوند کی شکر گزاری کریں کہ وہ آخر میں تمام رکاوٹوں پر غالب آئے گا۔

باب 41

اگرپا کے سامنے پولس رسول کا دفاع

پڑھیں، اعمال 25:23-26:32

اَب یہ پانچویں بار تھی جب پولس رسول ایسے جرم کے لئے مقدمے بازی کا سامنا کر رہا تھا جو اُس نے کیا بھی نہیں تھا۔ پولس رسول گذشتہ دو سال سے قید و بند کی صعوبتیں برداشت کر رہا تھا۔ تو بھی کسی جرم کا مرتکب نہ پایا گیا۔ اُس کے خلاف کوئی شخص بھی ٹھوس شواہد نہ لاسکا۔ پانچویں دفاع کے وقت، پولس اگرپا کے سامنے کھڑا تھا۔ اگرپا بڑی شان و شوکت کے ساتھ مقدمے کی سماعت کے لئے آیا۔ اُس نے شاہانہ لباس زیب تن کیا ہوا تھا اور اُس کی بہن بھی اُس کے ساتھ بیٹھی ہوئی تھی۔ اُس کے ساتھ اعلیٰ افسران اور شہر کے معززین اور سرکردہ لوگ بھی آئے۔ بالفرض اگرپا یہ تاثر دینے کی کوشش کر رہا تھا تو بلاشبہ وہ جیت چکا تھا۔ جب فیستس گورنر کے حکم پر ہر شخص اپنی نشست پر بیٹھ گیا، پولس رسول کو حاضر کیا گیا۔ فیستس نے اگرپا بادشاہ کو وضاحت سے بتایا کہ کس طرح یروشلیم اور قیصریہ کے لوگوں نے اُس شخص کے خلاف دعویٰ دائر کیا کہ ہے یہ شخص سزائے موت کے لائق ہے۔ تاہم فیستس گورنر نے اُس شخص کا کوئی ایسا جرم نہیں پایا کہ اِس شخص کو سزائے موت دی جائے۔ چونکہ پولس نے قیصر کے ہاں اپیل کی تھی، فیستس اِس شخص کو روم بھیجنے پر مجبور ہو گیا۔ اب مسئلہ یہ تھا کہ فیستس کے پاس پولس پر لگانے کے لئے کوئی الزام نہ تھا۔ لہٰذا فیستس نے پولس کو اِس اُمید کے ساتھ پولس کو اگرپا کے سامنے پیش کیا کہ شاید وہ اُس میں کوئی قابل سزا جرم دیکھے کہ قیصر کے ہاں پر اُس مقدمہ چل سکے۔

فیستس کے ابتدائی تعارف کے بعد، اگرپا نے پولس کی طرف دیکھا اور اُسے موقع دیا کہ وہ اپنے دفاع میں کچھ کہے۔ پولس رسول نے اگرپا کو یہ بتاتے ہوئے اپنی بات کا آغاز کیا کہ وہ اُس کے سامنے کھڑا ہو کر اُس کا حوصلہ بڑھ گیا ہے۔ پولس رسول جانتا تھا کہ اگرپا یہودیوں کے اعتقادات اور رسم و رواج سے بخوبی واقف ہے۔ پولس رسول نے اگرپا بادشاہ کے سامنے اپنی تبدیلی کی کہانی بیان کی اور بتایا کہ کس طرح وہ مسیح کا پیروکار بن گیا۔ پولس رسول نے اگرپا کو بتایا کہ کس طرح اُس کی ایک کٹر یہودی کے طور پر پرورش ہوئی اور مردوں کی قیامت میں اُمید رکھتا تھا۔ اِسی اُمید کی وجہ سے یہودی اُس پر الزام تراشی کر رہے ہیں۔ پولس رسول نے دعویٰ کیا کہ یسوع ہی مسیح ہے اور مردوں میں سے جی اُٹھا ہے۔ یہودیوں نے نہ صرف اُس کی باتوں کو رد کیا بلکہ بڑی مستعدی سے اُس کو مار ڈالنے کے پیچھے پڑے ہوئے تھے۔ جو کہ اُس تعلیم کو فروغ دے رہا تھا۔

پولس نے یہ بھی کہا کہ کبھی وہ بھی اُس یسوع کی مخالفت میں اُن یہودیوں سے پیچھے نہیں تھا، سردار کاہنوں کے اختیار سے مسیحیت کے پھیلاؤ کی روک تھام میں وہ سرغنہ کی حیثیت رکھتا تھا۔ اُس نے بہت سے مسیحیوں کو قید میں ڈالا، کئی ایک کو اُن کے مسیحی ایمان کی وجہ سے قتل کر ڈالا۔ وہ ایک عبادتخانہ سے دوسرے عبادتخانہ میں جا کر مسیحیوں کو گھسیٹ کر لاتا اور اُنہیں مسیح پر ایمان رکھنے کی سزا دیتا تھا۔ پولس نے اگرپا بادشاہ کو بتایا کہ وہ مسیحیوں کو یسوع نام پر کفر بکنے کے لئے مجبور کیا کرتا تھا۔ پولس رسول کی مسیحیوں کے خلاف ایذاہ رسانی دوسرے مما لک تک جا پہنچی۔ اگرپا کے سامنے پولس رسول کی گواہی نے ابتدائی دَور میں مسیحیوں کے خلاف اُس کی نفرت اور عداوت پر بہت حد تک روشنی ڈالی۔ پولس رسول کو اَب اس بات پر کوئی تعجب اور حیرت نہیں تھی کہ یہودی اُس کے خلاف اِس قدر کڑواہٹ سے بھرے ہوئے ہیں۔ کیوں کہ مسیح کے پاس آنے سے قبل وہ بھی مسیحیوں کے خلاف ایسی تلخی، کڑواہٹ، عداوت اور شدید نفرت سے بھرا ہوا تھا۔

بائبل مقدس میں پولس رسول سے بڑھ کر کوئی ایسا شخص نہیں ہے جس نے فضل کے موضوع پر بات کی ہو۔ اِس بات کو سمجھنا دشوار نہیں کہ پولس کے دل میں فضل کا مضمون اِس قدر اہم کیوں تھا۔ کیا ممکن ہے کہ خدا نے اُس کے سارے گناہ معاف کر سکتا تھا؟ وہ سب کچھ جو اُس نے خداوند کے خلاف کیا تھا۔ اِس کے باوجود وہ خدا کے حضور مقبول ٹھہر سکتا تھا؟ خوشی کی بات یہ ہے کہ مسیح یسوع میں گناہوں کی مکمل معافی ملتی ہے۔ یسوع کے خون نے پولس رسول کے سارے گناہوں کو ڈھانپ لیا۔ روز قیامت کوئی بھی گناہ اُس کے خلاف پیش نہ ہو سکے گا۔ یہ سب کچھ فضل ہی تو ہے۔

پولس رسول نے اگرپا بادشاہ بتایا کہ ایک دن وہ یسوع کے پیروکاروں کو ستانے اور اُنہیں گرفتار کرنے کی دُھن میں دمشق جا رہا تھا، دمشق کی راہ پر جب وہ محوِ سفر تھا تو آسمان سے ایک تیز روشنی اُس کے گردا گرد چمکی، وہ خود بھی اور اُس کے ہم سفر ساتھی بھی اُس روشنی کی تاب نہ لا کر زمین پر گر پڑے۔ اُس روشنی میں سے پولس نے ایک آواز کو اپنے سے مخاطب ہوتے ہوئے پایا۔ اُس آواز نے یہ کہا، ''اَے ساؤل، اَے ساؤل، تو مجھے کیوں ستاتا ہے تیرے لئے پینے کی آر پر لات مارنا مشکل ہے؟'' (14 آیت)

پینا لوہے کا ایک لمبا اور نوکیلا ڈنڈا ہوتا تھا جو بیل کو تیز چلنے اور درُست سمت میں آگے بڑھنے کے لئے اُکسانے کے لئے استعمال ہوتا تھا۔ اِس سے ہمیں تاثر ملتا ہے کہ خداوند پولس کی تبدیلی سے بہت پہلے اُس کی زندگی میں کام کر رہا تھا۔ اپنی ابتدائی زندگی میں پولس خدا کے خلاف لڑ رہا تھا۔ اب وقت آ چکا تھا کہ وہ اُس لڑائی کو بند کر کے خدا کے پاک روح کی تحریک کے تابع ہو جائے۔

پولس رسول کو اِس بات کا علم نہیں تھا کہ اُس روشنی میں سے کون اُس کے ساتھ ہم کلام ہے۔ اُس نے اُس آواز سے اُس کی شناخت چاہی۔ اُس آواز نے جواب دیا،

''میں یسوع ہوں جسے تو ستاتا ہے۔'' (15 آیت) پھر یسوع نے پولس کو اپنے گھٹنوں پر

کھڑے ہونے کے لئے کہا، اُس نے پولس کو بتایا کہ وہ اُس کی زندگی کے لئے ایک مقصد اور منصوبہ رکھتا ہے کہ وہ اِس دُنیا میں اُس کا گواہ بنے۔ پولس رسول کو غیر قوموں تک اُس کا پیغام پھیلانے کے لئے اُس کا ایلچی (سفیر) بنتا تھا۔ اُس کی خدمت کے وسیلہ سے بہت سے لوگوں نے بدروحوں کے قبضہ سے رہائی اور بہت سے لوگوں نے یسوع نام سے گناہوں کی معافی کا تجربہ حاصل کرنا تھا۔ یہ کوئی آسان کام تو نہیں ہونا تھا۔ پولس رسول کو یہودیوں اور غیر قوم کے لوگوں سے دُکھ اُٹھانا تھا۔ خداوند یسوع نے اُس سے وعدہ کیا کہ وہ اُسے دشمنوں سے بچاتا رہے گا۔

مقدس پولس رسول نے اگرپا بادشاہ کی طرف متوجہ ہو کر کہا، ''اگرپا بادشاہ، میں آسمانی رویا کا نافرمان نہ ہوا۔'' (19 آیت) پولس نے اگرپا بادشاہ کو بتایا کہ کس طرح اُس نے اُس وقت سے توبہ اور یسوع مسیح کے وسیلہ سے گناہوں کی معافی کی خوشخبری کے پیغام کے پھیلاؤ میں دل لگالیا ہے۔ اِسی پیغام کی وجہ سے یہودی اُس سے نفرت اور عداوت رکھتے ہیں۔ وہ اُسے مار ڈالنا چاہتے ہیں کیوں کہ وہ یسوع مسیح پر ایمان رکھتا ہے لیکن خداوند نے اُسے اپنے وعدہ کے مطابق محفوظ رکھا ہے۔ اُس کا پیغام یہودیوں کی مذہبی تعلیمات کے بالکل بھی خلاف نہیں ہے۔ در حقیقت، کتاب مقدس یہ تعلیم دیتی ہے کہ مسیح دُکھ اُٹھائے گا۔ اپنی جان دے گا اور پھر مردوں میں سے زندہ ہو جائے گا۔ نوشتے یہ بھی تعلیم دیتے ہیں کہ وہ یہودیوں اور غیر قوم کے لوگوں کے لئے نور کی منادی کرے گا۔

اِس نکتہ پر فیستس نے پولس کی بات کاٹتے ہوئے پولس رسول سے کہا کہ وہ بیوقوف ہے۔ یہ تو واضح نہیں کہ فیستس نے پولس رسول کو کیوں بیوقوف کہا، کیا یہ آسمان سے روشنی کی کہانی یا کوئی اور وجہ تھی جس بنا پر فیستس نے اُسے دیوانہ کہا، یا پھر جس طور سے پولس رسول نے نجات کے پیغام کو پیش کرنے کے لئے اپنی جان ہتھیلی پر رکھ لی تھی، اِس بنا پر فیستس نے اُسے دیوانہ کہا؟ یا پھر یہودیوں کی طرف سے رد کئے جانے یا مسیحی ایمان پر اُسے بیوقوف کہا گیا؟ ہمیں

اِس تعلق سے کچھ بھی نہیں بتایا گیا۔

پولس رسول کو اگرپا بادشاہ سے بڑی اُمید تھی۔ اگرچہ فیستس کا دل اپنے رومی مذہب میں لگا ہوا تھا۔ اگرپا بادشاہ یہودیوں کے ایمان کی تعریف کرتا تھا۔ پولس جانتا تھا کہ فیستس کی بہ نسبت اگرپا بادشاہ یہودیوں کے ایمان و اعتقادات اور رسم و رواج سے زیادہ واقف ہے۔ پولس کو اِس بات کا علم تھا کہ اگرپا بادشاہ نبیوں پر ایمان رکھتا ہے اور اُس نے یسوع کی خدمت کے تعلق سے بھی سن رکھا ہے۔ پولس رسول کی باتوں میں شائستہ الفاظ میں ایک منت سماجت بھی تھی۔ پولس رسول نے اگرپا بادشاہ سے کہا کہ وہ نبیوں کی واضح اور شفاف تعلیم کو قبول کر لے جس پر وہ ایمان رکھنے کا دعویٰ کرتا تھا۔ فیستس کی طرح اگرپا بادشاہ پولس کی تعلیمات کو قبول کرنے کے لئے تیار نہ تھا۔ ''تو تو تھوڑی ہی سی نصیحت کر کے مجھے مسیحی کر لینا چاہتا ہے۔'' (28 آیت) یوں لگتا ہے کہ اگرپا بادشاہ پولس رسول کی اِس خواہش کو سمجھتا تھا کہ وہ یسوع مسیح کو خداوند کے طور پر قبول کر لے۔ پولس رسول نے بغیر کسی جھجک کے اگرپا بادشاہ کو بتایا کہ یہ اُس کی دلی خواہش ہے کہ نہ صرف وہ بلکہ جتنے اُس مقدمے کی سماعت کے لئے حاضر ہیں وہ سبھی خداوند یسوع مسیح کو قبول کر لیں جس طرح اُس نے قبول کر لیا ہے۔ اگرچہ پولس رسول زنجیروں میں جکڑا ہوا تھا، لیکن وہ ایک ایسی آزادی اور رہائی سے واقف ہو چکا تھا جس سے وہاں پر موجود کوئی شخص بھی آشنا نہیں تھا۔ یہاں پر ہم ایک بار پھر کھوئے ہوئے گنہگاروں کے لئے پولس کے دل کی پکار کو سنتے ہیں۔

جب پولس رسول نے باتیں ختم کیں، اگرپا بادشاہ اپنے پاؤں پر کھڑا ہوا اور اُن سب کے ساتھ وہاں سے روانہ ہو گیا جو پولس کے مقدمے کی سماعت کے لئے وہاں آئے ہوئے تھے۔ اُس نے رخصت ہوتے ہوئے یہ کہا، ''اگر یہ آدمی قیصر کے ہاں اپیل نہ کرتا تو چھوٹ سکتا تھا۔'' (31-32 آیات)

پولس رسول نے دمشق کی راہ پر خداوند سے اُس خدمت کو حاصل کیا تھا۔ پولس رسول نے جب

بھی اپنی گواہی پیش کی ، بغیر کسی جھجک اور شرم کے دلیری سے اپنی گواہی پیش کی۔ پولس رسول نے اپنا سب کچھ خداوند یسوع کے کام کے لئے وقف کر دیا تھا۔ خداوند نے اُسے بلایا تھا اور اُس نے اُس بلاہٹ کی تابعداری کی تھی۔ یہی اُس کی گواہی تھی۔ جب پولس اپنی ماضی کی زندگی پر نظر ڈالتا تھا، وہ جانتا تھا کہ اُس نے اچھی دَوڑ دَوڑی ہے۔ وہ مقدمے کے لئے عدالت میں بھی بغیر کسی شرم و جھجک دلیری کے ساتھ کھڑا ہوا تھا۔ وہ دن قریب آرہا ہے بلکہ تیزی سے آرہا ہے جب ہم اپنی زندگیوں اور خدمت گزاری کے کاموں کے لئے خداوند کے حضور حاضر ہوں گے۔

کیا ایسا ممکن ہو گا کہ ہم بھی پولس کی طرح اپنی ماضی کی زندگی نظر ڈالتے ہوئے خوشی محسوس کریں گے۔

چند غور طلب باتیں

☆ غور کریں کہ کس طرح پولس رسول ہمیشہ ہی اپنی بلاہٹ کی تابعداری کے لئے ایک گہری قائلیت محسوس کرتا تھا۔ آپ کے خلاف کس چیز نے اِس رویا کو اُس کی زندگی میں زندہ رکھا؟ وہ کون سی ایسی چیزیں ہیں جو آپ سمجھتے ہیں کہ ہماری زندگی میں اُس کی بلاہٹ اور رویا کو دھندلا دیتی ہیں؟

☆ کیا آپ کی زندگی میں کچھ ایسی چیزیں ہیں جو آپ کے لئے شرمندگی کا باعث ہوتی ہیں؟ یہ حوالہ گناہوں کی معافی کے تعلق سے آپ کو کیا سکھاتا ہے؟

☆ غور کریں کہ کس طرح بڑی آزادی کے ساتھ پولس نے اپنے ایمان کا اظہار و اعلان کیا۔ کیا آپ بھی اپنے اندر ایسی ہی قائلیت اور آزادی محسوس کرتے ہیں؟

چند اہم دُعائیہ نکات

☆ پولس رسول کی دلیری اور جرأت کے لئے خداوند کی شکر گزاری اور ستائش کریں۔ خداوند سے کہیں کہ وہ آپ کو ایسی ہی دلیری اور جرأت سے نوازے۔

☆ خداوند کی طرف سے گناہوں کی معافی کے لئے اُس کی شکر گزاری کریں۔ کیا کچھ ایسے گناہ ہیں جن کے تعلق سے آپ کو معافی کی ضرورت ہے؟ خداوند سے اِسی وقت معافی کے طلبگار ہوں۔

☆ اپنے روحانی قائدین کے لئے دُعا کریں، خداوند سے اُن کے لئے شفاعت کریں کہ خداوند اُنہیں اپنی روحانی بلاہٹ کو تر و تازہ اور سرگرم رکھنے کی توفیق بخشے۔

باب 42

روسم کی طرف بحری سفر

پڑھیں، اعمال 27:1-44

دو سال کا عرصہ گزرنے کے بعد، بالاخر وہ دن آ ہی گیا جب یہ طے پایا کہ پولس کو روم بھیجا جائے گا۔ پولس اور دیگر کئی ایک قیدیوں کو جو یولیس نامی سپاہی کے سپرد کیا گیا۔ وہ بحری جہاز پر سوار ہوئے جو کہ آسیہ کی ساحلی بندر گاہوں کی طرف روانہ ہو رہا تھا۔ 2 آیت میں ہم پڑھتے ہیں کہ ارسترخس پولس رسول کا ہم سفر تھا۔ 29:19 کے مطابق، ارسترخس پولس رسول کے تیسرے مشنری دَورے میں اُس کا ہم سفر تھا۔ اِس کا مطلب یہ ہوا کہ خدا نے کم از کم پولس رسول کو ایک مسیحی ہم سفر مہیا کیا تھا۔ ''ہم'' اور ''ہمیں'' الفاظ کا استعمال اِس بات کی طرف اشارہ ہے کہ دیگر ایماندار بھی پولس رسول کے ساتھ شریک سفر تھے۔

پہلے دن کے سفر کے بعد وہ صیدا کی بندر گاہ پر پہنچے۔ جو قیصریہ سے لگ بھگ 80 میل دُور تھا۔ یولیس نے پولس رسول کو اجازت دی کہ وہ اپنے دوستوں کے ساتھ کچھ وقت گزار سکے۔ جنھوں نے اِس بحری سفر میں پولس رسول کی بنیادی ضروریات مہیا کیں۔ ہمیں یاد رکھنا چاہیئے کہ اُن دنوں بعض ممالک میں، قیدیوں کی دیکھ بھال اِس طرح سے نہیں ہوتی تھی جس طرح کہ آج کے دَور میں ہوتی ہے۔ خدا پولس کے ساتھ تھا اور اُس نے جولیس نامی سپاہی کی نظر میں پولس کو عزت اور حمایت عطا کی۔ خدا دوسرے ایمانداروں کے وسیلہ سے دورانِ سفر پولس رسول کو ضروریاتِ زندگی بھی مہیا کرتا رہا۔

صیدا سے پولس رسول اور اُس کے ہم سفر پھر سے بحری سفر پر چل نکلے۔ اِس مرتبہ وہ کپرس کے

جزیرے سے گزرے، جو کہ پولس رسول کے پہلے مشنری سفر پر اُس کا پہلا سٹاپ تھا۔ بلا شبہ، جب پولس رسول جب اِس جزیرہ کے پاس سے گزرے تو اُنہیں اِس جزیرہ پر موجود ایمانداروں کا خیال آیا ہو گا۔ بحری مسافر مورہ بندرگاہ پر اُترے جو کہ صیدا کے مغرب میں تین سو ساٹھ میل تھا۔ وہاں سے وہ اطالیہ جانے والے بحری جہاز پر روانہ ہوئے۔ اطالیہ کی طرف سفر بہت سست رفتار تھا۔ کیوں کہ ہوا بہت تیز تھی۔ بڑی مشکل سے وہ کندس پہنچے جو کہ ایک سو پچاس میل کا فاصلہ تھا۔ ہوا کی وجہ سے، ملاح جنوب کی طرف سفر کرنے پر مجبور ہو گئے۔ پھر حسین بندرگارہ پر پہنچ کر، جو کہکندس سے ایک سو نوے میل کا فاصلہ تھا۔ ہوا کی وجہ سے اُنہیں بہت نقصان ہوا۔ اَب موسم کی وجہ سے سفر مزید دشوار ہوتا دکھائی دے رہا تھا۔

پولس رسول جانتا تھا کہ اگر اُنہوں نے سفر جاری رکھا تو پھر تباہی اور بربادی ہو گی۔ پولس رسول نے جہاز پر موجود لوگوں کو آگاہ کیا کہ سفر جاری رکھنے کی صورت میں، جہاز، سامان اور حتیٰ کہ جانی نقصان بھی ہو سکتا ہے۔ یہ سمجھتے ہوئے کہ حسین بندرگاہ موسم سرما کے پیش نظر جہاز کے لئے موزوں نہیں۔ جب ہوائوں کا رُخ تبدیل ہوا، پولس رسول اور اُس کے ہم سفری فینکس کی طرف روانہ ہوئے۔ ابھی تھوڑی دُور ہی گئے تھے کہ طوفانی ہوائیں چلنے لگیں اور جہاز کھلے سمندر میں جا پڑا۔ وہ سفر جس کے تعلق سے ملاحوں کا خیال تھا کہ چند گھنٹوں کا ہو گا وہ کھلے سمندر میں چودہ دن کا بھیانک خواب بن گیا۔ کیا ہم یہاں پر ایک قابل قدر اور بیش قیمت سبق نہیں سیکھتے؟ پولس رسول کو خداوند کی طرف سے کلام ملا تھا اور اُس نے اُنہیں مشورہ دیا تھا کہ وہ حسین بندرگاہ کے علاقہ میں ہی قیام کریں۔ لیکن سپاہی اور ملاحوں کا خیال تھا کہ وہ بہتر جانتے ہیں۔ اُنہوں نے خدا کے کلام کو نظر انداز کرتے ہوئے اپنی حکمت اور عقل سے سفر جاری رکھنے کا فیصلہ کیا۔ ہم میں سے کتنے لوگوں کا طرز عمل اور طرزِ فکر اِسی طرح کا ہوتا ہے؟ کتنی ہی بار ہم خدا کی مشورت کو نظر انداز کر کے مشکلات اور مسائل سے دو چار ہو جاتے ہیں؟ ملاحوں اور سپاہی کی طرح، ہمیں یہی نظر آتا ہے کہ ہم منزل مقصود پر ابھی پہنچنے

والے ہیں۔ ہم اِس مسئلہ کو خود ہی حل کر سکتے ہیں،۔ لیکن جب ہم آگے بڑھتے ہیں تو گناہوں کی تند و تیز ہوائیں، آزمائشیں اور مسائل ہمیں گھیر لیتے ہیں اور ہم آگے بڑھنے سے قاصر رہتے ہیں۔

طوفان میں کودہ کے ساحل پر بحری جہاز اپنا توازن برقرار نہ رکھ سکا، خطرہ تھا کہ پورے کا پورا جہاز ٹوٹ جائے گا۔ ملاحوں نے جہاز کو سنبھالنے اور ٹوٹنے سے بچانے کی ایک کمزور سی کوشش کی۔ پھر ایک جگہ اُنہیں یہ خطرہ بھی تھا کہ جہاز زمین سے ٹکرا جائے گا۔ پس ملاحوں نے اِس اُمید کے ساتھ جہاز لنگر انداز کیا کہ اس طرح جہاز تباہی سے بچ جائے گا۔

اور کوئی چارہ نہ تھا سوائے اِس کے کہ جہاز کو ہوا کے رُخ چلنے دیا جائے۔ تیسرے روز جہاز کو ہلکا کرنے کی کوشش میں، ملاحوں نے جہاز کا سامان پھینک دیا اور یہ سفر کسی طور پر بھی سود مند دکھائی نہیں دیتا تھا۔ جہاز پر سوار لوگوں کو اپنی جان کے لالے پڑے ہوئے تھے، بس اُن کی یہی خواہش تھی کہ کسی نہ کسی طرح اُن کی جانیں بچ جائیں۔ آنے والے دنوں میں، اُنہوں نے نہ تو دن کے وقت سورج اور نہ ہی رات کے وقت ستاروں کو دیکھا۔ اور اِس حقیقت کو تسلیم کر لیا کہ اب وہ مریں ہی مریں۔ کئی دن کھانے پینے کے بغیر ہی گزر گئے۔

اِسی مایوسی اور پریشانی کی حالت میں خدا کا فرشتہ پولس رسول پر ظاہر ہوا، اُس نے اُسے بتایا کہ وہ قیصر کے ہاں مقدمہ کی کارروائی کے لئے حاضر ہوگا۔ خدا جہاز پر موجود لوگوں کی جانوں کو محفوظ رکھے گا۔ پولس رسول نے سب سے کہا کہ وہ ہمت نہ ہاریں، حوصلہ رکھیں، کیوں کہ وہ پر اعتماد اور ایمان سے معمور تھا کہ جیسا خدا کے فرشتہ نے کہا ہے ویسا ہی ہوگا۔

سمندر میں چودہ دن گزارنے کے بعد، ملاحوں نے محسوس کیا کہ خشکی کی طرف بڑھ رہے ہیں بڑا خطرہ یہ تھا کہ وہ چٹانوں سے ٹکرا جائیں گے اور طوفانی لہروں کے تھپیڑوں کی زد میں آجائیں گے۔ ملاحوں نے چار لنگر پھینکے اور حفاظت کے لئے دُعا کی۔

صورتحال کی سنگینی کو دیکھ کر، ملاحوں نے بحری جہاز سے دستبردار ہونے کا سوچا، پولس رسول

نے سپاہیوں کو بتایا کہ اگر یہ آدمی جہاز میں ٹھہرے نہ رہے تو وہ مر جائیں گے۔ ملاحوں نے رسوں کو کاٹ کر جہاز کو سمندر میں جانے دیا۔ پھر پولس نے سب سے کہا کہ کچھ کھالو اور اُنہیں اِس بات سے تسلی دی کہ خداوند نے کہا ہے کہ سبھی محفوظ رہیں گے اور کسی کا کوئی نقصان نہیں ہوگا۔ پولس رسول نے کھانے پینے کی چیزوں کے لئے شکر گزاری کی اور پھر سب نے کھانا کھایا۔ اُنہوں نے جہاز کو ہلکا کرنے کی سوچ کے ساتھ جہاز پر موجود اناج پھینک دیا۔ جہاز پر 276لوگ موجود تھے۔

جب دن چڑھا، ملاحوں نے خشکی اور ایک ریتلی جگہ دیکھی۔ اُنہوں نے اُس خلیج پر جہاز کو لنگر انداز کرنے کا فیصلہ کیا۔ اِس موقع پر اُنہوں نے قیدیوں کو مار ڈالنے کا فیصلہ کیا کیوں کہ اُنہیں خوف تھا کہ اگر قیدی بھاگ نکلے تو پھر اُنہیں سزا کے طور پر اپنی جانیں گنوانا پڑیں گی۔ پولس رسول کی زندگی سے سپاہی ایسا متاثر تھا کہ وہ پولس رسول کی جان بچانا چاہتا تھا۔ اور سپاہیوں کو اِس طرح کے منصوبے سے باز رکھا۔ اِس کی بجائے، سپاہی نے حکم دیا کہ جو لوگ تیر سکتے ہیں وہ تیر کر کنارے کی طرف جائیں اور اِس طرح ہر ایک شخص کنارے پر بحفاظت جا پہنچا۔ بالکل ایسے ہی جس طرح کہ پولس رسول نے کہا تھا۔

ہم دیکھ چکے ہیں کہ حسین کے مقام پر کس طرح ملاحوں اور سپاہیوں نے خدا کے اُس کلام کو نظر انداز کیا جو پولس رسول کی معرفت ملا تھا۔ اِس کی وجہ سے جہاز کھلے سمندر میں جانے پر مجبور ہوا اور خطرے میں پڑا۔ آج بہت سے لوگ ایسے ہیں، جو اُن ملاحوں کی طرح خدا کے کلام کو نظر انداز کرتے ہیں اور پھر مشکلات اور مسائل سے دو چار ہوتے ہیں۔ اور پھر اُنہیں گناہ کے خوف اور بھیانک منظر کا سامنا کرنا پڑتا ہے۔ یہ خوف بڑا حقیقی تھا۔ ملاحوں نے سامان کا نقصان اُٹھایا، صرف یہی نہیں بلکہ اِس سفر بھی ادھورا ہی رہا۔ لیکن خدا اُن سے دستبر دار نہ ہوا۔

ملاحوں کا گناہ یہ تھا کہ اُنہوں نے ایک دانشمندانہ صلاح کو نظر انداز کیا تھا۔ اُن کی زندگیوں کی صورت اور سمت بالکل تبدیل ہوگئی۔ خدا کے فضل سے کسی کا جانی نقصان نہ

ہوا۔ پولس رسول کے ذریعہ خدا نے اُنہیں اُمید بخشی۔ خدا آج بھی ہماری زندگیوں میں ایسا ہی کرتا ہے۔ وہ ہمیں اُمید بخشتا ہے۔ نافرمانی کر کے دُور نکل جانے کی صورت میں ہمارے لئے واپسی اور معافی کا دروازہ کھلا رہتا ہے۔ ملاحوں کی اُمید اُس وقت بالکل جاتی رہی جب اُنہوں نے دوسری دفعہ معاملہ اپنے ہاتھوں میں لیا۔ اُن ملاحوں کی مانند نہ بنیں۔ خدا کو کام کرنے دیں، صرف تابعداری ہی فتح کا راز ہے۔

چند غور طلب باتیں

☆۔آپ کے خیال میں اگر ملاح اور سپاہیوں نے پہلے ہی پولس کی بات کو غور سے سنا ہوتا تو حالات و واقعات کس قدر مختلف ہونے تھے؟

☆۔کیا خدا ہمیں بُرے انتخابات کے چناؤ کی آزادی دیتا ہے؟ جب ہم بُرے چناؤ کر لیتے ہیں تو پھر کیا ہوتا ہے؟ کیا خدا بُرے فیصلوں کو بھی ہماری بھلائی اور اپنے جلال کے لئے استعمال کرنے کی قدرت رکھتا ہے؟

☆۔کیا آپ کے اُن بُرے فیصلوں سے آپ کی زندگی کی صورت ہی بدل گئی جو آپ نے کبھی کئے تھے؟ خدا نے آپ کے بُرے فیصلوں کو کس طرح استعمال کیا ہے؟

☆۔ہماری ناکامیوں میں خدا کے فضل کے تعلق سے اعمال کی کتاب کا یہ حصہ ہمیں کیا سکھاتا ہے؟

چند اہم دُعائیہ نکات

☆۔خداوند کی شکرگزاری کریں کہ آپ کے گناہ اور آپ کی بغاوت کے باوجود خداوند آپ سے دستبردار نہ ہوا۔

☆۔خداوند کی شکرگزاری کریں کہ اگرچہ ہم اُس کی رحمت اور مدد کے مستحق نہیں ہوتے، تو بھی وہ ہماری مدد کے لئے آجاتا ہے۔

☆۔خداوند سے فضل اور توفیق مانگیں تاکہ آپ اُس کے زندہ اور پاک کلام پر توجہ دے سکیں۔ تاکہ آپ اِس باب میں موجود ملاحوں جیسی گمراہی میں مبتلا نہ ہوں۔

☆۔کیا آپ کسی ایسے شخص سے واقف ہیں جو بغاوت میں زندگی بسر کر رہا ہے؟ اُس شخص کے لئے دُعا کرنے کے لئے کچھ وقت نکالیں۔

باب 43

ملتے اور روم

پڑھیں، اعمال 28:1-31

جب پولس اور تمام قیدی کنارے پر پہنچ گئے تو اُنہوں نے معلوم کیا کہ وہ ملتے جزیرہ پر پہنچ گئے ہیں، ملتے حسین بندرگاہ سے لگ بھگ پانچ سو ساٹھ میل دُور تھا۔ جہاں سے اُنہوں نے چودہ روز پہلے سفر شروع کیا تھا۔ ملتے اطالیہ کے جنوب میں واقع تھا۔ در اصل، اب وہ اپنی منزل سے زیادہ دُور نہیں تھے۔ اُس تند و تیز طوفان میں، خدا روم کی طرف اُس جہاز کی راہنمائی کرتا رہا۔ جس طور سے جزیرے کے رہنے والوں نے پولس اور اُس کے ساتھیوں کو گرمجوشی سے خوش آمدید کہا اور اُن کی مہمان نوازی کی، اِس سے بھی خدا کا فضل دکھائی دیتا ہے۔ جزیرے کے لوگوں نے آگ جلائی اور اُنہیں خوش آمدید کہا، جب پولس آگ میں لکڑیاں ڈال رہا تھا تو ایک سانپ آگ کی تپش سے نکل کر پولس کے ہاتھ سے لپٹ گیا۔ جزیرے کے لوگوں نے دیکھا کہ وہ سانپ بہت زہریلا تھا۔ وہ لوگ توہم پرست تھے، وہ یہی سمجھنے لگے کہ پولس خدا کی عدالت کے نیچے ہے۔ کیوں کہ وہ ایک قاتل تھا۔ تاہم پولس رسول نے سانپ کو آگ میں جھٹک دیا اور اُسے کسی قسم کا کوئی نقصان نہ پہنچا۔ جب جزیرے کے لوگوں نے دیکھا تو فوری طور پر اپنی رائے تبدیل کر لی، اُسے ایک مجرم نہ سمجھا بلکہ کہنے لگے کہ یہ تو ایک دیوتا ہے۔ اصل میں تو خدا کا ہاتھ تھا جو پولس رسول کو کسی بھی قسم کے نقصان سے بچا رہا تھا۔ اِس سے جزیرے کے لوگوں نے پولس رسول کے وسیلہ سے خدا کی قدرت کو جانا اور اُن کے دل نجات کے پیغام کو سننے کے لئے تیار ہو گئے۔ اُنہوں نے اُس شخص کی بات پر کبھی کان نہ لگانا تھا

جسے وہ ایک عام مجرم سمجھتے تھے۔ تاہم اُنہوں نے اُس شخص کی باتوں پر توجہ کی جسے اَب وہ کوئی دیوتا سمجھنے لگے تھے۔

عین ممکن ہے کہ اسی واقعہ سے پولس کے لئے اِس جزیرہ کے مالک سے ملنے کا دروازہ کھلا۔ جس کا نام پبلس تھا۔ اُس نے اُنہیں اپنے گھر میں خوش آمدید کہا اور اُن کی مہمان نوازی کی۔ جب پولس رسول کے علم میں یہ بات آئی کا پبلس کا باپ بخار اور پیچش کی وجہ سے بستر پر ہے تو اُس نے پبلس کے باپ پر اپنے ہاتھ رکھے اور وہ اپنی بیماری اور کمزوری سے شفا پا گیا۔ جو کچھ پولس رسول کے وسیلہ سے ہوا تھا اُسے دیکھ کر جزیرے پر کے لوگ پولس کے پاس آنے لگے تا کہ اپنی بیماریوں اور کمزوریوں سے شفا پائیں۔ اِس کے جواب میں جزیرے کے لوگوں نے کئی طرح سے قیدیوں اور سپاہیوں کی عزت افزائی کی۔ حتیٰ کہ سفر کے لئے زادِ راہ بھی اُن کے ساتھ کر دیا۔

جب قیدیوں اور سپاہیوں نے دیکھا ہو گا کہ کس طرح خدا کا ہاتھ پولس کی زندگی کے وسیلہ سے کام کر رہا ہے تو وہ بہت حیران ہوئے ہوں گے۔ وہ اُن عجیب کاموں کو کسی طور پر نظر انداز نہیں کر سکتے تھے۔ ہمیں یہ تو علم نہیں کہ کسی شخص نے خداوند یسوع کو اپنا نجات دہندہ اور خداوند قبول کیا یا نہیں لیکن ہم یہ ضرور جانتے ہیں کہ پولس رسول کے طرزِ زندگی کا اُن کی زندگیوں پر گہرا اثر ہوا۔

پولس، اُس کے ساتھی قیدی، ملاح اور سپاہیوں کا جتھہ تین ماہ تک ملتے ہی میں رہا، اِس کے بعد سپاہیوں نے تمام قیدیوں کو جہاز میں سوار کرایا اور سرکوسہ کی طرف چل دئے۔ لگ بھگ نوے 90 میل وہ شمال مشرق کی طرف سفر کرنے کے بعد، سرکوسہ سے جو لگ بھگ اسی (80) میل شمال کی طرف گئے اور ریگیم شہر پہنچے۔

اگلے روز چونکہ ہوائیں خوشگوار تھیں، وہ سفر کرتے ہوئے پُتیلی شہر میں آ گئے جو کہ ریگیئم کے شمال مغرب میں دو سو میل کا فاصلہ تھا واقع تھا۔ پتولی روم شہر کے جنوب میں ایک سو میل کے

فاصلے پر واقع تھا۔ پولس رسول نے اُس شہر کے ایمانداروں کے ساتھ ایک ہفتہ گزارا۔ وہ ایماندار جنہیں پولس کی آمد کا علم تھا وہ اُسے ملنے کے لئے آئے۔

پٹیلی شہر سے پولس کو روم میں لایا گیا، روم میں پولس رسول کو تنہا رہنے کا شرف حاصل ہوا، اُس کے ساتھ ایک محافظ سپاہی بھی کر دیا گیا۔ پولس رسول کو منادی کرنے کی بھی اجازت دی گئی۔ یہاں پہنچنے سے تین روز کے بعد، پولس رسول نے یہودی راہنمائوں کا ایک اجلاس طلب کیا۔ اُس نے اُنہیں بتایا کہ اگرچہ اُس نے کچھ نہیں کیا تو بھی اُسے رومی اربابِ اختیار کے حوالہ کر دیا گیا ہے۔ رومیوں نے خوب چھان بین کی ہے لیکن اُس میں کوئی جرم نہیں پایا۔ عدالت کی طرف سے تو اُسے رہائی مل جاتی لیکن یہودیوں نے اعتراضات اُٹھانے تھے۔ اُس نے قیصر کے ہاں اپیل کی تھی اور اب وہ اپنے مقدمے کی کارروائی کا منتظر تھا۔

روم کے یہودیوں نے اِس تعلق سے کچھ نہیں سنا ہوا تھا، اُنہیں بہت تجسس تھا کہ وہ پولس کے ایمان کی کہانی سنیں۔

پس وہ پولس کی باتوں کو سن کر ایمان لائے کیوں کہ اُنہوں نے یسوع کے پیروکاروں کے بارے میں بہت کچھ سن رکھا تھا۔ ایک میٹنگ رکھی گئی، جہاں پر پولس ٹھہرا ہوا تھا وہاں پر لوگوں کی بھیڑ لگ گئی۔ صبح سے شام تک پولس رسول آسمان کی بادشاہی کی باتیں لوگوں کے درمیان بیان کرتا رہتا تھا۔ وہ موسیٰ کی شریعت اور صحائف انبیاہ کے ذریعہ سے اُنہیں یسوع کے تعلق سے بتانے اور رقائل کرنے کی کوشش کرتا تھا۔ بعض لوگوں اِس گفتگو کے نتیجہ میں یسوع پر ایمان لے آئے۔ بعض نے ایمان لانے سے انکار کر دیا۔ جب پولس رسول نے یسعیاہ 6:9-10 کا حوالہ دیا، تو یہ بات خاص طور پر یہودیوں کے لئے سمجھنے میں مشکل تھی۔ اِس حوالہ میں خدا نے یسعیاہ سے کہا وہ کہ اُن لوگوں کے پاس جائے جو اُس کی باتوں کو نہیں سنیں گے۔ جن لوگوں کے دل سخت، کان بند اور آنکھیں بھی دیکھنے سے قاصر ہیں۔ یہودی جانتے تھے کہ جب پولس اِس حوالہ کو پیش کر رہا ہے تو اصل میں وہ اُنہی کے تعلق سے یہ بات کر

رہا ہے۔ جب پولس نے کہا کہ یہ نجات اب خدا غیر قوموں کو پیش کرے گا۔ تو یہ بات اور زیادہ اُن کے لئے ناقابلِ برداشت تھی اور اُن میں سے زیادہ لوگ وہاں سے چلے گئے۔

دو سال کا عرصہ پولس روم میں کرائے کے گھر میں رہا اور اُن سب کو خوشخبری کا پیغام سناتا رہا جو اُس سے ملنے کے لئے آتے تھے۔ اُن دو سالوں کے دوران اُسے خوشخبری کا پیغام سنانے میں کسی قسم کی بندش، رکاوٹ اور قانونی ممانعت کا سامنا نہ کرنا پڑا۔ اِس حقیقت کے پیشِ نظر کہ وہ روم میں ایک قیدی کی حیثیت سے آیا ہے، اُنہوں نے اُس پر اور زیادہ پہرے داروں کو مامور کر دیا ہو گا۔

روم میں اُسے خوشخبری سنانے کی مکمل آزادی مل گئی، دشمن اُس کا کچھ بھی نہیں بگاڑ سکتے تھے۔ یہ ناممکن ہے کہ ہم پولس رسول کی کہانی گرفتاری اور آزمائشوں کی کہانی کو خدا کے ہاتھ کے بغیر پڑھیں جو اپنے مقصد کے لئے اُن حالات و واقعات میں بھی کام کر رہا تھا۔ دُکھوں ،آزمائشوں اور مشکلات میں بھی خدا بار بار اُس کی محافظت کرتا رہا۔ خدا کی محافظت اور فضل کا ہاتھ پولس کی زندگی پر تھا۔ خدا اُس سے دستبردار نہ ہوا۔ بلکہ پولس کو درپیش مشکلات میں بھی اپنے مقصد کو پایہ تکمیل پہنچانے کے لئے کام کرتا رہا۔ خدا آج بھی اپنے جلال کے لئے آپ کی زندگی میں ایسا کرنے کی قدرت رکھتا ہے۔ خدا کا فضل پولس رسول کے اُن دکھوں سے کہیں عظیم تھا جن کا سامنا پولس کو کرنا پڑا۔ جب تک اِس زمین پر پولس کی خدمت باقی تھی، دشمن اُس کا کچھ نہ بگاڑ سکا۔ پولس آنے والی مشکلات سے کبھی نہ ڈرا۔ اُس نے بڑی دلیری سے مشکلات، دُکھوں، ایذاہ رسانی، مسائل اور مخالفت کا سامنا کیا اور خدا کو موقع دیا کہ وہ اُن سارے حالات و واقعات اور ہر طرح کی ناگفتہ بہ صورتحال میں اپنے مقصد اور منصوبے کو پایہ تکمیل تک پہنچائے۔ آج ہمیں بھی پولس کے نمونے کو اپنی زندگی میں اپنانے کی ضرورت ہے۔ سنگین الزامات، سخت مشکلات اور شدید ایذاہ رسانی میں ہی خدا کی قدرت پولس کی زندگی میں دیکھنے کو ملی۔ خدا ہمیں بھی پولس رسول کی طرح ہر طرح کے حالات، مشکلات اور

مسائل کا سامنا کرنے کے لئے درکار فضل عطا کرے۔ پھر اُس کی طرح ہم بھی تجربہ سے یہ بات کہیں گے، ''تیرا فضل میرے لئے کافی ہے۔'' بے شک ہر طرح کی آزمائش میں اُس کا فضل ہی کافی ہوتا ہے۔

چند غور طلب باتیں

☆۔ اگرچہ جہاز تباہ ہو گیا، پولس رسول نے بہت سے معجزات کئے۔ اُن معجزات نے کس طرح اُس جزیرہ میں انجیل کی منادی کرنے میں مدد کی؟

☆۔ خدا نے کس طرح پولس رسول کی زنجیروں کو انجیل کے پھیلاؤ کے لئے استعمال کیا؟

☆۔ خدا نے کس طرح آپ کی مشکلات اور مسائل کو انجیل کے پھیلاؤ کے لئے استعمال کیا ہے؟

چند اہم دُعائیہ نکات

☆۔ آپ کس طرح کی آزمائشوں سے دوچار ہیں؟ خداوند سے کہیں کہ وہ آپ کے دُکھوں اور آزمائشوں کو اپنے جلال کے لئے استعمال کرے۔

☆۔ آپ کی آزمائشوں اور مصائب میں خدا نے جو کچھ آپ کو سکھایا ہے اُس کے لئے خدا کی شکرگزاری کریں۔

☆۔ اپنی آزمائشوں میں خدا کے انتظار اور اُس پر توکل کرنے کے لئے جو صبر آپ کو درکار ہے اُس کے لئے خدا سے دُعا کریں۔